U0534585

本书是国家社科基金重大项目"优化营商环境的法治建构"的阶段性成果，是"对外经济贸易大学国家（北京）对外开放研究院智库科研团队建设项目"成果

数字经济营商环境评估报告

2022

Report on the Business Enabling Environment of the Digital Economy in China（2022）

王敬波◎主编

中国社会科学出版社

图书在版编目（CIP）数据

数字经济营商环境评估报告 . 2022 / 王敬波主编 . —北京：中国社会科学出版社，2023.2
　ISBN 978 – 7 – 5227 – 1347 – 2

　Ⅰ.①数… Ⅱ.①王… Ⅲ.①信息经济—研究报告—中国—2022
Ⅳ.①F492

中国国家版本馆 CIP 数据核字（2023）第 018015 号

出 版 人	赵剑英
责任编辑	李斯佳
责任校对	郝阳洋
责任印制	戴　宽

出　　版	中国社会科学出版社
社　　址	北京鼓楼西大街甲 158 号
邮　　编	100720
网　　址	http://www.csspw.cn
发 行 部	010 – 84083685
门 市 部	010 – 84029450
经　　销	新华书店及其他书店

印刷装订	北京君升印刷有限公司
版　　次	2023 年 2 月第 1 版
印　　次	2023 年 2 月第 1 次印刷

开　　本	710 × 1000　1/16
印　　张	26.5
字　　数	442 千字
定　　价	148.00 元

凡购买中国社会科学出版社图书，如有质量问题请与本社营销中心联系调换
电话：010 – 84083683
版权所有　侵权必究

报告编委会

主　　　编　王敬波
执 行 主 编　郑雅方
编委会成员：（按姓氏笔画排序）
　　　　　　马晓曼　王　琦　吕维霞　张磊楠
　　　　　　张　莉　祝继高　原　珂　满艺姗
学 术 助 理：（按姓氏笔画排序）
　　　　　　朱　宏　许　珺　张　媛　钟　蕊
　　　　　　黄知港　谢　甜　梅珂悦
撰　稿　人：（按姓氏笔画排序）
　　　　　　王敬波　朱　宏　许　珺　张　媛
　　　　　　郑雅方　钟　蕊　黄知港　谢　甜
　　　　　　梅珂悦　满艺姗
总报告撰稿人：王敬波　郑雅方　满艺姗　朱　宏
　　　　　　许　珺
各指标负责人：（按分报告章节排序）
　　　　　　许　珺　第一编：经营自主权、生产要素与公共服务
　　　　　　　　　　资源、人力资源市场、招投标与政府采购的
　　　　　　　　　　数字化管理
　　　　　　张　媛　第一编：科技创新与知识产权保护、所有制
　　　　　　　　　　平等保护
　　　　　　谢　甜　第二编：市场准入机制、税收政策及实施、

	涉企收费合理
朱　宏	第二编：企业融资、政府诚信、企业退出及政府相关服务，第三编：权力清单
钟　蕊	第三编：一网通办及一网通管能力建设、政策咨询与反馈机制、中介服务
梅珂悦	第三编：证明清单、贸易通关便利化、公共法律服务资源体系建设，第四编：优化监管机制
黄知港	第四编：规范执法活动、数字化监管、包容审慎监管、信用监管

目　　录

数字经济营商环境评估总报告 / 1
　　一　导言 / 1
　　二　数字经济营商环境评估指标体系 / 5
　　三　评估对象和过程 / 14
　　四　评估方法 / 15
　　五　评估结论及建议 / 19

第一编　市场主体保护

第一章　经营自主权 / 39
　　一　评估指标构成 / 39
　　二　设置依据、评估标准及评估分析 / 40
　　三　评估结论与建议 / 42

第二章　生产要素与公共服务资源 / 49
　　一　评估指标构成 / 50
　　二　设置依据、评估标准及评估分析 / 50
　　三　评估结论与建议 / 72

第三章　人力资源市场 / 84
　　一　评估指标构成 / 84
　　二　设置依据、评估标准及评估分析 / 85

目　　录

　　三　评估结论与建议　/　**91**

第四章　招投标与政府采购的数字化管理　/　103
　　一　评估指标构成　/　**103**
　　二　设置依据、评估标准及评估分析　/　**104**
　　三　评估结论与建议　/　**113**

第五章　科技创新与知识产权保护　/　117
　　一　评估指标构成　/　**118**
　　二　设置依据、评估标准及评估分析　/　**118**
　　三　评估结论与建议　/　**132**

第六章　所有制平等保护　/　143
　　一　评估指标构成　/　**143**
　　二　设置依据、评估标准及评估分析　/　**144**
　　三　三级指标评估结果分析　/　**160**

第二编　市场环境

第七章　市场准入机制　/　171
　　一　评估指标构成　/　**171**
　　二　设置依据、评估标准及评估分析　/　**172**
　　三　评估结论与建议　/　**177**

第八章　税收政策及实施　/　181
　　一　评估指标构成　/　**181**
　　二　指标设置及评估标准　/　**182**
　　三　评估结论与建议　/　**186**

第九章　涉企收费合理　/　191
　　一　评估指标构成　/　**191**

二　指标设置及评估标准　／　**192**
三　评估结论与建议　／　**197**

第十章　企业融资　／　**202**
一　评估指标构成　／　**202**
二　设置依据、评估标准及评估分析　／　**203**
三　评估结论与建议　／　**212**

第十一章　政府诚信　／　**217**
一　评估指标构成　／　**217**
二　设置依据、评估标准及评估分析　／　**218**
三　评估结论与建议　／　**230**

第十二章　企业退出及政府相关服务　／　**234**
一　评估指标构成　／　**235**
二　设置依据、评估标准及评估分析　／　**235**
三　评估结论与建议　／　**242**

第三编　政务服务

第十三章　权力清单　／　**249**
一　评估指标构成　／　**250**
二　设置依据、评估标准及评估分析　／　**250**
三　评估结论与建议　／　**257**

第十四章　一网通办及一网统管能力建设　／　**262**
一　评估指标构成　／　**262**
二　设置依据、评估标准及评估分析　／　**263**
三　评估结论与建议　／　**276**

第十五章　政策咨询与反馈机制　／　**282**

目 录

  一 评估指标构成 / **282**
  二 设置依据、评估标准及评估分析 / **283**
  三 评估结论与建议 / **289**

第十六章 中介服务 / 294
  一 评估指标构成 / **294**
  二 设置依据、评估标准及评估分析 / **295**
  三 评估结论与建议 / **304**

第十七章 证明清单 / 309
  一 评估指标构成 / **309**
  二 设置依据、评估标准及评估分析 / **310**
  三 评估结论与建议 / **311**

第十八章 贸易通关便利化 / 315
  一 评估指标构成 / **315**
  二 设置依据、评估标准及评估分析 / **316**
  三 评估结论与建议 / **322**

第十九章 公共法律服务资源体系建设 / 329
  一 评估指标构成 / **329**
  二 设置依据、评估标准及评估分析 / **330**
  三 评估结论与建议 / **333**

第四编 市场监管

第二十章 优化监管机制 / 341
  一 评估指标构成 / **341**
  二 设置依据、评估标准及评估分析 / **342**
  三 评估结论与建议 / **346**

第二十一章　规范执法活动　/　**350**
　　一　评估指标构成　/　**350**
　　二　设置依据、评估标准及评估分析　/　**351**
　　三　评估结论与建议　/　**355**

第二十二章　数字化监管　/　**359**
　　一　评估指标构成　/　**359**
　　二　设置依据、评估标准及评估分析　/　**360**
　　三　评估结论与建议　/　**368**

第二十三章　包容审慎监管　/　**373**
　　一　评估指标构成　/　**373**
　　二　设置依据、评估标准及评估分析　/　**374**
　　三　评估结论与建议　/　**380**

第二十四章　信用监管　/　**383**
　　一　评估指标构成　/　**383**
　　二　设置依据、评估标准及评估分析　/　**384**
　　三　评估结论与建议　/　**388**

参考文献　/　**394**

数字经济营商环境评估总报告

一　导言

数字经济，是指以数据资源作为关键生产要素、以现代信息网络作为重要载体、以信息通信技术的有效使用作为效率提升和经济结构优化的重要推动力的一系列经济活动。[①] 随着人工智能与大数据等数字技术的快速进步，全球数字经济呈现井喷式增长，数字经济正形塑新的市场结构，改变企业的互动方式，变革消费方式、消费情景与消费体验。[②] 习近平总书记在党的二十大报告中指出，要"加快发展数字经济，促进数字经济和实体经济深度融合，打造具有国际竞争力的数字产业集群"[③]。此前，习近平总书记多次强调数字经济的重要性。

"数字经济发展速度之快、辐射范围之广、影响程度之深前所未有，正在成为重组全球要素资源、重塑全球经济结构、改变全球竞争格局的关键力量。"[④]

新冠肺炎疫情加速了各行业数字化转型升级进程，在抗击新冠肺炎疫

[①] 《数字经济及其核心产业统计分类（2021）》，国家统计局令第33号，2021年5月27日发布。

[②] World Bank Group, *Digital Business Indicators: A World Bank Group Initiative*, World Bank, https://thedocs.worldbank.org/en/doc/308031566794026700-0090022019/original/090519DigitalBusinessIndicatorsprojectnote.pdf.

[③] 习近平：《高举中国特色社会主义伟大旗帜　为全面建设社会主义现代化国家而团结奋斗——在中国共产党第二十次全国代表大会上的报告》，人民出版社2022年版，第30页。

[④] 习近平：《习近平谈治国理政》第四卷，外文出版社2022年版，第204页。

情期间，数字经济发挥了不可替代的积极作用，成为推动我国经济社会发展的新引擎。

现阶段，我国数字经济发展、数字政府建设与营商环境建设紧密联系，数字技术运用与数字经济发展成为营商环境建设的制高点。[①] 数字经济的发展离不开法治保障，作为法治营商环境建设的重要组成部分，我国数字经济营商环境近年来形成了中央顶层制度设计与地方政策保障机制，地方积极探索制定数字经济促进条例、数字政府规划方案，推动数字经济的健康发展。

随着互联网、云计算、大数据、区块链等信息技术的加速创新以及上述技术日益融入经济社会发展各领域、全过程，数字经济已成为全世界经济的重要组成部分。2022年7月28日至30日，"2022全球数字经济大会"在北京成功举办。会上由中国信息通信研究院发布的《全球数字经济白皮书（2022年）》（以下简称"白皮书"）显示，2021年全球47个主要国家数字经济增加值规模达到38.1万亿美元，同比名义增长15.6%，占GDP的比重为45.0%。其中，发达国家数字经济规模大、占比高，2021年规模为27.6万亿美元，增长13.2%，占GDP的比重为55.7%；发展中国家数字经济增长更快，2021年增速达到22.3%。从占比来看，德国、英国、美国数字经济占GDP的比重位列前三，均超过65.0%。在增速上，挪威数字经济同比增长34.4%，居全球第一，另有南非、爱尔兰、新西兰等13个国家数字经济增速超过20.0%。[②]

2021年是"十四五"开局之年，我国数字经济面对风云诡谲的国际形势、复杂多变的新冠肺炎疫情，仍表现出强劲的发展态势。根据"白皮书"统计数据，2021年我国数字经济规模达到7.1万亿美元，占全球47个主要国家数字经济总量的18.0%以上，仅次于美国，位居世界第二。从增速上看，2012—2021年，我国数字经济平均增速为15.9%；从占比上看，2012—2021年，我国数字经济占GDP的比重由20.9%提升至39.8%，占比年均提升约2.1个百分点。我国数字经济整体投入产出效率由2002

[①] 国脉研究院：《数字政府文件解读：数字政府建设与营商环境优化工作紧密耦合》，国脉研究院微信公众号，http：mp.weixin.qq.com/s/QI10OMJPCWqOXFPdyzzyHA。

[②] 《中国数字经济规模达7.1万亿美元位居世界第二》，澎湃新闻网，https：//m.thepaper.cn/baijiahao_19254503。

年的0.9提升至2020年的2.8。[①]

我国数字经济在发展过程中呈现出以下四个特点：第一，数字经济成为我国国民经济的重要助推器和稳定器。2022年7月中国信息通信研究院发布的《中国数字经济发展报告（2022年）》显示，2021年我国数字经济整体规模较"十三五"初期扩张了1倍之多，GDP比重也较"十三五"初期提升了9.6个百分点。在新冠肺炎疫情多点散发的态势之下，数字经济作为宏观经济稳定器的作用越发凸显。第二，数字产业化结构持续优化。从数字产业化内部行业观察，2021年电信业保持稳中向好运行态势，比上一年增长8.0%。电子信息制造业在经历波谷后迎来快速增长，全国规模以上电子信息制造业增加值比上一年增长15.7%，增速创下近十年新高。软件和信息技术服务业增速较快，目前全国软件和信息技术服务业规模以上企业超4万家，累计完成软件业务收入9.5万亿元。互联网和相关服务业企业完成业务收入1.55万亿元。[②] 第三，产业数字化是数字经济发展稳步增长的关键引擎。工业、服务业、农业等产业的数字化是我国数字经济快速发展的重要因素。其中，工业互联网是产业数字化转型的核心力量。目前我国工业互联网已实现平台化设计、智能化制造、个性化定制、网络化协同、服务化延伸和数字化管理的融合应用模式，其应用广度、应用深度和应用水平都在不断拓展和深化。我国服务业数字化转型实现领先发展，在零售、餐饮、旅游、教育、医疗等各类传统服务市场均实现线上线下融合。农业数字化转型也在稳步推进之中，农业生产信息化水平不断提升，数字乡村建设有序推进。第四，数字化治理是数字经济发展的重要保障。我国数字政府建设加速推进，已由以信息服务为主的单项服务阶段稳步迈进以一体化政务服务为特征的整体服务阶段，数字政府的服务效能同样得到提升。"掌上办""指尖办""最多跑一次""不见面审批"等创新实践不断涌现，有效解决了群众和企业办事难、办事慢、办事烦等问题。

为推动数字经济的发展，我国已经建构以"十四五"规划为内核、国

---

① 《中国数字经济规模达7.1万亿美元位居世界第二》，澎湃新闻网，https：//m. thepaper. cn/baijiahao_19254503。

② 参见《中国数字经济发展报告（2022年）》，中国信息通信研究院，http：//www. caict. ac. cn/kxyj/qwfb/bps/202207/t20220708_405627. htm。

务院部际联席会议制度为外驱动力的顶层设计。2021年12月12日，国务院印发《"十四五"数字经济发展规划》，单独为数字经济制定重大发展战略，把初步建立数据要素市场体系、加快产业数字化转型、提升数字产业化水平、推动数字化公共服务普惠均等与完善数字经济治理体系作为"十四五"时期数字经济的发展目标。[①] 2022年7月11日，国务院建立数字经济发展部际联席会议制度，统筹制定数字化转型，促进大数据发展、"互联网+"行动等数字经济重点领域规划和政策，旨在加强统筹协调，不断做强做优做大我国数字经济。[②] 全国各地区响应国家数字经济发展规划，制定了一些数字经济地方发展政策。《海口市智慧城市促进条例》《成都市"十四五"数字经济发展规划》《关于全面推进上海城市数字化转型的意见》等规范性文件从数字经济发展全局的角度提出数字经济发展重要议题，如数据基础设施建设、数据资源流通交易、产业数字化发展规划等，形成数字经济建设改革试点的一系列经验成果。

法治是最好的营商环境，我国构建起了以《优化营商环境条例》为核心，以《国务院办公厅关于进一步优化营商环境更好服务市场主体的实施意见》等中央各类政策文件为补充，以地方优化营商环境立法为支干的多层次立法体系和架构。[③] 全国已有21个省份制定了优化营商环境条例，各地共计上百部规范性文件。

地方为推动数字经济发展，探索促进数字经济的地方立法。数字经济促进条例是区域内促进数字经济发展相关活动的核心准则，是推动解决本区域内数字经济发展中重大问题的依据。目前，我国已有9个省市制定了数字经济促进条例，如表1所示。

---

① 《国务院关于印发"十四五"数字经济发展规划的通知》，国发〔2021〕29号，2021年12月12日发布。

② 《国务院办公厅关于同意建立数字经济发展部际联席会议制度的函》，国办函〔2022〕63号，2022年7月11日发布。

③ 成协中：《优化营商环境的法治保障：现状、问题与展望》，《经贸法律评论》2020年第3期。

表1　　　　　　　　数字经济促进条例地方立法

文件名称	发文机关	发布日期	生效时间
《浙江省数字经济促进条例》	浙江省人民代表大会常务委员会	2020年12月24日	2021年3月1日
《广东省数字经济促进条例》	广东省人民代表大会常务委员会	2021年7月30日	2021年9月1日
《河南省数字经济促进条例》	河南省人民代表大会常务委员会	2021年12月28日	2022年3月1日
《广州市数字经济促进条例》	广州市人民代表大会常务委员会	2022年4月6日	2022年6月1日
《河北省数字经济促进条例》	河北省人民代表大会常务委员会	2022年5月27日	2022年7月1日
《江苏省数字经济促进条例》	江苏省人民代表大会常务委员会	2022年5月31日	2022年8月1日
《南昌市数字经济促进条例》	南昌市人民代表大会常务委员会	2022年11月25日	2023年1月1日
《山西省数字经济促进条例》	山西省人民代表大会常务委员会	2022年12月9日	2023年1月1日
《北京市数字经济促进条例》	北京市人民代表大会常务委员会	2022年12月14日	2023年1月1日

我国首部数字经济立法《浙江省数字经济促进条例》规定了"数字基础设施""数据资源""数字产业化""产业数字化""治理数字化""激励和保护措施""法律措施"等章节，其他地方性法规沿革浙江省立法思路，共同形成了数字经济地方立法的基本逻辑。《北京市数字经济促进条例》单列"数字经济安全"一章，对标《个人信息保护法》《网络安全法》的数据安全规范与《数字政府建设指导意见》的数字化监管与数字机关建设要求，促进数据要素流通、数字经济发展。

二　数字经济营商环境评估指标体系

（一）指标设置背景

营商环境是指企业等市场主体在市场经济活动中所涉及的体制机制性

因素和条件，反映了市场活力与生产要素配置效率。本书着眼于营商环境建设中数字经济的整体表现，立足于"数字经济发展""数字政府建设"两大议题，考察政府在数字化、信息化时代中的数字治理能力，评估政府是否与数字经济市场主体形成良好互动关系，进而为我国政府建设数字经济促进机制提供对策建议。

数字经济营商环境评估体系的设计源于国家"营商环境评估"方针战略的指导。2018年以来，国家发展改革委贯彻落实党中央、国务院决策部署，牵头研究建立中国营商环境评价体系，于2020年正式发布《中国营商环境报告（2020）》，总结推广全国各地区、各部门优化营商环境的典型经验做法，以评促建、以评促改。[1] 为鼓励有条件的地方对标国际先进水平，加快构建与国际通行规则相衔接的营商环境制度体系，国务院于2021年11月发布《国务院关于开展营商环境创新试点工作的意见》，[2] 明确了10个方面的重点任务，并列举了首批营商环境创新试点共10个方面101项改革举措事项清单，推动试点地区先行先试，形成一系列可复制可推广的制度创新成果，为全国营商环境建设提供有利镜鉴。

在上述评估体系的经验基础上，本书聚焦后疫情时代数字经济营商环境发展，以《优化营商环境条例》为依据，借鉴世界银行数年来推行的营商环境评估项目［Doing Business Project，以下简称"营商环境评估（DB）"］的实践逻辑及宜商环境评估项目［Business Enabling Environment Project，以下简称"宜商环境评估（BEE）"］的最新成果，参考多份营商环境评估报告及行业发展报告，开展了三轮线上线下试评估。根据评估结果召开多次专家论证会和主要平台经济企业座谈会，广泛吸取专家及市场主体的建议意见，多次修改完善，最终确定本指标体系。

（二）指标体系构成

数字经济营商环境评估体系根据《优化营商环境条例》，从"市场主

---

[1] 中华人民共和国国家发展和改革委员会法规司：《国家发展改革委正式发布〈中国营商环境报告（2020）〉》，中华人民共和国国家发展和改革委员会网，https://www.ndrc.gov.cn/fzggw/jgsj/fgs/sjdt/202010/t20201019_1248411.html?code=&state=123。

[2] 《国务院关于开展营商环境创新试点工作的意见》，国发〔2021〕24号，2021年10月31日发布。

体保护""市场环境""政务服务"及"市场监管"四个维度出发,结合数字赋能营商环境的发力点,聚焦数字政府建设与制度性交易成本降低,公平、公正、公开的市场环境构建,政务服务标准化、规范化、便利化及数字化监管治理能力提升4个目标,在充分考虑数据可得性与指标针对性后,本书将4个维度细化为24个一级指标、54个二级指标与83个三级指标,共计100.0分。

1. 市场主体保护

在"市场主体保护"维度下,本书立足中国改革开放与"放管服"改革的实践,逐一对照《优化营商环境条例》第二章的规定,借鉴世界银行《宜商环境项目概念说明书》中"公共资源获取"（Utility Connections）、"劳动力"（Labor）与"市场竞争"（Market Competition）等一级指标的评估方法,从政府干预、要素市场化配置、市场主体权利保护3个方面出发,将"市场主体保护"维度细化为"经营自主权""生产要素与公共服务资源""人力资源市场""招投标与政府采购的数字化管理""科技创新与知识产权保护"及"所有制平等保护"6个一级指标。"市场主体保护"维度着重考察了市场服务的数字化供应效率与数据治理能力（见表2）。

表2　　　　　　　　"市场主体保护"维度指标构成

一级指标	二级指标	三级指标
经营自主权	政府不当干预	对企业日常经营干预
		对企业退出干预
生产要素与公共服务资源	资源能源	用电保障及成本
		用水保障及成本
		用气保障及成本
		用地保障及成本
		通信保障及成本
	数据要素	数据交易
		政务数据开放
	物流运输	城市物流吸引力
		城市物流辐射力

续表

一级指标	二级指标	三级指标
人力资源市场	全民数字素养培训	一般公众培训
	不当人才限制	户籍限制
	劳动者保护	公共就业服务数字化水平
		劳动力权利保障
招投标与政府采购的数字化管理	电子交易及服务平台搭建	全流程电子化
	交易过程公开透明	公开透明度
	统一标准	法规执行规范性
	监管能力	公正监管
		智能监管
科技创新与知识产权保护	知识产权保护	商标注册便利化及专利申请便利化
		知识产权线上维权援助服务
		多元纠纷解决
	科技创新	城市科技创新发展水平
		科技创新政策
		审查机制
		成果转化
所有制平等保护	扶持中小企业	对中小企业、小微企业的扶植政策
	保护外商投资	外商投资企业投诉
	维权投诉举报高效便捷	是否提供维权投诉服务
		维权投诉渠道畅通、有效回应

第一，在"经营自主权"一级指标中，本书主要从事实层面考察被评估城市是否坚持权利平等、机会平等、规则平等原则，坚决清理市场准入、市场经营与市场退出中的各类隐形壁垒与不当干预，依法保护市场主体经营自主权、财产权和其他合法权益。第二，"生产要素与公共服务资源"的在线供应效率与立法执法水平将直接决定企业经营成本的高低，本书认为，可以从公用设施接入保障、物流基础设施建设水平与数据要素市

场化配置效率3个方面展开评估。第三,在"人力资源市场"指标中,本书综合考察数字鸿沟与数字化人才短缺的现实困境,评估政府是否将全民数字素养提升纳入当前工作内容;是否在数字经济变革与新冠肺炎疫情背景下,破除户籍限制等制度桎梏,提供公共就业数字化服务平台,提升劳动力要素市场化配置效率,并积极填补劳动者权利保护中的制度漏洞。第四,在"招投标与政府采购的数字化管理"中,既要关注招投标与政府采购的数字化便利水平,亦应着重强调数字赋能公平、公开、公正监管的能力建设。第五,除了上述要素配置,本书认为还需要重点关注数字经济知识产权保护与城市科技创新能力提升,从政府监管、市场主体感知度与制度合理性两个角度出发,综合考察"科技创新与知识产权保护"指标。第六,不同于"营商环境评估(DB)"和"宜商环境评估(BEE)"指标,中国数字经济营商环境评估有必要专设"所有制平等保护"指标,评估各城市是否为中小企业、外商投资企业提供政策扶持与便利畅通的维权投诉渠道。

2. 市场环境

"市场环境"维度聚焦于进一步激发市场主体活力与竞争力这一主旨。围绕市场准入及企业退出障碍、企业融资难融资贵、减税降费具体落实情况及涉企收费乱象等"放管服"改革中的痛点、难点、堵点问题,本书吸纳了《宜商环境项目概念说明书》中"市场准入"(Business Entry)、"金融服务"(Financial Services)、"税收"(Taxation)、"商事破产"(Business Insolvency)等一级指标的评估内容与评估方法,将"市场环境"维度细化为"市场准入机制""税收政策及实施""涉企收费合理""企业融资""政府诚信"及"企业退出及政府相关服务"6个一级指标,重点考察政府数字化治理监管效能与便利化政务服务改革成效(见表3)。

表3 "市场环境"维度指标构成

一级指标	二级指标	三级指标
市场准入机制	登记	企业登记业务规范性
	市场准入	精简程序

续表

一级指标	二级指标	三级指标
税收政策及实施	减税降费全面惠及市场主体	减税降费政策落实
		精简办税、全面实行网上办税
涉企收费合理	涉企收费清单	涉企不合理收费整治
	推广金融机构保函	推广以金融机构保函替代现金缴纳涉企保证金
企业融资	融资成本	企业融资可获得性、多样性、便捷性
	融资服务	完善金融机构监管考核和激励机制
		规范金融机构收费行为
政府诚信	招商引资	优惠政策公开度
		优惠政策申报便利度
	政府合同	政府合同违约涉诉案件
		政府失信责任追究机制
企业退出及政府相关服务	优化注销办理流程	网上自助办理
	提高破产案件处置效率	缩短公告时限
		府院联动工作机制

第一，在"市场准入机制"指标中，本书结合当前市场准入改革重点，主要评估各城市市场准入登记业务规范程度与数字化便利程度。第二，"税收政策及实施"指标从减税降费政策落实与"智慧税务"两方面衡量被评估城市税收政务服务水平。第三，"涉企收费合理"指标从涉企不合理收费整治和推广以金融机构保函替代现金缴纳涉企保证金等方面评估各城市的涉企收费合理化改革实效。第四，在"企业融资"指标中，除了考察各城市企业融资成本，还需要重点评估城市融资服务水平，对政府"完善金融机构监管考核和激励机制"与"规范金融机构收费行为"进行机制性评价。第五，政府合同与政府诚信是国家信用体系建设的重要环节，在"政府诚信"指标中，"招商引资"指标衡量优惠政策公开度与申报便利度，"政府合同"指标评估政府违约情况与政府失信责任追究机制有效性。第六，"企业退出及政府相关服务"指标主要关注注销办理流程精简与破产案件处置效率，评估城市企业退出机制的办理效率与获得救济的便利度。

3. 政务服务

《优化营商环境条例》对提升政务服务水平提出了明确要求，即推进全国一体化在线政务服务平台建设，实现政务服务标准化、便利化、规范化；进一步精简行政许可和优化审批服务，打造公平、公开、透明、高效的政府运行体系；降低市场主体的制度性交易成本。在世界银行《宜商环境项目概念说明书》指标设计中，公共服务数字化水平在10个一级指标上都有所体现，成为本次世界银行指标修改的一大亮点。在"政府服务"维度下，本书将"放管服"重点改革成效与政务服务数字化建设水平列为重点评估内容，按照企业生产周期，把"政务服务"维度细化为"权力清单""一网通办及一网统管能力建设""政策咨询与反馈机制""中介服务""证明清单""贸易通关便利化"及"公共法律服务资源体系建设"7个一级指标（见表1-4）。

表4　　　　　　　　"政务服务"维度指标构成

一级指标	二级指标	三级指标
权力清单	行政权力清单	统一编制审批事项清单
		公共服务清单
一网通办及一网统管能力建设	办理程序标准化	当场办结
		集中办理、就近办理、网上办理
		重点项目帮办代办
	智慧办理	网上办理能力
	一网统管能力建设	数据库建设
		数据共享与业务协同工作机制
政策咨询与反馈机制	制定政策意见听取	沟通渠道建设
	涉企政策公开与解读	形式多样、可视化
	在线咨询与反馈	及时性、有效性

续表

一级指标	二级指标	三级指标
中介服务	中介服务独立性与中介服务反馈机制	有关政府是否给企业推荐或者指定中介服务机构、中介机构与政府机关脱钩
	流程规范公开	中介服务流程规范
		中介服务流程公开
	中介服务费用	不能转嫁给市场主体
证明清单	依法设定证明清单	是否清理无法律依据的证明事项
贸易通关便利化	通关程序	国际贸易"单一窗口"办理
		通关模式"两步申报"和"两段准入"
	通关成本	时间成本
		降低中介服务收费
公共法律服务资源体系建设	公共法律服务能力与水平	律师、公证、司法鉴定、调解、仲裁等公共法律服务资源整合能力
		是否提供法治体检服务

第一,"权利清单"指标衡量政务服务中政府是否在法治轨道上行使权力,是否依法实现政务公开,本次评估主要评估"统一编制审批事项清单"与"公共服务清单"两项主要清单的完整性、合理性与透明度。第二,数字化法治政府建设需要充分利用数字技术实现政务数据共享,以实现服务协同、监管协同,"一网通办及一网统管能力建设"指标重点评估政务服务的办理程序标准化、网上办理的便利度、数据协同等内容。第三,"政策咨询与反馈机制"有利于畅通政企沟通机制,提升政府决策的科学性与民主性,该指标的评估重点在于涉企政策的公开与解读、政府与企业之间的沟通渠道建设、政府对企业的意见反馈情况。第四,部分行政审批中涉及中介服务,可能存在政府不当干预现象,"中介服务"指标评估政府在行政审批中介服务过程中的影响,涉及政府是否指定中介服务机构、中介服务流程是否公开、是否变相收取中介费用等。第五,重复、繁多的证明事项是数字经济发展的重大滞碍,"证明清单"指标考察各城市是否依法、依规、及时清理无法律依据的证明事项。第六,政务服务中还需要重点关注国际贸易服务质量,"贸易通关便利化"指标从"通关程

序"与"通关成本"两方面评估国际通关贸易的公共服务质量。第七，政府还应当提供网络化、数字化、智慧化的公共法律服务，"公共法律服务资源体系建设"指标从公共法律服务资源整合能力与法治体检服务等方面，考察分析各城市政府公共法律服务的可得性、便利度及数字化程度。

4. 市场监管

在"市场监管"维度下，本书充分考虑数字经济的发展特点，将公平竞争监管与包容审慎监管作为本项评估的两大主题，并将这一理念贯穿于二级、三级所有指标设计中。将"市场监管"细化为"优化监管机制""规范执法活动""数字化监管""包容审慎监管""信用监管"5个指标，全面评估政府在健全执法机制、规范执法行为与创新监管方式三方面的法律框架与监管实践（见表5）。

表5　　　　　　　　"市场监管"维度指标构成

一级指标	二级指标	三级指标
优化监管体制	区域协作	构建市场监管联动执法机制
	央地协同	数字经济地方立法
规范执法活动	执法活动网上留痕	行政许可/处罚双公示
	非强制性执法	推广运用说服教育、劝导示范
	联合检查	"双随机、一公开"监管联席会议制度
数字化监管	数字化监管体系建设	非接触式监管机制建设
		线上监管能力建设
	监管中的数据安全	企业数据安全
		个人信息保护
包容审慎监管	免罚清单	市场监管系统免罚清单
	创新容错机制	创新容错举措
	柔性执法方式应用	可替代性柔性执法机制
信用监管	信用修复	是否制定信用修复流程指引
	信用奖惩	是否设立合理的信用奖惩机制
	信用惩戒救济机制	是否设置信用惩戒救济机制

第一，在监管机制层面，"优化监管机制"从区域协作与央地协同两

个角度出发，衡量被评估城市政府的监管机制、执法机制与立法质量。第二，政府监管活动应当具有透明度、明确性和可预测性，"规范执法活动"指标主要考察执法公开情况、监管效能以及监管机制完善情况。第三，"数字化监管"指标评估数字化监管中非接触式监管机制与线上监管能力建设，并重点关注数字化监管中的数字安全问题。第四，"包容审慎监管"是当前数字经济监管中的主要原则。本书认为，可以从市场监管系统免罚清单、创新容错举措、可替代性柔性执法机制方面，衡量被评估城市包容审慎监管措施的落实情况。第五，党中央、国务院多份文件指出，要强化以信用为基础的数字经济市场监管，依托数字技术，信用监管利用市场主体信用画像提升监管精度，"信用监管"指标主要反映被评估城市信用修复流程指引制定情况、信用奖惩机制设置情况与信用惩戒救济机制设置情况。

三 评估对象和过程

（一）采样

本次数字经济营商环境评估对象是国内 36 个城市，包括北京、上海、天津、重庆 4 个直辖市，长春、长沙、成都、福州、贵阳、广州、哈尔滨、海口、呼和浩特、杭州、合肥、昆明、济南、拉萨、兰州、南昌、南京、石家庄、沈阳、太原、武汉、乌鲁木齐、西安、西宁、南宁、银川、郑州 27 个省府所在地的城市，大连、宁波、青岛、深圳、厦门 5 个国家社会与经济发展计划单列市。将上述 36 个城市列为采样对象有以下两点考量。

第一，提升评估准确性。上述 36 个城市具有企业登记数量多、商事活动活跃、数字经济发展领先等共同特点，也反映了不同地域与不同国家改革试点力度的差异性，对其进行综合评估能够较好体现我国数字经济营商环境建设的整体成果。

第二，对接国际新标准。世界银行新一轮"宜商环境评估（BEE）"的评估范围将从"营商环境评估（DB）"的"主要商业城市"标准（在中国指北京、上海 2 个城市）转变为"尽可能广泛覆盖国家内部"的标准，即将涉及的评估城市数量明显扩大，具体涉及的城市因指标主题而异。因此，本次数字经济营商环境评估吸纳宜商环境新标准，广泛评估全国重要商业城市在各项指标中的表现情况，为中国适应宜商环境建设提供更能对接国际化的评估体系、评估数据与对策建议。

（二）评估过程

本评估项目于2021年9月初启动指标设计，2022年3月启动评估，5月结束调查并撰写报告，8月完成报告修订，共历时12个月。评估中客观数据采集时间截至2022年6月3日，主观问卷评估周期为2022年4月12日至2022年5月9日。

四 评估方法

本次评估共经过试评估、正式评估、补充评估三轮。在每一轮评估中，本书整理好来源资料与数据，通过交叉核对的方式确保数据的真实性与可用性，根据评估36个城市的实际情况调整评分标准，并重视典型事例的分析。评估分为数据的收集、评分标准的确立、分析方法的确定三个环节。

（一）信息收集

本次数字经济营商环境评估采样全程在线上进行。本书以数字经济市场活动中企业主体的视角亲自体验政府提供的营商环境。为拓宽评估所需资料的来源多样性，尽可能确保数据的真实性、可靠性与可采性，本书采取以下四种方式收集具体的资料与数据。

1. 网络检索

作为本次评估最主要的评估方法，网络检索体现了数字经济营商环境"在线式""电子式""一站式"的信息获取要求。首先，本书全面检索被评估城市政府（主要包括市、县两级，部分指标包括省级）及其职能部门政府官方网站、政务服务App、政府信息公开网站等官方平台，将政策与政府信息公开等官方材料作为最重要的评估依据。其次，对于无法通过政府官方平台检索获取的信息，本书利用百度、微信搜一搜等主流搜索引擎检索关键词，获取来源正规的政策汇编、新闻、报告等材料。检索过程保证了关键词含义与指标相关、表述正确、数量尽可能多等要求，以免遗漏相关信息、混杂无用信息。再次，对于涉及司法案件的指标，本书通过中国裁判文书网、北大法宝、威科先行等法律数据库获取指导性案例、典型案例。最后，本书针对部分网络资源的来源可信度对相关材料进行了简要分类，并以官网材料、主流媒体材料、民间报告类材料为序进行排列。

2. 问卷调查

本书统一设计主观问卷发放给符合评估对象条件的企业。在数据分析环节，通过五点量法、频数分析法等形成定量分析材料，并将涉定性分析内容形成主观测评材料，作为"科技创新与知识产权保护""所有制平等保护""涉企收费合理"等指标的评估依据。

3. 实时体验

对于需要验证是否实际提供服务以及服务效果的指标，本书采用神秘顾客法登录政府服务网站模拟企业在线申报，拨打政府相关部门电话进行实际体验，从而排除僵尸网站、政府实际不办理业务等情形，形成企业办事满意度分析和政务服务体验分析，作为相关指标评估的依据。

4. 司法大数据

本次评估获得了中国司法大数据研究院创新研究部司法大数据专题报告研究团队的技术及数据支撑，为"政府诚信"一级指标提供了司法裁判数据与社会信用数据，包括本次评估周期内所有涉及政府合同违约的案件信息，为客观评价行政机关在政府诚信建设中的状况提供了可量化标准。

（二）评估标准

1. 分值设置

在本次评估中，多数三级指标的总分为1分，部分内涵丰富、重要性突出的三级指标总分设置为1.5分、2分或3分不等，少部分主观测评指标总分为0.5分；"对企业日常经营干预""对企业退出干预""户籍限制"和"劳动力权利保障"4项三级指标只做问卷数据收集和典型事例分析，不参与评分。

2. 评分标准

本次评估吸收了社会调查定量与定性分析的基本方法，考虑了事实与价值相分离的逻辑，并吸收了宜商环境评估中"事实层面""法律层面"二分的基本思路，本书将不同的三级指标评估方法进行区别式处理。具体而言，本次评估中的评分标准采用赋分的方法，对使用定量分析、定性分析的不同指标分别采取适宜的分数转换标准，力求在三轮评估后使不同指标间、同一指标中不同城市间的评分尺度保持统一和稳定。根据具体的三级指标，评分标准主要分为5种情况。

第一，以"是否开展某项工作""是否建立某项制度""是否颁布某类政策"等客观事实作为评分依据，只考虑是否可得的情况，根据资料与数据的"可得""不可得"二分。此种二分法是本次评估最重要的方法之一。

第二，以"多寡""频率""案件数量"等带有量化属性的客观事实分层赋分，如统计政府信息公开的数量、相关政策文件的发布频率、涉及政府违约的司法案例数量等，设置"丰富""较多""较少"等级别，或直接以正态分布标准对数量进行加权赋分。

第三，以"便利度""公开度""规范性"等带有价值评价的标准分层赋分，如检索是否有政策集成或一站式专栏、可供检索的关键词难易程度等，从资料与数据"是否易得"来进行评估，设置"易得""能得""难得"等级别。

第四，以主观问卷结果作为评分依据，通过五点量法调查企业对本项指标涉及制度建设情况的满意度，例如对"科技创新政策"指标按满意到不满意的程度进行赋分。

第五，以本书调查实际体验情况对部分指标进行加分或减分，对实际办理效率较低、企业体验感较差的城市酌情扣分，对具有创新点的城市酌情加分。

3. 赋分过程

在赋分环节，三级指标的给分按照上述标准分为2种方式。第一，标准式赋分，即赋分基准间等差，将0分至满分等分为几档得分，因此存在0分城市的概率。此种方式对应对评分应做严格要求的指标，如"权力清单"等法律意义重大、建设经验丰富的指标。第二，起评分与附加分式赋分，即以高于0分的分数为起评分，对部分表现优秀的城市酌情奖励分数。此种评分方式对应对评分要求相对宽松的指标，旨在鼓励地方创新优化营商环境的新机制。

(三) 分析方法

在确认信息的真实性与评分方法的可靠性后,课题组吸纳了政策评估专家的科学评估方法,紧密联系了"营商环境评估(DB)"与"宜商环境评估(BEE)"的分析思路,基于信息工具展开了评估结果分析。分析过程体现了分析方法的多样性。

1. 分析工具

本次评估分析的核心是成本收益分析的逻辑。成本收益分析基于实用主义的功能定位,运用定量与定性分析相结合的方法论,塑造了事实与价值相分离的行政程序结构。[①] 本次评估分析严格遵守事实与法律相分离、事实与价值判断相分离的逻辑,以定量分析为核心工具。本书将主观问卷、客观数据二分,以客观数据为大部分三级指标表现的唯一评价标准,将只能依靠主观问卷结果的指标设为不评分指标,只做典型事例分析。另外,本书强调了准确与可靠的信息收集在规制分析中的核心地位,将数据的分类、分级处理作为分析重点,审慎使用主观测评材料作为评估结论,确保报告中的每项结论都有相应的客观数据支撑。

2. 评估结果的表现形式

在评估结果表现形式的选取上,本书吸收"营商环境评估(DB)"、法治政府评估等项目的设置,针对不同级别的指标对各城市的表现采用了多维度排名、典型事例分析两种分析方式,分别用可视化图表、价值评价2种模式来反映数字经济营商环境的建设水平。

第一,多维度排名。本次评估分别以一级指标和三级指标为纵向维度、以城市间排名与指标间排名为横向维度制作了四类排名。城市间排名反映了各城市在相应指标建设中的水平差异,可以体现全国领先水平、平均水平。指标间排名可以体现所有城市在不同指标间的综合表现力,反映优势与弱势指标,从国家视角发现数字经济营商环境建设中的长处与短板。

[①] 参见郑雅方《论我国行政法上的成本收益分析原则:理论证成与适用展开》,《中国法学》2020年第2期。

第二，典型事例分析。本次评估的目标为"以评促改"，本书力求遴选被评估城市的先进做法与优秀实践，解读被评估城市《优化营商环境条例》的实施现状、问题及优化方向，力求为各地深化改革提供思路。为突出某项指标中得分较高城市的先进模范与创新之处，引导得分较低城市填补失分漏洞，本书针对每项指标的满分点、失分点与分差详细阐述了每项三级指标的典型事例。对于无法进行客观数据收集与排名的指标，本书也将分析重点放在典型事例分析上，结合具体事例与主观问卷信息反馈指标建设的成就与突出问题。

囿于评估团队的规模与技术水平，本次数字经济营商环境评估中仍有部分指标的信息收集与分析存在不足，如无法调取数量丰富的主观问卷，无法用统计学模型开展大数据分析。本书将结合评估结论，总结评估过程中的不足之处，继续完善评估方法。

五 评估结论及建议

（一）方法论选择

营商环境建设的首要问题在于如何建设以及何种环境应视为好的营商环境。在不同的评估模式中，相应的侧重点和体系均有所不同。世界银行的"营商环境评估（DB）"关注与营商者利益直接相关的环境指标分析，与营商者不直接相关的宏观指标则不纳入考量。"宜商环境评估（BEE）"以市场准入、经营场所、公用资源获取、劳动力、金融服务、国际贸易、税收、争议解决、市场竞争和商事破产为评估指标，评估该地区的营商环境。相较于"营商环境评估（DB）"而言，"宜商环境评估（BEE）"拓展了评估视角，以规制框架（Regulatory Framework）和公共服务（Public Services）为基本分析框架，从单纯考量中小企业开展业务的便利性转向纵向评估整个民营经济发展、横向关注数字技术的应用和环境可持续问题。"宜商环境评估（BEE）"体系具有鲜明的特点：第一，覆盖了对市场运行起重要作用的公共服务；第二，在数据采集中侧重事实性数据的收集；第三，将规制框架、公共服务和效率进行结构性安排。分析"宜商环境评估（BEE）"指标可发现，该评估体系以规制经济学为基础，较"营商环境评估（DB）"具有更为先进的评估理念和更合理的评估指标设计（见表6）。

表6 "营商环境评估（DB）""宜商环境评估（BEE）"
与数字经济营商环境评估的指标体系对比

项目名称	一级指标名称
营商环境评估（DB）	开办企业（Starting a Business）
	办理施工许可证（Dealing with Construction Permits）
	获得电力（Getting Electricity）
	登记财产（Registering Property）
	获得借贷（Getting Credit）
	保护少数投资者（Protecting Minority Investors）
	纳税（Paying Taxes）
	跨境贸易（Trade across Borders）
	执行合同（Enforcing Contract）
	办理破产（Resolving Insolvency）
	劳动力市场监管（Labor Market Regulation）
宜商环境评估（BEE）	市场准入（Business Entry）
	经营场所（Business Location）
	公共资源获取（Utility Connection）
	劳动力（Labor）
	金融服务（Financial Services）
	国际贸易（International Trade）
	税收（Taxation）
	争议解决（Dispute Resolution）
	市场竞争（Market Competition）
	商事破产（Business Insolvency）

续表

项目名称		一级指标名称
数字经济营商环境评估	市场主体保护	经营自主权
		生产要素与公共服务资源
		人力资源市场
		招投标与政府采购的数字化管理
		科技创新与知识产权保护
		所有制平等保护
	市场环境	市场准入机制
		税收政策及实施
		涉企收费合理
		企业融资
		政府诚信
		企业退出及政府相关服务
	政务服务	权力清单
		一网通办及一网统管能力建设
		政策咨询与反馈机制
		中介服务
		证明清单
		公共法律服务资源体系建设
	市场监管	优化监管机制
		规范执法活动
		数字化监管
		包容审慎监管
		信用监管

本次数字经济营商环境评估体系的建设是在充分研究世界银行"营商环境评估（DB）"和"宜商环境评估（BEE）"体系后，结合我国数字经济的发展特点，将数字经济营商环境分为市场主体保护、市场环境、政务服务、市场监管4个维度。对比"营商环境评估（DB）"和"宜商环

境评估（BEE）"与本指标体系可发现，数字经济营商环境评估体系突破了"营商环境评估（DB）"单纯以企业生命周期为评估指标体系构建的依据，将"宜商环境评估（BEE）"中新增设的公共服务部分继续细化。具体而言，数字经济的发展不仅仅依靠传统生产要素，更多依赖于数字经济生产要素和公共服务是否充足、稳定。为此，本书特别设计了招投标与政府采购的数字化管理、一网通办一网统管能力建设、数字化监管、包容审慎监管为一级指标，回应我国数字政府建设和创新监管理念要求，以期通过评估找准我国改革的发力点，不断优化我国数字经济营商环境。

本次评估采用主客观结合的方式，以客观评估为主、主观问卷调查为辅，以最大限度降低主观问卷存在偏差导致评估结果不准确的可能性。在数据来源上，采用直接援引权威机关的统计数据和实际调查相结合的方式，保证数据结果的客观性。

（二）评估结论

本次数字经济营商环境评估依据《优化营商环境条例》中"市场主体保护""市场环境""政务服务""市场监管"四大章节的分类，密切结合了数字经济新业态活动规律、数字技术的应用、数字政府活动、公共行政数字化新范式下的数字行政法规则。[①] 现阶段，我国数字经济法治保障措施整体建设水平良好，但仍处于起步期，有较大的区域水平差异。后文将说明被评估城市整体表现较好的指标及其成熟的数字经济发展经验，并结合具体事例说明有创新之处的城市建设经验。

1. 市场主体保护维度表现

（1）数字经济法治保障措施整体建设水平

"市场主体保护"是政府为市场主体的日常经营提供保护的情况，其中促进生产要素流通、提供科技创新与知识产权支撑、所有制保护等政府正向激励措施涵盖了数字经济企业整个生命周期。从企业角度看，本维度中"法规执行规范性""商标注册便利化及专利申请便利化""科技创新政策""维权投诉渠道畅通、有效回应"4项主观测评指标表现较好，问卷结果可直接反映出企业的政企互动获得感较强。从政府角度

[①] 于安：《论数字行政法——比较法视角的探讨》，《华东政法大学学报》2022年第1期。

看，数字政府建设成果显著，各地政府积极探索保护数字经济市场主体的改革。

评估中"经营自主权"一级指标、"户籍限制""劳动力权利保障"三级指标因佐证材料过少、主观测评难度大而不作评分。

（2）得分整体较高的指标及普遍经验

"招投标与政府采购的数字化管理"一级指标的各城市得分率较理想，其中"全流程电子化""法规执行规范性"三级指标得分率较高。目前各地政府积极建设涉政府采购的行政程序，政府与企业进行招投标交易的公开透明度较高。

"所有制平等保护"一级指标下的三级指标均表现良好，尤其是"维权投诉渠道畅通、有效回应"，其建设成果丰富，各地在拓宽维权渠道、积极回应维权诉求等方面创新举措，切实保障与维护数字经济市场主体的不动产权、股权、知识产权。

"数据交易"三级指标反映的发展成果显著，数据交易实践向纵深发展。目前被评估城市中已有21个城市成立了数据交易中心，逐步拓展数据交易中心的业务范围，在数据开放、数据流通、数据服务等多个领域为地方政府或私营主体提供数据服务。

（3）创新城市及典型事例

知识产权新型维权方式使数字经济企业受益。评估中"科技创新与知识产权保护"一级指标有较多创新举措，多元化知识产权纠纷解决的线上服务覆盖率较高、范围较广。针对知识产权维权援助机制，有"府院+企业"在线对接机制，如重庆政府提供在线维权援助专区，重庆市检察院开发与当地51家知识产权保护联系点企业直接对接的"知识产权掌上服务平台"；或积极拓宽涉外法律服务，如上海利用"企业服务云"平台提供免费的国际贸易知识产权维权咨询服务。

为适应数字经济依托信息通信技术的要求，政府采购走向智能化模式。在"招投标与政府采购的数字化管理"一级指标下，"智能监管"三级指标涌现了重庆政府采购大数据展示屏、宁波招投标智能采购机器人等先进事例，大数据与人工智能等在政府采购中的运用带来了前所未有的便利性，为政府服务数字经济企业发展提供空间。

2. 市场环境维度表现

(1) 数字经济法治保障措施整体建设水平

"市场环境"是与数字经济企业进入和退出市场相关的政府监管措施的机制总和。在建立新型监管模式、对标国际化营商环境的要求之下，各地在数字经济领域的市场准入机制、税收政策、企业融资和退出办理相关的监管框架质量与监管效率都有较好的表现。

其中，本维度以"政府诚信"作为重点指标评估了政府兑现承诺与承担失信责任的能力，评估反映出数字经济政企交易活跃度较高，政府事后失信责任自查自纠机制普遍建立，但政府违约责任的救济机制仍不健全，现行政府违约赔偿不利于数字经济市场主体权益的保护。

(2) 得分整体较高的指标及普遍经验

评估中"企业登记业务规范性"三级指标的表现反映了数字经济营商环境电子化政务建设的阶段性成果。被评估城市线上登记平台均未设置市场主体登记随意限制条件，本书收集的主观问卷结果也显示各地线上登记系统操作便利度、登记事项说明公示度整体较好。

"优惠政策申报便利度"三级指标的评估结果反映了政府对招商引资政策公示公信、不随意变更的理念，是指标体系中信赖保护原则的集中体现之一。在该指标中，各城市政府服务的创新之处是建立了智能化与精准化的"惠企政策兑现平台"，如厦门、宁波、广州等城市的示范性网络平台，体现了数字行政新模式在"放管服"改革建设中的优越性。

"网上自助办理"三级指标的评估结果反映了企业办理退出的便利度，指标设置理念同"优惠政策申报便利度"，各城市在电子政务服务方面均表现良好。

(3) 创新城市及典型事例

自动化审批成为数字经济领域行政活动的创新举措。在"企业登记业务规范性"三级指标评估过程中，深圳对审批流程与审批标准做出创新，一方面依托"企业设立登记'秒批'系统"与"一网四库"，实现企业设立登记无人干预自动审批；另一方面放宽数字产品市场准入，如单独建立数字知识产权快速预审机制，支持在尚未有国家标准的数字产品领域由市场主体联合制定团体标准等。

数字经济法治保障离不开社会监督，多渠道追究政府失信责任是创新政府诚信建设的途径之一。在"政府失信责任追究机制"三级指标评估过程中,重庆建立以《重庆市社会信用条例》为核心,以府院合作建立"政务诚信监测治理体系和政府失信责任追究制度"为主干,以重点领域政府违约的违约责任与赔偿责任为后备保障的系统性机制,利用"信用中国(重庆)"网站和"信用重庆"微信公众号公示政府部门信用信息,联合社会公众力量共同监督。①

3."政务服务"维度表现

(1) 数字经济法治保障措施整体建设水平

"政务服务"是指与服务型政府建设最密切相关的服务事项,其中公共服务清单、一网通办和公共法律服务等服务对化解数字经济争议有重要意义。在全面建设法治政府与服务型政府的政策背景下,本项指标建设已有较充分的积淀,各城市政务服务水平整体较好,涉数字经济政务服务机制朝着精准化、智能化、均衡化方向发展。

(2) 得分整体较高的指标及普遍经验

在"公共服务清单"三级指标的评估中,各地方政府在公共服务政策制定、权力清单发布与积极履职方面发挥了"放管服"改革的积极成效。各城市积极响应权力清单建设,实现了清单全覆盖,但各地清单在发布效率与便民程度上还存在一定差异。

在"一网通办及一网统管能力建设"三级指标的评估中,各地政府大力促进数据要素跨区域流通,利用政务数据共享实现业务协同。各城市在"跨省通办""全市通办""特色区域通办"等领域的政务服务平台建设中均取得满分,在政务服务跨地区数据共享和业务协同方面有了比较成熟的建设经验。

"公共法律服务资源体系建设"一级指标的评估结果反映了各地公共法律服务资源体系建设的趋势,律师、公证、司法鉴定、调解、仲裁等公共法律服务向社会的普及。被评估城市均已经完成高效便捷的公共法律服务网站建设,并着重在提高民众对法律服务的可获得性、可理解度方面开发了新功能、新业务。

---

① 《重庆立法保障守信者处处受益》,中工网,http://www.workercn.cn/34306/202109/22/210922145947383.shtml。

（3）创新城市及典型事例

智能化办事技术在基层的运用成为新型政务服务的特色。在"集中办理、就近办理、网上办理"三级指标的评估中，郑州在街道、社区服务中心等地设置了多台综合自助一体机。政务服务一体机利用人工智能、大数据等技术为群众提供自助业务办理，提供"24小时不打烊"政务服务。

电子平台建设促进数字经济企业快捷便利投资。在"重点项目帮办代办"三级指标的评估中，呼和浩特设有单独的"蒙速办·帮您办"网上办理平台，针对招商引资项目、科技创新项目等数字经济投资事项实行"精准代办"服务，如由地方政府组建帮办工作队伍，代办员为申请人提供业务咨询，积极与相关部门联系沟通，参与项目审批洽谈、跟踪项目进度等。

4. 市场监管维度表现

（1）数字经济法治保障措施整体建设水平

"市场监管"维度评估了数字经济营商环境建设中与"市场监管框架质量"最密切相关的机制。由于数字经济具有较强的开放性、更迭性，部分地区从监管机制到具体的执法活动、数字化监管新手段、包容审慎监管新思路等方面都形成了针对数字经济新业态监管的特色经验。

在"市场监管"维度方面，各城市的表现水平形成明显的梯度，数字经济新监管思路在试点改革城市的发挥水平尤为突出，在数字经济活跃度较低的城市表现欠佳。以"包容审慎监管"一级指标为例，作为我国创新市场监管模式的新举措，本项指标评估了免罚清单制、创新容错制、可替代性柔性执法制的政府文件与政府执法实践，36个被评估城市的建设成果形成明显差距。在平台经济活跃、创新发展政策丰富的改革试点城市，三项监管措施均有丰富的建设成果，并已总结出先进的监管经验，制定出地方性法规，形成数字经济营商环境建设的良好示范。

（2）得分整体较高的指标及普遍经验

"规范执法活动"一级指标的三项三级指标均取得满分。例如，"行政许可/处罚双公示"指标中，被评估城市依据《行政处罚法》《行政许可法》的正当程序要求，均建立了便民的行政许可/行政处罚双公示平台，在线上平台及时发布执法信息。其中上海还利用可视化技术，对市级行政部门和各区政府公示信息的数量、时间、满意度进行排名，方便人民群众监督政府双公示工作情况。"'双随机、一公开'监管联席会议制度"三级指标中,各地均建立市场监管领域"双随机、一公开"监管联席会议机制或议事协调机构,例如郑州在优化市场监管抽查机制、配置执法资源、依法行政考核等方面对接"放管服"改革督查。

(3) 创新城市及典型事例

企业风险防范已被纳入数字经济综合监管范畴中。在"非接触式监管机制建设"三级指标评估中,北京市场监管部门研发"市场监管风险洞察平台",将企业失信、失联及高风险行为通过大数据纳入综合监管,为市场监管部门和基层执法人员提供了一套风险定义、风险发现、风险识别、风险驱动的监管闭环应用工具。在科技风险系数较高的数字经济领域,上述工具体现了政府利用"预防原则"(Precautionary Principle)介入市场监管,实现风险防范与限制的目的,这是政府现代化治理的创新举措。[①]

数字经济立法确定了数字经济发展的基本议题与监管逻辑。2022年12月发布的《北京市数字经济促进条例》聚焦于数字经济产业发展的监管与服务,涉及数字基础设施、数据资源、数字产业化、产业数字化、智慧城市建设、数字经济安全和保障与监管7大类共计47条内容。该文件吸收以往8个城市的数字经济立法框架,创新性地提出"推进量子通信、区块链等数字基础设施建设""智慧城市建设""设立首席数据官"等亮点内容,为数字经济活跃地区指明建设方向。

(三) 存在的问题

1. 市场经营中的不当干预问题较为突出

本书在对36个城市进行评估的过程中发现,部分地方政府在企业进入市场以及退出时仍存在较多限制,突出表现为地方政府违背市场准入负面清单,变相增设市场准入条件、在市场准入环节滥用权力寻租牟利、违规增设行政许可的前置条件或采用多种方式增加市场准入审批时长等问题。我国《行政许可法》第十五、第十六条规定,地方性法规和省、自治区、直辖市人民政府规章不得设定前置性行政许可或违反上位法规定增设

[①] 参见陈景辉《捍卫预防原则:科技风险的法律姿态》,《华东政法大学学报》2018年第1期。

行政许可的具体条件。[①]

行政许可制度发端于私法性许可,政府出于对经济的干预和对社会管理规范化的愿望必然在程序上固化为行政审批。[②] 因此,从这个意义上来看,行政许可制度本身作为明晰政府与市场之间的界限,当然也就存在规制的局限性,即能否实现矫正市场失灵、调控企业行为的目的,取决于行政许可立法、执法、司法三个方面的因素。[③] 若执法者突破行政许可法定原则,过分干预市场,无疑将导致国家、市场、社会三方关系的失衡,难以发挥预防政府和服务政府的功能。

2. 劳动者权益保护存在不足

随着我国数字经济的发展,互联网平台企业发挥了信息集散和资源调配的功能,并且创造了数量巨大的劳动力市场。然而,由于数字经济的特性,平台在用工时对劳动者的管理程度和方式与传统用工形式存在极大的差异,如网约车司机和网约配送员有关劳动支付、工间休息、职业伤害及养老医疗方面的问题无法通过现有的劳动法律制度予以合理适用。这也是本书在评估时对36个城市有关劳动者保护中的"劳动者权益保护"评分较低的原因所在。通过分析36个城市有关劳动者权益保护的得分结果,本书发现该分值整体呈现"中间大、两头小"的趋势,即平台经济发达的城市,如北京、深圳,以及平台经济较为不发达的城市,如银川,其劳动者权益保护的得分较低;中间城市,如长春、济南、南昌等地,该分值几乎达到满分。值得特别指出的是,南京有关数字经济劳动者权益保护的评

[①] 《行政许可法》第15条:"本法第十二条所列事项,尚未制定法律、行政法规的,地方性法规可以设定行政许可;尚未制定法律、行政法规和地方性法规的,因行政管理的需要,确需立即实施行政许可的,省、自治区、直辖市人民政府规章可以设定临时性的行政许可。临时性的行政许可实施满一年需要继续实施的,应当提请本级人民代表大会及其常务委员会制定地方性法规。地方性法规和省、自治区、直辖市人民政府规章,不得设定应当由国家统一确定的公民、法人或者其他组织的资格、资质的行政许可;不得设定企业或者其他组织的设立登记及其前置性行政许可。其设定的行政许可,不得限制其他地区的个人或者企业到本地区从事生产经营和提供服务,不得限制其他地区的商品进入本地区市场。"第16条:"行政法规可以在法律设定的行政许可事项范围内,对实施该行政许可作出具体规定。地方性法规可以在法律、行政法规设定的行政许可事项范围内,对实施该行政许可作出具体规定。规章可以在上位法设定的行政许可事项范围内,对实施该行政许可作出具体规定。法规、规章对实施上位法设定的行政许可作出的具体规定,不得增设行政许可;对行政许可条件作出的具体规定,不得增设违反上位法的其他条件。"

[②] 参见张康之《行政审批制度改革:政府从管制走向服务》,《理论与改革》2003年第6期。

[③] 参见汪燕《行政许可制度对国家治理现代化的回应》,《法学评论》2020年第4期。

分为满分。

从国家层面来看，我国于2021年7月出台了一系列平台用工监管的新举措，对平台用工监管以"组合拳"的方式试图在劳动关系和民事（劳务）关系之间创设新的关系类型，并提出保障公平就业、控制劳动强度、完善规章制度、推行集体协商等在内的一系列合规要求。[1] 然而平台用工问题的核心在于我国《劳动法》能否适用于平台用工，即平台和劳动者之间是否构成劳动关系。但在实践中劳动关系的判断存在较大难度。依据劳动法领域的"从属性"理论[2]难以直接得出配送员和平台属于劳动法上的劳动关系范畴，导致该问题落入地方政策判断。例如，南京人社局于2021年4月出台《关于规范新就业形态下餐饮网约配送员劳动用工的指导意见（试行）》，直接将"专送骑手"归入劳动关系，将"众包骑手"归入劳务关系。[3] 因而本书在评估时发现南京作为数字经济较为发达的城市，其通过主观问卷得出的劳动者权益保障评分为满分，这在一定程度上验证了目前对劳动关系认定更多依靠地方政策的论断。

3. 政府诚信建设有待加强

本书将政府诚信分为政府政策和政府合同两个方面进行考察，通过调研和司法大数据搜索发现，政府合同的及时性、履约性在多个被评估城市存在较为突出的问题，主要表现为政府迟延履行合同、因政府违约引发的诉讼数量较多。政府合同与政府政策事实上存在一定交叉，即在部分招商引资奖励案件中，政府通过合同的方式实现了由抽象规则向具体化行为的转化，并在后续诉讼中表现为政府对合同的"违约"或"履约不及时"。政府诚信是法治政府建设的一个重要方面，持续稳定且可兑现的政府优惠政策是吸引投资者、优化数字经济营商环境不可或缺的内容。但在实践中因地方领导更换、政策性质认定以及司法审查规则的差异，行政相对人的

---

[1] 如人力资源和社会保障部制定《关于维护新就业形态劳动者劳动保障权益的指导意见》；国家市场监督管理总局牵头制定《关于落实网络餐饮平台责任切实维护外卖送餐员权益的指导意见》；中华全国总工会制定《关于切实维护新就业形态劳动者劳动保障权益的意见》等。参见阎天《平台用工监管新政之思》，《中国法律评论》2021年第4期。

[2] 从属性是劳动法调整的劳动关系的本质性特征。最高人民法院发布的劳动人事争议典型案例及各地法院发布的典型案例中，从属性理论均作为判断劳动关系是否成立的标准。

[3] 《关于规范新就业形态下餐饮网约配送员劳动用工的指导意见（试行）》，宁人社规〔2020〕4号，2021年4月发布。

信赖保护利益无法实现，从而影响公民、企业对政府诚信的满意度评价，客观上阻碍了诚信政府、服务型政府的构建。

从目前评估结果分析，政府优惠政策的公开度与可兑现问题较为突出。在政府优惠政策公开度中，有2个城市因市级招商局或投资促进局官网无法访问且无其他获取优惠政策途径而获得0分。其余34个城市虽均有一定的政策可供查阅，但其政策集成度、明晰度、规范性均有待加强。此外，政府优惠政策的兑现便利度也存在较大差异。北京、厦门、大连等20个城市兑现便利度较高，而乌鲁木齐、西宁则因出现缺少"一站式"政策兑现平台，缺少明确的政策和新闻佐证优惠政策兑现机制，在该指标评估时获0分。鉴于各地区数字经济发展的不均衡性，本书并未将政府违约案件数量的多寡单独作为评估依据，而是结合政府失信责任追究机制进行综合评估。可以说，当前数字经济较为发达的城市，其政府以相对完善的诚信建设，对政府履约能力的注重，以及稳定、可预期、可兑现的政府政策吸引更多投资者到本地经营。

4. 监管过程中的数据安全存在较多不足

监管中的数据安全包含企业数据和个人信息数据两个方面。通过评估发现，各地方政府对个人数据的保护较为充分，但在企业数据安全方面仍有较多不足。究其原因，我国目前通过《个人信息保护法》对个人信息的处理以及合理运用予以规范，被评估城市针对个人信息保护进行了相应立法和多手段执法工作。对侵犯个人信息的违规主体采取下架、约谈、通报等方式进一步规范企业对个人信息的保护。但企业数据安全在评估中整体呈现不足的态势，在36个评估对象中有23个城市该项得分为0分，即没有发现专门针对数据合规的地方文件或相应举措，其中不乏东南部地区经济较为发达的城市。

企业数据安全的保护不足一方面由于目前对数据要素的顶层设计相对欠缺，另一方面无疑源自数据在法律上属性不明的现状。因数据权利主体的不确定性、数据的外部性、数据的垄断性等问题，目前难以在民法理论上对数据进行合理界定。换言之，数据是否是民法意义上的财产权以及数据能否构成民事权利的客体等理论问题仍待进一步明晰。虽我国数字经济规模已连续多年位居世界第二，《"十四五"数字经济发展规划》提出2025年要初步建立数据要素市场体系，但从实践层面来看，目前我国数据要素市场的各项建设仍处于探索阶段，遑论地方政府对企业数据的有效保护。

5. 区域不平衡的现象尤为突出

根据对36个城市数字经济营商环境的评估结果的综合性分析，分值整体呈现由东南沿海地区向中西部地区城市递减的趋势。尤其是北京、上海、重庆、杭州、广州、深圳6个被国务院《关于开展营商环境创新试点工作的意见》列为首批营商环境试点的城市，其数字经济营商环境建设同样具有引领作用。以上城市数字经济营商环境优势突出表现为数字化手段的广泛应用。在评估过程中，北京、深圳、重庆3个城市在数据库建设和数字共享与业务协同机制中均获得满分，这3个城市不仅有一体化统一的数据共享平台或数据开放页面，而且单独设置"数据解读"专栏，为公众提供一定的数据分析解读，以帮助其能够充分利用数据、理解数据。此外，在创新性举措方面，重庆、深圳、杭州特别针对数字经济的发展特点创新监管理念，针对新业态推出创新容错机制，并以可替代的柔性执法方式进行监管，充分发挥了包容审慎监管理念，秉持底线思维对新业态、新技术、新模式的数字经济进行有效监管。特别值得指出的是，厦门虽未被列入首批创新试点城市，但其数字经济营商环境的建设也极为突出，在保护劳动者权益、政府诚信、数字化应用和创新监管方面均取得位居前列的评分。

以拉萨、西宁、乌鲁木齐为代表的西部地区城市，不仅在企业自主经营的范畴内进行了过多不当干预，而且因其数字经济发展落后的现实，在营商环境建设方面存在较大差距。

（四）建议

1. 以法治化落实包容审慎监管理念

近年来我国数字经济高速发展，数字经济规模已位居世界第二。要保持我国数字经济营商环境的优化，保证数字经济的健康有序发展，须以新发展理念为指引，突破传统监管思维，对具有虚拟性、创新性特性的新兴数字经济进行有效监管，坚持促进数字经济发展和监管规范并重。

2021年1月，中共中央印发《法治中国建设规划（2020—2025年）》，要求探索包容审慎监管等新型监管方式。2021年3月，十三届全国人大四次会议表决通过《中华人民共和国国民经济和社会发展第十四个五年规划和2035年远景目标纲要》（以下简称"十四五"规划），提出要推进监管能力现代化，对新产业新业态实施包容审慎监管。各地方政府在新监管理念之下，也采取了免于处罚、从轻或减轻处罚等措施。但事实上，对数字经济的包容审慎监管不应限于传统免罚、少罚，而是应当以保证数字经济健康有序发展为目标，不断探索新型的监管方式。包容审慎监管的意义在于可以有效打破传统监管在数字时代面临的困境，同时要求政府不以包容的名义放弃必要的审慎监管，也不因市场出现了一些问题而立即转向过度监管，其主张并非先发展后规范或先规范后发展，而是在发展中规范、在规范中发展。

在法治轨道上推进包容审慎监管的理性实施，面对一时看不准发展趋势的新业态，有必要为市场留足发展空间，通过开放决策程序提升行政理性，引入试验机制促成监管的包容审慎，建立容错机制以激励市场与政府探索创新，完善并加强监督机制，以确保行政便宜性与最佳性有机统一。[1]

2. 以"东数西算"推动区域协调发展

数字经济的基础设施建设，不仅包括传统经济的用水、用电、用气、用地等传统生产要素，还包括以通信为目的的光纤网络、5G网络部署和融合应用。在数字经济时代，算力（即每秒钟能够处理的信息数据量）如同农业时代的水利、工业时代的电力，是经济发展的重要基础，也是全球竞争的焦点。数字经济的发展对算力的依附性极强。

目前我国传统经济与数字经济的发展均呈现出区域发展不平衡的态势，东部地区经济强于西部地区经济。深圳的信息产业产值占全球的1/10，北京、上海等地的数字经济也处于全国领先位置。与之相对应的是，西部地区因交通、地域、人口等因素的限制，传统经济的发展落后于东部地区，数字经济也受到影响。然而从资源分布来看，我国西部地区的自然资源存储量较东部地区更为丰富，算力的建设具有强大潜力。因此，我国做出"东数西算"工作部署，在京津冀、长三角、粤港澳大湾区、成渝、内蒙古、贵州、甘肃、宁夏等地启动建设国家算力枢纽节点，并规划了10个国家数据中心集群。基于我国电能储备主要集中在西北地区、西

---

[1] 参见刘权《数字经济视域下包容审慎监管的法治逻辑》，《法学研究》2022年第4期。

南地区的现实情况,为充分利用西南地区丰富的水利资源和西北地区丰富的煤矿资源,将东部地区的数据交给西部地区运算,在缓解东部地区自然、土地资源压力的同时,为西部地区创造新产业带来新的就业机会,实现经济的可持续性发展。

"东数西算"不仅可以缓解东西部地区在数字经济领域发展的不均衡性,还能破除因交通、历史等原因导致的东西部地区发展不均衡的现状。利用数字经济的浪潮,充分发挥西部地区自然资源丰富、地域辽阔的优势,从而实现我国各区域优势互补、协同发展。与此同时,以强大的算力不断降低金融预测、远程医疗等行业成本,提高产品效果,进而使消费者享受到物美价廉的"数字"服务。可以说,加快数字经济新型基础设施建设,全面深入推进"东数西算",有助于催生新产业、新业态、新模式,赋能传统产业转型升级,增强产业链关键环节竞争力,完善重点产业供应链体系,加速产品和服务迭代,加快推动我国从数字经济大国向数字经济强国跨越。

3. 以完善顶层设计助推数字经济发展

2022年7月11日,国务院办公厅发布《关于同意建立数字经济发展部际联席会议制度的函》[①],建立由国家发展改革委牵头的数字经济发展部际联席会议制度。这是贯彻落实党中央、国务院决策部署,推进实施数字经济发展战略的重要制度设计。建立数字经济发展部际联席会议制度,可基于数字经济发展的趋势和形势,有效协调制定数字化转型、大数据发展、"互联网+"行动等数字经济重点领域的规划和政策。数字经济发展部际联席会议制度有利于在国家层面统筹推动数字经济重大工程和试点示范,协调推进数字经济领域重大政策实施,组织探索适应数字经济发展的改革举措。

数字经济发展顶层设计立足于国家发展全局,是一个系统性、集成化的政策体系。完善数字经济顶层设计和体制机制是我国数字经济未来发展的蓝图和指南。因此,在国家层面,应建立针对数字经济的政策清单、责任清单,建立在数据权属、开放和流动、数字市场公平竞争、网络安全等

---

① 《关于同意建立数字经济发展部际联席会议制度的函》,国办函〔2022〕63号,2022年7月11日发布。

领域的体制机制，营造良好的数字经济发展环境。健全跨部门协调机制，协同推动数字产业化、产业数字化、数字治理现代化；同时，针对数字经济领域的人才、资金政策给予倾斜性优惠。在国际层面，要不断引领数字经济领域的全球治理规制制定，促进数据、数字商品和服务的跨境流动；探索数据要素监管的"沙盒模式"，形成技术发展、市场需求、监管要求相匹配的监管模式，切实保护数据相关方利益，激发市场主体活力和科技创新能力。

4. 以健全法律体系建设为数字经济的基石

数字经济的有序发展离不开相关法律体系的建设，这也是法治化数字经济营商环境的基本要求。鉴于目前我国数字经济发展过程中存在法治建设不完善、因行业特性导致无法在现有法律体系中兼容的状况，我们应完善数字经济治理体系，健全法律法规和政策制度，把监管和治理贯穿于创新、生产、经营、投资全过程，实现大中小企业全主体、事前事中事后全链条、线上线下全时空治理，以确保数字经济健康发展。明确数据确权，在数据确权法律建构中妥善处理国家数据主权、国家安全、企业数据产权和个人信息保护之间的关系，兼顾不同类型数据的管理和适用需求，有针对性地进行监管，并对数据要素形成的全流程（包括但不限于数据采集、数据存储、数据加工、数据传输、数据分析、数据应用等环节）进行分别研究，以探索更加精准的数据确权。当然，目前各地已在积极探索数据权属，并通过地方立法的方式助力数字经济。2016 年，贵阳市大数据交易所发布全国首份数据交易公约《贵阳大数据交易观山湖公约》，随后各地便开始积极探索数据确权与数据交易立法实践。[1] 但由于尚未有国家层面的立法，各地方立法在政府数据、公共数据等基础概念的界定中存在较大的差异性。这也可能导致后续数字经济发展的实践困境。因此，若要保证数字经济的有序发展，急需在现有法律体系中，结合数字经济的特性，对相关基本概念进一步明晰。[2]

5. 以法治处理好数字经济中安全与发展的关系

习近平总书记指出："网络安全和信息化是一体之两翼、驱动之双轮，

---

[1] 胡凌：《数据要素财产权的形成：从法律结构到市场结构》，《东方法学》2022 年第 2 期。
[2] 如前文所分析的平台劳动关系。

必须统一谋划、统一部署、统一推进、统一实施。做好网络安全和信息化工作，要处理好安全和发展的关系，做到协调一致、齐头并进，以安全保发展、以发展促安全，努力建久安之势、成长治之业。"[1] 我国在发展数字经济的过程中，应把安全性和发展放在并重的位置，坚持安全发展，处理好发展与安全的关系，以发展促安全，以安全保发展。以法治为界碑明确规则，引导督促企业服务于经济社会发展大局，加强反垄断、反不正当竞争的监管力度，提升数字经济的包容性和公平性，助推实现共同富裕。

要充分发挥我国数字经济大国优势，统筹国内国际两个大局、发展安全两件大事，不断做强、做优、做大我国数字经济，抢占未来发展制高点，需要以法治为根本保障。针对数字经济新业态，秉持"底线思维"，坚持包容审慎监管，将新监管理念和治理方式贯穿创新、生产、经营、投资全过程，实现大中小企业全主体、事前事中事后全链条、线上线下全时空治理，以确保数字经济健康发展。强化关键信息技术设施保护，增强态势感知、威胁发现和协同处置能力。推动网络和数据安全技术创新，培育富有竞争力的骨干企业，为维护国家网络安全提供技术和产业支撑。

6. 以地方创新试点推广先进经验

近年来，各地区各部门抢抓新一轮科技革命的有利契机，加快建设数字政府，将信息技术与深化改革、优化营商环境结合起来，大力推进政务事项整合、流程再造、电子化办理，提升监管服务效能，打通从政策制定到服务落地的"最后一公里"，企业群众获得感显著提升。如在数据开放方面，北京、武汉、宁波、杭州、厦门等举办了数据开放大赛，积极推动全社会充分利用开发，避免出现"形式开放"现象。北京持续开展"'AI+司法服务'创新竞赛""北京数智医保创新竞赛科技""中国研究生智慧城市技术与创意设计大赛"等创新应用活动，吸引社会力量为公共数据增值。[2] 青岛依托公共数据开放平台，打造"数字实验室"和"数据会客厅"，加强数据供需对接，构建数据创新应用生态体系。[3] 杭州、宁波探索设置了文旅在线专区，将公共数据开放平台与城市旅游传播融媒体连

---

[1] 《习近平谈治国理政》第一卷，外文出版社 2018 年版，第 198 页。
[2] 《北京已无条件开放 5727 个公共数据集，总量居全国前列》，中国首都网，http://beijing.qianlong.com/2021/0301/5467921.shtml。
[3] 参见中国信通院《中国数字经济发展白皮书》，2021 年，第 36 页。

接，充分利用数据开放平台，实现旅游资源的开发利用。

在劳动者保护方面，因为数字经济从业者具有流动性强的特点，难以嵌入我国《劳动法》对劳动关系的界定标准。所以，新业态劳动者权利保护也成为社会关注的焦点。根据用工性质与用工特征，南京将外卖骑手分为专送骑手和众包骑手，专送骑手可细分为全日制骑手、劳务派遣骑手、非全日制骑手，并进一步规定配送合作商或其劳务派遣单位应当为建立了劳动关系的全日制骑手和劳务派遣骑手依法参加社会保险，并与之协商确定劳动报酬、休息休假、职业安全保障等事项；配送合作商应当与建立非全日制用工关系的非全日制骑手协商确定劳动报酬、作息时间、职业安全保障等事项。非全日制骑手可以按规定以灵活就业人员身份依法参加社会保险。

第一编　市场主体保护

第一编　市场主体保护

党的二十大报告指出，我们要"优先民营企业发展环境，依法保护民营企业产权和企业家权益，促进民营经济发展壮大"，"支持中小微企业发展"。[①] 因此本编聚焦市场主体保护，从政府干预、要素市场化配置、市场主体权利保护3个方面出发，分别考察36个城市在"经营自主权""生产要素与公共服务资源""人力资源市场""招投标与政府采购的数字化管理""科技创新与知识产权保护"及"所有制平等保护"6个方面的具体表现，将公平竞争保障、政务服务数字化水平与数据治理能力作为重点评估内容（具体得分情况见下表）。

---

① 习近平：《高举中国特色社会主义伟大旗帜　为全面建设社会主义现代化国家而团结奋斗——在中国共产党第二十次全国代表大会上的报告》，人民出版社2022年版，第29页。

第一章　经营自主权

企业经营自主权是指企业依自身意愿从事经营活动，在行业准入、主体资格、经营行为、退市机制方面不受国家公权力非法干涉的根本性权利[1]，受到宪法与法律保护[2]。企业经营自主权是衡量一个经济体经济开放水平与市场化程度的重要指标。作为现代企业制度的重要特征，确认并保障企业真正享有经营自主权成为改革开放中的重要内容。为充分发挥市场在资源配置中的决定性作用，破除政府对经济活动管理的体制机制障碍，"放管服"改革与《优化营商环境条例》都将保护企业经营自主权作为重要目标。[3] 本项指标评估主要采用问卷调查法，以被评估城市企业经营者及其工作人员为调查对象，了解被评估城市在日常经营及企业退出过程中是否对当地企业进行了不当干预。

一　评估指标构成

数字经济营商环境评估的"经营自主权"一级指标之下设置一项二级指标，即"政府不当干预"，并细化为"对企业日常经营干预""对企业退

---

[1] 潘昀：《论民营企业经营自主权之宪法属性——围绕"非公经济条款"的规范分析》，《法治研究》2014年第5期。

[2] 1982年《宪法》对企业经营自主权做出了确认。参见林鸿潮、栗燕杰《经营自主权在我国的公法确认与保障——以改革开放三十年为中心的考察》，《云南行政学院学报》2009年第3期。

[3] 柴宝勇：《以人民满意为宗旨，深入推进"放管服"改革》，新华网，http://www.xinhuanet.com/politics/2018-07/25/c_1123175753.htm。

出干预"2个观测点（见表1-1）。

表1-1 经营自主权

一级指标	二级指标	三级指标
经营自主权	政府不当干预	对企业日常经营干预
		对企业退出干预

二　设置依据、评估标准及评估分析

本章指标主要依据《优化营商环境条例》设计，对其中有关保护企业经营自主权的条文进行了汇总，并将这些内容转化为指标进行评估。考虑到本章指标的评估内容主要为地方政府于法外进行的隐形干预，因此，本章主要采取主观评价方法，充分考虑市场主体感受。

在评估中，评估小组所依据的材料与数据来源主要是被评估城市的政府及其有关部门门户网站、数字政务服务App、网络搜索引擎关键词查询、新闻报纸媒体查询、评估组设计的调查问卷等，检索时间为2022年3月1日至2022年6月3日，有效评估信息的选取的截止时间为2022年6月3日。调查问卷收集时间为2022年4月12日至2022年5月9日。各个三级指标的评估方法及赋分标准如下。

（一）对企业日常经营干预

【设置依据】

《优化营商环境条例》第十一条规定，市场主体依法享有经营自主权。对依法应当由市场主体自主决策的各类事项，任何单位和个人不得干预。

【评估方法】

主观测评。评估小组针对"政府是否对企业日常经营活动进行干预"设计问卷题目，向被评估城市企业经营者及员工发放调查问卷。

【评估分析】

地方政府对当地企业日常经营的干预通常隐含在日常监督管理与行政执法过程中，因此，本次评估并不以法律法规等制度性框架与指导性文件为评估依据，而是通过调查问卷等主观测评方式，从企业角度出发，明确被评估城市地方政府在事实层面是否对企业日常经营进行了不当干预。

评估小组剔除了问卷中不属于侵犯企业经营自主权的内容，比如地方政府法定职责与职权范围内的监督管理行为，劳工保护、环境保护等法定的企业社会责任等。评估小组发现部分城市主要在7个方面限制了经营自主权：外商投资准入负面清单外设限，在用地审批环节设置不合法审查事项，非法限制企业经营范围，干涉企业合作投资等企业发展规划，要求企业设立分公司、分支机构，强制企业进行违法摊派，强制企业履行非法定企业社会责任如提供养老服务、吸纳就业等。

【典型事例】

在本项评估中，评估小组注意到，被评估城市在网约车监督管理中存在较大的差别。部分被评估城市对网约车车辆实施总量控制，一方面明确规定网约车行业可准入的车辆总量，另一方面以禁止或限制新增车辆等方式间接实现总量控制的目标。2020年，银川市修订网约车细则，明确规定："市交通运输行政主管部门应当根据城市人口数量、经济发展水平、交通拥堵状况、空气质量状况、公共交通发展水平、出租汽车里程利用率等因素，合理确定出租汽车在城市综合交通运输体系中的负担比例，实施总量规模评估，编制出租汽车发展规划。"新修订细则发布的同时，其政府网站中明确："目前，银川市网约车投放数量暂时控制在3000辆以内，后续在运行过程中，银川市将加强出租汽车运营状况监测，准确评估供求关系，逐步调整运力规模，有序发展网约车"。[1] 2021年12月，哈尔滨市交通局印发《关于2021年哈尔滨市网络预约出租汽车运力指标分配工作的通知》（哈交政发〔2021〕78号），明确规定"2021年哈尔滨市网络预约出租汽车运力指标990台"，将通过摇号等方式实现指标分配。[2]

部分被评估城市政府在审批事项及审慎监管方面做出了创新规定，通过减少审批事项与各类前置程序，降低政府不当干涉、权力寻租的可能。上海

---

[1] 银川市交通局：《新修订的银川市网约车管理细则6月1日起施行》，银川市人民政府网，http://www.yinchuan.gov.cn/xwzx/zwyw/202004/t20200430_2054331.html。

[2] 《关于2021年哈尔滨市网络预约出租汽车运力指标分配工作的通知》，哈交政发〔2021〕78号，2021年12月29日发布，http://jiaotongyunshuju.harbin.gov.cn/art/2021/12/30/art_21848_1216537.html。

《2022年上海市深化"放管服"改革工作要点》(沪府办〔2022〕11号)明确要完善涉企经营许可"双告知"工作制度及目录，逐步扩大"一业一证"改革行业范围，进一步推进照后减证并证。[①] 深圳印发《深圳市建设营商环境创新试点城市实施方案》(深府〔2022〕13号)，强调要积极探索包容审慎监管新模式，减少监管执法活动对市场主体正常生产经营的影响。[②]

(二) 对企业退出干预

【设置依据】

同"对企业日常经营干预"。

【评估方法】

主观测评。评估小组针对"政府是否对企业退出进行干预"设计问卷题目，向被评估城市企业经营者及员工发放调查问卷。世界银行最新公布的《宜商环境项目概念说明书》设置了"商事破产"(Business Insolvency)指标，主要评估企业破产程序规则的质量、破产程序相关体制机制的质量、破产司法程序的便利性。[③] 但在本评估中，评估小组主要聚焦于事实层面，评估地方政府是否在制度规范之外对企业退出进行了违法干预。

【评估分析】

部分被评估城市对企业退出进行干预的主要原因有：避免地方财税收入损失，确保地方经济发展政绩，确保自然垄断型企业持续供应重要公共产品等。部分城市对企业退出采取的干预手段主要有：对企业的劳动力流动管制、金融抑制、政府补贴等。

三 评估结论与建议

本项指标不赋分，仅就各城市评估结果进行整体分析。

[①] 《2022年上海市深化"放管服"改革工作要点》，沪府办〔2022〕11号，2022年2月22日发布，https：//www.shanghai.gov.cn/nw12344/20220304/17729ebc1986408fba7eb0abb1d25836.html？siteId=1。

[②] 《深圳市建设营商环境创新试点城市实施方案》，深府〔2022〕13号，2022年1月29日发布，http：//fgw.sz.gov.cn/gkmlpt/content/9/9745/post_9745609.html#2644。

[③] The World Bank, *Pre-Concept Note Business Enabling Environment* (*BEE*), pp.54-56 (2022).

(一) 取得的成就

1. "放管服"改革取得初步成效,有效约束政府不当干预

企业经营自主权产生于市场逐步脱嵌出国家的转轨时代背景之下,1988年的《全民所有制工业企业法》为企业经营自主权提供了公法保护,第58条明确规定:"任何机关和单位不得侵犯企业依法享有的经营管理自主权;不得向企业摊派人力、物力、财力;不得要求企业设置机构或者规定机构的编制人数。"① 根据《全民所有制工业企业转换经营机制条例(2011修订)》②与《全民所有制工业企业法(2009修正)》③,企业经营自主权主要表现为企业生产经营决策权,产品、劳务定价权,产品销售权,物资采购权,进出口权,投资决策权,留用资金支配权,资产处置权,联营、兼并权,劳动用工权,人事管理权,工资、奖金分配权,内部机构设置权,拒绝摊派权。在经历了20世纪90年代后期一系列市场化改革后,地方政府对企业的介入力大大降低,直接侵犯企业经营自主权的现象大幅减少,大部分政府干预行为被定型化的行政行为所吸收,依托行政诉讼合法性审查机制,地方政府对辖区企业的干涉控制行为得到一定的纠正。④

2015年5月,李克强总理在全国推进简政放权放管结合职能转变工作电视电话会议上首次提出"放管服"改革的概念,提出要纵深推进简政放权、放管结合、优化服务,深化行政体制改革,切实转变政府职能。⑤ 7年来,放管服改革主要从3个方面排除政府进行不当干预,将行政权的行使纳入法治轨道:一是减少行政审批事项,全面实行行政许可事项清

---

① 参见林鸿潮、栗燕杰《经营自主权在我国的公法确认与保障——以改革开放三十年为中心的考察》,《云南行政学院学报》2009年第3期。
② 《全民所有制工业企业转换经营机制条例(2011修订)》,中华人民共和国国务院令第588号,2011年1月发布。
③ 《中华人民共和国全民所有制工业企业法(2009修正)》,中华人民共和国主席令第18号,2009年8月发布。
④ 参见卢超《产权变迁、行政诉讼与科层监控——以"侵犯企业经营自主权"诉讼为切入》,《中外法学》2013年第4期。
⑤ 新华社:《李克强在全国推进简政放权放管结合职能转变工作电视电话会议上的讲话》,中国政府网,http://www.gov.cn/guowuyuan/2015-05/15/content_2862198.htm。

单管理。① 二是改革商事制度,大力推动"证照分离""多证合一、一照一码"改革,启动企业简易注销登记改革。② 三是"减审批强监管",推行"双随机、一公开""互联网+监管"等监管方式,加强事中事后监管。③

2. 供给侧结构性改革倒逼地方政府减少对企业退出的不当干预

地方政府主要通过以下两种方式干预企业退出,一是违法强行核准注销企业登记,为并未提起注销登记的企业办理核准注销登记手续;④ 二是地方政府为避免企业退出带来的巨大沉没成本,基于维持社会稳定,避免职工失业,防止地方经济GDP与税收下降,避免银行坏账暴露等,为已经丧失市场自我生存能力的企业提供政府补贴或贷款,维持其经营能力,拒绝为其办理注销登记手续,此类企业亦被称为"僵尸企业"。⑤ "僵尸企业"的存在制约了新兴企业的崛起,加剧了产能过剩,阻碍了社会创新。⑥ 企业退出将引发债务处置、资产核销、职工安置等棘手问题,地方政绩与社会稳定等因素导致地方不敢、不愿让企业退出,急需中央政府提供强有力的资金支持与制度保障。⑦ 2016年,李克强总理在《政府工作报告》中提出,要着力化解过剩产能和降本增效,中央财政将拿出1000亿元奖补资金,重点用于解决"僵尸企业"退市后的职工安置等社会问题。这表明了中央政府财政支持解决"僵尸企业"的决心。2018年11月,国家发展改革委等11个部门联合下发《关于进一步做好"僵尸企业"及去产能企业债务处置工作的通知》,明确各地区应建立"僵尸企业"及去产能企业债务处置工作机制,"原则上应在2020年底前完成全部处置工作"。⑧ 据统

---

① 详见《国务院办公厅关于全面实行行政许可事项清单管理的通知》(国办发〔2022〕2号)附件《法律、行政法规、国务院决定设定的行政许可事项清单(2022年版)》,2022年1月30日发布。
② 《国务院关于深化"证照分离"改革进一步激发市场主体发展活力的通知》,国发〔2021〕7号,2021年6月3日发布。
③ 参见成协中《"放管服"改革的行政法意义及其完善》,《行政管理改革》2020年第1期。
④ 参见朱世宽《对审理经营自主权行政案件的情况调查》,《人民司法》2000年第4期。
⑤ 参见王欣新《僵尸企业治理与破产法的实施》,《人民司法(应用)》2016年第13期。
⑥ 参见何帆、朱鹤《僵尸企业的识别与应对》,《中国金融》2016年第5期。
⑦ 参见聂辉华等《我国僵尸企业的现状、原因与对策》,《宏观经济管理》2016年第9期。
⑧ 《关于进一步做好"僵尸企业"及去产能企业债务处置工作的通知》(发改财金〔2018〕1756号),2018年11月23日发布。

计，截至2021年年底，"两非"（非主业、非优势）、"两资"（低效资产、无效资产）清退主体任务已基本完成，全国纳入名单的"僵尸企业"处置率达95%以上，重点亏损子企业三年减亏83.8%。①

各地亦积极探索创新机制，加速清理"僵尸企业"。深圳首创商事主体除名和依职权注销制度。针对当前商事主体退出困境，如因营业执照、公章或股东、相关人等下落不明等而无法正常办理注销程序，深圳做出了特别规定：商事主体登记的住所或者经营场所无法联系，被列入经营异常名录或者被标记为经营异常状态满两年，且近两年未申报纳税，商事主体将被直接予以除名；商事主体若"依法被吊销营业执照""依法被责令关闭""依法被撤销设立登记"或"依法被除名"，并且在6个月内仍未申请办理注销登记，将被强制退出，由商事登记机关依职权注销。② 而针对破产安置处置，哈尔滨发布了《哈尔滨市人民政府关于处置市属国有僵尸企业的指导意见》（哈政规〔2019〕2号），明确要妥善安置职工，落实职工安置费。哈尔滨将职工安置费用分为三类：破产企业职工安置费用、非破产企业在职职工分流安置费用及非破产企业离退休人员社会化管理费用，由破产财产变现收入、未破产企业资金或国有资本经营预算等支持解决。③

（二）存在的问题

1. 地方政府不当干预屡禁不止

市场在本质上是由产品价格与要素成本构成的利润所形成的对理性个体的激励机制和协调机制（即相对价格效应与收入效应）。④ 政府干预在一定程度上能弥补市场失灵。但如果政府对产业发展和企业微观经济活动过度干预，则会破坏市场机制的正常运行，衍生出效率损失、权力腐败、管

---

① 刘志强：《改革蹄疾步稳 国企活力更足（谱写新篇章）》，《人民日报》2022年6月13日第6版。
② 深圳特区报：《深圳：清除"僵尸"企业首创企业除名》，深圳市人民政府门户网站，http://www.sz.gov.cn/cn/xxgk/zfxxgj/zwdt/content/post_9249742.html。
③ 《哈尔滨市人民政府关于处置市属国有僵尸企业的指导意见》，哈政规〔2019〕2号，2019年2月15日发布，https://www.harbin.gov.cn/art/2021/10/25/art_21143_1189567.html。
④ 参见付才辉《政策闸门、潮涌通道与发展机会——一个新结构经济学视角下的最优政府干预程度理论》，《财经研究》2016年第6期。

制成本高等问题。

地方政府干预企业日常经营与企业退出的原因主要有两个方面：一方面是地方政府进行权力寻租，寻租是市场经济制度下由于政府干预而产生的一类经济现象，地方政府既掌握着政策的制定权与决定权，又拥有着市场的管制权与公共资源的支配权，[①] 部分地方政府官员利用手中的权力，人为制造行政障碍，干预企业自主经营权，便于其通过权钱交易来谋求私利；另一方面，地方经济绩效与官员升迁考核标准挂钩，我国地方政府官员的升迁考核标准以经济绩效为主，官员所辖区域内的经济增长量化指标强化了地方政府促进当地经济增长的责任与压力，官员们有动机干预企业的日常经营活动，要求企业承担本地区经济发展、就业、养老等社会目标。[②] 综上，地方政府对企业经营进行不当干预导致企业经营自主权面临挑战。

2. 部分城市仍存在对企业日常经营及退出的违法干预

本次主观测评结果及国家发展改革委的通报共同表明，部分城市仍存在对企业经营与退出进行非法干预的现象。2022年4月29日，国家发展改革委公布了2021年第四季度违背市场准入负面清单典型案例的通报，表明仍有部分城市在市场准入环节对企业进行违法干预。成都在缺乏法规政策依据的情况下，强制要求重点区域和四环路（含）内行驶的运渣车须安装车载诊断系统（OBD），同时要求运输企业和车主承担有关设备安装、服务费用。北京密云区发展改革委在开展分布式光伏发电项目备案时，擅自要求申请企业、个人提交备案材料目录清单之外的危险化学品行业主管部门意见等材料。天津河西区、东丽区在办理联合验收前要求企业分别联系规划、住建、人防等部门派员上门验收并出具合格证，企业拿到合格证后才能到审批窗口申请办理联合验收。联合验收申请受理后，有关部门还要约定时间再次派员统一上门进行联合验收并出具联合竣工验收意见。沈阳沈北新区市政公用单位未进驻政务服务大厅，红线内公用事业施工相关许可证办理未纳入工程建设项目审批环节。大连甘井子区在工程建设项目

---

① 许百军：《寻租理论、政府权力的监督与公共责任视角下的经济责任审计》，《审计研究》2005年第4期。

② 参见刘志彪、孔令池《从分割走向整合：推进国内统一大市场建设的阻力与对策》，《中国工业经济》2021年第8期。

设计方案审查、施工图审查等环节，未完全统计审批时间，需要项目建设单位线下提交纸质材料进行预审并经有关部门同意后，再线上提交审查，仅设计方案线下审查就需要1—3个月，存在"体外循环"现象。①

（三）改进的建议

1. 坚持市场化改革方向，全面提升市场监管法治化水平

充分发挥市场配置资源的决定性作用，激发市场主体活力与社会创造力，坚持在更深层次、更高标准上厘清政府与市场的边界，消除权力部门对市场要素配置、市场公平竞争等的干预。② 最大限度减少政府对市场资源的直接配置和对微观经济活动的直接干预，最大限度减少政府对价格形成的不当干预，最大限度减少不必要的行政执法事项，建立健康、清廉、相互信任的政商关系。③

地方政府要遵守法定职权，进一步规范地方政府涉企事项权力清单、涉企经营许可事项清单管理，提高涉企收费清单与目录清单工作的规范化、公开化。④ 持续放宽市场准入，实行全国统一的市场准入负面清单制度。坚持深化"证照分离"改革，持续推进"先照后证"改革，推动将保留的登记注册前置许可改为后置许可，有关主管部门不得以企业登记的经营范围为由，限制其办理涉企经营许可事项或者其他政务服务事项。⑤

完善企业退出体制机制，除法律法规明确规定外，地方政府不得要求企业必须在某地登记注册，不得为企业跨区域经营或迁移设置障碍，不得设置不合理和歧视性的准入、退出条件以限制商品服务、要素资源自由流动。⑥ 规范特定领域退出程序，建立政策成本效益和成本有效性分析制度，

---

① 《国家发展改革委办公厅关于2021年第四季度违背市场准入负面清单典型案例的通报》，发改办体改〔2022〕400号，2022年4月29日发布。
② 参见温兴琦《持续推进营商环境优化的挑战与对策》，国脉电子政务网，http://www.echinagov.com/info/292503。
③ 参见王伟域《推动有效市场和有为政府更好结合》，光明理论网，https://theory.gmw.cn/2021-01/06/content_34522387.htm。
④ 参见成协中《优化营商环境的法治保障：现状、问题与展望》，《经贸法律评论》2020年第3期。
⑤ 《国务院关于深化"证照分离"改革进一步激发市场主体发展活力的通知》，国发〔2021〕7号，2021年5月19日发布。
⑥ 《中共中央国务院关于加快建设全国统一大市场的意见》，2022年3月25日发布。

审慎评估因公共利益而要求经营者退出特定生产或业务领域的必要性，按照比例原则以成本最小化的方式达成政策目标，尽量避免影响市场主体正常生产经营活动。[1]

2. 完善多元监督体系，自觉接受监督

地方政府应当认真落实行政执法监督相关规定，加强市场监管执法监督机制和能力建设。积极运用专项执法检查、执法案卷评查等方式，加大对行政执法的监督力度。地方政府可以建立典型案例通报约谈和问题整改制度，由各地发展改革委（局）牵头进行定期排查，对地方政府侵犯企业经营自主权的典型案例情况进行通报，在政府门户网站和"信用中国"网站向社会公示，实现动态监测。[2] 大力整治重点领域行政执法不作为、乱作为、不严格、不规范、不文明、不透明等突出问题，及时纠正违法或者不当的行政行为。

地方政府还应当主动接受人大监督、民主监督、司法监督、群众监督和舆论监督。自觉接受纪检监察机关监督，积极发挥执法监督、行政复议等监督作用，形成法治监督合力。及时研究办理人大代表和政协委员提出的意见和建议，切实改进工作。针对企业提起的侵犯企业经营自主权诉讼，应当依法履行出庭应诉职责，认真执行行政机关负责人依法出庭应诉制度，支持人民法院依法受理和审理行政案件，切实履行生效裁判。主动接受纪检监察监督，有效预防执法风险、廉政风险。[3]

---

[1] 《加快完善市场主体退出制度改革方案》，发改财金〔2019〕1104号，2019年6月22日发布。

[2] 以市场准入为例，国家发改委于2021年11月发文，明确要求要建立违背市场准入负面清单案例归集和通报制度，以地方自查与部门协查的方式汇总违背市场准入负面清单有关规定的案例，并在国家发改委门户网站和"信用中国"网站进行公示。参见国家发改委《国家发展改革委关于建立违背市场准入负面清单案例归集和通报制度的通知》，发改体改〔2021〕1670号，2021年11月19日发布。

[3] 参见《法治市场监管建设实施纲要（2021—2025年）》，国市监法发〔2021〕80号，2021年12月13日发布。

第二章 生产要素与公共服务资源

　　稳定、充足的生产要素与公共服务资源供给是吸引企业投资的先决条件。丰富的生产要素有利于降低企业经营成本，提高企业竞争力；[①] 便利可得的公共服务资源有利于压缩企业制度性交易成本，提高市场主体运行效率与效益。[②] 相较于世界银行《营商环境报告》中的"办理施工许可证"（Dealing with Construction Permits）、"获得电力"（Getting Electricity）两项一级指标而言，世界银行发布的《宜商环境项目概念说明书》将获得建筑许可指标修改为"经营场所"（Business Location）指标，除评估获得建筑许可的时间外，还需评估不动产租赁、土地产权与城市规划的法规质量、公共服务质量与信息公开度；同时，将"获得电力"指标拓展为"公共资源获取"（Utility Connections）指标，全面评估电力、水力、互联网接入的法律规制框架质量，接入服务供应质量与透明度，接入服务的效率。[③] 本次数字营商环境评估新增数据与物流运输两项生产要素作为评估对象，借鉴了《营商环境报告》中"获得电力"指标与"办理施工许可证"指标评价方式，评估生产要素及公共服务资源的供应成本，并吸收《宜商环境项目概念说明书》中的新增评估点，突出上述生产要素与公共服务资源接入相关信息的透明度及在线办理的可得性。

---

　　① 林毅夫、李永军：《比较优势、竞争优势与发展中国家的经济发展》，《管理世界》2003年第7期。
　　② 宋林霖、何成祥：《优化营商环境视阈下放管服改革的逻辑与推进路径——基于世界银行营商环境指标体系的分析》，《中国行政管理》2018年第4期。
　　③ The World Bank, *Concept Note Business Enabling Environment*（BEE）.

一 评估指标构成

本次评估的"生产要素与公共服务资源"一级指标下设置 3 项二级指标，分别为"资源能源""数据要素""物流运输"（见表 2-1）。

表 2-1　　　　　　　　　　生产要素与公共服务资源

一级指标	二级指标	三级指标
生产要素与公共服务资源（13.5 分）	资源能源（7.5 分）	用电保障及成本（1.5 分）
		用水保障及成本（1.5 分）
		用气保障及成本（1.5 分）
		用地保障及成本（1.5 分）
		通信保障及成本（1.5 分）
	数据要素（4.0 分）	数据交易（2.0 分）
		政务数据开放（2.0 分）
	物流运输（2.0 分）	城市物流吸引力（1.0 分）
		城市物流辐射力（1.0 分）

第一组三级指标为"用电保障及成本""用水保障及成本""用气保障及成本""用地保障及成本""通信保障及成本"，该指标用于评估城市政务服务公示透明度与办理时间成本及费用。第二组三级指标为"数据交易""政务数据开放"，分别用于评估城市数据交易的法律规制框架及数据交易实践、政务数据开放数量与质量，从要素供应与要素流通两个角度考察数据要素保障及成本。第三组三级指标为"城市物流吸引力""城市物流辐射力"，用于评估城市物流运输成本及物流发展前景。

二 设置依据、评估标准及评估分析

本章从三级指标角度，逐项说明该指标设置的具体依据、实施中的评估方法和评分标准，并基于评估情况分析评估结果。

(一) 用电保障及成本（1.5分）

【设置依据】

《优化营商环境条例》第二十八条规定，供水、供电、供气、供热等公用企事业单位应当向社会公开服务标准、资费标准等信息，为市场主体提供安全、便捷、稳定和价格合理的服务，不得强迫市场主体接受不合理的服务条件，不得以任何名义收取不合理费用。各地区应当优化报装流程，在国家规定的报装办理时限内确定并公开具体办理时间。政府有关部门应当加强对公用企事业单位运营的监督管理。

《优化营商环境条例》第三十五规定，政府及其有关部门应当推进政务服务标准化，按照减环节、减材料、减时限的要求，编制并向社会公开政务服务事项（包括行政权力事项和公共服务事项）标准化工作流程和办事指南，细化量化政务服务标准，压缩自由裁量权，推进同一事项实行无差别受理、同标准办理。没有法律、法规、规章依据，不得增设政务服务事项的办理条件和环节。

【评估方法】

检索被评估城市的政务网站，收集被评估城市电力接入的办理时限、办理流程、审批材料、办理方式、收费标准、是否实行联合审批6项指标进行评估，将所有城市用电报装的办理时限（小时）、办理流程次数、审批材料数量的总数除以城市数得出平均数，然后根据各个城市相应数目与平均数的比较进行赋分。

【评分标准】

本项指标的满分为1.5分。其中，各城市办理时限（小时）、办理流程次数、审批材料数量，等于或低于平均值，得0分；高于平均值，各项分别得0.3分。在办理方式上，若必须到现场办理，得0分；若全流程线上办理，得0.3分；若提供水电气等联合报装，得0.3分；若在政务服务网站提供报装专区的，得0.2分。在收费标准上，若违反标准进行收费，扣0.3分。

【评估分析】

本项指标满分为1.5分，被评估的36个城市的平均得分为1.103分，其中有19个城市得分在平均分以上，占被评估城市的52.778%。得分最

第一编　市场主体保护

高的有天津、杭州、昆明、福州、西安、成都、青岛、济南、长春、沈阳10个城市，得分为1.5分（满分），占比为27.778%；得分为1.4分的有贵阳1个城市，占比为2.778%；得分为1.2分的有重庆、宁波、厦门、南京等8个城市，占比为22.222%；得分为1.1分的有上海、北京、广州、郑州4个城市，占比为11.111%；得分为0.9分的有深圳、武汉、石家庄、太原等7个城市，占比为19.444%；得分为0.6分的有大连、呼和浩特、拉萨、乌鲁木齐等5个城市，占比为13.889%；得分为0分的有银川1个城市，占比为2.778%（见表2-2）。获得满分的城市不仅流程精简规范，还实现了水电气热等市政公用设施的联合报装。

表2-2　　　　　　　　"用电保障及成本"得分分布

得分（分）	1.5	1.4	1.2	1.1	0.9	0.6	0
城市（个）	10	1	8	4	7	5	1

被评估城市用电报装平均办结时限为6.18天，办结时限最短的城市为北京、宁波、沈阳、长春，已实现即办；天津、杭州、厦门、郑州、南昌、合肥、哈尔滨等城市，已将接入时间压缩至1天。办结时限最长的城市为乌鲁木齐，至多需24天办结；其次为呼和浩特，办结时限为20天。在办理流程上，大部分城市都已将流程精简为两步：受理申请—施工接电，长春、郑州、合肥等14个城市都已提供全程网上办理服务，而拉萨、长沙、南宁、深圳及呼和浩特等需要至少到现场1次，进行线下办理。被评估城市用电报装平均需要提供约3.3份材料，郑州、青岛、呼和浩特、乌鲁木齐等只需要提供1份材料，即企业法定代表人的中华人民共和国居民身份证原件及复印件即可；北京至多需要提交有关身份证明、权属证明、规划许可及优惠证明等14份材料。

部分城市（如银川）并未在政务服务网站上公开相关办事指南，亦未提供线上办理窗口。建议以上城市在政务服务公开中及时公布相关政务服务指南，提供方便公众获知各类公共事务办理信息的方法，提高公共政务服务的办事效率。

【典型事例】

用电保证及成本（电力接入）指标亦为世界银行《营商环境报告》指

标之一，各地亦对照世界银行指标进行了调整优化，因此相较于其他公共设施接入指标，该项指标表现良好。在审批方式上，重庆、天津实现水电气（暖）联合报装，企业无须多头申报、多次跑腿，相关部门工作人员主动提供上门服务，全程帮办帮代，变"多头跑"为"零跑腿"，由"单线审查"变为"并联联审"，大大提高了包装接入效率与服务水平，降低了企业开办成本。部分城市对在线政务平台进行了优化，北京、郑州、贵阳、昆明、上海、济南、成都、长春、深圳等在政务服务平台首页专设水电气等用能报装专区，将公共事业报装置于优化营商环境专区或公共事业专区中，便于企业查询，一键办理。

部分城市正在探索建设智慧城市，努力构建数字化、智能化和互联网化的新型数字电网。2021年，《广州市工业和信息化局关于印发广州市持续优化用电营商环境行动方案的通知》（穗工信函〔2021〕150号），明确要强化数据共享，探索基于区块链技术的电能量数据存证，探索电力大数据在产业分析、资料库完善、小微企业信用评级、金融贷款等场景的应用；要应用"云大物移智"等新技术，强化电网安全运行管控水平。[①]

（二）用水保障及成本（1.5分）

【设置依据】

同"用电保障及成本"。

【评估方法】

赋分值为1.5。通过对被评估城市的政务网站进行检索，收集被评估城市用水接入的办理时限、办理流程、审批材料、办理方式、收费标准、是否实行联合审批6项指标并进行评估，将所有城市用水报装的办理时限（小时）、办理流程次数、审批材料数量的总数除以城市数得出平均数，然后根据各个城市相应数目与平均数的比较，进行赋分。

【评分标准】

本项评分满分为1.5分。其中，各城市办理时限（小时）、办理流程次数、审批材料数量，等于或低于平均值，得0分；高于平均值，各项分

[①] 《广州市工业和信息化局关于印发广州市持续优化用电营商环境行动方案的通知》，穗工信函〔2021〕150号，2021年5月21日发布。

别得 0.3 分。在办理方式上，若必须到现场办理，得 0 分；若全流程线上办理，得 0.3 分；若提供水电气等联合报装，得 0.3 分；若在政务服务网站提供报装专区，得 0.2 分。在收费标准上，若违反标准进行收费，扣 0.3 分。

【评估分析】

本项指标满分为 1.5 分，被评估的 36 个城市的平均得分为 1.114 分，其中有 21 个城市得分在平均分以上，约占被评估城市的 58.333%。得分最高的有宁波、厦门、沈阳、长春、南京、杭州、济南、成都、西安、长沙、南宁、海口、昆明、天津等 15 个城市，得分为 1.5 分（满分）；占比为 41.667%；得分为 1.4 分的有合肥、郑州、贵阳 3 个城市，占比为 8.333%；得分为 1.2 分的有武汉、福州、南昌 3 个城市，占比为 8.333%；得分为 1.1 分的有北京 1 个城市，占比为 2.778%；得分为 0.9 分的有重庆、哈尔滨、广州、拉萨等 6 个城市，占比为 16.667%；得分为 0.6 分的有上海、大连、石家庄、呼和浩特 4 个城市，占比为 11.111%；得分为 0.3 分的有太原、兰州、西宁 3 个城市，占比为 8.333%；得分为 0 分的有银川 1 个城市，占比为 2.778%。（具体情况参见表 2-3）。

表 2-3　　　　　　　　"用水保障及成本"得分分布

得分（分）	1.5	1.4	1.2	1.1	0.9	0.6	0.3	0
城市（个）	15	3	3	1	6	4	3	1

被评估城市用水报装平均办结时限为 3.35 天，办结时限最短的城市有上海、济南，已实现审批件随报随办；兰州、大连、南昌、贵阳、郑州等 10 个城市，已将接入时间压缩至 1 天；时间最长的城市为乌鲁木齐，办结时限为 23 天；其次为拉萨，办结时限为 10 天。在办理流程上，大部分城市都已将流程精简为两步：受理申请—施工接通，太原、南昌、石家庄、大连等 9 个城市需要至少到现场 1 次，天津、拉萨、北京、杭州等 25 个城市已实现全程网上办理服务。在审批材料上，被评估城市平均仅需提交 1.78 份材料，福州、南宁、厦门无需提交材料即可实现办理，大连则需要提交规划许可、报装申请、室内管线图等 5 份材料。

银川并未在政务服务网站上公开相关办事指南，亦未提供线上办理窗口；兰州并未对审批材料内容进行公示。建议以上城市在政务服务公开中及时公布相关政务服务指南，提供方便公众获知各类公共事务办理信息的途径，提高公共政务服务的办事效率。

【典型事例】

在办理方式上，南昌积极拓展构建实体政务大厅、网上办事大厅、移动客户端、自助终端等多种形式相统一的公共服务平台，南昌水业集团全面推行线上"一网通办"，建立了以"南水通"手机App、"南昌水业网上营业厅"微信小程序、官方网站"网上营业厅"三位一体的供水服务体系，实现了40余项线下用水业务线上办理。① 成都出台《成都市进一步深化给水接入改革实施方案》，通过"网上办""告知承诺制""集成办""免申请""超前接"和"好差评"等举措，进一步提升用户获得用水可及感。② 天津水务集团推行用水报装"五零"服务试点工作，实现用水报装申请"零材料"、全程网办"零上门"、用水报装"零审批"、小微给水新装工程项目"零投资"、主动回访"零距离"。③ 合肥积极探索智慧水务建设，建成以生产运营系统、服务营销系统及综合管理系统三大模块为核心的智能供水系统，并提出将充分利用工业互联网、企业局域网、NB-IoT、5G等通信技术实现智慧生产、智慧管网、智慧服务、智慧管理、科学调度，搭建结构清晰的供水物联网，从而实现耗能降低、管控精准、服务优化、决策科学的供水目标。④

（三）用气保障及成本（1.5分）

【设置依据】

同"用电保障及成本"。

---

① 《南昌"获得用水用气"营商环境持续优化》，南昌新闻网，https://www.ncnews.com.cn/xwzx/ncxw/jrnc/202203/t20220304_1802239.html。

② 《成都市进一步深化给水接入改革实施方案》，成水务发〔2011〕73号，2021年11月9日发布。

③ 天津市水务局：《我市"获得用水"指标进入国家标杆城市行列》，天津市水务局网，http://swj.tj.gov.cn/xwzx_17135/swyw/202108/t20210826_5558693.html。

④ 易小壶：《面向智慧城市的合肥智慧供水规划与建设实践》，中国水网，https://www.h2o-china.com/news/326558.html。

【评估方法】

赋分值为1.5分。通过对被评估城市的政务网站进行检索，收集被评估城市煤气/天然气接入的办理时限、办理流程、审批材料、办理方式、收费标准、是否实行联合审批6项指标并进行评估，将所有城市用气报装的办理时限（小时）、办理流程次数、审批材料数量的总数除以城市数得出平均数，然后根据各个城市相应数目与平均数的比较，按以下方式赋分。

【评分标准】

本项指标满分为1.5分。其中，各城市办理时限（小时）、办理流程次数、审批材料数量，等于或低于平均值，得0分；高于平均值，各项分别得0.3分。在办理方式上，若必须到现场办理，得0分；若全流程线上办理，得0.3分；若提供水电气等联合报装，得0.3分；若在政务服务网站提供报装专区的，得0.2分。在收费标准上，若违反标准进行收费，扣0.3分。

【评估分析】

本项指标满分为1.5分，被评估的36个城市的平均得分为1.028分，其中有22个城市得分在平均分以上，约占被评估城市的61.111%。得分最高的有天津、宁波、济南、杭州、沈阳、长春、成都、福州8个城市，得分为1.5分（满分），占比为22.222%；得分为1.4分的有北京、合肥、郑州、贵阳4个城市，占比为11.111%；得分为1.2分的有厦门、深圳、青岛、南宁等10个城市，占比为27.778%；得分为0.9分的有重庆、哈尔滨、乌鲁木齐、南昌4个城市，占比为11.111%；得分为0.6分的有大连、太原、呼和浩特、西宁等5个城市，占比为13.889%；得分为0.5分的有上海1个城市，占比为2.778%；得分为0.3分的有石家庄1个城市，占比为2.778%；得分为0分的有银川、兰州、拉萨3个城市，占比为8.333%（见表2-4）。在接入时间上，被评估城市平均时限为4.84天，耗时最短的城市有大连、贵阳、福州、济南、北京，实现审批件即办；海口、南京、深圳、天津、合肥等8个城市已将接入时间压缩至1天；时间最长的城市为西安，办结时限为32天；其次为上海与长沙，办结时限为15天。在办理流程上，大部分城市都已将流程精简为两步：受理申请—施工接通，兰州、上海、长沙、石家庄等8个城市都需要至少到现场一次，厦门、青岛、南宁、杭州等24个城市已实现全程网上办理服务。在审批材料上，被评估城市平均需要2.19份材料，济南、广州、厦门、西宁等无需提交材料即可实现办理，但呼和浩特市则需要提交规划许可、报装申请、室内管线图等5份材料。

表2-4　　　　　　　　"用气保障及成本"得分分布

得分（分）	1.5	1.4	1.2	0.9	0.6	0.5	0.3	0
城市（个）	8	4	10	4	5	1	1	3

银川、拉萨并未在政务服务网站上公开相关办事指南，亦未提供线上办理窗口；兰州并未完整提供所需流程与审批材料等内容。

【典型事例】

在用气接入中，深圳市优化营商环境改革工作领导小组办公室、深圳市住房和建设局及深圳燃气联合出台了国内首份《优化用气营商环境白皮书》，对报装成本、报装流程、用气费用等方面进行了优化，推出"零跑腿、零资料、零费用、零审批"的"四零服务"，"服务管家主动上门服务，企业办理业务零跑腿，用户通过刷脸线上零资料无感报装燃气，小型工商用户免费安装管道天然气"，深圳对新建小型低风险项目附属的小型水电气接入工程实行免审批政策。[①] 除此之外，为精简流程，优化现场勘察与方案答复流程，深圳依据地理信息系统（GIS）或设计图纸确定气源接入点，实现通过"用气申请""验收通气"2个环节完成用气报装；对小型市政接入外线工程涉及行政审批实行告知承诺制，对小型燃气接入工程实行标准设计图集和简易施工管理模式，多措并举全面压缩用气接入时间。[②] 在线上报装环节，上海燃气开通了非居民燃气接入业务，开通了网上申请通道、手机App申请通道和962777燃气热线非居民业务电话受理

---

① 深圳市住房和建设局：《深圳发布全国首份优化用气营商环境白皮书》，深圳市住房和建设局网，http://zjj.sz.gov.cn/xxgk/gzdt/content/post_7578795.html。

② 深圳特区报：《深圳用气营商环境再创佳绩》，深圳市人民政府门户网站，http://www.sz.gov.cn/cn/ydmh/zwdt/content/post_9518461.html。

通道;① 武汉市燃气集团天然气公司以企业微信公众号、微信小程序、支付宝生活号、"鄂汇办" App、"一码互联" App 等为载体,提供窗口端、PC 端、移动端、自助端"四端同步"服务,提供线上一站式服务。②

(四) 用地保障及成本（1.5 分）

【设置依据】

同"用电保障及成本"。

【评估方法】

赋分值为 1.5 分。通过对被评估城市的政务网站进行检索,收集被评估城市用地审批预审的办理时限、办理流程、审批材料、办理方式、收费标准、是否实行联合审批 6 项指标进行评估,将所有城市用地预审的办理时限（小时）、办理流程次数、审批材料数量的总数除以城市数得出平均数,然后针对各个城市相应数目与平均数的比较,按以下方式赋分。

【评分标准】

各城市办理时限（小时）、办理流程次数、审批材料数量,等于或低于平均值,得 0 分;高于平均值,各项分别得 0.3 分。在办理方式上,若必须到现场办理,得 0 分;全流程线上办理,得 0.3 分;若提供联合审批,得 0.3 分。在收费标准上,若违反标准进行收费,扣 0.3 分。

【评估分析】

本项指标满分为 1.5 分,被评估的 36 个城市的平均得分为 1.150 分,其中有 24 个城市得分在平均分以上,占被评估城市的 47.22%。得分最高的有福州、合肥、广州、南京等 10 个城市,得分为满分 1.5 分,占比为 27.778%;得分为 1.2 分的有北京、沈阳、青岛、天津等 14 个城市,占比为 38.889%;得分为 0.9 分的有长春、成都、贵阳、西安等 8 个城市,占比为 22.222%;得分为 0.6 分的有昆明、重庆、大连、西安 4 个城市,占比为 11.111%（见表 2-5）。

---

① 新民晚报:《优化营商环境再发力,上海燃气接入将像"网购"一样方便》,新浪网,https://news.sina.com.cn/o/2020-01-06/doc-iihnzahk2242213.shtml。

② 武汉城投:《市城投集团所属企业优化营商环境创新举措在全国推广》,武汉市城市建设投资开发集团有限公司网站,http://www.zgwhct.cn/xwzx/jtxw/202203/t20220315_107849.html。

表 2-5　　　　　　　"用地保障及成本"得分分布

得分（分）	1.5	1.2	0.9	0.6
城市（个）	10	14	8	4

被评估城市用地预审平均办结时限为 6.8 天，办结时限最短的城市有乌鲁木齐、郑州、广州、北京 4 个城市，只需 1 天即可办结；宁波将办结时限压缩至 2 天；耗时最长的城市有成都、呼和浩特，办结时限为 20 天；其次为西安，办结时限为 15 天。被评估城市用地预审平均办理流程为 4 个环节，大部分城市已将流程精简为 3 步：受理—审查—办结，拉萨则需 6 个环节：申请—初审—受理—审核—决定—核发。重庆、大连、昆明、南宁等 9 个城市需要至少到现场 1 次，拉萨、兰州、海口、长沙等 27 个城市已实现全程网上办理服务。在审批材料上，企业平均需要提交 8.28 份材料，海口仅需提交《建设项目用地预审申请表》、《建设项目用地预审报告书》、项目建议书批复文件或项目备案批准文件或项目可行性研究报告 3 份材料，而贵阳则需要提交至少 17 份材料。

【典型事例】

在审批时限上，宁波于 2018 年成立工程建设项目审批制度改革试点工作领导小组并印发《宁波市工程建设项目审批制度改革试点工作实施方案》，逐步蹚出一条工程建设项目审批制度改革的"宁波路径"，[1] 并于 2020 年印发《关于以"多规合一"为基础推进自然资源规划"多审合一、多证合一"改革的工作方案》，提前完成工程建设项目许可阶段"1 个环节、2 个工作日、3 个材料"全市域覆盖的目标。[2] 厦门率先探索"清单制+告知承诺制"审批改革，一是优化流程，对全国统一执行的工程建设项目审批流程 4 个并联审批阶段，优化简化为 2 个或 3 个阶段；二是精简环节，对"清单制+告知承诺制"五类项目精简了 20 个事项审批环节，其中社会投资简易低风险项目全流程审批环节从 25 个压减至 5 个；三是压缩时限，对简易低风险项目重点提升审批效率，进一步将全流程审批时间

---

[1] 《宁波市人民政府关于印发宁波市工程建设项目审批制度改革试点工作实施方案的通知》，甬政发〔2018〕73 号，2018 年 9 月 29 日。
[2] 王凯艺、贺冰洁：《宁波深化工程建设项目审批制度改革纪实，"跑"出创新力度"改"优营商环境》，浙江新闻网，https：//zj.zjol.com.cn/news.html？id=1516155。

第一编　市场主体保护

控制在 15 个工作日内，促进了营商环境不断优化，项目尽早落地。①

在审批方式上，青岛开发了"青岛市工程建设项目审批管理平台 2.0"，推进工程建设项目全流程在线审批，推行多事项、跨部门并联审批，企业可以一次申请多个事项，并通过采用"告知承诺+数据共享+区块链"的方式，将施工许可手续从原来需要的 7 种申请材料变为只需要在线提交申请，实现工程建设项目极简申报、极效审批、极速落地，以数字化转型驱动政务服务升级。②

北京依托投资项目在线审批监管平台，集成优化相关行业建设审批系统。上海推进重大项目审批流程便利化和跨区域项目管理，深化精准服务。重庆运用大数据强化投资项目事中事后监管。杭州协同推进"标准地""区域评估"改革来破解"用地难""报建繁"问题。广州、深圳加强投资数据资源共享，深化投资审批"一网通办"。下一步，国家发展改革委将按照国务院决策部署，与有关部门一起，鼓励和支持试点城市推进社会投资项目"用地清单制"改革，推动投资审批制度改革与用地、环评、节能、报建等领域改革衔接，强化审批数据共享，持续提升投资建设便利度。

（五）通信保障及成本（1.5 分）

【设置依据】

同"用电保障及成本"。

【评估方法】

赋分值为 1.5 分。通过对被评估城市的政务网站进行检索，收集被评估城市电信网络接入审批预审的办理时限、办理流程、审批材料、办理方式、收费标准、是否实行联合审批 6 项指标并进行评估，将所有城市通信报装的办理时限（小时）、办理流程次数、审批材料数量的总数除以城市数得出平均数，然后针对各个城市相应数目与平均数的比较，按以下方式赋分。

---

① 中国新闻网：《优化营商环境，厦门工程建设项目审批提速增效》，中华人民共和国国家发展和改革委员会网，https：//www.ndrc.gov.cn/fggz/fgfg/dfxx/202109/t20210918_ 1297097.html? code=&state=123。

② 大众日报：《智能审批！青岛市工程建设项目审批管理平台 2.0 来啦！》，中华人民共和国国家发展和改革委员会网，https：//www.ndrc.gov.cn/fggz/fgfg/dfxx/202110/t20211013_ 1299600. html? code=&state=123。

【评分标准】

各城市办理时限（小时）、办理流程次数、审批材料数量，等于或低于平均值，得 0 分；高于平均值，各项分别得 0.3 分。在办理方式上，若必须到现场办理，得 0 分；全流程线上办理，得 0.3 分；若提供水电气信等联合报装，得 0.3 分；若在政务服务网站提供报装专区，得 0.2 分。在收费标准上，若违反标准进行收费，扣 0.3 分。

【评估分析】

本项指标满分为 1.5 分，被评估的 36 个城市平均得分为 0.433 分，其中有 14 个城市得分在平均分以上，占被评估城市的 38.889%。得分最高的有成都、长春、重庆等 9 个城市，得分为 1.2 分，占比 25.000%；得分为 0.9 分的有贵阳、郑州 2 个城市，占比为 5.556%；得分为 0.6 分的有北京、青岛、深圳 3 个城市，占比为 8.333%；得分为 0.3 分的有广州、成都、长春、太原 4 个城市，占比为 11.111%；得分为 0 分的有乌鲁木齐、银川、西宁等 18 个城市，占比为 50.000%（见表 2-6）。

表 2-6　　　　　　"通信保障及成本"得分分布

得分（分）	1.2	0.9	0.6	0.3	0
城市（个）	9	2	3	4	18

被评估城市通信接入办结时限均为 2.75 天，办结时限最短的城市有 4 个、即宁波、杭州、南京、贵阳，已实现审批件随报随办；郑州、沈阳、天津、哈尔滨 4 个城市，已将接入时间压缩至 1 天；时限最长的为广州，办结时限为 10 天；其次为福州、太原，办结时限为 6 天。在办理流程上，大部分城市都已将流程精简为 2 步：受理申请—施工接通，太原、广州、北京、贵阳 4 个城市需要至少到现场 1 次，青岛、深圳、郑州、沈阳等 12 个城市已实现全程网上办理服务。在审批材料上，平均需提交 2.75 份材料，南京、宁波、哈尔滨 3 个城市无须提交材料即可实现办理，太原则至少需提交 12 份材料。

在被评估的 36 个城市中，有 18 个城市尚未在城市政务服务网公布当地通信接入办事指南。建议以上城市在政务服务公开中及时公布相关政务服务指南，提供方便公众获知并办理各类公共事务办理信息的途径，提高

第一编　市场主体保护

公共政务服务的办事效率。

【典型事例】

在数字基础设施完善的具体实践中，部分城市主要从以下几个方面出发完善数字基础设施建设：推进光纤网络扩容提速、实现5G规模部署、数字技术融合应用、传统技术设施数字化改造。

北京聚焦新基建建设，明确将进一步推进5G基建、大数据中心、人工智能、工业互联网等7大领域在内的新基建工程，制定了《北京市关于加快建设全球数字经济标杆城市的实施方案》《北京市加快新场景建设培育数字经济新生态行动方案》《北京市加快新型基础设施建设行动方案（2020—2022年）》等指导性文件，以期实现信息技术和城市基础设施深度融合，建设国际领先的网络基础设施。目前，北京已建成自主可控的新型区块链底层技术平台"长安链"，全市累计开通5G基站5.64万个，室内分布系统0.89万个，实现五环内室外连续覆盖；宽带接入能力达到千兆，固定宽带家庭用户数累计达到973万户，百兆及以上宽带用户约占73.3%；基本完成高级别自动驾驶示范区1.0阶段建设，部署了10千米城市道路、10千米高速公路智能化基础设施。[1]

深圳龙华区率先提出建设数字经济先行区，实现全区5G信号全覆盖。其中，宏基站密度为深圳第二。龙华区力争在未来五年形成万物互联基础，构建覆盖"5G+千兆光网+智慧专网+物联网"的通信网络基础设施体系，并积极部署算力基础设施，推动企业参与专业领域大数据中心建设，布局数字技术基础设施，加快"企业上云"进程，提升中小企业和传统企业上云率。[2]

（六）数据交易（2.0分）

【设置依据】

《中华人民共和国数据安全法》明确要求国家建立健全数据交易管理制度，规范数据交易行为，培育数据交易市场。《中华人民共和国国民经

---

[1] 北京市经济和信息化局：《北京市政协十三届四次会议第0878号提案的答复意见》，http://jxj.beijing.gov.cn/jxdt/gzdt/202111/P020211119557424242591.pdf。
[2] 深圳市龙华区人民政府：《一流营商环境助力"龙华蝶变"》，深圳市龙华区人民政府网，http://www.szlhq.gov.cn/xxgk/xwzx/tpxw_126142/content/post_9087360.html。

济和社会发展第十四个五年规划和 2035 年远景目标纲要》强调，要建立健全数据要素市场规则，建立健全数据产权交易和行业自律机制，培育规范的数据交易平台和市场主体，发展数据资产评估、登记结算、交易撮合、争议仲裁等市场运营体系。

【评估方法】

赋分值为 2.0 分。检索被评估城市的政务网站、数据交易网站，利用企查查等搜索网页，以"数据交易"为关键词检索，确定各被评估城市建立的数据交易所的数量与建立收集各被评估城市有关数据交易的立法动态，统计各城市是否制定细化数据交易的相关法律法规。

【评分标准】

先测算 36 个城市数据交易所/中心的平均值 1，若城市数据交易所/中心数量等于或低于平均值 1，再测算该组数据平均值 2，高于平均值 2 且低于平均值 1，得 0.6 分；低于平均值 2，得 0 分。若高于平均值 1，再次测算该组数据平均值 3，高于平均值 1 且低于平均值 3，得 0.8 分；高于平均值 3，得 1.0 分。政府在数据交易规则设置中，规则细化与完善程度高，得 1 分；规则细化与完善程度较高，得 0.8 分；规则细化与完善程度一般，得 0.6 分；规则细化与完善程度较低，得 0.4 分；完全未进行规则细化与完善的，得 0 分。

【评估分析】

在本项评估中，评估小组检索被评估城市的政务网站、数据交易网站，利用企查查等搜索网页，以"数据交易"为关键词检索，确定各被评估城市建立的数据交易所的数量与建立收集各被评估城市有关数据交易的立法动态，统计各城市是否制定细化数据交易的相关法律法规。

本项指标满分为 2.0 分，被评估的 36 个城市平均得分为 1.011 分，其中有 20 个城市得分在平均分以上，占被评估城市的 61.111%。得分最高的有北京、贵阳，得分为满分 2.0 分，占比为 5.556%；得分为 1.8 分的有武汉、上海 2 个城市，占比为 5.556%；得分为 1.6 分的有天津、济南、青岛、广州 4 个城市，占比为 11.111%；得分为 1.4 分的有重庆、深圳、南京、杭州等 7 个城市，占比为 19.444%；得分为 1.2 分的有长春、哈尔滨、长沙、石家庄等 5 个城市，占比为 13.889%；得分为 1.0 分的有沈阳 1 个城市，占比为 2.778%；得分为 0.8 分的有兰州 1 个城市，占比为

2.778%；得分为0.6分的有宁波、厦门、大连、成都等6个城市，占比为16.667%；得分为0.4分的有海口、昆明、西宁3个城市，占比为8.333%；得分为0分的有乌鲁木齐、银川、拉萨、南昌、呼和浩特5个城市，占比为13.889%（见表2-7）。

表2-7　　　　　　　　"数据交易"得分分布

得分（分）	2.0	1.8	1.6	1.4	1.2	1	0.8	0.6	0.4	0
城市（个）	2	2	4	7	5	1	1	6	3	5

贵阳、上海、北京已出台近40份地方性法规、规章或规范性文件，对数据权益、主体责任、数据要素流通体系建设、数据监管安全机制、数字城市发展规划等做出了细致规定。部分城市因数字基础设施建设仍处于发展初期，尚不具备较为成熟的条件对数字交易部分做出立法单独规定并制定详尽的发展规划。

【典型事例】

在被评估的36个城市中有20个城市在数据交易中的得分为1.2分以上，说明约六成的城市在积极引导数据交易市场实践，不断探索完善数据交易管理规则。

2015年4月，贵阳率先成立全国第一家大数据交易所，2014—2016年，全国各地先后成立13家大数据交易所，但因数据交易规则尚未明确，数据成交量远远低于预期。[①] 2021年，首个国家级数据交易所——上海数据交易所揭牌成立，力图破解当前数据交易的"五难"（确权难、定价难、互信难、入场难、监管难）问题，以"全国五大首发"（全国首发数商体系、全国首发数据交易配套制度、全国首发全数字化数据交易系统、全国首发数据产品登记凭证、全国首发数据产品说明书），形成一系列创新安排。[②] 上海下一步还将推进国际数据港建设重点工程，实施"2+3+1"重点任务，"2"是指推动建设临港国际数据港先导区、虹桥全球数字贸易

[①] 参见中国信息通信研究院西部分院、重庆大数据应用发展管理局、中国信息通信研究院政策与经济研究所《数字规则蓝皮报告》，2021年，重庆，第36—39页。

[②] 《上海数据交易所揭牌成立，破解数据交易"五难"问题》，人民网，http://sh.people.com.cn/n2/2021/1125/c134768-35022199.html。

港;"3"是指打造数据流通交易体系、数据资源开发应用标杆载体、生态支撑"三驾马车";"1"是指推进建设长三角一体化数据合作示范区。①

各地积极探索数据交易治理规则。2020年7月,天津发布首个数据交易的地方专门性立法《天津市数据交易管理暂行办法(草案)》,明确数据交易三方的市场准入要求及交易机构责任,列明了禁止交易数据清单,要求交易数据获取渠道合法、权利清晰无争议。② 2022年1月1日,《上海市数据条例》正式施行,《上海市数据条例》明确数据财产权益,强调建设数据要素交易市场,探索建立分类分层的新型数据综合交易机制,明确上海数据交易所应当承担资质和监管数据交易的职责。③ 2022年5月27日,贵阳市大数据交易所发布中国首套数据交易规则体系,该体系包含8部规则、指南、办法,其中《数据要素流通交易规则(试行)》对数据确权登记服务、数据使用权和收益权、流通交易数据使用权做出了规定,旨在破解数据权属难题;《数据产品成本评估指引1.0》《数据产品交易价格评估指引1.0》《数据资产价值评估指引1.0》明确推进数据资产化与资本化,为数据估值定价提供指引;《数据交易合规性审查指南》《数据交易安全评估指南》《数据商准入及运行管理指南》重申数据交易安全底线,为数据交易安全提供制度保障。④

(七) 政务数据开放(2.0分)

【设置依据】

《中华人民共和国数据安全法》明确要求,国家制定政务数据开放目录,构建统一规范、互联互通、安全可控的政务数据开放平台,推动政务数据开放利用。

---

① 上海市人民政府新闻办公室:《上海举行介绍〈数据条例〉配套政策措施相关情况发布会》,中华人民共和国国务院新闻办网,http://www.scio.gov.cn/xwfbh/gssxwfbh/xwfbh/shanghai/Document/1720053/1720053.htm。

② 参见中国信息通信研究院西部分院、重庆大数据应用发展管理局、中国信息通信研究院政策与经济研究所《数字规则蓝皮报告》,2021年,重庆,第36—39页。

③ 上海市人民政府:《〈上海市数据条例〉新闻发布会问答实录》,中国电子政务网,http://www.e-gov.org.cn/article-179734.html。

④ 人民网贵州频道:《贵州首发全新数据交易规则体系解决数据交易痛点难点问题》,人民网,http://gz.people.com.cn/n2/2022/0529/c222152-35290937.html。

第一编　市场主体保护

《中华人民共和国国民经济和社会发展第十四个五年规划和2035年远景目标纲要》强调，要加强公共数据开放共享，扩大基础公共信息数据安全有序开放，探索将公共数据服务纳入公共服务体系，构建统一的国家公共数据开放平台和开发利用端口，优先推动企业登记监管、卫生、交通、气象等高价值数据集向社会开放。开展政务数据授权运营试点，鼓励第三方深化对公共数据的挖掘利用。

【评估方法】

赋分值为2.0分。具体的观测方法为检索被评估政府的政务开放网站，检索各被评估城市的政务数据开放平台，统计各城市政务数据开放平台的开放性（数据集数量、数据接口数量、数据条数）、时效性及平台功能开发（应用数量、界面体验）。

【评分标准】

分别测算36个城市政务数据集、数据条数、数据接口数、数据应用数量的平均值1，若城市政务数据集、数据条数、数据接口数、数据应用数量等于或低于平均值1，再测算该组数据平均值2，高于平均值2且低于平均值1，分别得0.1分；低于平均值2，得0分。若高于平均值1，再测算该组数据平均值3，若高于平均值1且低于平均值3，分别得0.2分；高于平均值3，分别得0.3分。在各城市政务数据时效性及平台层评测中，若更新频率为60日以上，得0分；更新频率在30日以内，但并未实现每日（不含节假日）更新，得0.2分；实现每日（不含节假日）更新，得0.3分。分别测算36个城市数据应用数量平均值4，若等于或低于平均值4，再测算该组数据平均值5，等于或低于平均值5，得0分；高于平均值5且低于平均值4，得0.1分。若高于平均值4，再测算该组平均数6，等于或低于平均值6且高于平均值4，得0.2分；高于平均值6，得0.3分。在平台功能的界面体验中，若设置数据分类检索、交互功能（数据集评价、数据集请求功能）、行业动态/政策分析，分别得0.1分，创新应用得分为0.2分，未设置，分别得0分。

【评估分析】

在本项评估中，36个被评估城市的平均得分为0.661分，其中多数城市获得0分。本项得分情况整体较差，有12个城市（郑州、西安、长春、石家庄等）得分为0分，占被评估城市数量的33.333%；得分为2.0分的有北京1个城市，占比为2.778%；得分为1.7—2.0分的有杭州1个城市，占比为2.778%；得分为1.4—1.7分的有上海、武汉、青岛3个城市，占比为8.333%；得分为1.1—1.4分的有贵阳、济南、宁波、成都等7个城市，占比为19.444%；得分为0.8—1.1分的有福州、厦门、长沙3个城市，占比为8.333%；得分为0.5—0.8分的有哈尔滨、银川、南宁、合肥4个城市，占比为11.111%；得分为0.2—0.5分的有沈阳、重庆、南京、兰州等5个城市，占比为13.889%（见表2-8）。

表2-8　　　　　　　　　　"政务数据开放"得分分布

得分（分）	2.0	1.7—2.0	1.4—1.7	1.1—1.4	0.8—1.1	0.5—0.8	0.2—0.5	0
城市（个）	1	1	3	7	3	4	5	12

【典型事例】

在被评估的36个城市中有17个城市政务数据开放得分为1.0分以上，这说明近半数以上的被评估城市已基本建立政务数据共享平台体系。在数据开放量上，北京市公共数据开放平台提供了59.86亿条数据，无条件开放了12503项数据集，位居全国之首，开放数据涵盖经济建设、信用服务、财税金融、社会保障、房屋住宅、环境与资源保护、教育科研、餐饮美食等25类内容，并依托10979个数据接口实现数据的持续供应。但合肥、乌鲁木齐仅分别提供了600条、10800条数据，政务部分数据采集与汇聚工作尚不到位。在数据更新频率上，北京、上海、宁波、杭州、贵阳等地按承诺实现数据更新，部分城市公共数据更新频率较慢，存在自2020年之后更新停滞的现象。

在公共数据利用中，现有城市实践提供了两个方面的思路：一是积极开辟数据源，二是充分利用各类数据开放竞赛及平台服务，释放数据价值。

北京积极争取公民法人授权，开放高价值的政务数据，根据企业主体需求进行分类整合，充分释放数据价值。北京首次开设"金融公共数据专区"，涵盖了200余万市场主体的登记、纳税、社保、不动产、专利、政府采购等数据3158项，共计25.7亿余条数据记录，从而为小微企业精准画像，帮助小微企业获得贷款。①

北京、武汉、宁波、杭州、厦门等举办了数据开放大赛，一方面，积极推动全社会充分利用开发，避免出现"形式开放"现象，导致数据资源空置；另一方面，北京通过各类数据开放大赛，实现多领域数据开放与利用。北京持续开展"'AI+司法服务'创新竞赛""北京数智医保创新竞赛科技""中国研究生智慧城市技术与创意设计大赛"等创新应用活动，吸引社会力量为公共数据增值。② 青岛依托公共数据开放平台，打造"数字实验室"和"数据会客厅"，加强数据供需对接，构建数据创新应用生态体系。③ 杭州、宁波探索设置了文旅在线专区，将公共数据开放平台与城市旅游传播融媒体连接，充分利用数据开放平台，实现旅游资源的开发利用。

其中，仍有12个城市尚未建立城市政务数据开放平台，有关城市应当及时建立公共数据开放平台，为政务数据开发利用提供数据及平台基础，从而加快推进赋能数字政府与智慧城市建设。

（八）城市物流吸引力（1.0分）

【设置依据】

《国务院办公厅转发国家发展改革委交通运输部〈关于进一步降低物流成本实施意见〉的通知》（国办发〔2020〕10号）明确要求深化关键环节改革，降低物流制度成本；加强土地和资金保障，降低物流要素成本；加强信息开放共享，降低物流信息成本；推动物流设施高效衔接，降低物流联运成本；推动物流业提质增效，降低物流综合成本。

【评估方法】

赋分值为1.0分。参考《中国城市物流竞争力报告（2021）》中"城

---

① 北京日报：《北京市已开放60余亿条政务数据记录》，中国政府网，http://www.gov.cn/xinwen/2021-03/03/content_5589876.htm。
② 新京报：《北京已无条件开放5727个公共数据集，总量居全国前列》，中国首都网，http://beijing.qianlong.com/2021/0301/5467921.shtml。
③ 参见中国信通院《中国数字经济发展白皮书》，2021年，北京，第36页。

市物流吸引力"指标评估结果①，采用了信息熵方法、相关性权重确定、主成分分析法等多种主客观评价方法，对全国500多个城市的物流发展潜力、市场规模、枢纽布局、营商环境及绿色低碳等情况进行评估。

【评分标准】

依据《中国城市物流竞争力报告（2021）》中被评估城市的城市物流吸引力指数乘以100%，所得即为城市物流吸引力指标得分。

【评估分析】

在本项评估中，36个被评估城市的平均得分为0.34分。其中，得分为0.8—1.0分的有0个城市，占比为0；得分为0.6—0.8分的有上海1个城市，占比为2.778%；得分为0.4—0.6分的有广州、深圳、重庆等11个城市，占比为30.556%；得分为0.2—0.4分的有长沙、西安、青岛等22个城市，占比为61.111%；得分为0分的有西宁、拉萨2个城市，占比为5.556%（见表2-9）。

表2-9　　　　　　　"城市物流吸引力"得分分布

得分（分）	0.8—1.0	0.6—0.8	0.4—0.6	0.2—0.4	0—0.2	0
城市（个）	0	1	11	22	0	2

【典型事例】

在被评估的36个城市中有12个城市的"城市物流吸引力"得分为0.6分以上，这说明1/3的城市具有一定的物流发展潜力与市场规模，枢纽布局较为合理，营商环境及绿色低碳建设有所建树。在物流营商环境建设中，杭州出台《杭州市现代物流业发展"十四五"规划》，强调优化国际物流通关环境，持续深化物流领域"放管服"改革，适应物流企业网络化经营特点，优化行政审批办理流程，加快提升跨境贸易便利化水平，持续优化口岸营商环境。② 深圳发布《2022年进一步优化深圳口岸营商环境若干措施》，明确完善深圳国际贸易"单一窗口"功能，包括对接深圳主要物流信息综合服务

---

① 参见同济大学中国交通研究院、新驰管理咨询（上海）有限公司《中国城市物流竞争力报告（2021）》，人民交通出版社股份有限公司2022年版。

② 《杭州市现代物流业发展"十四五"规划》，2021年6月22日公布。

平台，推动通关与物流运输环节信息共享、业务协同和资源融合。①

（九）城市物流辐射力（1.0分）

【设置依据】

同"城市物流吸引力"指标。

【评估方法】

赋分值为1.0分。参考《中国城市物流竞争力报告（2021）》中"城市物流辐射力"指标评估结果，采用了信息熵方法、相关性权重确定、主成分分析法等多种主客观评价方法，对全国500多个城市的地理区位、市场覆盖、智慧物流、通达性、国际物流排名等情况进行评估。

【评分标准】

依据《中国城市物流竞争力报告（2021）》中被评估城市的城市物流辐射力指数乘以100%，所得即为城市物流吸引力指标得分。

【评估分析】

该项指标平均得分为0.27分。其中，得分为0.8—1.0分的有0个城市，占比为0；得分为0.6—0.8分的有上海1个城市，占比为2.778%；得分为0.4—0.6分的有深圳、广州、北京3个城市，占比为8.333%；得分为0.2—0.4分的有西安、重庆、武汉等20个城市，占比为55.556%；得分为0—0.2分的有南昌、贵阳、太原等10个城市，占比为27.778%；得分为0分的有西宁、拉萨2个城市，占比为5.556%（见表2-10）。

表2-10　　　　　　"城市物流辐射力"得分分布

得分（分）	0.8—1.0	0.6—0.8	0.4—0.6	0.2—0.4	0—0.2	0
城市（个）	0	1	3	20	10	2

【典型事例】

在被评估的36个城市中，有4个城市物流辐射力得分为0.6分以上，这说明，仅有一成左右的城市在地理区位、市场覆盖、智慧物流、通达

---

① 深圳市人民政府办公厅：《〈2022年进一步优化深圳口岸营商环境若干措施〉政策解读》，深圳市人民政府门户网站，http://www.sz.gov.cn/zfgb/zcjd/content/post_9628719.html。

第二章 生产要素与公共服务资源

性、国际物流等指标评估中具有较为出色的表现。

上海聚焦国际贸易与物流建设,提升口岸物流作业质效,打造无纸化交接单物流平台,推广"两步申报"和"提前申报"机制,对货物出口开展"抵港直装"和进口"船边直提"试点。在新冠肺炎疫情的冲击下,上海物流韧性能力经受考验,通过多项举措全力保障国际航运中心核心功能正常运行,大力推广无接触式大宗运输方式,强化集装箱"陆改水",推出涵盖洋山、外高桥各码头至长江及长三角区域港口的水运服务;持续推进海铁联运。[1]

在智慧物流的建设中,深圳妈湾智慧港提供了港口、港航智能化管理,为构建数字孪生城市提供了有益镜鉴。妈湾智慧港通过接入箱务管理系统中的箱务数据,在数字孪生三维场景中动态生成对应位置集装箱的箱主涂装、箱号、箱型等数据,帮助用户把控全场集装箱的堆存情况,迅速定位集装箱,同时支持对全场集装箱按照不同维度筛选符合条件的集装箱,从而提升堆场管理和箱务管理的效率。妈湾智慧港利用数字孪生技术,结合人工智能、5G应用、北斗系统、自动化、智慧口岸、区块链等技术,配载效率比人工提升15—20倍,综合作业效率提升30%。[2]

其他被评估城市也发布了相应的指导性文件,对智慧物流发展做出了整体规划。杭州印发《杭州市现代物流业发展"十四五"规划》明确围绕深化物流数智赋能,强化智慧物流引领,推动物流园区仓储设施从传统结构向网格结构升级,建立深度感知智能仓储系统,实现存、取、管全程智能化。做大智慧物流,加大"互联网+高效物流"进程,加强物流信息化和标准化建设,在全行业推广应用云计算、大数据、物联网、移动互联网、智慧物流平台等新兴信息技术,提升全市物流智慧化水平。[3]

---

[1] 邵阳:《为保障公路、铁路、水路运输畅通,上海采取了这些措施来打通物流堵点》,东方网,https://j.021east.com/p/1650596467036228。

[2] 世界经济论坛、中国信息通信研究院:《数字孪生城市:框架与全球实践》,2022年4月,日内瓦,第20—21页。

[3] 《杭州市现代物流业发展"十四五"规划》,2021年6月22日公布。

三 评估结论与建议

本项一级指标"生产要素与公共服务资源"评估总分为13.5分,被评估的36个城市的平均得分为5.068分,共有22个城市在平均分之上,占被评估城市的61.1%;14个城市在平均分之下,占被评估城市的38.9%。在本项评估中没有获得满分的城市,杭州得分最高,为10.78分,排名前十的城市依次是杭州、济南、天津、北京、福州、贵阳、青岛、宁波、南京、沈阳;排名靠后的4个城市均低于3.2分,包括西宁、呼和浩特、拉萨、银川。本项指标得分有明显的梯度,各城市的得分情况整体较为乐观。

其中,"用电保障及成本"平均分为1.103分,得分率为73.533%;"用水保障及成本"平均分为1.114分,得分率为74.267%;"用气保障及成本"平均分为1.028分,得分率为68.533%;"用地保障及成本"平均分为1.150分,得分率为76.667%;"通信保障及成本"平均分为0.433分,得分率为28.867%;"数据交易"平均分为1.011分,得分率为50.550%;"政务数据开放"平均分为0.661分,得分率为33.050%;"城市物流吸引力"平均分为0.345分,得分率为34.377%;"城市物流辐射力"平均分为0.269分,得分率为26.917%。

其中,9项三级指标中得分率较高的是"用地保障及成本""用水保障及成本""用电保障及成本",说明各地积极提升数字政务水平,着力推动公共政务服务便利化、数字化、规范化。

(一)取得的成就

1. 公用设施接入服务水平持续优化

从总体上看,依托全国一体化政务服务平台,各地在线政务服务平台建设已初步实现政务服务事项与政务实施清单标准化,将水电气信等公共设施接入服务事项、纳入服务清单,已基本实现"掌上可办"。部分城市还在政务服务平台中设置水电气暖信报装专区,实现"一次申报、一份材料、一站办理",进一步压减接入时间,简化办理流程,降低办理成本,以集成式在线政务服务全面提升公用设施接入服务水平(见表2-11)。

表 2-11　　　　　　　　　　公用设施接入服务水平

	平均办结时限（天）	平均办理流程次数（次）	平均审批材料数量（类）	无须线下办理的城市数量（个）
用电报装	6.18	2.63	3.30	29
用水报装	3.35	2.55	1.78	26
用气报装	4.84	2.90	2.19	25
用地预审	6.86	4.19	8.28	27
通信报装	2.75	2.88	2.75	12

2. 公共数据共享与数据开放有序推进

当前，各地已在地方政府内部设立大数据管理机构，主要负责该地数据采集、传输、存储、处理及管理工作。地方大数据管理机构按照相关行政法规、规章，或各地发布的政务数据开放的地方性法规或规范性文件，统一归集数据，实现政务部门间的数据共享与交流；在被评估的36个城市中，33个城市已经搭建城市公共数据开放平台，大数据管理机构根据各地政务数据开放类型，编制、发布无条件开放清单和有条件开放清单，并按照开放清单将政务数据归集到市政务数据开放平台。在评估中，部分城市开放数据数量多、范围广、更新频率高，并积极举办各类数据开放大赛，推动政企数据融合，带动社会各界参与公共数据的开发利用，盘活"数据"这一创新财富。部分城市充分利用政务数据，赋能数字政府建设，进一步深化"放管服"，提供集成式公共服务，打破部门间数字壁垒，实现"一网通办"。

3. 各地积极探索数据权属立法

2017年，贵阳市大数据交易所发布全国首份数据交易公约《贵阳大数据交易观山湖公约》，各地也在积极探索数据确权与数据交易立法实践（见表2-11）。[①] 通过总结现有地方数据权属相关立法发现，各地对公共数据的概念界定存在分歧。在政府数据概念界定中，《贵阳市政府数据共享开放条例（2021修正）》将政府数据狭义解释为行政机关在依法履行职责过程中制作或者获取的，以一定形式记录、保存的各类数据资源。《南京市政务数据管理暂行办法》将主体扩展至事业单位、社会团体或者其他

---

① 胡凌：《数据要素财产权的形成：从法律结构到市场结构》，《东方法学》2022年第2期。

第一编　市场主体保护

依法经授权、受委托的具有公共管理职能的组织。在公共数据概念界定中，《宁波市公共数据安全管理暂行规定》采用较为狭义的解释，认为公共数据是指行政机关以及履行公共管理和服务职能的事业单位在依法履行职责过程中获得的各类数据资源。而《上海市数据条例》采用广义公共数据概念，即本市国家机关、事业单位，经依法授权具有管理公共事务职能的组织，以及供水、供电、供气、公共交通等提供公共服务的组织，在履行公共管理和服务职责过程中收集和产生的数据。《重庆市数据条例》亦将政务数据与公共服务数据统称为公共数据。

表 2-12　　　　　　　　被评估城市数据权属相关立法

城市	发布日期	法律名称	数据权属相关规定
贵阳	2017年5月	《贵阳大数据交易观山湖公约》	强调应确定数据的权利人，即谁拥有数据的所有权、占有权、使用权与受益权。明确涉及个人隐私数据时，数据的所有人就是被法律保护的主体
	2017年3月30日	《贵阳市政府数据共享开放条例（2021修正）》	政府数据是指市级、县级人民政府及其工作部门和派出机构、乡（镇）人民政府（以下简称"行政机关"）在依法履行职责过程中制作或者获取的，以一定形式记录、保存的各类数据资源。 行政机关应当在职责范围内采集政府数据，行政机关对其采集的政府数据依法享有管理权和使用权；公民、法人和其他组织可以在线访问、获取和利用政务数据
	2018年9月20日	《贵阳市健康医疗大数据应用发展条例（2021修正）》	规定卫生健康主管部门、健康机构和健康医疗服务企业依法依规采集健康医疗数据，并汇聚、存储到市级平台；鼓励卫生健康机构、健康医疗服务企业利用各类技术采集医疗数据。 规定要明确数据信息使用权限，由居民授权卫生健康机构调阅居民电子健康档案，居民有权在线查询、下载、使用电子健康档案，并鼓励卫生健康主管部门、卫生健康机构和健康医疗服务企业利用大数据技术使用、挖掘、分析健康医疗数据
成都	2018年6月6日	《成都市公共数据管理应用规定》	采用狭义公共数据概念，即政务部门在依法履职过程中产生和管理的，以一定形式记录、保存的文字、数据、图像、音频、视频等各类信息资源。 政务部门负责采集、共享、开放公共数据，对具有较大经济价值的公共数据应当进行市场化配置

第二章 生产要素与公共服务资源

续表

城市	发布日期	法律名称	数据权属相关规定
天津	2018年12月14日	《天津市促进大数据发展应用条例》	区分政务数据与社会数据。政务数据由政务部门采集、处理、共享、开放。社会数据即各类组织、从事公共服务或社会服务的企业机构依法收集、存储的数据，鼓励社会数据向公共政务数据平台汇聚
重庆	2019年7月31日	《重庆市政务数据资源管理暂行办法》	采用狭义政务数据资源概念，即政务部门在履行职责过程中制作或者获取的，以一定形式记录、保存的各类数据资源。 明确规定，政务数据资源属于国家所有。 各政务部门负责本部门政务数据资源汇聚、共享、开放、应用及其相关管理工作
重庆	2022年3月30日	《重庆市数据条例》	将政务数据与公共服务数据统称为公共数据。 市场主体可以通过合法、正当的方式依法收集数据，对合法取得的数据，可以依法使用、加工，对依法加工形成的数据产品和服务，可以依法获取收益。 有条件开放的公共数据需由主管部门与申请人签署开放利用协议，申请人使用公共数据形成成果的，应当注明数据来源。 明确自然人、法人和非法人组织可以依法使用、加工合法取得的数据，对依法加工形成的数据产品和服务，可以获取收益
南京	2019年8月7日	《南京市政务数据管理暂行办法》	采用狭义政务数据的概念，即本市各级行政机关、事业单位、社会团体或者其他依法经授权、受委托的具有公共管理职能的组织，在履行职责过程中产生或者获取的具有原始性、可机器读取、可供社会化再利用的各类数据。 本市各级行政机关、事业单位、社会团体或者其他依法经授权、受委托的具有公共管理职能的组织负责整合、共享、开放政务数据，并通过数据公司化运作、政务购买服务等方式推进政务数据市场化运营。 公民、法人或者其他组织发现政务数据侵犯合法权益的，可以向大数据中心提出异议，大数据中心应当在一定限期内做出是否更正的决定

第一编　市场主体保护

续表

城市	发布日期	法律名称	数据权属相关规定
沈阳	2020年8月14日	《沈阳市政务数据资源共享开放条例》	规定由政务部门（本市政府部门以及法律、法规授权具有行政职能的事业单位和社会组织）提供、归集、共享政务数据，公民、法人和其他组织可在线访问、获取特定政务数据资源。并未对数据利用进特别规定
宁波	2020年9月25日	《宁波市公共数据安全管理暂行规定》	界定了公共数据的概念，即指行政机关以及履行公共管理和服务职能的事业单位在依法履行职责过程中获得的各类数据资源。行政机关以及负责履行公共管理和服务职能的事业单位负责采集、共享、开放公共数据，若涉及个人信息，应当告知其采集的目的、方式和范围，个人有权对涉及个人信息的数据提出异议并要求更正
济南	2020年9月30日	《济南市公共数据管理办法》	界定了公共数据的概念，即本市各级政务部门、公共服务企事业单位在履行职责、提供服务过程中采集、产生的各类数据资源。规定由各级政务部门和公共服务企事业单位依法依规采集、处理、汇聚、共享公共数据，公民、法人和其他组织有权获取开放公共数据
上海	2019年8月29日	《上海市公共数据开放暂行办法》	界定了公共数据的概念，即本市各级行政机关以及履行公共管理和服务职能的事业单位在依法履职过程中，采集和产生的各类数据资源。规定了数据开放主体，由市人民政府各部门、区人民政府以及其他公共管理和服务机构等数据开放主体提供公共数据。鼓励数据利用主体充分利用公共数据，但应当根据数据利用协议的规定，向数据开放主体反馈数据利用情况，并需要在利用成果中标注数据来源
上海	2021年11月25日	《上海市数据条例》	采用广义公共数据概念，即本市国家机关、事业单位，经依法授权具有管理公共事务职能的组织，以及供水、供电、供气、公共交通等提供公共服务的组织，在履行公共管理和服务职责过程中收集和产生的数据。规定自然人对个人信息享有人格权益，自然人、法人和非法人组织享有在使用、加工等数据处理活动中形成的法定或者约定的财产权益。规定自然人、法人和非法人组织可以收集公开数据，并对合法取得的数据依法使用、加工。政府部门有权要求上述主体提供突发事件处置工作所必需的数据，为履行职责可申请采购非公共数据。建立公共数据授权运营机制，允许被授权运营主体在授权范围内充分开发利用公共数据

续表

城市	发布日期	法律名称	数据权属相关规定
深圳	2021年7月6日	《深圳经济特区数据条例》	公共数据，是指公共管理和服务机构在依法履行公共管理职责或者提供公共服务过程中产生、处理的数据。 明确规定自然人对个人数据享有人格权益，自然人、法人和非法人组织对其合法处理数据形成的数据产品和服务享有财产权益，可以依法自主使用，或进行处分。处理个人数据应当遵循告知同意原则，个人有权要求补充、更正、删除个人数据。 公共管理和服务机构应当依法依规采集、处理、共享、开放与利用公共数据，自然人、法人和非法人组织有权获取开放公共数据
武汉	2021年9月13日	《武汉市公共数据资源管理办法》	采用广义公共数据资源的概念，即本市各级政务部门在履行职责和公共企事业单位在提供服务过程中产生或者获取的各类数据的总称。 政务部门与公共企事业单位负责采集、共享、开放公共数据资源，公民、法人或其他组织可以获取、使用开放公共数据，认为开放公共数据侵犯合法权益的，可以提出异议，并由提供部门根据核实结果采取撤回数据、恢复开放或者处理后再开放等措施
北京	2022年12月14日	《北京市数字经济促进条例》	规定单位和个人对其合法正当收集的数据，可以依法存储、使用、加工、传输、提供、公开等，其所形成的数据产品和数据服务的财产性收益受法律保护

此外，在数据权属与保护方式上，各地开辟出了不同的路径。《深圳市经济特区数据条例》《上海市数据条例》《重庆市数据条例》《北京市数字经济促进条例》明确自然人对个人信息享有人格权益。从企业数据的非竞争性与非排他性特征出发，遵循"投入界权原则"，明确自然人、法人和非法人组织享有在使用、加工等数据处理活动中形成的法定或者约定的财产权益。[1] 同时，明确在处理个人数据时应当遵循告知同意原则，以

---

[1] 参见孔祥俊《商业数据权：数字时代的新型工业产权——工业产权的归入与权属界定三原则》，《比较法研究》2022年第1期。

"关联规则"平衡"捕获规则",实现数据流通与数据安全的双赢。① 而针对公共数据的《重庆市政务数据资源管理暂行办法》明确规定政务数据由国家所有,其他城市均仅规定了政务部门负责采集、汇聚、共享、开放政务数据,自然人、法人和其他组织有权获取、使用,并对由此创造出的数据产品享有财产权益。除规定特定主体对数据享有人格权益与财产权益外,部分文件明确将通过转致适用《反不正当竞争法》或诉诸协议,保护数据主体对自身数据的有效控制。②《上海市公共数据开放暂行办法》《重庆市数据条例》规定将以协议的方式对部分公共数据进行开发利用,以合同规制实现公共数据的法律保护。《深圳经济特区数据条例》设专节,明确对市场主体数据权益提供反不正当竞争保护。

4. 数据交易实践纵深发展

数据交易是指数据供方和需方之间以数据商品作为交易对象进行的以货币或货币等价物交换数据商品的行为。在被评估的 36 个城市中,30 个城市已出台数据交易相关的法律文件,积极探索数据交易管理规则,个别城市亦对数据财产权益、数据交易机构的准入及法律责任、数据交易双方的权利义务等进行了创新性规定(见表 2–13)。在被评估的 36 个城市中,21 个城市已建立了数据交易中心,并在实践中逐步拓展数据交易中心的业务范围,在数据开放、数据流通、数据服务等多个领域为地方政府或私营主体提供数据服务,创新数据交易模式,逐步培育数据要素交易市场的建设。

表 2–13　　　　　　　部分被评估城市数据交易相关立法

城市	发布日期	名称	数据交易相关规定
贵阳	2017 年 5 月	《贵阳大数据交易观山湖公约》	强调应当确定数据的权利人,即谁拥有数据的所有权、占有权、使用权与受益权。明确涉及个人隐私数据时,数据的所有人就是被法律保护的主体
成都	2018 年 6 月 6 日	《成都市公共数据管理应用规定》	鼓励开发、利用公共数据,明确对具有较大经济价值的公共数据进行市场化配置

---

① 参见许可《数据权属:经济学与法学的双重视角》,《电子知识产权》2018 年第 11 期。
② 参见梅夏英《企业数据权益原论:从财产到控制》,《中外法学》2021 年第 5 期。

续表

城市	发布日期	名称	数据交易相关规定
上海	2021年11月25日	《上海市数据条例》	明确通过公共数据授权运营形成的数据产品和服务，可以依托公共数据运营平台进行交易撮合、合同签订、业务结算等；通过其他途径签订合同的，应当在公共数据运营平台备案。 要求进一步建立资产评估、登记结算、交易撮合、争议解决等市场运营体系，建立健全数据交易服务机构管理制度。规定数据交易服务机构的职责，要求其建立规范透明、安全可控的数据交易服务环境
深圳	2021年7月6日	《深圳经济特区数据条例》	要求市统计部门探索建立数据生产要素统计核算制度，鼓励数据价值评估机构探索构建数据资产定价指标体系。市场主体可以依法交易其合法处理数据形成的数据产品和服务。 设专节，明确对市场主体数据权益提供反不正当竞争保护
武汉	2021年9月13日	《武汉市公共数据资源管理办法》	提出要通过规划引导、政策支持等方式推进数据要素市场化配置改革，促进数据要素有序流动与规范利用
广州	2021年12月9日	《广州海珠区数据经纪人试点工作方案》	全国首份数据经纪人试点工作方案。数据经纪人是在政府的监管下，具备开展数据经纪活动资质的机构，其职责主要有以下三个方面：一是受托行权，即数据拥有者可以授权数据经纪人行使权利；二是风险控制，在数据流通交易过程中发挥中介担保作用；三是价值挖掘，挖掘数据要素价值，充当数据价值发现者、数据交易组织者、交易公平保障者、交易主体权益维护者等多重角色
重庆	2022年3月30日	《重庆市数据条例》	要建立数据资产评估制度，制定反映数据要素资产价值的评估指标体系。支持数据交易中介服务机构有序发展，明确数据交易中介服务机构的职责。提出要依法设立数据交易所，鼓励市场主体在依法设立的数据交易场所开展数据交易
北京	2022年12月14日	《北京市数字经济促进条例》	建立数据生产要素会计核算制度，建立数据资产的登记和评估制度。 单位和个人可以采用直接交易、平台交易等合法方式开展数据服务和数据产品交易活动，市经济和信息化部门制定交易禁止清单，国际大数据交易所应当制定数据交易规则，探索"可用不可见、可控可计量"的数据交易范式

（二）存在的问题

1. 在线政务服务精准化、智能化水平亟待提升

部分城市"互联网+政务服务"平台服务能力需进一步提高，各地政务服务事项覆盖范围、服务方式完备度不一，政务服务事项便利化、集成化水平存在显著差异。

当前，党中央与国务院不断强调，各地应提高数字政务服务水平，在线政务服务平台应当规范网上办事服务，确保办事指南的准确度，提供更加简明易懂实用的办事指南和网上办事操作说明。进一步扩大在线服务事项覆盖范围，推进水电气热、电信、公证、法律援助等与企业和群众生产生活密切相关的服务进驻政务服务中心和政务服务平台；推进政务服务事项集成化办理，推动关联性强、办事需求量大、企业和群众获得感强的多个跨部门、跨层级政务服务事项集成化办理。

但是，在被评估的36个城市中，仍有部分城市尚未将水电气信等公用设施接入服务纳入在线政务服务事项；部分城市搜索服务智能化水平亟待提高，存在搜不到、搜不全、搜不准等问题，往往需要多次检索和逐项检索清单事项，才能获取相关服务指南；部分城市网上办事指南精细化程度不高，未提供完整、准确的水电气信接入服务指南，仍有部分城市信息共享与业务系统能力急需加强。究其原因，一是部分城市未能完善政府部门数据共享和业务协同机制，未将水电气信等公用事业部门纳入政务服务平台；二是部分城市政务服务平台搜索引擎智能化程度不高，未积极运用人工智能等技术提升搜索服务便捷度与智慧化水平；三是部分城市缺乏创新服务能力，忽略用户体验与用户使用场景，未围绕优化营商环境与提升公共事业服务效能等方面实现用水、用电、用气、通信接入等公共服务的便利化、集成化办理。

2. 数据要素市场化配置改革困难重重

在数字经济时代，数据要素被视为新的生产要素，是国家基础性战略资源。数据要素市场化配置旨在促进数据开放、共享、交易、开发与利用，依据市场规则、市场价格、市场竞争，从而实现数据生产要素的效益最大化和效率最优化配置。2020年3月，党中央、国务院印发《关于构建更加完善的要素市场化配置体制机制的意见》（中发〔2020〕9号），明确

将数据作为生产要素，提出深化要素市场化配置改革，加快培育数据要素市场。

在被评估的城市中，部分城市数据统筹能力较弱，尚未搭建公共数据开放平台，部分城市公共数据开放类型局限、数据质量不高、更新频率较慢，从供给端上制约了数据要素市场化配置进程；部分城市虽搭建了公共数据开放平台，但开发应用数量少，数据要素利用率较低，数据开发利用场景局限，未能充分挖掘数据的商业价值，造成海量数据闲置，难以充分满足各领域数据需求；部分城市因客观原因，尚未建立数据交易中心，尚未探索数据交易模式，尚未建立健全数据流通交易规则，无法提供数据资产化服务，难以为数据要素的自由流通创造良好的市场环境与法治保障。

(三) 改进的建议

1. 提高政务服务效能，优化公用设施接入服务

政务服务是营商环境的重要指标，其是否便捷高效，直接影响市场主体的认同感。《优化营商环境条例》明确要求，政府及其相关工作部门应当按照高效、便利、透明的原则，通过统一的政务服务平台，为市场主体提供政策宣导、业务查询、网上投诉、政务导办等服务，简化办事程序，提高办事效率，进一步提高政务服务水平。2018年10月22日，李克强总理主持召开国务院常务会议明确提出，确定建设国家"互联网+监管"系统，促进政府监管规范化、精准化、智能化。2022年3月1日，国务院印发《国务院关于加快推进政务服务标准化规范化便利化的指导意见》（国发〔2022〕5号），强调要推进政务服务便利化，推动更多政务服务事项"就近办、网上办、掌上办"，提升智慧化、精准化、个性化服务水平，提供更多便利服务。在当前被评估的部分城市尚未提供便利的公用设施接入在线服务的现实情况下，地方政府如若提升政务服务能力，进一步优化营商环境，可以从以下两个方面着手。

第一，坚持需求引领，推动政务服务主动化、精准化。在线政务平台应当顺应企业与群众的多样化、个性化需求，将政务服务事项的发展重点由线上可办到线上易办转变。地方政府应当以企业与群众的需求为导向，丰富移动政务服务应用场景，聚焦企业生命周期与群众反映强烈的办事堵点难点问题，将企业从开办到退出、个人从出生到去世的过程中，办事需

求量大、关联性强但跨部门跨层级的利企便民服务事项打包整合,接入政务服务平台,打造用户专属服务空间,以集成化的方式提供在线办理,实现"一次申报、一站办理",努力降低企业运营的制度性交易成本。

第二,增强政务服务事项办理需求预测预判能力,提升政务服务的便捷度与智慧化水平。政务服务平台搜索引擎的智能化与精准化,不仅需要从技术端深化大数据分析技术,还应当从需求端出发,增强搜索引擎政务事项办理需求预测预判能力。只有充分了解用户画像与资源画像,准确理解用户需求后,才能精准匹配信息资源,破解搜不到、搜不全、搜不准的搜索难题。[1]

2. 健全数据要素市场,推动公共数据开放、流通与利用

数据要素是数字经济深化发展的核心引擎,数据要素市场的建立与完善,有利于充分释放数据要素价值,激活数据要素潜能。2022年1月12日,国务院印发《"十四五"数字经济发展规划》(国发〔2021〕29号),明确提出到2025年应初步建立数据要素市场体系,充分发挥数据要素作用。但是,部分被评估城市尚未搭建公共数据开放平台、交易平台,公共数据利用率仍待提高,这些城市可以从以下几个方面,健全数据要素市场,实现数字赋能营商环境。

第一,完善公共数据开放共享的法律机制,明确部门权责。当前,我国尚未出台公共数据开放的专门性、全国性的法律规定,公共数据的财产属性与权利属性尚不明确,部门权责不清。[2]部分省份已先行制定公共数据开放规则,被评估城市可借鉴其他省份先进经验,在不违背现行数据立法的基础上,针对数据权属,数据开放的种类与范围,公共数据平台运营,公共数据归集、共享、处理、开放利用及安全保障等事项进行积极探索,明晰部门权责边界,明确数据提供部门、数据归集部门的职责,全力做好数据归集、系统运维和安全管理等工作,建立跨部门、跨层级的数据开放共享协调参与机制。

第二,充分发挥数据要素作用,释放数据资源红利。《优化营商环境

---

[1] 参见孟庆国、王友奎、田红红《政务服务中的智能化搜索:特征、应用场景和运行机理》,《电子政务》2020年第2期。
[2] 参见全国信息技术标准化技术委员会大数据标准工作组、中国电子技术标准化研究院、国家信息中心《政务数据开发利用研究报告(2021年版)》,第20—23页。

条例》第5条规定,"依法促进各类生产要素自由流动"。数据要素市场化配置首先需要高质量的海量数据供给,其中,政府主导开放的公共数据是数据要素市场的主要来源。因此,地方政府应当积极建立并完善公共数据开放平台,推动数据资源标准体系建设,提升数据管理水平与数据供给的数量和质量,进一步提高公共数据开放水平,安全有序推进政企数据的共享对接与开发利用,释放数据红利;应当加强政府数据共享和公共数据开放,积极拓展数据应用场景,以场景驱动数据开发利用[1];应当加快数据要素市场化流通,培育数据交易市场主体与交易平台,鼓励市场主体积极探索数据交易实践,逐步规范数据交易管理;应当拓展规范数据开发利用场景,构建政企数据共享机制,鼓励社会力量充分挖掘数据商业价值,对数据进行增值开发利用,提升数据利用效率。

第三,防范数据开放利用过程中的潜在风险,确保要素市场的安全性。在数据要素流动中,地方政府应当防范数据泄露、数据窃取等安全风险,加快形成开放环境下的新型监管体系,推动数据安全有序流动。按照分级分类、需求导向、安全可控的原则,探索向社会进一步开放公共管理和服务机构在履行职责或提供服务时产生、处理的公共数据,引导科研院所、社会团体等依法依规开放自有数据,并规范数据处理活动,促进数据流动和开发利用。[2]

---

[1] 参见马骏、马源、高太山《优化数字经济营商环境:政策框架与重点任务》,《发展研究》2020年第10期。

[2] 参见国务院《国务院关于开展营商环境创新试点工作的意见》(国发〔2021〕24号),2021年11月25日发布。

第三章 人力资源市场

开放流动、公平有序、以人为本的人力资源市场是吸引企业投资与人才注入的重要因素，体系完备且正常运行的劳动机制能够助力人力资源市场与经济发展，充分发挥劳动力潜力，为企业创造更多财富。[①] 相较于世界银行《营商环境报告》中"劳动力"（Labor）观察指标的原有设置，《宜商环境项目概念说明书》将"劳动力"（Labor）列为一级指标，并设置了劳动法规质量、劳动力市场公共服务的充分性、劳动力雇佣的难易程度三个二级指标，突出劳动者权利保护的主旨。[②] 本次数字营商环境评估借鉴世界银行营商环境评估项目中"劳动力"（Labor）观测点内容，[③] 吸收《宜商环境项目概念说明书》中的新增评估点，突出公共就业服务的数字化程度，强调数字经济化转型中数字赋能劳动力资源配置的发展情况。

一 评估指标构成

本次评估的"人力资源市场"一级指标下设置三项二级指标，分别为"全民数字素养与技能""不当人才限制""劳动者保护"（见表3-1）。

四项三级指标通过分析考察一般公众培训、户籍限制、公共就业服务数字化水平、劳动力权利保障等具体信息，从不同角度反映被评估城市在

[①] 国际劳工局：《为了更加美好的未来而工作——劳动世界的未来全球委员会》，2019年，日内瓦，第37—38页。
[②] The World Bank, *Pre-Concept Note Business Enabling Environment* (BEE), pp. 22–25 (2022).
[③] The World Bank, *Doing Business 2020*, pp. 59–64 (2020).

人力资源市场便利营商环境的具体情况。

表 3-1　　　　　　　　　　人力资源市场

一级指标	二级指标	三级指标
人力资源市场 （3.5分）	全民数字素养与技能（1.5分）	一般公众培训（1.5分）
	不当人才限制	户籍限制
	劳动者保护（2.0分）	公共就业服务数字化水平（2.0分）
		劳动力权利保障

二　设置依据、评估标准及评估分析

在本项评估中，评估小组所依据的材料与数据来源主要为被评估城市的市政府及相关部门网站、政务服务网站、网络搜索引擎关键词查询、北大法宝法规检索、专家咨询等渠道。通过相关方式未能检测到相关内容的，则视为未落实该项工作或该项服务，各三级指标（观测点）的评估方法及赋分标准如下。

（一）一般公众培训（1.5分）

【设置依据】

《中华人民共和国国民经济和社会发展第十四个五年规划和2035年远景目标纲要》明确要求加强全民数字技能教育和培训，普及提升公民数字素养。

【评估方法】

赋分值为1.5分。检索被评估城市的政务网站、门户网站，收集被评估城市有关全民数字技能培训的立法动态与其他工作实践，评估各城市是否有效推动全民数字技能教育与培训工作的有效开展。

【评分标准】

政府在推动全民数字技能和培训中，规则细化与完善程度高，得0.9分；规则细化与完善程度一般，得0.6分；规则细化与完善程度较低，得0.3分；完全未进行规则细化与完善，得0分。积极开展全民数字技能素养与技能提升活动,得0.6分;开展全民数字技能素养与技能提升活动,得0.4分;未开展全民数字技能素养与技能提升活动,得0分。

【评估分析】

在本项评估中,评估小组检索被评估城市的政务网站、法律数据库,以"全民数字素养"为关键词检索,确定被评估城市是否出台有关提升全民数字素养的法律文件,评估各城市是否推动全民数字素养教育与培训工作的有效展开。被评估城市本项指标满分为1.5分,被评估的36个城市平均得分为0.914分,其中有12个城市得分在平均分以上,占被评估城市的33.333%。得分最高的有天津、沈阳、广州等7个城市,得分为满分1.5分,占比为19.444%;得分为1.2分的有杭州、厦门、广州、南京4个城市,占比为11.111%;得分为1.0分的有银川1个城市,占比为2.778%;得分为0.9分的有青岛、济南、南昌、哈尔滨等8个城市,占比为22.222%;得分为0.7分的有合肥、太原、福州、拉萨等14个城市,占比为38.889%;得分为0.4分的有昆明、乌鲁木齐2个城市,占比为5.556%(见表3-2)。

表3-2　　　　　　　　"一般公众培训"得分分布

得分(分)	1.5	1.2	1.0	0.9	0.7	0.4
城市(个)	7	4	1	8	14	2

【典型事例】

在被评估的36个城市中有20个城市在"一般公众培训"指标的得分为0.8分以上,说明3/4的城市积极推进全民数字素养与技能提升工作,出台规范性文件指导细化工作要求,以多种方式提供分类培训活动。

杭州最早于2018年提出实施全民数字再教育计划,面向公众提供线上线下多种渠道的数字知识、数字技能培训,提升全民数字素养,[①] 并于2020年制定《中共杭州市委关于制定杭州市国民经济和社会发展第十四个五年规划和二〇三五年远景目标的建议》等,明确提出要大力发展在线教

---

① 《杭州市全面推进"三化融合"打造全国数字经济第一城行动计划(2018—2022年)》,2018年10月9日发布。

育，提升全民数字素养。北京于 2022 年印发《北京市全民科学素质行动规划纲要（2021—2035 年）》，更为具体地对全民数字素养提升进行了整体规划，明确要充分利用智慧化技术手段推动智慧科普建设，并通过各类媒体、车站、机场等生活场景实施智慧助老行动，鼓励科普志愿者进社区、进农村，为老年人提供数字信息素养培训服务，"以小协老"提升老年人信息素养。

部分被评估城市积极探索多元化的数字素养提升活动形式。北京于 2022 年 4 月 20 日举办"北京市 2022 年全民数字素养与技能提升活动月"活动，通过开展提升全民数字素养与技能主题论坛、数字教育培训资源开放共享行动、数字技能进社区志愿活动、数字教育进校园、首都百万老年人数字素养提升行动、数字助残共享未来、数字巾帼先锋培育助力活动、数字创新专题培训八类活动，定向覆盖各类人群 200 万人，提升全民数字化适应力、胜任力、创造力。[1] 宁波新城社区、北京石景山区双锦园社区、重庆巴南区五园湾社区等都组织了"手机课堂"，由社区工作人员或青年志愿者向老年群体普及相关知识。[2] 济南历下区启动独居老年人"亲情 E 联"智慧养老平台，将辖区 60 岁以上独居老年人全部纳入保障范围，对自愿签订服务协议的独居老人，通过政府购买服务方式为其安装智能设备，提供紧急呼叫、异常预警等远程监测照护服务，着力消除老年人面临的"数字鸿沟"问题。[3]

（二）户籍限制
【设置依据】

《优化营商环境条例》明确要求国家建立健全统一开放、竞争有序的人力资源市场体系，打破城乡、地区、行业分割和身份、性别等歧视，促进人力资源有序的社会性流动和合理配置。

---

[1] 参见北京市全民数字素养与技能提升活动月官方网站，http://beijing.qianlong.com/zt/shuzisuyang/2022/0402/7041294.shtml。

[2] 胡艳、李成家：《多维度提升老年人数字素养》，中国社会科学网，http://news.cssn.cn/zx/bwyc/202203/t20220324_5400354.shtml。

[3] 李蕊：《山东省济南市历下区打造智慧养老平台》，《人民日报》2022 年 2 月 25 日第 13 版。

第一编　市场主体保护

【评估方法】

本项不赋分。考虑到数据可得性与评估公平性,此项指标覆盖范围广,种类多,因此仅作为观察指标,并不进行赋分。

【典型事例】

在本项指标评估中,评估小组发现部分被评估城市针对网约车驾驶员的户籍进行一定限制。全国人大《关于2020年备案审查工作情况的报告》中明确要求网约车驾驶员具有本市户籍或居住证属于"滞后于改革要求或制度调整的规定",需尽快修改。被评估城市对驾驶员的准入限制情况如表3-2所示。

表3-2　　　　　　　　被评估城市对驾驶员的准入限制情况

		城市	规定
要求驾驶员具备当地户籍		北京	《北京市网络预约出租汽车经营服务管理实施细则》第八条 在本市申请《网络预约出租汽车驾驶员证》的驾驶员,应当符合下列条件:(一)本市户籍
		上海	《上海市网络预约出租汽车经营服务管理若干规定》第九条(网约车驾驶员条件)在本市从事网约车经营服务的驾驶员,除符合《办法》(《网络预约出租车经营服务管理暂行办法》)规定的条件外,还应当符合下列条件:(一)本市户籍
要求驾驶员具有当地户籍或居住证	要求取得居住证需达6个月时间	银川	《银川市网络预约出租汽车经营服务管理实施细则》第八条 在本市从事网约车经营服务的驾驶员,除符合《暂行办法》(《网络预约出租车经营服务管理暂行办法》)规定的条件外,还应当符合下列条件:(一)本市户籍或持有本市居住证6个月以上
	要求取得居住证需达1年时间	拉萨	《拉萨市网络预约出租汽车经营服务管理实施细则(试行)》第十一条 在本市从事网约车服务的驾驶员,应当符合下列条件:(一)具有本市户籍或者在本市居住满一年以上持有本市有效居住证,年龄60周岁以下

除此之外,亦有部分城市在积极破除户籍限制,加速人力资源市场劳动力有序流通。2021年7月24日,重庆市人力资源和社会保障局、重庆市财政局中国人民银行重庆营业管理部印发《关于加大创业担保贷款支持

力度的通知》（渝人社〔2021〕236号），取消个人创业担保贷款与企业担保贷款的户籍限制，非重庆籍在渝创业人员享受本地人员同城待遇。2022年4月，哈尔滨市委办公厅、市政府办公厅印发《哈尔滨市2022年优化营商环境专项行动实施方案》，明确将积极拓宽就业渠道和领域，放开灵活就业人员在就业地参加基本养老、基本医疗保险的户籍限制。

（三）公共就业服务数字化水平（2.0分）

【设置依据】

《优化营商环境条例》明确要求国家保障各类市场主体依法平等使用人力资源等各类生产要素和公共服务资源。《宜商环境项目概念说明书》将"劳动力"（Labor）重新列为一级指标，新增"公共就业服务的数字化程度"这一项评估内容。[1] 因此，本次评估将"公共就业服务数字化水平"纳入评估范围，对各市人力资源和社会保障局的在线就业创业平台展开评估。

【评估方法】

赋分值为2.0分。搜索被评估城市人力资源和社会保障局门户网页、在线就业创业平台、人力资源市场网页等公共就业服务平台，并对该网页的应用功能、提供的招聘信息质量等进行评估。

【评分标准】

若被评估城市搭建了在线公共就业服务平台，得1.0分；若未搭建，得0分。若该公共就业服务平台功能齐全，具有创新点，招聘信息更新及时，得1.0分；若该公共就业服务平台功能较为齐全，招聘信息更新较为及时，得0.8分；若该公共就业服务平台仅提供了招聘信息，并未开发其他就业创业功能，得0.6分。

【评估分析】

该指标的平均得分为1.661分，多数城市得分为1.6分，说明大部分被评估城市已经搭建了公共就业服务在线平台（网页、App、微信公众号或微信小程序）并提供了较为齐全的就业公共服务（见表3-4）。

---

[1] The World Bank，*Pre-Concept Note Business Enabling Environment*（*BEE*），pp. 22-25（2022）．

表 3-4　　　　　　"公共就业服务数字化水平"得分分布

得分（分）	2.0	1.8	1.6	1.4
城市（个）	6	9	11	10

首先，高于或等于平均得分的城市共有15个，占比为41.667%。北京、上海、重庆、宁波、杭州、成都积极探索开发了多种服务功能，积极实现人力资源市场供给端与需求端的精准对接，获得了最高分2.0分。

其次，低于平均得分的城市共有21个，占比为58.333%。这些城市失分原因主要在于，相较于满分城市而言，部分城市公共就业服务平台尚未及时更新就业招聘信息；部分城市公共就业服务平台功能单一，尚未提供除就业招聘信息之外的政策解读、就业配套服务等功能。

【典型事例】

在本项指标评估中，表现比较突出的是杭州市人力资源和社会保障局搭建的"杭州就业"线上服务平台。该平台提供了"求职招聘""见习训练""师友计划""桐庐金蓝领在线"四个主要服务板块，"求职招聘"板块为劳动者与企业提供了在线双选平台，提供了大量在线招聘会信息；"见习训练"板块整合了杭州大学生见习训练补贴、招聘会、指南等相关信息；"师友计划"板块为高校学生提供了就业导师服务，助力杭州的高校学子进行职业规划；"桐庐金蓝领在线"板块为技术人才提供了技能培训补贴、技能认定等在线服务。同时，"杭州就业"还设置了"新冠肺炎疫情""中小微企业一次性吸纳就业""劳动力余缺调剂"等各类政策补贴副模块，为劳动者提供了实习、就业、技术培训及失业补贴等全流程在线公共服务与信息供给。

（四）劳动力权利保障

【设置依据】

《优化营商环境条例》明确要求国家保障各类市场主体依法平等使用人力资源等各类生产要素和公共服务资源。世界银行《营商环境报告》及《宜商环境项目概念说明书》均将劳动力权利保障视为该项评估的重点内容，秉持以人为本和有利原则，要求经济体在合同订立、工作时间、解雇规则等方面最大化实现劳动者的权益保障。

【评估方法】

评估小组设计并向各被评估城市企业工作人员发放调查问卷，了解当地企业是否遵守相关法律规定与劳动主体签订劳动合同、当地企业是否遵守相关法律规定执行工作时间及加班费用标准，是否依法解雇并给予失业保障。

【评估分析】

在本次主观测评中，从平均分来看，劳动者对当前劳动力权利保障的具体落实满意度为66.476%，被评估城市与当地企业在落实相关劳动法规范上仍有较大的进步空间。

在被评估的36个城市中，有99.067%的受访者表示，其所在企业遵守《劳动法》等相关规定，签订劳动合同。其中，石家庄、福州、厦门、沈阳、南京、青岛等城市该项指标满意度为100%。有92.099%的受访者表示，其所在企业遵守《劳动法》等相关规定，执行企业用工每天标准工作时长不高于8小时、每周标准工作时长不高于40小时，并执行日常加班费、周末加班费、法定节假日加班费规定。其中，南京、南昌、海口、济南等城市获得了100%的满意度。有97.104%的受访者表示，其所在企业遵守《劳动法》的相关规定，在裁员时提前通知工会及本人并提供法律规定的解雇费与失业保障。其中，福州、长沙、青岛、长春、济南、杭州、南京等城市获得了100%的满意度。

三　评估结论与建议

本项一级指标评估总分为3.5分，被评估的36个城市的平均得分为2.608分，共有13个城市得分在平均分之上，占被评估城市总数的36.111%；23个城市在平均分之下，占被评估城市的63.889%。北京、上海、重庆、宁波在本项评估中获得最高分3.5分；杭州获得3.2分，位列第二；得分较低的城市是西宁、海口、长沙等6个城市，获得2.1分。本项指标得分有明显的梯度，各城市的整体得分情况较为乐观。

本项一级指标共包含4项三级指标，"一般公众培训"指标满分为1.5分，"公共就业服务数字化水平"指标满分为2.0分。各三级指标的得分状况为："一般公众培训"平均分为0.958分，得分率为63.133%；"户籍限制"不赋分；"公共就业服务数字化水平"平均分为1.667分，得分率为83.050%;"劳动力权利保障"不赋分。

（一）取得的成就

1. 公民数字素养培训已纳入城市"十四五"数字经济发展规划

2022年3月2日，中央网信办、教育部、工业和信息化部、人力资源和社会保障部近日联合印发《2022年提升全民数字素养与技能工作要点》，明确到2022年年底，提升全民数字素养与技能工作取得积极进展。在被评估的36个城市中，已有24个城市分别出台了地方性法规或规范性文件，细化工作要点；已有17个城市通过数字技能月、特定行业数字素养技能培训、数字素养技能大赛、政企合作签署数字人才培养计划等形式推动全民数字素养与技能提升落地开花，将数字素养技能培训融入日常生产生活，逐步消除数字鸿沟。

2. 数字赋能人力资源市场灵活、稳定发展

一方面，数字经济催生新型就业形态，不断提供相关就业岗位。在新冠肺炎疫情背景下，数字经济展现出了强大韧性，有效支撑了疫情防控与经济发展。2020年，我国数字经济核心产业增加值占国内生产总值（GDP）的比重达到7.8%，[1] 2021年，我国数字经济规模达到45.5万亿元，占GDP的比重由2020年的39.2%增加至45.5%，[2] 数字经济为经济社会持续健康发展提供了强大动力。2018年我国数字经济领域就业岗位达到1.91亿个，占全年就业总人数的24.6%，成为提供就业岗位的重要领域之一。[3] 根据《中国共享经济发展报告（2021）》的统计，2020年我国共享经济服务提供者约为8400万人，平台企业员工数约为631万人。[4]

另一方面，数字技术运用提升人力资源市场需求端同供给端精准对接。被评估的36个城市充分利用数字技术提升就业创业服务智能化水平，以网页、App、微信公众号或微信小程序等方式，搭建了"互联网+就业"

---

[1] 《国务院关于印发〈"十四五"数字经济发展规划〉的通知》，国发〔2021〕29号，2021年12月12日发布。

[2] 中国信息通信研究院：《中国数字经济发展报告（2022年）》，2022年。

[3] 参见中国银行研究院《我国数字经济发展对就业的影响与对策建议》，《宏观观察》2022年第20期。

[4] 国家信息中心：《中国共享经济年度报告（2021）》，2021年。

公共服务平台,精准对接用人单位用人需求与劳动者就业需求。

3. 新形势下劳动者权益保障受到关注

新冠肺炎疫情的暴发与数字经济的快速发展强烈冲击了当前人力资源市场的有效对接,并对劳动者权益保障带来若干挑战。中央层面先后印发了《关于支持多渠道灵活就业的意见》(国办发〔2020〕27号)与《关于维护新就业形态劳动者劳动保障权益的指导意见》(人社部发〔2021〕56号),分别就新冠肺炎疫情及平台经济下劳动者权益保护做出了规定。

部分被评测城市亦针对平台经济劳动者保护出台了相应文件,多举措保障劳动者合法权益(见表3-5)。北京市发布了《关于促进新就业形态健康发展的若干措施》,明确平台企业新就业形态劳动者划分标准,补齐平台网约劳动者权益保障的制度短板,试点建立职业伤害保障制度,切实维护劳动保障权益。根据用工性质与用工特征,南京将外卖骑手分为专送骑手和众包骑手,专送骑手可细分为全日制骑手、劳务派遣骑手、非全日制骑手,并进一步规定配送合作商或其劳务派遣单位应当为建立了劳动关系的全日制骑手和劳务派遣骑手依法办理社会保险,并与之协商确定劳动报酬、休息休假、职业安全保障等事项;配送合作商应当与建立非全日制用工关系的非全日制骑手协商确定劳动报酬、作息时间、职业安全保障等事项。非全日制骑手可以按规定以灵活就业人员身份依法办理社会保险。[①] 厦门市工会劳动法律监督委员会向厦门各网络餐饮平台发出《厦门市工会劳动法律监督提示函》,对外卖平台提出要求:外卖员连续送单超过4个小时后系统停止派单20分钟;建设外卖送餐员临时驻留点,提供必要的饮水、休息、充电等设施。[②] 天津已建立570个户外劳动者驿站,帮助网约车司机、快递员、外卖配送员解决饮水、如厕、纳凉、取暖等问题;并在高速公路服务区建立了5个"司机之家",为货车司机

[①] 《关于规范新就业形态下餐饮网约配送员劳动用工的指导意见(试行)》,宁人社规〔2021〕4号,2021年4月14日发布,http://rsj.nanjing.gov.cn/njsrlzyhshbzj/202104/t20210430_2902108.html。

[②] 《厦门对外卖平台提出要求:送餐员连续送单4小时停单20分钟》,人民网,http://fj.people.com.cn/n2/2021/0901/c181466-34894174.html。

第一编　市场主体保护

解决停车、就餐、住宿、洗衣、洗澡等难题。①

表 3-5　　　　被评估城市新就业劳动者权利保障相关立法

城市	发布日期	文件名	具体内容
南京	2021年4月14日	《关于规范新就业形态下餐饮网约配送员劳动用工的指导意见（试行）》（宁人社规〔2021〕4号）	详细界定了外卖骑手用工关系。根据用工性质和用工特征，将外卖骑手分为专送骑手（又分为全日制骑手、劳务派遣骑手、非全日制骑手）和众包骑手。配送合作商与全日制骑手建立劳动关系的，应当订立劳动合同，为其办理社会保险，劳务派遣单位应当与劳务派遣骑手订立劳动合同；配送合作商与非全日制骑手建立非全日制用工关系的，应当订立劳动合同，为其以灵活就业人员身份办理社会保险；配送合作商或其劳务派遣单位应当依法为专送骑手承担相应的工伤保险责任。众包骑手与平台企业或劳务外包企业建立劳务、承揽等法律关系，不存在劳动关系、非全日制用工关系和实际用工关系，能够证明具备劳动关系认定条件的，可以认定双方存在劳动关系
北京	2021年9月5日	《关于促进新就业形态健康发展的若干措施》（京就发〔2021〕3号）	根据用工性质，将新就业形态劳动者进一步区分为平台网约劳动者（与平台企业不完全符合确立劳动关系情形，根据平台规则完成工作和接受劳动管理，获取劳动报酬）、平台个人灵活就业人员（依托平台，依法从事个体经营或个人自主利用自己的体力、专业技能等依法从事劳务、咨询、设计等活动，并取得劳动报酬）、平台单位就业员工（与平台企业或合作企业、劳务派遣企业建立劳动关系或形成事实劳动关系）。 引导平台企业依法依规制定修订直接涉及劳动保障权益的制度规则和平台算法，通过"算法取中"等方式，合理确定考核和奖惩要素，避免超强度劳动和因此造成的安全伤害问题。 建设"务工人员之家"，扩大"暖心驿站"覆盖，调动企业和社会各界力量帮助新就业形态劳动者解决劳动间隙的休息、餐饮、停车、充电等困难。 企业应依法为"平台单位就业员工"办理社会保险，稳定且长期在京实际就业的平台网约劳动者和平台个人灵活就业人员可按规定参加本市职工基本养老、基本医疗和失业保险

---

① 高竹君：《天津市人社局等八部门联合召开维护新就业形态劳动者劳动保障权益行政指导会》，中工网，https://www.workercn.cn/c/2022-05-22/6894554.shtml。

续表

城市	发布日期	文件名	具体内容
重庆	2021年10月29日	《重庆市维护新就业形态劳动者劳动保障权益实施意见》(渝人社发〔2021〕38号)	在全市各区县工会组织成立劳动争议纠纷人民调解委员会，进一步发挥工会在化解新就业形态劳动保障权益纠纷案件中的作用，保护劳动者和平台企业的合法权益。 通过单独建会、联合建会、行业建会、区域建会等多种方式扩大工会组织覆盖面。以区域（行业）职代会覆盖新就业形态为主的中小微企业为重点，以行业职代会为基础，以行业协会为依托，保障劳动者民主权利
天津	2021年12月28日	《天津市关于维护新就业形态劳动者劳动保障权益的实施意见》(津人社局发〔2021〕29号)	平台企业采用劳务派遣方式用工的，需依法履行劳务派遣用工单位责任；平台企业采取外包服务等其他合作用工方式的，若劳动者权益受到损害，平台企业有过错，需根据其过错程度依法承担相应责任。 企业不得克扣和无故拖欠劳动报酬，支付周期最长不超过1个月。 新就业形态劳动者参加企业职工基本养老保险、医疗保险不受户籍限制。未建立劳动关系的，劳动者可参加企业职工基本养老保险和职工基本医疗保险，或单独参加企业职工基本养老保险、城乡居民基本医疗保险。 推动在新就业形态劳动者集中居住区、商业区设置临时休息场所，解决停车、充电、饮水、如厕等难题，为新就业形态劳动者提供工作生活便利
上海	2022年1月4日	《关于维护新就业形态劳动者劳动保障权益的实施意见》(沪人社规〔2022〕1号)	对符合劳动关系情形、不完全符合确立劳动关系情形但企业对劳动者进行劳动管理的新就业形态劳动者权益保障承担相应责任；平台企业采取劳务派遣、外包等用工方式的，与合作企业依法承担各自的用工责任；企业以非劳动关系的名义用工但符合劳动关系特征的，依法承担相应责任。 督促平台优化算法原则，不得将最严算法作为考核要求，遏制"以罚代管"。 通过人力资源和社会保障部门网站和"乐业上海"微信公众号等各类媒体，及时发布视频微课、案例解析、政策解读、招聘和就业服务活动信息等资讯，通过"一网通办"平台，提供预约制职业指导。 推动平台企业及其关联企业依法建会；条块结合推动站点建立工会小组，加入街镇"小二级"工会，广泛组织新就业形态劳动者加入工会

第一编　市场主体保护

续表

城市	发布日期	文件名	具体内容
福州	2022年3月3日	《福州市人力资源和社会保障局等八部门关于维护新就业形态劳动者劳动保障权益的实施意见》	严禁平台企业以任何形式诱导或强迫劳动者注册为个体工商户。 引导企业参照福建省高温津贴发放规定，就加强高温天气劳动保护等事项开展专项集体协商。 对未列入职业伤害保障试点的，积极推动平台企业通过购买人身意外、雇主责任等商业保险，促使平台灵活就业人员商业保险保障水平不低于职业伤害保障试点水平
呼和浩特	2022年3月31日	《关于开展维护新就业形态劳动者劳动保障权益专项行动的通知》（呼人社办发〔2022〕15号）	建立完善本地新业态企业用工基础台账，统计平台企业（合作企业）的经营模式、用工方式、用工人数以及新就业形态劳动者相关权益保障情况。 发布外卖员、网约车司机劳动合同、书面协议等通用示范文本。 会同中级人民法院联合开展新就业形态劳动争议典型案件梳理，适时公布典型案例，明确劳动关系等法律政策适用标准。 充分运用"互联网+调解仲裁"创新方式提升服务效能。 以政府主导、市场合作的运营模式打造劳动用工综合服务中心，为灵活务工人员提供用工接洽、技能培训等"一站式"公益性综合服务
西宁	2022年4月21日	《西宁市关于维护新就业形态劳动者劳动保障权益的具体措施》（宁政办〔2022〕41号）	对于不完全符合确立劳动关系情形但平台企业对劳动者进行劳动过程管理的，接受平台规则管理或算法约束并获取劳动报酬的劳动者，企业应当与其订立书面协议，确定双方权利义务；劳动者依托平台企业自主开展经营活动，获取经营收入，按照民事法律调整双方的权利义务；平台企业采取劳务派遣等合作用工方式组织劳动者完成工作的，履行用人单位责任；平台企业采取劳务外包、加盟协作或其他合作用工方式，根据平台企业与外包企业之间的具体法律关系，依法确定法律责任

续表

城市	发布日期	文件名	具体内容
宁波	2022年5月6日	《宁波市维护新就业形态劳动者劳动保障权益实施办法》（甬人社发〔2022〕6号）	强化恶劣天气等特殊情形下和"三期"女职工等特殊人群的劳动保护，最大限度减少安全生产事故和职业病危害。 灵活就业人员在就业地参加职工基本养老保险。本市户籍新业态劳动者可在就业地参加职工基本医疗保险或城乡居民基本医疗保险，未在宁波以外参加基本医疗保险的非本市户籍新业态劳动者持本市有效居住证满1年可在就业地参加职工基本医疗保险
杭州	2022年5月12日	《杭州市维护新就业形态劳动者劳动保障权益实施办法（试行）》（杭人社发〔2022〕26号）	明确新就业形态劳动者的概念，即依托互联网平台就业的现代家政服务业劳动者、网约配送员、网约车驾驶员、货车司机、互联网营销师、快递员等人员，并细化职能部门和行业主管部门监管责任，对上述人员进行分类管理。 建立新就业形态劳动者单险种参加工伤保险政策制度；就业困难人员从事新就业形态，符合条件的，可以按规定享受灵活就业社保补贴。 收集、适用劳动者个人信息的，应当征得劳动者本人同意，法律、行政法规另有规定的除外。 对新就业形态劳动者的职业道德和服务规范进行了特别规定
大连	2022年5月25日	《大连市贯彻落实维护新就业形态劳动者劳动保障权益若干措施实施方案》（大人社发〔2022〕100号）	建立大连平台企业用工情况报告制度，指导平台企业按月报送劳动合同制用工、劳务派遣用工和合作用工情况，动态掌握全市平台企业用工情况。 组织"双合同月"和"集中要约"等活动，探索产业工会与行业协会、头部平台企业或代表组织开展工资专项集体协商；开展企业薪酬调查，及时发布人工成本信息和工资指导价位；及时将平台企业、合作企业违法拖欠新就业形态劳动者劳动报酬行为纳入信用记录管理。 将从事快递收寄、分拣、运输、投递、查询等服务的从业人员全部纳入工伤保险参保范围。 协助行业主管部门推动平台企业、合作企业建立健全新就业形态劳动者申诉机制，及时回应、处理劳动者关于平台进入退出规则、抽成比例和报酬构成等方面的申诉请求，维护其民主协商权益；落实"网上入会"管理办法，优化工会组织服务

第一编　市场主体保护

续表

城市	发布日期	文件名	具体内容
银川	2022年6月1日	《银川市维护新就业形态劳动者劳动保障权益实施方（试行）》（银人社发〔2022〕62号）	劳动合同用工与劳务派遣用工应当分别与平台企业、用工企业依法签订劳动合同；不完全符合确立劳动关系用工的，行业主管部门会同职能部门制定书面协议示范文本；自由从业劳动者与企业是平等民事关系。企业应当发挥数据技术优势，合理管控劳动者在线工作时长，对于连续工作超过4个小时的，应当设置不少于20分钟的工间休息时间。劳动者同时接送多单且难以确定责任的，由同一路程首单平台企业承担工伤保险责任。在有条件的车站、机场、景点等人流集散密集区，设立出租车（网约车）候客区，解决"车没地停、人找不到车"的难题
郑州	2022年6月15日	《郑州市关于维护新就业形态劳动者劳动保障权益实施方案的通知》	将新就业形态劳动者纳入"人人持证、技能河南"建设范围，开展针对性培训，并给予职业技能培训补贴

成都市人力资源和社会保障局在门户网站设置专栏，整合成都为应对新冠肺炎疫情、保障劳动者合法权利出台的就业、培训、劳动关系政策。[1] 上海市人力资源和社会保障局印发《关于进一步维护当前劳动关系和谐稳定的工作指引》，从规范劳动用工、保障工资支付两方面规定了劳动者权益保护内容，要求企业合理安排劳动者居家办公，不得因隔离而与新冠肺炎患者、无症状感染者、密切接触者等解除劳动合同，用工单位不得因此将上述人群退回劳动派遣单位，并应当区分情况支付工资。[2]

（二）存在的问题

1. 劳动力市场要素自由流动受限

当前，劳动力要素自由流动仍受到多方限制。不恰当的户籍限制成为

---

[1] 《成都市有效应对疫情稳定经济运行20条政策措施》，成都市人力资源和社会保障局，http：//cdhrss.chengdu.gov.cn/cdrsj/c136218/zccs.shtml。
[2] 《关于进一步维护当前劳动关系和谐稳定的工作指引》，沪人社关〔2022〕89号，2022年4月26日发布。

阻碍劳动力要素流动的第一层限制，以网约车司机户籍限制为例，是否拥有户籍成为了网约车司机能否执业的首要门槛。由此可知，户籍限制人为地分割了劳动力要素市场，阻碍了劳动力的自由流通。同时，地方政府为了招商引资，可能采取压低劳动力市场价格等方式来降低企业的生产成本吸引企业入驻，较低的劳动力价格将导致该地成为"人才洼地"，降低创新人才的积极性，不愿意充分发挥全部才能，从而不利于创新生产活动的效率提升。① 当前劳动力要素市场供需不均衡，劳动力要素的市场配置效率没有得到有效发挥。②《中国ICT人才生态白皮书》指出，到2020年我国数字化人才缺口接近1100万人，且全行业的数字化推进正在加速，引入人才需求缺口将会持续放大。③

2. 数字经济形势下劳动者权益保护不足

进入21世纪以来，数字互联网技术的发展应用催生了共享经济、平台经济、零工经济等新经济组织形式，重塑了传统劳资关系，导致了"众包"下劳动对资本的实质隶属、普遍的"外包"及就业的不稳定化。④ 在此变革中，劳动领域相关法律法规对平台用工人员的劳动者权益保障仍存在不足。

首先，通过算法等数字技术，平台垄断了计价奖惩的规则，实现了对劳动者劳动过程（如规划路线、完成时间）的全面控制，并依托骑手个人数据进一步强化算法控制，⑤ 此时劳动者别无选择，"要么把自己作为数据商品提交给平台，要么拒绝从中受益"⑥。按件计价的收益模式与严苛的惩罚规则加剧了对劳动者的剥削，导致劳动者工作时间过长、劳动强度过

---

① 参见白俊红、卞元超《要素市场扭曲与中国创新生产的效率损失》，《中国工业经济》2016年第11期。

② 参见刘昱洋《中国五大要素市场化配置的制约因素及完善策略》，《区域经济评论》2021年第6期。

③ 华为技术有限公司：《中国ICT人才生态白皮书》，2018年。

④ 谢富胜、吴越、王生升：《平台经济全球化的政治经济学分析》，《中国社会科学》2019年第12期。

⑤ 陈龙：《"数字控制"下的劳动秩序——外卖骑手的劳动控制研究》，《社会学研究》2020年第6期。

⑥ 文军、刘雨婷：《新就业形态的不确定性：平台资本空间中的数字劳动及其反思》，《浙江工商大学学报》2021年第6期。

大，职业健康风险显著增加。①

其次，在新就业形态下，部分灵活就业劳动者难以获得劳动法等相关法律的保护。根据当前中央及各地立法实践，平台经济劳动者大概可分为三类，一是与平台企业建立劳动关系的全日制骑手或平台单位就业人员；二是与劳务派遣单位建立劳动关系，与平台企业形成实际用工关系的劳务派遣骑手或平台网约劳动者；三是与平台企业或劳务外包企业建立劳务、承揽等法律关系，属于灵活就业人员的众包骑手或平台个人灵活就业人员。②在实践中，第三类劳动者，即灵活就业人员的权利保障存在较大争议。依据从属性理论③，灵活就业人员与平台之间难以达到劳动关系认定中的人格从属性要求④。此类法律关系的认定将给劳动者带来一系列负面影响，灵活就业人员无法参加职工社会保险，个人参保成本高且程序烦琐，难以获得充分的工伤保险保障，失去工时及劳动职业安全基准的保护。

（三）改进的建议

1. 进一步推动劳动力要素合理畅通有序流动

劳动力要素是生产要素中最活跃的要素，劳动力要素的畅通有序流动有利于充分实现劳动要素资源的优化配置。⑤支持具备条件的试点地区在城市群或都市圈内开展户籍准入年限同城化累计互认、居住证互通互认，试行以经常居住地登记户口制度，实现基本公共服务常住地提供。支持建立以身份证为标识的人口管理服务制度，扩大身份证信息容量，丰富应用场景。建设人口发展监测分析系统，为重大政策制定、公共资源配置、城市运行管理等提供支撑。建立健全与地区常住人口规模相适应的财政转移

---

① 参见周畅《中国数字劳动平台和工人权益保障》，《国际劳工组织工作报告11》，2020年，日内瓦，第27—31页。
② 参见《关于规范新就业形态下餐饮网约配送员劳动用工的指导意见（试行）》，宁人社规〔2021〕4号，2021年4月14日发布；《关于促进新就业形态健康发展的若干措施》，京就发〔2021〕3号，2021年9月5日发布。
③ 从属性是劳动法调整的劳动关系的本质性特征。最高人民法院发布的劳动人事争议典型案例及各地法院发布的典型案例中，从属性理论均作为判断劳动关系是否成立的标准。
④ 参见王天玉《互联网平台用工的合同定性及法律适用》，《法学》2019年第10期。
⑤ 《国务院办公厅关于印发〈要素市场化配置综合改革试点总体方案〉的通知》，国办发〔2021〕51号，2021年12月21日发布。

支付、住房供应、教师医生编制等保障机制，从社会保障层面破除对劳动力要素流动的实体限制。

2. 构建多元、公平、包容的人力资源市场

联合国人居署《2020年世界城市报告》中强调，真正的智慧城市应当以人为本，使经济迈向以人为本的增长和发展道路。① 在社会数字化转型中我们需要始终关注人的感受与人的需求。在涉及劳动者权益保障时，我们应当谨记这一原则："劳动不是商品，人们有权在自由和尊严、经济保障和机会均等的条件下谋求物质幸福和精神发展。"② 在数字经济飞速发展的后疫情时代，多元、公平、包容的人力资源市场将有利于平衡经济增长与人的全面发展等重要目标。

数字经济催生了多元化的用工关系，而现行劳动者权益保障体制机制难以有效回应实践需求。为保障数字经济劳动者的合法权益，构建公平包容的新就业形态人力资源市场，本节从以下四个方面出发，逐步探索地方经验。一是明确互联网平台用工劳动关系。《关于维护新就业形态劳动者劳动保障权益的指导意见》对平台用工劳动关系进行了类型化规整，"符合确立劳动关系情形的，企业应当依法与劳动者订立劳动合同。不完全符合确立劳动关系情形但企业对劳动者进行劳动管理的，指导企业与劳动者订立书面协议，合理确定企业与劳动者的权利义务。对采取外包等其他合作用工方式，劳动者权益受到损害的，平台企业依法承担相应责任"③。但该意见并未对后两类用工的法律关系进行明确界定，当前学界对劳动关系的构成要件也尚未达成一致认识。④ 西宁则将上述规则细化，认为应当按照民事法律调整灵活就业者及平台间的权利义务关系。⑤ 二是完善灵活就业人员社会保险缴纳方式。取消对新就业形态劳动者参加企业职工基本养

---

① 联合国人居署：《2020年世界城市报告》，2020年，第143页。
② 国际劳工局：《为了更加美好的未来而工作——劳动世界的未来全球委员会》，2019年，日内瓦，第21—23页。
③ 《关于维护新就业形态劳动者劳动保障权益的指导意见》，人社部发〔2021〕56号，2021年7月发布。
④ 参见沈建峰《数字时代劳动法的危机与用工关系法律调整的方法革新》，《法制与社会发展》2022年第2期。
⑤ 《西宁市关于维护新就业形态劳动者劳动保障权益的具体措施》，宁政办〔2022〕41号，2022年4月21日发布。

第一编　市场主体保护

老保险、医疗保险的户籍限制；保障灵活就业者参加企业职工基本养老保险和职工基本医疗保险，或单独参加企业职工基本养老保险、城乡居民基本医疗保险。[1] 三是探索建立新业态从业人员职业伤害保险制度。若将灵活就业者纳入工伤保险保护范畴，则可能模糊工伤保险的保护边界，大大加重平台负担。[2] 除上述单险种参加工伤保险制度之外，其他试点城市主要采取两类方案，即建立独立的职业伤害保障制度或"工伤保险+补充商业保险"制度。[3] 其中，福州做出特别规定，对未列入职业伤害保障试点的，积极推动平台企业购买人身意外、雇主责任等商业保险。[4] 四是加强劳工权利保障。加强对平台企业的用工监管，建立新业态企业用工基础台账，统计平台企业（合作企业）的经营模式、用工方式、用工人数以及新就业形态劳动者相关权益保障情况；[5] 开展企业薪酬调查，及时发布人工成本信息和工资指导价位；及时将平台企业、合作企业违法拖欠新就业形态劳动者劳动报酬行为纳入信用记录管理；[6] 督促平台优化算法原则，不得将最严算法作为考核要求，遏制"以罚代管"。[7] 充分调动企业和社会各界力量或借助"工会之家"，帮助新就业形态劳动者解决劳动间隙的休息、餐饮、停车、充电等困难。[8] 督促平台企业依法建立劳动者工会组织，并利用集体协商谈判机制，组织"双合同月"和"集中要约"等活动，探索产业工会与行业协会、头部平台企业或代表组织就劳动者合法诉求开展集体协商工作。[9]

---

[1] 《天津市关于维护新就业形态劳动者劳动保障权益的实施意见》，津人社局发〔2021〕29号，2021年12月28日发布。

[2] 王伟进、王天玉、冯文猛：《数字经济时代平台用工的劳动保护和劳动关系治理》，《行政管理改革》2022年第2期。

[3] 崔文婕：《新业态从业人员职业伤害保障制度试点方案比较》，《中国人力资源社会保障》2022年第6期。

[4] 《福州市人力资源和社会保障局等八部门关于维护新就业形态劳动者劳动保障权益的实施意见》，2022年3月3日发布。

[5] 《关于开展维护新就业形态劳动者劳动保障权益专项行动的通知》，呼人社办发〔2022〕15号，2022年3月31日发布。

[6] 《大连市贯彻落实维护新就业形态劳动者劳动保障权益若干措施实施方案》，大人社发〔2022〕100号，2022年5月25日发布。

[7] 《关于维护新就业形态劳动者劳动保障权益的实施意见》，沪人社规〔2022〕1号，2022年1月4日发布。

[8] 《关于促进新就业形态健康发展的若干措施》，京就发〔2021〕3号，2021年9月5日发布。

[9] 《大连市贯彻落实维护新就业形态劳动者劳动保障权益若干措施实施方案》，大人社发〔2022〕100号，2022年5月25日发布。

第四章　招投标与政府采购的数字化管理

招投标与政府采购的数字化管理集中展示了数字赋能行政监管的强大优势，是全流程数字化管理。世界银行发布的《营商环境报告》中"政府签订合同"指标主要以政府采购程序及政府采购质疑投诉体系为评估内容。[1] 2022年年初世界银行发布的《宜商环境项目概念说明书》将招投标及政府采购置于"市场竞争"（Market Competition）指标之下，全面审查招投标与政府采购领域立法质量、电子采购平台的透明度及交易功能、政府采购及招投标的时间及费用成本，并突出了实现公平竞争这一主旨。[2] 本次数字营商环境评估借鉴世界银行营商环境评估项目中"质疑投诉机制建立"这一评估维度，吸收《宜商环境项目概念说明书》中的新增评估点，即突出数字化管理及促进公平竞争等内容，评估招投标与政府采购的数字化建设水平及公正监管能力。

一　评估指标构成

本次评估的"招投标与政府采购的数字化管理"一级指标下设置四项二级指标，分别为"电子交易及服务平台搭建""交易过程公开透明""统一标准""监管能力"（见表4-1）。

---

[1] The World Bank, *Doing Business 2020*, pp. 68-75（2020）.
[2] The World Bank, *Pre-Concept Note Business Enabling Environment*（*BEE*），pp. 48-52（2022）.

第一编　市场主体保护

五项三级指标通过分析考察全流程电子化、公开透明度、法规执行规范性、公正监管、智能监管等具体信息，从不同角度反映被评估城市在招投标与政府采购数字化管理及公正监管方面的具体情况。

表4-1　　　　　　　　招投标与政府采购的数字化管理

一级指标	二级指标	三级指标
招投标与政府采购的数字化管理（4.5分）	电子交易及服务平台搭建（1.0分）	全流程电子化（1.0分）
	交易过程公开透明（1.0分）	公开透明度（1.0分）
	统一标准（0.5分）	法规执行规范性（0.5分）
	监管能力（2.0分）	公正监管（1.0分）
		智能监管（1.0分）

二　设置依据、评估标准及评估分析

在评估中，评估小组所依据的材料与数据来源主要为被评估城市的市政府及相关部门网站、政务服务网站、网络搜索引擎关键词查询、北大法宝法规检索、专家咨询等。通过相关方式未能检测到相关内容的，则视为未落实该项工作或该项服务，各三级指标（观测点）的评估方法及赋分标准如下。

（一）全流程电子化（1.0分）

【设置依据】

《优化营商环境条例》明确要求，国家建立电子证照共享服务系统，实现电子证照跨地区、跨部门共享和全国范围内互信互认。各地区、各部门应当加强电子证照的推广应用。《国务院办公厅转发国家发展改革委〈关于深化公共资源交易平台整合共享指导意见〉的通知》要求健全平台电子系统。加强公共资源交易平台电子系统建设，明确交易、服务、监管等各子系统的功能定位，实现互联互通和信息资源共享，并同步规划、建设、使用信息基础设施，完善相关安全技术措施，确保系统和数据安全。《宜商环境项目概念说明书》中明确将电子招标平台的透明度与交易功能纳入促进市场竞争一级指标项下的促进市场竞争的公共服务是否充足这一二级指标的评估内容。①

【评估方法】

赋分值为1.0分。具体的观测方法为检索被评估城市政府的公共资源交易网站或招投标信息公开网站，统计各城市是否实现招投标全流程电子化。

【评分标准】

若被评估城市搭建了公共资源交易平台或电子招投标系统，实现招投标全流程电子化，得1.0分；若并未搭建公共资源交易平台或电子招投标系统，得0分。

【评估分析】

在本项三级指标中，36个被评估城市的平均得分为0.972分，该项指标得分情况良好，多达34个被评估城市实现了招投标全流程电子化，没有获得0分的城市。其中，呼和浩特、石家庄、太原、合肥等34个城市获得满分1.0分，占比为94.444%；石家庄、昆明2个城市虽然并未实现招投标全流程电子化，但已经发布了相关的规范性文件等，表示将在未来实现招投标全流程电子化，因此以上2个城市获得0.5分，占比为5.556%（见表4-2）。

表4-2　　　　　　　　"全流程电子化"得分分布

得分（分）	1.0	0.5	0
城市（个）	34	2	0

【典型事例】

在被评估的36个城市中，有34个城市"全流程电子化"指标得分为1.0分，说明九成以上的城市已经实现招投标全流程电子化，昆明、石家庄亦出台相应文件，积极推动招投标数字化转型。

北京大力推进"互联网+"招标采购，全面提升交易效率和服务效能，实现招投标全流程电子化，企业参与招投标活动的全部数据通过网络下

---

① The World Bank, *Pre-Concept Note Business Enabling Environment*（*BEE*）, p.50（2022）.

载、上传，基本实现"不见面"招投标；综合交易系统通过实施全过程无纸化招投标，大幅降低交易成本，节约社会资源；综合交易系统使用数字签名，以 CA 锁为载体，采用签章和加密技术，保障文件合法和交易安全。广州推行"公共资源交易+区块链"，运用区块链技术提高招投标效率，被纳入国务院办公厅《〈优化营商环境条例〉实施情况第三方评估发现的部分创新举措》。[①]

（二）公开透明度（1.0 分）

【设置依据】

《中华人民共和国招标投标法》规定招标投标活动应当遵循公开、公平、公正和诚实信用的原则。招标人采用公开招标方式的，应当发布招标公告。依法必须进行招标的项目的招标公告，应当通过国家指定的报刊、信息网络或者其他媒介发布。招标公告应当载明招标人的名称和地址，招标项目的性质、数量、实施地点和时间以及获取招标文件的办法等事项。《优化营商环境条例》明确要求招标投标和政府采购应当公开透明、公平公正，依法平等对待各类所有制和不同地区的市场主体，不得以不合理条件或者产品产地来源等进行限制或者排斥。

【评估方法】

赋分值为 1.0 分。具体的观测方法为检索被评估城市的公共资源交易平台或电子招投标系统，评估其公示信息的范围、数量及更新频率。同时向企业主管人员发放主观问卷，设计五级量表，以评估该城市招投标的公开透明度。

【评分标准】

若被评估城市公共资源交易平台或电子招投标系统公示信息范围覆盖广、数量多、更新内容及时，得 0.25 分；若范围覆盖较少、数量较少、更新周期较长，得 0.1 分。在主观问卷五级量表中，根据相关企业主管人员对所在城市招投标内部交易情况、收费标准规范、流程规范的评价，分

---

① 国家发展和改革委员会政研室：《加快推进招投标全流程电子化推动投资建设项目高质量落地》，国家发展和改革委员会网，https://www.ndrc.gov.cn/fggz/fgzy/shgqhy/202202/t20220209_1314502.html?code=&state=123。

等级分别赋予 0—0.25 分。

【评估分析】

本项指标满分为 1.0 分，36 个被评估城市的平均得分为 0.790 分，该项指标得分情况良好，26 个被评估城市得分在平均分之上，没有获得 0 分的城市（见表 4-3）。

表 4-3　　　　　　　　"公开透明度"得分分布

得分（分）	0.8—1.0	0.6—0.8
城市（个）	26	10

高于或等于平均得分的共 27 个城市，占比为 75%。南昌、长沙获得了最高分 0.9 分，这两个城市在公示信息内容部分获得了满分，在内部交易情况、收费标准规范、流程规范等方面分别获得 0.24 分、0.21 分、0.21 分。长春获得 0.88 分，位居第二；西宁获得 0.87 分，位居第三。低于平均得分的共 9 个城市（乌鲁木齐数据缺失），占比为 25%。排名较后的 5 个城市为合肥、厦门、沈阳、太原、西安，得分均在 0.7 分以下，这些城市失分领域均为公示信息范围、数量及更新频率。

（三）法规执行规范性（0.5 分）

【设置依据】

《关于建立健全招标投标领域优化营商环境长效机制的通知》指出我国招标投标领域"地方保护、所有制歧视、擅自设立审核备案证明事项和办理环节、违规干预市场主体自主权等问题仍时有发生，在一些市县还比较突出；招标投标行政管理重事前审批核准备案、轻事中事后监管，监管主动性、全面性不足，一些行业领域监管职责不清，对违法违规行为震慑不够"[①]。法规执行不规范严重影响了招投标领域优化营商环境长效机制的建立。本指标旨在评估招投标与政府采购领域相关法规执行的规范性。该指标与世界银行"宜商环境评估（BEE）"中"市场竞争"（Market Com-

---

① 《关于建立健全招标投标领域优化营商环境长效机制的通知》，发改法规〔2021〕240 号，2021 年 2 月 20 日发布。

petition）一级指标下，促进市场竞争的法规质量中的"公共合同招标规定的质量"指标有一定关系，但本指标主要评测招投标与政府采购领域法规执行的规范性，属于事实上的指标。[①]

【评估方法】

本指标主要通过主观问卷收集各城市法规执行的规范性。问卷题目为："当地政府在招投标与政府采购的管理中，执法是否规范？"该问题使用五级量表收集不同企业对当地政府招投标和政府采购领域法规执行规范性的感知度。调查问卷收集时间为2022年4月12日至2022年5月9日。

【评分标准】

将收集到的各城市五级量表数据取平均值，并将问卷的评分转化为0.5分（满分），保留两位小数。该指标由于是纯粹的市场主体主观感受，相比客观评估的数据具有更高的主观随意度，因此仅以0.5分作为指标满分。

【评估分析】

在本次主观测评中，该指标的平均得分为0.413分，从平均分来看，市场主体对目前招投标与政府采购领域的法规执行规范性给予了较高的评分（见表4-4）。

表4-4　　　　　　　　"法规执行规范性"得分分布

得分（分）	0.45—0.50	0.40—0.45	0.35—0.40	0.30—0.35	0.30
城市（个）	3	22	10	2	1

高于或等于平均得分的共19个城市，占比为53%。南昌获得了最高分0.47分，80%参与过当地招投标或政府采购项目的企业给南昌打了满分，获得较高的企业满意度。长春、长沙、武汉、杭州4个城市得分均在0.45分及以上。由于乌鲁木齐缺乏相关数据，本节选取了西北地区其他4个城市（西安、银川、兰州、西宁）的平均分，即0.40分。低于平均得

[①] The World Bank, *Pre-Concept Note Business Enabling Environment（BEE）*, pp. 48-49, https://www.worldbank.org/content/dam/doingBusiness/pdf/BEE-Pre-Concept-Note---Feb-8-2022.pdf.

分的共 17 个城市，占比为 47%，包括广州、昆明、宁波、沈阳等城市。

从地域分布来看，按照区域平均分数由高到低排布分别为华中地区、华东地区、西南地区、华北地区、西北地区、东北地区和华南地区。从本指标的满分 0.5 分来看，华中地区取得了最高分 0.45 分，华南地区取得最低分 0.39 分。

(四) 公正监管 (1.0 分)

【设置依据】

《中华人民共和国招标投标法》规定招标投标活动应当遵循公开、公平、公正和诚实信用的原则。政府有关部门应当加强招标投标和政府采购监管，依法纠正和查处违法违规行为。《优化营商环境条例》明确要求招标投标和政府采购应当公开透明、公平公正，政府有关部门应当加强招标投标和政府采购监管，依法纠正和查处违法违规行为。《国务院办公厅转发国家发展改革委〈关于深化公共资源交易平台整合共享指导意见〉的通知》（国办函〔2019〕41 号）要求开展智慧监管。依托公共资源交易平台电子系统及时在线下达指令，实现市场主体、中介机构和交易过程信息全面记录、实时交互，确保交易记录来源可溯、去向可查、监督留痕、责任可究。《宜商环境项目概念说明书》将招投标及政府采购置于"市场竞争"（Market Competition）指标之下，意在强调公平竞争这一主旨。

【评估方法】

赋分值为 1.0 分。具体的观测方法为检索被评估城市的政府公共资源交易网站或招投标信息公开网站，评估其是否设置监督举报导航。

【评分标准】

若被评估城市公共资源交易平台或电子招投标系统设置公正监管导航窗格等醒目的投诉反馈机制，得 0.5 分；若未设置，得 0 分。在主观问卷五级量表中，根据相关企业主管人员对所在城市招投标公正监管的评价，分等级赋予 0—0.5 分。

【评估分析】

本项指标满分为 1.0 分，被评估的 36 个城市平均得分为 0.708 分，获得平均分以上的城市有 20 个，占被评估城市数量的 55.556%，得分主要集中在 0.9—1.0 分，该项指标评估结果良好。长春、长沙、武汉、郑州等 16 个城市得分在 0.9—1.0 分，占被评估城市数量的 44.444%；海口、兰州、北京、大连 4 个城市得分在 0.8—0.9 分，占被评估城市数量的 11.111%；重庆、沈阳 2 个城市得分在 0.6—0.7 分，占被评估城市数量的 5.556%；南昌、杭州、厦门、太原等 12 个城市得分在 0.4—0.5 分，占被评估城市数量的 33.333%；合肥、南宁 2 个城市得分在 0.3—0.4 分，占被评估城市数量的 5.556%（见表 4-5）。

表 4-5　　　　　　　　"公正监管"得分分布

得分（分）	0.9—1.0	0.8—0.9	0.6—0.7	0.4—0.5	0.3—0.4
城市（个）	16	4	2	12	2

该项指标的失分领域主要集中在监督投诉机制设立部分，南昌、杭州、厦门、太原等 13 个城市均未设置醒目的投诉反馈导航窗格。在执法规范部分，29 个被评估城市获得了 0.4 分的高分，说明以上城市的市场主体对该市招投标领域的公正监管机制满意度较高。

（五）智能监管（1.0 分）

【设置依据】

《"十四五"数字经济发展规划》要求增强政府数字化治理能力，"建立完善基于大数据、人工智能、区块链等新技术的统计监测和决策分析体系，提升数字经济治理的精准性、协调性和有效性。推进完善风险应急响应处置流程和机制，强化重大问题研判和风险预警，提升系统性风险防范水平"。[1] 目前我国招投标和数字采购的一体化数字平台已建立完成，对监管的要求也不能停留在传统的监管模式上。该指标旨在评估政府在招投标与政府采购领域进行数字化治理的能力。经过初步检索，大部分城市智能监管相关的建设主要体现在通过利用大数据进行风险预警以及全流程智能监管两个方面，这两个方面与《"十四五"数字经济发展规划》的要求是相呼应的，故将这两大措施的实现定为本次评分中的基础智能监管措施。

---

[1] 《国务院关于印发"十四五"数字经济发展规划的通知》，国发〔2021〕29 号，2022 年 1 月 12 日发布。

该指标与世界银行"宜商环境评估（BEE）"中"市场竞争"（Market Competition）一级指标下，促进市场竞争的公共服务是否充分中的"电子采购平台的透明度和交易功能"有一定关系，但本指标主要评测招投标与政府采购领域借助电子采购平台进行智能监管的能力，属于事实上的指标。[①]

【评估方法】

新冠肺炎疫情期间无法对被评估城市展开实地调研，故采取网络检索方式进行评估。通过官方网络检索、有关新闻检索等，查询政府在招投标与政府采购领域是否有通过分析利用大数据进行风险预警，能否做到全流程智能监管。时间截至2022年6月3日。

【评分标准】

满分为1.0分。其中，基础分满分为0.6分，实现利用大数据进行风险预警或全流程智能监管的其中一项，得0.3分；未做到上述两项智能监管措施，但实现了与上述两项措施相近的其他智能监管措施，每项措施可酌情给分，但不超过0.3分。亮点分满分为0.4分，有其他创新的智能监管措施，每项加0.1分。

【评估分析】

在本次评估中，评估小组通过网络检索36个被评估城市招投标与政府采购领域智能监管相关的信息，通过基础智能监管措施和亮点智能监管措施两大方面对相关信息进行对比分析，确定各城市的评分，最终得出该指标的平均得分为0.478分（见表4-6）。

表4-6　　　　　　　　　"智能监管"得分分布

得分（分）	0.9	0.8	0.7	0.6	0.5	0.4	0.3	0.2	0.1	0
城市（个）	1	3	5	8	5	1	4	5	3	1

高于平均得分的共22个城市，占比为61%。重庆获得了最高分0.9

[①] The World Bank, *Pre-Concept Note Business Enabling Environment* (*BEE*), p.50 (2022), https://www.worldbank.org/content/dam/doingBusiness/pdf/BEE-Pre-Concept-Note---Feb-8-2022.pdf.

分。北京、重庆、宁波等17个城市得分等于或高于基础分0.6分。上海、长春、青岛、西安、西宁等19个城市低于基础分0.6分。低于平均得分的共14个城市，占比为39%，包括大连、哈尔滨、石家庄等城市。天津由于检索不到智能监管相关的信息，得0分。

虽然有17个城市达到了基础分0.6分及以上，但只有11个城市满足了两项基础智能监管措施的要求，从中可以看出各城市对于招投标与政府采购领域智能监管措施的理解是不同的，智能监管建设不够完善。高于平均分但低于基础分0.6分的城市，或是由于缺少某一项基础智能监管措施，或是某项基础智能监管措施只能查询到省域信息，查询不到具体城市是否采取，因此，出于严谨考虑，对于后者每项会扣0.1分。

【典型事例】

在本指标的评估中，表现比较突出的是重庆市政府采购大数据展示屏。这块展示屏可以将政府采购相关的数据进行实时展示和实时分析，通过大数据采集及分析，对重庆市政府采购建设情况进行动态监管，未来还可以根据监管需要，再继续开发相应内容。[①] 重庆市政府采购大数据展示屏是重庆在招投标和政府采购领域信息化建设的重要成果，能够进一步增强政府数据决策和风险防控能力。另一个表现突出的城市是宁波，其在招投标领域首次投入使用智能监管机器人，智慧监管机器人会根据现场评标安排，启动自动巡逻模式，并将现场音视频资料实时传输至后台监管系统，以便远程监控和后期追溯。原本一个项目的开评标需要安排三个人进行全程实时引导、现场实时监管、电子档案归集等工作，现在仅需一台监管机器人即可完成监管全流程，对于"麻烦帮下忙"等敏感词汇也能识别，在现场进行语音提醒后同步将相关情形向后台通报。[②] 智慧监管机器人的开发与使用能够节省政府在招投标与政府采购中投入的人力资源，提高招投标效率，是智慧监管可以探索的发展方向。北京的亮点则在于促进政府间数据互联互通，将招投标与政府采购领域的奖惩信息与信用联合惩戒机制共享，便利行政监督部门管理市场主体、评标专家奖励和惩戒信

---

① 参见吴敏《办公室里多了一块"网红大屏"》，中国政府采购新闻网，http://www.cgpnews.cn/articles/58074。

② 参见尤畅、程冰凌、陈雯婷《全市首个智慧监管机器人启用，宁波海曙招投标迈入监管"智"时代》，浙江新闻网，https://zj.zjol.com.cn/news.html?id=1650855。

息，做到了"让数据多跑腿""监管一张网"，是数字政府建设中监管效能提升的表现。①

三 评估结论与建议

本项一级指标评估总分为4.5分，被评估的36个城市的平均得分为3.361分，共有18个城市在平均分之上，占被评估城市总数的50%；18个城市在平均分之下，占被评估城市的50%。本项评估中没有获得满分的城市，成都获得了最高分（4.02分）；深圳获得3.99分，位居第二，排名前十的城市还包括长沙、武汉、呼和浩特、宁波、广州、重庆、长春、北京。排名靠后的4个城市得分低于2.73分，包括太原、天津、南宁、合肥。

本项一级指标共包含五项三级指标，除"公正监管"指标满分为0.5分外，其余各项指标满分均为1.0分。各三级指标的得分状况为："全流程电子化"平均分为0.972分，得分率为97.2%；"公开透明度"平均分为0.790分，得分率为75.0%；"法治执行规范性"平均分为0.413分，得分率为83.4%；"公正监管"平均分为0.708分，得分率为70.8%；"智能监管"平均分为0.478分，得分率为47.8%。

（一）取得的成就

1. 招投标全流程电子化基本实现

2013年，国家发展改革委、工信部、监察部、住房和城乡建设部、交通运输部、铁道部、水利部、商务部联合制定了《电子招标投标办法》，强调促进电子招标投标发展。2020年，财政部印发《关于疫情防控期间开展政府采购活动有关事项的通知》，明确在新冠肺炎疫情期间应尽量通过电子化方式实施采购。在被评估的36个城市中，34个城市已经实现招投标全流程（招标文件审核，入场登记，信息发布，开标，评标，中标候选人公示，中标结果公示等）电子化、网络化，大大降低了企业交易成本，

---

① 参见《"1+N+1"！数字赋能北京市公共资源交易》，澎湃新闻，https://m.thepaper.cn/baijiahao_ 9662027。

推动了营商环境持续优化。

2. 中小企业保护机制初步建立

目前我国招投标与政府采购领域已经具有初步的中小企业保护机制，各地在《政府采购促进中小企业发展管理办法》的指引下，对中小企业施行预留采购份额、价格评审优惠等扶持政策。天津、厦门、深圳等城市也根据自身发展实际，在技术、证明材料、金融服务、规范性文件管理等方面对中小企业保护机制进行创新，加强了对中小企业的保护力度。从整体上看，我国招投标与政府采购领域中小企业保护机制初步建成，并处于不断丰富与创新的过程中。

3. 招投标与政府采购领域智能监管起步

目前我国招投标和数字采购一体化数字平台得到普及，智能监管建设也在此基础上起步。评估现实，大部分城市基本实现了利用大数据进行风险预警以及全流程智能监管。重庆推出的政府采购大数据展示屏和宁波投入使用的智能监管机器人都是智能监管领域的重大创新。随着招投标与政府采购领域智能监管水平的提高，我国政府间数据的互联互通也在加强，有效提升了我国数字政府的监管效能。

（二）存在的问题

1. 中小企业保护政策未能有效落实

《政府采购促进中小企业发展管理办法》是从全国角度对招投标与政府采购领域的中小企业保护进行指引，其规定有待进一步细化落实。在评估过程中，浙江省财政厅已经提高了部门规章的标准，强化了对中小企业的保护，但宁波的政策跟进还不够及时。尽管天津、厦门、深圳等城市推出了创新的中小企业保护措施，但采取这些措施的城市数量是较少的。大部分城市的中小企业保护机制停留在对部门规章进行转发的水平上，份额预留、价格优惠等可以进行技术性改进的措施未能及时跟进到各城市的电子交易及服务平台，金融支持停留于政策规定而缺乏实际执行。从整体上看，各城市中小企业保护机制的建设程度差距较大，创新的中小企业保护措施需要得到推广，以进一步提高我国招投标与政府采购领域的中小企业保护水平。

2. 政府的智能监管尚处于初级阶段

政府的监管理念需要跟随数字政府建设的要求及时进行转变。比如参考辽宁的新闻报道对其省内城市智能监管水平进行评估，新闻中虽然宣传实现了智能化监管，但仔细阅读发现，其措施只是对采购信息进行了公开，增加了评价功能，加大了对违法违规行为的曝光力度，未能很好地利用大数据进行及时预警和精准监管，是不能视作达到智能化程度的。这说明部分城市的监管理念未跟随数字政府建设理念进行转变，监管方式仍然较为传统，数字政府建设和智能监管措施还需要得到进一步的推广和完善。除了监管理念，监管人才、监管资金以及技术水平也会限制地方政府在智能监管领域的探索与建设。

（三）改进的建议

1. 推广创新措施，促进中小企业保护机制落实

推广优秀措施，是评价体系"以评促建"功能发挥的体现。各城市应加强城市间交流，促进创新型中小企业保护机制的推广；应依据《政府采购促进中小企业发展管理办法》，结合城市实际状况，积极学习先进经验，做好执行落实工作。各城市需及时响应国家和省的有关保护政策，从当地招投标与政府采购的现状以及中小企业面临的难题出发，对有关中小企业保护内容进行细化、强化和落实，使份额预留、价格评审优惠、金融支持等中小企业保护政策能够落到实处，让中小企业真正受益。

中小企业保护创新措施可以从以下四点进行学习。其一，将中小企业保护机制的规定嵌入各城市的电子交易及服务平台，从而加强数字政府建设。其二，各地督促清理有关招投标与政府采购的法规与政策性文件，采用负面清单等方式重点审查可能限制中小企业权利的规定，防止对中小企业实行差别待遇或歧视待遇。其三，根据监管实际需要精简事前审批所需的程序和材料，减少中小企业参与招投标与政府采购的不必要负担。其四，吸收其他城市的成功经验，多方调研，推出适合自己城市发展的中小企业金融支持政策措施。

2. 加快监管理念转变，增强政府智能监管能力

各地政府要加强对数字政府、数字经济治理、其他先进城市智能监管经验的学习，及时转变监管理念、监管思路，加大必要的监管成本投入，

积极招募、培养一支智能监管人才队伍，提高对于大数据、人工智能、区块链等新技术的学习、运用能力，通过智能监管措施的运用进一步提高政府监管水平。

各城市政府在推进智能监管过程中，首先，要提高相关管理部门进行智能监管的能力，注重专业的智能监管队伍建设，从而大力发挥大数据等新技术的优势，通过预警机制提升监管的主动性，弥补过去事中事后监管不足、不到位的缺陷。其次，政府应加强智能监管系统横向与纵向的对接，既包括招投标与政府采购智能监管系统与政务服务系统、社会信用体系等数字系统的对接，也包括各个市级监管系统的信息对接以及市级监管系统与省级监管系统的信息对接，在安全合规的前提下促进监管信息共享，推动数据赋能国家治理。最后，政府在利用智能监管系统提高监管效率的同时，还要充分保护市场主体的权利，完善智能监管相关的程序规定，保障市场主体对严重影响市场主体权利的智能监管结果进行申诉、复议的权利，防止因算法的不当使用侵犯自然人、法人或其他组织的合法权益，给市场主体增加负担。

第五章　科技创新与知识产权保护

科技创新与知识产权保护是营商环境建设的重要内容，在数字经济建设的语境下，要打好关键核心技术攻坚战，促进数字技术为传统产业赋能，形成数字产业优势，政府对科技创新与知识产权保护的支持必不可少。在世界银行的"营商环境评估（DB）"和"宜商环境评估（BEE）"中，科技创新与知识产权保护并未受到重视。在《宜商环境项目概念说明书》中，仅在"争议解决"（Dispute Resolution）指标下解决商业纠纷的监管质量中有一小部分内容涉及知识产权保护。[①] 我国广州市南沙国际商业环境交流促进中心也向"宜商环境评估（BEE）"项目组反映了知识产权评估指标缺乏的问题，认为"宜商环境评估（BEE）"可以进一步评估知识产权创新、知识产权转让、知识产权保护政策可用性等内容。[②] 本章"科技创新与知识产权保护"评估指标从科技创新能力、竞争公平性、经济高质量发展等角度助力数字经济营商环境的优化。

[①] The World Bank, *Pre-Concept Note Business Enabling Environment（BEE）*, pp. 44–45（2022），https：//www.worldbank.org/content/dam/doingBusiness/pdf/BEE-Pre-Concept-Note---Feb-8-2022.pdf.

[②] The World Bank, *Public Consultation Consolidated Comments*, p. 232（2022），BEE, https：//www.worldbank.org/content/dam/doingBusiness/pdf/BEE%20Pre-concept%20note_Public%20Consultation_Consolidated%20Comments_FOR%20PUBLICATION_6.17.2022%20（w.%20addendum）.pdf.

第一编 市场主体保护

一 评估指标构成

本次评估中"科技创新与知识产权保护"一级指标之下设置两项二级指标,分别是"知识产权保护"和"科技创新"。

七项三级指标包括"商标注册便利化及专利申请便利化""知识产权线上维权援助机制""多元纠纷解决""城市科技创新发展水平""科技创新政策""审查机制""成果转化",分别从政策、服务、城市科技创新发展水平三大角度反映被评估城市在本次评估期间的科技创新和知识产权保护水平(见表5-1)。

表5-1 科技创新与知识产权保护

一级指标	二级指标	三级指标
科技创新与知识产权保护(5.5分)	知识产权保护(2.5分)	商标注册便利化及专利申请便利化(0.5分)
		知识产权线上维权援助服务(1.0分)
		多元纠纷解决(1.0分)
	科技创新(3.0分)	城市科技创新发展水平(1.0分)
		科技创新政策(0.5分)
		审查机制(0.5分)
		成果转化(1.0分)

二 设置依据、评估标准及评估分析

本章指标主要依据《优化营商环境条例》设计,对其中有关科技创新与知识产权保护的内容条文进行了汇总,并将这些内容转化为指标进行评估。本章指标的确定充分考虑到了营商环境建设中知识产权保护和科技创新的重要性,既有对市场主体感知度的测量,也包含对科技创新相关政策和政府提供服务的评估,还引入了城市科技创新发展水平,客观地反映了被评估城市的科技创新建设状况,指标整体设计较为全面。

在评估中,项目小组所依据的材料与数据来源主要是被评估城市的政府及其有关部门门户网站、数字政务服务 App、网络搜索引擎关键词查询、新闻报纸媒体查询、评估组设计的调查问卷等，检索时间为 2022 年 3 月 1 日至 2022 年 6 月 3 日，有效评估信息选取的截止时间为 2022 年 3 月 31 日。调查问卷收集时间为 2022 年 4 月 12 日至 2022 年 5 月 9 日。通过相关方式未能检测到相关内容的，则视为未落实该项工作或服务；可检测但不属于有效信息的内容，即网站评估中不可直接获取的"僵尸网页"及无效数据，仍视为未落实该项工作或该项服务。各三级指标的评估方法及赋分标准如下。

（一）商标注册便利化及专利申请便利化（0.5 分）

【设置依据】

商标注册和专利申请是知识产权保护的起点。《优化营商环境条例》第十五条第二款明确规定，"国家持续深化商标注册、专利申请便利化改革，提高商标注册、专利申请审查效率"。该指标旨在评估我国商标注册及专利申请便利化改革的市场主体满意度。

【评估方法】

主观问卷。因为商标和专利申请都在国家知识产权局，且相关规则是法律统一规定的，所以主要从企业实际感受度方面收集评估数据。问卷题目 1 询问企业是否了解关于商标注册、专利申请便利化改革的相关政策，官方是否有对相关政策进行精准推送。问卷题目 2 采用五级量表的方式，收集不同企业对当地政府商标注册、专利申请便利化改革中审查周期和相关服务的感知度。调查问卷收集时间为 2022 年 4 月 12 日至 2022 年 5 月 9 日。

【评分标准】

分别计算问卷中获取的企业对 36 个城市商标注册便利化及专利申请便利化相关政策的了解程度、审查周期满意度和相关服务感知度的平均分，将得到的三项平均分相加后，再将计算结果折合为 0.5 分（满分），并保留两位小数。该指标由于是纯粹的市场主体主观感受，相比客观评估的数据具有更高的主观随意度，因此仅以 0.5 分作为指标满分。

【评估分析】

在本次评估中，该指标的平均得分为 0.38 分，从平均分上看，市场主体对我国商标注册及专利申请便利化政策推送与改革结果较为满意（见表5-2）。

表5-2　　　　"商标注册便利化及专利申请便利化"得分分布

得分（分）	0.45	0.40—0.45	0.35—0.40	0—0.35
城市（个）	1	11	20	4

其中，高于或等于平均得分的共24个城市，占比为67%。南昌获得了最高分0.45分。除南昌外，西宁、济南、武汉、青岛等11个城市得分均在0.40分及以上。低于平均得分的共12个城市，占比为33%。其中兰州、南宁、北京和乌鲁木齐的分数均低于0.35分，主要是由于"政策推送及时性"部分得分较低。

综合36个城市的数据，从主观问卷原始的满分5.0分来看，市场主体对政策推送情况评分的平均分是3.87分，对审查周期评分的平均分是3.74分，对相关服务评分的平均分是3.77分。从平均分看，我国的知识产权便利化还有很大的提升空间，其中政策推送活动进行得较好，审查周期改革满意度相对较低。从地域分布来看，按照区域平均分由高到低排名分别为华中地区、华东地区、东北地区、西南地区、华北地区、华南地区和西北地区。在本指标中，华中地区取得了最高分0.41分，华南地区取得最低分0.35分。

（二）知识产权线上维权援助服务（1.0分）

【设置依据】

《优化营商环境条例》第十五条第一款明确规定要健全"知识产权维权援助机制，加大知识产权保护力度"。维权援助机制的建设有利于加大对数字经济创新成果的保护力度。维权援助机制集中体现在维权援助服务上，目前36个被评估城市均有建立维权援助中心，且本指标体系旨在对数字经济、数字政府建设情况进行评估，故该指标旨在评估我国知识产权领域维权援助服务的提供情况，评估以线上维权援助服务为主。

【评估方法】

网络检索。检索被评估城市政府门户网站以及相关部门网站，查找是否提供线上维权援助服务，并根据服务的完善度、清晰度进行差异化的评分，同时参考线下维权援助服务的建设情况将其作为评分的补充。截止时间为2022年6月3日。

【评分标准】

满分为1.0分。基础分满分为0.5分，能检索到线上维权援助服务的得0.5分；亮点分满分为0.5分，亮点分主要依据知识产权维权援助服务检索的难度、服务的完善程度以及线下维权服务建设情况进行给分。

【评估分析】

在本次评估中，评估小组通过检索36个被评估城市的政府网站以及相关部门网站，查找是否提供线上维权援助服务以及线下维权援助服务的提供状况，最终得出该指标的平均得分为0.364分。从平均分上看，我国知识产权维权援助服务的建设情况较差，高于平均得分的共19个城市，占比为53%，包括上海、宁波、深圳等城市。重庆和北京获得了最高分0.9分。低于平均得分的共17个城市，占比为47%，包括南昌、郑州、海口等城市。银川由于检索不到知识产权线上维权援助服务相关信息，记0分。有10个城市由于检索不到维权援助服务，仅得0.1分（见表5-3）。

表5-3　　"知识产权线上维权援助服务"得分分布

得分（分）	0.9	0.8	0.7	0.6	0.5	0.4	0.3	0.2	0.1	0
城市（个）	2	1	2	3	4	7	3	3	10	1

【典型事例】

以知识产权维权的线上服务为评估要点发现，各城市得分情况不太乐观，说明目前很多城市在知识产权维权方面还存在不足。对于官方提供的知识产权维权服务而言，无法直接从搜索引擎获得可靠的信息，也难以快速寻找到官方的指引信息。

表5-4反映了在本次评估过程中，部分城市知识产权在线维权援助服务的建设情况。从整体来看，只有16个城市提供了知识产权在线维权援助服务，大多数城市倾向于采用政务服务的方式提供知识产权在线维权援助服务。其中，哈尔滨、西安和合肥这3个城市的相关网页链接了国家知

第一编　市场主体保护

识产权维权援助网，以此作为在线维权援助服务，这样的措施在诸多城市没有在线知识产权维权服务的整体情况下被认定为得分项。但城市本地提供在线服务能更好地分流知识产权维权问题，及时响应市场主体的知识产权维权需求。

表 5-4　　　　部分城市知识产权线上维权援助服务的建设情况

类型	区域	网站	网址	备注
独立网页	全国	中国知识产权维权援助网	http://www.ipwq.cn/online_pc	网页上进行在线维权援助申请。哈尔滨、西安、合肥的知识产权维权援助网站直接跳转到该网页
知识产权服务平台	北京	中国（北京）知识产权保护中心	http://www.bjippc.cn/info/info-details.html?id=INFO3cd71e89-0513-4a09-981d-3c8c573714f3	登录后进行知识产权维权
	重庆	重庆市知识产权公共服务平台	https://www.patentcloud.net/sydh/fwzx/tszq/wqyz/xgzc/	网页提交咨询信息
	宁波、杭州	浙江知识产权在线	https://zscqyjs.zjamr.zj.gov.cn/api/othing/cms/zxbh.html	登录后申请知识产权纠纷援助
	沈阳	中国（沈阳）知识产权保护中心	http://www.syippc.cn/html/complain.html	点击首页的"快速维权通道"，通过网页填写信息进行在线举报投诉
政府企业服务	上海	上海市企业服务云	http://www.ssme.sh.gov.cn/public/product!serviceDetail.do?productId=2c91c28761df53ef0161df5b8871000a###	免费的知识产权海外维权服务

第五章　科技创新与知识产权保护

续表

类型	区域	网站	网址	备注
政务服务	北京	北京市知识产权局	http：//zscqj.beijing.gov.cn/zscqj/ztzl/zscqggfwzl/ggfwsx/zscqwqyz/index.html	可选择国内、国外知识产权维权援助，选择后跳转至北京市人民政府网站，登录后进行网上办理
	杭州滨江区	浙江省人民政府	https：//www.zjzwfw.gov.cn/zjservice/item/detail/index.do?localInnerCode=ee8bb1df-0c36-401f-89f2-ab36367de1cd	登录后进行在线办理
	深圳	广东省人民政府	https：//www.gdzwfw.gov.cn/portal/v2/guide/11440300MB2C9273923442125173001	登录后进行在线办理
	济南	济南市人民政府	http：//www.jinan.gov.cn/jsearchfront/search.do?q=%E7%9F%A5%E8%AF%86%E4%BA%A7%E6%9D%83+%E7%BB%B4%E6%9D%83&websiteid=370100000000000&pos=title%2Ccontent&tpl=18&searchid=421	检索"知识产权维权"关键词，选择管辖区市场监督管理局，登录后进行服务申报
	青岛	山东政务服务	http：//qdzwfw.sd.gov.cn/qd/jrobot/search?key=%E7%9F%A5%E8%AF%86%E4%BA%A7%E6%9D%83%E7%BB%B4%E6%9D%83	检索"知识产权维权"，选择"青岛市"，在办理信息表格中的"本事项支持"中选择"互联网办理"，跳转到青岛政府信箱网页，点击"我要写信"进行反馈。可以查询到其他人的反馈内容
	武汉	湖北政务服务网	http：//zwfw.hubei.gov.cn/webview/bszn/bsznpage.html?transactCode=11420100MB155256043422073002W0001	登录后进行在线办理

123

续表

类型	区域	网站	网址	备注
政务服务	广州	广东省人民政府	https：//www.gdzwfw.gov.cn/portal/v2/guide/11440100MB2C91891K3442125239002	登录后进行在线办理
	长沙	长沙市人民政府	http：//zwfw-new.hunan.gov.cn/csywtbyhsjweb/cszwdt/pages/default/index	检索"知识产权维权"，选择对应地域的服务，登录后进行在线办理
	贵阳	贵州政务服务网	http：//zwfw.guizhou.gov.cn/bsznindex.do？otheritemcode=11520112337416597K452207200600004&orgcode=520112018&areacode=520100	登录后进行在线办理

重庆对于知识产权维权援助机制的建设成效明显，在线上服务方面，重庆在线服务网页的维权援助专区提供相关政策汇总、案例动态、留言咨询、维权援助办理引导等丰富功能，能够较好地解答企业关于知识产权维权援助的问题。重庆市检察院还开发了"知识产权掌上服务平台"，面向当地51家知识产权保护联系点企业，提供维权咨询、预约法治体检、典型案例、法律法规和政策查询等10项服务。[①] 而在具体的措施上，上海的亮点在于在上海市企业服务云上提供免费的国际贸易知识产权维权咨询服务。杭州余杭区的知识产权维权可以获得政府50%的费用资助，这也是值得关注和推广的知识产权维权援助政策。[②] 青岛的政民沟通网页设置了政民沟通分页，公布了政府对公民提问的答复。从该网页过往的回应中可以看出，青岛政府对相关问题的答复较为及时，内容相关性也较高。公布答

[①] 参见满宁、李大盟、李雨《掌上平台帮企业解难题重庆："线上+线下"助力创新企业维权》，《检察日报》，http：//newspaper.jcrb.com/2021/20211226/20211226_001/20211226_001_10.htm。

[②] 参见李剑平《杭州余杭知识产权维权可获政府50%费用资助》，中国青年报客户端，http：//shareapp.cyol.com/cmsfile/News/201903/03/toutiao189380.html？group_id=6663996974288650611&app=。

复的内容也有助于其他维权人了解类似问题的处理方式。

通过本次评估发现，一些城市对于网站和线上服务的维护不到位。比如上海有多个知识产权相关的网页，但维权援助的网页无法打开。① 厦门知识产权网缺乏建设与定期维护，既未设置通知公告专栏，亦未设置工作动态专栏，阻碍市民进一步获取相关政策信息，比如点击网页右侧"在线服务"中的"维权援助"，显示网页无响应。②

（三）多元纠纷解决（1.0分）
【设置依据】

《优化营商环境条例》第十五条第一款明确规定要"健全知识产权纠纷多元化解决机制"。知识产权多元纠纷解决机制的健全要求建立有机衔接、协调联动、高效便捷的知识产权纠纷解决联动机制，有利于分散知识产权纠纷解决的司法压力，缩短知识产权纠纷的处理时间以及权利人的维权周期，提高纠纷解决的效率与质量，构建起知识产权大保护、同保护、快保护的新格局。该指标旨在评估我国知识产权多元纠纷解决机制的建设情况。该指标与世界银行"宜商环境评估（BEE）"中"争议解决"（Dispute Resolution）指标下，解决商业纠纷的监管质量中提及的"管理替代争议解决机制（仲裁和调解）的法规质量"有一定关联，但本指标主要评估知识产权保护领域多元纠纷解决机制的建设情况，属于事实上的指标。③

【评估方法】

网络评估。检索被评估城市政府门户网站以及相关部门网站，查找是否提供知识产权行政裁决、调解、仲裁、诉调对接等线上维权援助服务，包括多元纠纷解决渠道、线上服务、帮助、引导等，并根据服务的完善度、是否提供一站式服务等具体建设情况进行差异化评分。时间截止到

---

① 上海市知识产权服务中心（http：//www.ssip.com.cn/yzzxzyzn/index.htm）贴出了上海市知识产权维权援助和举报投诉网站的链接（http：//www.sh12330.cn），但后者无法访问。
② 厦门知识产权网网址：http：//www.xm12330.com/。
③ The World Bank, *Pre-Concept Note Business Enabling Environment* (*BEE*), pp.44 - 45 (2022), https：//www.worldbank.org/content/dam/doingBusiness/pdf/BEE - Pre - Concept - Note - - - Feb-8-2022.pdf.

2022年6月3日。

【评分标准】

满分为1.0分。基础分满分为0.8分，被评估城市有知识产权行政裁决、调解、仲裁、诉调对接服务，每项0.2分；无相关服务则不给分；相关服务不健全仅给0.1分。亮点分满分为0.2分，主要是指其他多元纠纷解决方式或衔接机制建设，比如一站式服务、"云解纷"平台、工作方法创新等均视为创新亮点，每项亮点给0.1分。

【评估分析】

在本次评估中，评估小组通过对36个被评估城市现有知识产权纠纷解决方式的检索，最终得出该指标的平均得分为0.789分。高于平均得分的共25个城市，占比为69%。北京、上海、宁波等7个城市获得了满分。36个城市在"多元纠纷解决"指标上整体得分较高。低于平均得分的共11个城市，占比为31%。因缺乏知识产权行政裁决和诉调对接相关的信息，郑州仅得0.3分。由于无法检索到行政裁决或诉调对接相关的信息，其他城市得分均低于平均分（见表5-5）。

表5-5　　　　　　　　"多元纠纷解决"得分分布

得分（分）	1.0	0.9	0.8	0.7	0.6	0.5	0.3
城市（个）	7	8	10	2	5	3	1

低于平均分的城市失分原因主要在于，从公开网站难以检索到知识产权行政裁决或诉调对接的信息。本次评估对于这两者的给分已经相对放宽，比如对于知识产权行政裁决而言，可以检索到相关的工作规则或行政裁决案件信息公开等宽泛的信息，都会给该城市的知识产权行政裁决进行加分。但部分城市还是无法检索到相关信息。知识产权行政裁决作为一种纠纷解决方式需要得到重视和推广，而诉调对接机制作为多元纠纷解决措施的衔接机制，能够更好地促进纠纷的化解，也需要得到完善。

【典型事例】

在本指标评估过程中主要有以下两大亮点。一是越来越多的城市开始提供多元化知识产权纠纷解决线上服务。比如杭州首创的在线调解平台、上海的诉调对接全程网上办、哈尔滨的在线诉调对接机制、天津专利纠纷裁决在线办理、长沙的人民法院调解平台 App 等，知识产权纠纷解决的线上服务种类逐步完善。但这些服务暂时停留在创新阶段，没有得到大面积的推广使用。二是知识产权行政裁决新方式的探索增加，行政裁决在知识产权多元纠纷解决领域逐步受到重视。对此国家知识产权办公局和司法部办公厅整理了相关地区的建设经验，并向全国推介。比如北京在专利侵权纠纷行政裁决中创新了"联合口审"机制，将受理的行政裁决案件和针对该涉案专利向国家知识产权局提起的专利权无效案件在同一时间、同一地点联合进行审理，实现了专利行政裁决与确权程序的联动，提高了专利纠纷的解决效率。[①]

（四）城市科技创新发展水平（1.0分）

【设置依据】

科技创新发展水平是城市竞争力的重要组成部分，在一定程度上反映了城市科技创新政策的实施效果，能够有效助推营商环境优化升级。本指标旨在评估被评估城市的科技创新发展水平。

【评估方法】

本项与《2021年中国城市科技创新指数报告》对接。《2021年中国城市科技创新指数报告》由北京科技创新中心研究基地和国家科技资源共享服务工程技术研究中心联合完成。该报告由科技创新总量和科技创新效率两大部分组成，每部分都包括科学研究和产业创新两大方向，设立了科研相关的人才数量、机构数量、创新能力、城市单位人口的科技创新人才、机构数量和单位 GDP 的科技创新能力等指标，规模与效率并重，能够较为客观、均衡、全面地体现城市科技创新的整体水平。[②]

【评分标准】

将《2021年中国城市科技创新指数报告》中的总分乘以 0.01，保留一位小数作为本项指标的评分。

---

① 参见《国家知识产权局办公室司法部办公厅关于推介全国专利侵权纠纷行政裁决建设经验做法的通知》，国知办发保字〔2021〕8号，2021年2月26日发布。

② 参见《2021年中国城市科技创新指数报告发布》，国家科技资源共享服务工程技术研究中心，https://nstr.escience.net.cn/news/1012。

【评估分析】

在本次评估中，评估小组通过引用《2021年中国城市科技创新指数报告》中36个被评估城市的数据。最终得出该指标的平均得分为0.686分。其中，高于平均得分的共24个城市，占比为67%。北京、上海、广州、深圳、南京、天津、武汉、成都、杭州、西安取得前十名。低于平均得分的共12个城市，占比为33%。海口、西宁和呼和浩特作为省会城市排名相对靠后，仅获得了0.5分，科技创新能力还需要提升（见表5-6）。

表5-6　　　　　"城市科技创新发展水平"得分分布

得分（分）	0.9	0.8	0.7	0.6	0.5
城市（个）	2	6	16	9	3

本项指标中部分城市排名靠后主要是由于科技创新总量较少。从整体上看，科技创新发展水平较高的城市集中于京津冀城市群、长江经济带和珠三角地区，与经济发展程度高度相关，也表现出城市群对科技创新的影响作用。

（五）科技创新政策（0.5分）

【设置依据】

政策体系完备、配套保障完善、政策实施有效的科技创新政策能够为企业科技创新提供支持，激发全社会的创新创造活力，有利于营商环境的优化。《"十四五"数字经济发展规划》指出"关键领域创新能力不足"是我国数字经济发展面临的问题。本指标旨在评估被评估城市科技创新政策的体系完备性、配套保障完善性以及政策实施有效性。

【评估方法】

主观测评。市场主体对注册地城市的科技创新政策有着最直接的感知。问卷通过五级量表，收集市场主体对注册地城市科技创新政策体系完备性、配套保障完善性以及政策实施有效性的感知度。调查问卷收集时间为2022年4月12日至2022年5月9日。

【评分标准】

政策体系完备性占30%，配套保障完善性占30%，政策实施有效性占40%，分别计算后再将分数转化为满分0.5分，保留两位小数。法律的生命力在于实施,故提高了政策实施有效性分数的占比。该指标是纯粹的市场主体主观感受,相比客观评估的数据具有更高的主观随意度,因此仅以0.5分作为指标满分。

【评估分析】

在本次评估中,该指标的平均得分为0.379分,高于平均得分的共23个城市,占比为64%。南昌、杭州、青岛、济南、深圳等12个城市得分在0.4分及以上,其中南昌取得了最高分0.45分。低于平均得分的共13个城市,占比为36%。兰州、南宁、银川、北京、乌鲁木齐这5个城市评分不到0.35分,具体得分分布如表5-7所示。

表5-7　　　　　　　"科技创新政策"得分分布

得分（分）	0.45	0.40—0.45	0.35—0.40	0—0.35
城市（个）	1	11	20	4

综合36个城市的数据,从主观问卷原始的5分满分来看,政策体系完备性评分的平均分是3.71分,配套保障完善性评分的平均分是3.71分,政策实施有效性评分的平均分是3.72分,说明市场主体对注册地城市的科技创新政策较为满意,但还有一定的提升空间。从地域分布来看,按照区域平均分由高到低排序分别为华东地区、华中地区、华北地区、东北地区、西南地区、西北地区和华南地区。从本指标的满分0.5分来看,华东地区取得了最高分0.41分,华南地区取得最低分0.35分。

（六）审查机制（0.5分）

【设置依据】

建立公平、高效、透明、规范的审查机制对科技创新具有促进作用。本指标旨在评估被评估城市的知识产权技术审查流程精简性、行业标准透明度和技术审查第三方机构规范性。

【评估方法】

主观测评。问卷通过五级量表,收集市场主体对注册地城市知识产权技术审查流程精简性、行业标准透明度和技术审查第三方机构规范性的感知度。调查问卷收集时间为2022年4月12日至2022年5月9日。

【评分标准】

分别计算36个被评估城市知识产权技术审查流程精简性、行业标准透明度和技术审查第三方机构规范性的平均分,三者相加后再将计算结果转换为0.5分(满分),并保留两位小数。该指标是纯粹的市场主体主观感受,相比客观评估的数据具有更高的主观随意度,因此仅以0.5分作为指标满分。

【评估分析】

在本次评估中,该指标的平均得分为0.396分,高于平均得分的共20个城市,占比为56%。南昌、长沙、西宁、福州、青岛等20个城市得分在0.4分及以上,其中南昌取得了最高分0.47分。低于平均得分的共16个城市,占比为44%。北京、海口2个城市评分不到0.35分,其中北京取得最低分0.30分,低分原因主要是市场主体在行业标准透明度和技术审查第三方机构规范性方面给分较低,市场主体对北京的服务或许有着更高的要求和预期。具体得分分布如表5-8所示。

表5-8　　　　　　　　"审查机制"得分分布

得分(分)	0.47	0.40—0.45	0.35—0.40	0—0.35
城市(个)	1	19	14	2

综合36个城市的数据,从主观问卷原始的5分满分来看,知识产权技术审查流程精简性评分的平均分是3.93分,行业标准透明度评分的平均分是3.96分,技术审查第三方机构规范性评分的平均分是3.96分,说明市场主体对注册地城市的知识产权审查机制较为满意,但在知识产权技术审查流程精简性方面得分较低,需要进一步优化,提高市场主体的满意度。从地域分布来看,按照区域平均分数由高到低排序分别为华中地区、华东地区、东北地区、西南地区、华北地区、西北地区和华南地区。其中,华中地区取得最高分0.42分,华南地区取得最低分0.36分。

(七)成果转化(1.0分)

【设置依据】

科技成果转化应用使科技创新真正落地,不仅能为企业带来收益,刺激企业创新，更能推动产业转型升级，促进经济高质量发展。本指标旨在评估被评估城市成果转化支持政策检索的难易度和科技成果转化平台的建设完整度。

【评估方法】

网络检索。在被评估城市官方网站或相关部门网站上检索科技成果转化的支持政策以及科技成果转化平台的建设情况。

【评分标准】

满分为1.0分。基础分满分为0.5分，被评估城市有科技成果转化支持政策的，得0.5分，并根据政府官方网站政策检索难易度、政策数量酌情扣分；亮点分满分为0.5分，被评估城市建有科技成果转化平台，得0.5分；平台建设不完整，如缺乏科技成果转化政策汇总、平台信息更新不及时的，每个问题扣0.1分。

【评估分析】

在本次评估中，评估小组通过检索36个被评估城市的政府网站及相关部门网站，查询各城市是否有成果转让支持政策和成果转化平台。最终得出该指标的平均得分为0.739分。其中，高于平均得分的共19个城市，占比为53%。北京、重庆、哈尔滨、济南等9个城市由于成果转化支持政策和线上成果转化平台建设都比较到位，获得了1.0分的满分。低于平均得分的共17个城市，占比为47%。低于平均分的主要原因为被评估城市缺乏成果转化平台建设，比如天津只能检索到相关大学建立的科技成果转化平台；海口既缺乏线上成果转化平台，有关成果转化的支持政策也较少且难以检索，故只得到0.3分（见表5-9）。

表5-9　　　　　　　　"成果转化"得分分布

得分（分）	1.0	0.9	0.8	0.7	0.6	0.5	0.4	0.3
城市（个）	9	6	4	5	1	6	4	1

【典型事例】

除了是否建有科技成果转化平台会影响各个城市的得分，科技成果转化平台缺乏政策汇总或有关成果转化服务、平台信息更新不及时也是诸多城市失分的原因。比如上海虽然有专门的科技成果促进会网站，但网站缺乏对科技成果的汇总推广；点击南京的科技成果服务网站的"《南京市促进科技成果转化行动方案》解读"，无法成功链接到有关政策文件。① 科技成果转化平台不仅要有，还要不断根据企业需要完善科技成果转化平台的功能，让科技成果转化平台真正发挥作用。

比较亮点的科技成果转化支持措施主要有：成都提供的政策匹配服务、福州提供的"e福州"App服务、大连提供的"大连科技成果转化平台"小程序服务。② 而武汉科技成果转化平台建设较为完备，网站提供国内和武汉当地的科技创新政策汇总与解读，提供科技成果、技术需求、专家等科技资源的供需对接，提供科技融资、仪器共享等科技服务，积极推广技术经纪服务，并及时有效地汇总线上线下的创新活动，是比较值得推广的科技成果转化平台建设模式。③

三 评估结论与建议

本项指标评估总分为5.5分，被评估的36个城市的平均得分为3.73分，共有16个城市在平均分之上，占被评估城市总数的44%；20个城市在平均分之下，占被评估城市总数的56%。北京获得了最高分4.68分。36个被评估城市整体分差不大，但均有进步空间。

本项一级指标共包含7个三级指标，各三级指标的得分状况为："商标注册便利化及专利申请便利化"满分为0.5分，平均分为0.38分，得分率为76%；"知识产权线上维权援助服务"满分为1.0分，平均分为0.364分，得分率为36.4%；"多元纠纷解决"满分为1.0分，平均分为0.789分，得分率为78.9%；"城市科技创新发展水平"满分为1.0分，平均分为0.686分，得分率为68.6%；"科技创新政策"满分为0.5分，平均分为0.379分，得分率为75.8%；"审查机制"满分为0.5分，平均分为0.396分，得分率为79.2%；"成果转化"满分为1.0分，平均分为

---

① 为方便验证，附上相关网址：上海市科技成果促进会，http://www.tt91.com/shkjcgzhcjh；南京的科技成果转化服务中心，http://www.njttsc.cn/c4/index.html。
② 成都提供的政策匹配服务搭载在成都创新创业服务平台上，https://www.cdkjfw.com/policy/index.html。
③ 具体网页模块设计见武汉科技成果转化平台，https://www.whstr.org.cn/kjzc/402。

0.739分，得分率为73.9%。

其中，在所有三级指标中平均得分率最高的是"多元纠纷解决"指标和"审查机制"指标，说明政府在知识产权多元纠纷解决机制方面建设情况较好，市场主体对知识产权审查机制建设的满意度较高。"知识产权线上维权援助机制"指标得分率最低，不到50%，这主要是由于该指标主要针对线上知识产权维权援助机制建设情况进行评分，实际上各城市线下的知识产权维权援助机制建设都达到了一定水平，需要重点加强线上知识产权维权援助机制的建设。

（一）取得的成就
1. 科技创新与知识产权保护领域的改革成果受到市场主体认同

"创新是引领发展的第一动力，保护知识产权就是保护创新。"[1] 加强科技创新政策支持、落实知识产权保护能够有效激发市场主体创新动力，促进创新链与产业链深度融合，提高我国数字经济发展的竞争力。近些年来，我国不断出台措施提高科技创新和知识产权领域的公共服务效能，通过"放管服"改革不断提高科技创新政策的支持力度与服务质量，提高知识产权审查质量和效率。[2] 比如，在知识产权审查方面我国知识产权审查能力持续提升，截至2021年6月，我国发明专利平均审查周期已压减至19.4个月，高价值专利审查周期压减至13.4个月，商标注册平均审查周期稳定在4个月以内。[3] 在"科技创新与知识产权保护"一级指标下共设有3个以市场主体满意度为评分标准的主观指标对上述改革成果进行了评估。这3个指标分别评估了各地市场主体对注册地政府商标注册便利化及专利申请便利化的满意度，市场主体对科技创新政策体系完备性、配套保障完善性以及政策实施有效性的满意度，以及市场主体对知识产权技术审查流程精简性、行业标准透明度和技术审查第三方机构规范性的满意度。

---

[1] 习近平：《全面加强知识产权保护工作激发创新活力推动构建新发展格局》，《求是》2021年第3期。
[2] 《国务院新闻办就2021年中国知识产权发展状况举行发布会》，中华人民共和国中央人民政府网站，https://www.gov.cn/xinwen/2022-04/24/content_5686971.htm。
[3] 《国家知识产权局举行第三季度例行新闻发布会》，中华人民共和国国务院新闻办公室，http://www.scio.gov.cn/xwfbh/gbwxwfbh/xwfbh/zscqj/Document/1710210/1710210.htm。

这 3 个指标的得分率均在 75% 以上，说明从整体上看市场主体对政府提供的科技创新与知识产权保护相关的服务较为满意，相关改革取得了群众的初步认可。

2. 知识产权维权援助机构逐步在全国铺开

我国目前的线下知识产权维权机构主要有知识产权保护中心、快速维权中心、维权援助中心和海外知识产权纠纷应对指导中心，其均可向市场主体提供知识产权维权援助服务。根据中国知识产权维权援助网的数据，目前我国共建有 57 家知识产权保护中心，主要向信息技术、高端装备制造、生物医药、新能源等高新技术提供知识产权专利预审、快速维权、法规汇集等服务[1]；我国还建有 30 家知识产权快速维权中心，向县域产业集聚区中产品更新周期快、对外观设计维权需求强烈的小商品、快销品，提供集外观设计快速预审、快速确权、快速维权为一体的知识产权公益服务；我国共建有 76 家知识产权维权援助中心，覆盖了我国 34 个省会城市，组成了全国性的知识产权维权网，有利于帮助经济困难或知识产权保护意识不足的市场主体处理难以解决的知识产权问题；我国还确定了两批共 22 个国家海外知识产权纠纷应对指导中心，有利于维护中国企业的海外合法权益，提高中国企业的海外竞争力。全面铺开的知识产权维权援助机构有利于推动国内自主创新和经济高质量发展，促进市场化、法治化、国际化营商环境建设。

3. 知识产权多元纠纷解决机制基本建立

据评估结果，被评估的 36 个城市大部分都提供了知识产权诉讼、行政裁决、仲裁、调解等多样化的纠纷解决方式，诉调对接机制也在逐步推动，我国知识产权多元纠纷解决机制基本建立。多元纠纷解决机制的确定和完善有利于更好地满足市场主体纠纷解决的多元需求，能够有效地对知识产权纠纷进行分流，提高知识产权纠纷解决的效率，合理配置纠纷解决的社会资源。北京、厦门等城市还推出了"一站式"纠纷平台，天津、上海、重庆等城市提供专利纠纷裁决、调解以及诉调对接的在线办理服务。

---

[1] 本段数据均来源于中国知识产权维权援助网的"机构"模块，后文不再重复标注，网址：http://www.ipwq.cn/organization。

4. 科技成果转化平台逐步开始建设

科技成果转化是科技创新与生产力提高、产业转型和经济结构调整之间的重要纽带，对我国供给侧改革具有支撑和引领作用。科技成果转化平台是政府在科技创新领域为市场主体提供的一大重要服务，能够促进市场主体了解科技成果转化扶持政策，帮助科技创新成果和市场需求更好地对接，鼓励市场主体加大科技创新投入。该平台的建设和完善能够更好地促进服务型政府的转型，助力城市科技创新水平的提高。

（二）存在的问题

1. 商号法律地位不明确，配套保护机制缺位

在我国目前的法律体系中，商号并不属于知识产权的保护范围，但商号实际上是消费者用以识别和区分商品或服务来源的标志，与企业的商业信息息息相关。根据调研发现，一方面，商号侵权行为的发生是由于商号的法律地位不明确。商号保护的规定散见于《企业名称登记管理规定》《企业名称登记管理实施办法》等位阶较低的行政法规、部门规章中，未赋予"商号"专有权利保护，仅以规制企业名称注册、使用等行为的方式保护商号之上的利益。因此商号侵权的违法成本过低，商号侵权行为难以得到有效的规制。另一方面，商号侵权的发生也与我国的商号登记制度有关。我国商号登记采用分级登记制，与采取集中注册制的商标相比，其权益保护存在地域限制。由于缺乏统一的信息检索系统，各级商号登记管理机关与商标注册机关之间存在信息壁垒，使混淆商号商标的侵权行为有了可乘之机。从整体来看，我国商号的法律保护力度低，长期处于被动的事后救济状态，考虑到商号的特殊属性以及实践中保护不力对市场主体知识产权产生的危害，急需完善商号相关的制度设计。

2. 商标数据库与企业信用信息数据库之间的数据共享仍未建立

根据调研发现，部分企业在注册名称时将知名商标作为企业字号，由于地区市场监督管理局审核不严，缺乏全国统一的注册系统，商标权利人的合法权利易受到侵害。尽管 2019 年国家知识产权局指出这一问题属于经营过程中的市场混淆行为，并提出了积极推进全国商号和商标注册信息

的共享平台的事前预防措施。① 但截至本次调研结束，仍难以检索到关于该共享平台已建成的相关消息，相关侵权行为在实践中仍然频频发生。

3. 知识产权行政保护不到位

根据调研中企业反馈的信息可知，企业对知识产权行政保护有着更高的期望。其一，在侵权行为发生阶段，企业反映缺少市场监督管理局的联系方式。遇到知识产权侵权行为时，市场主体往往难以直接联系到相关执法人员，需要通过12345转接或现场办理相关业务，工作效率较低。其二，知识产权行政执法标准不一致。针对侵权人缺乏或未公示营业执照的情况，部分市场监督管理局会以权利人无法提供侵权经营者的具体信息而不予受理，权利人维权难、维权成本高。在侵权行为处理阶段，不同省份对侵权的认定标准也不一致。其三，线上知识产权侵权的行政保护不到位。知识产权侵权案件的处理更多集中在线下，电商平台侵犯知识产权案件处理数量少，这与高速发展的电子商务以及随之大量涌现的知识产权侵权现状不相匹配，威胁数字经济的健康发展。

4. 知识产权维权援助机制不健全

在本次评估中，维权援助机制指标仅取得了0.36分的平均得分，这说明我国知识产权维权援助机制还有很大的提升空间。

首先，知识产权维权援助主体配合不足，难以形成知识产权保护合力。从知识产权维权援助机构的设置来看，我国知识产权保护以行政保护为主。尽管重庆、福州等城市已经注意到了检察机关能动履职对市场主体知识产权维权的促进作用，但大部分城市并没有很好地发挥检察机关对知识产权的保护作用，行政保护和司法保护协作配合的大保护工作格局尚未形成。

其次，线下维权投诉服务不到位。调研中企业反映主管部门现场缺少统一受理企业需求的窗口，而各地具体受理知识产权投诉举报的科室不同，对应科室寻找难，有时找到了对应科室，也会面临执法人员外出办公等情况，当天办结、一次办结无法落实。

再次，线上维权援助办理服务未得到普及，各地申请条件不统一。36

---

① 参见《国家知识产权局对十三届全国人大二次会议第2098号建议答复的函》，国知发法函字〔2019〕103号，2019年7月5日发布。

个被评估城市中,只有42%的城市提供维权援助的线上办理服务,且哈尔滨、西安、合肥等城市只是提供了链接跳转服务,宁波只有省内知识产权维权援助,杭州的知识产权维权援助也没有覆盖到整个市区。在提供线上维权援助办理服务的城市中,部分城市并未列明维权援助的申请条件,而列明条件的城市设定的线上维权援助申请条件也并不统一。这或许与中国知识产权维权援助网并没有对申请维权援助的情形做出具体说明有一定关联。在列明线上维权援助申请条件的城市中,贵阳参照《关于开展知识产权维权援助工作的指导意见》第三点列明了维权援助的内容。[①] 重庆市知识产权公共服务平台基本参考了上述维权内容,援助范围广且说明较为详细,但剔除了对涉外纠纷的援助。北京将重大、疑难知识产权事项作为国内知识产权维权援助业务网上办理的申请条件,对维权援助申请有较高的要求。

最后,线上维权援助服务还有优化的空间。目前各城市的维权援助网基本只提供知识产权专利预审、快速维权、法规汇集等服务,或是仅提供线下维权援助流程图。维权援助服务总体数量较少、质量不够高,难以满足市场主体对维权援助的需求,这是政府不重视政府网站建设、政务服务提供不到位的体现。

5. 知识产权多元纠纷解决机制发展不均衡

虽然被评估的36个城市均提供了多样化的知识产权纠纷解决渠道,但不同纠纷的解决方式的发展程度不一,其中比较容易受到忽视的就是知识产权行政裁决的使用和各种纠纷解决方式衔接机制的建设。知识产权行政裁决是解决知识产权纠纷、落实知识产权行政保护、优化创新环境和营商环境的重要手段,具有效率高、成本低、专业性强、程序简便等特点,有利于提高知识产权纠纷解决的效率。《"十四五"国家知识产权保护和运用规划》中要求"健全知识产权侵权纠纷行政裁决制度"[②],但知识产权行政裁决机制建设不完善恰恰是一些被评估城市失分的原因。各种纠纷解决方式衔接机制的建立和完善有利于多样化的纠纷解决方式实现有效互

[①] 《关于开展知识产权维权援助工作的指导意见》,国知发管字〔2007〕157号,2007年10月7日发布。

[②] 《国务院关于印发"十四五"国家知识产权保护和运用规划的通知》,国发〔2021〕20号,2021年10月28日发布。

补，降低市场主体调整纠纷解决方式的成本，使多元化的纠纷解决方式能够得到切实充分的运用。本次评估仅将诉调对接机制的建设作为给分项，给分较为宽松，城市获得评分仅能说明该城市致力于诉调对接机制的建立，不代表诉调对接机制已完善到一定水平。即便如此，仍有部分城市检索不到诉调对接相关的信息，其他衔接机制，比如调解仲裁衔接机制、行政执法与调解仲裁衔接机制更是有待完善。

6. 不同城市之间科技成果转化平台提供的服务差距较大

我国目前的科技成果转化率较低，为建设创新性国家，发挥科学技术对经济的带动作用，政府需要对科技创新资源进行整合，汇集需求，推广成果，积极促进科技成果的转化。科技成果转化平台是政府推动科技创新职能实现的承载体，科技成果转化平台提供的服务质量影响着当地科研机构和市场主体对接的难度，建设功能丰富、质量高的科技成果转化平台能够使科技创新相关的信息快速在市场主体之间流动，为科技成果转化促进经济发展提供机会。然而，我国部分省会城市并未重视科技成果转化平台的建设，有的城市仅仅依托省级的成果转化平台，或者仅仅在某个领域建设有成果转化平台。即使建有成果转化平台，部分城市的平台也缺乏政策汇总、缺少有关成果转化对接服务，甚至出现平台信息更新不及时的问题，这说明不同城市间科技成果转化平台提供的服务差距较大；部分科技成果转化平台未能站在市场主体的角度丰富平台功能设计，网站整合度不高，难以给企业提供高效便捷的服务，实施效果较差。

（三）改进的建议

1. 明确商号法律地位，完善商号保护机制

从国际规则上看，由于商号具有区分功能，一般作为知识产权受到法律保护，比如我国签署的《保护工业产权巴黎公约》中便规定商号作为厂商名称，与商标、专利发明并列。[①] 对商号的法律定位与保护可以参照商标进行设置，通过完善相关法律，使市场主体在商号相关的侵权案件中能够主动使用法律武器保护自己的合法权益。商号的保护也要加强数字化信

---

① 罗海麟：《论我国商号保护法律制度的完善——以国际法和比较法为视野》，硕士学位论文，深圳大学，2020 年，第 12 页。

息建设，由过去地域性的分级登记转向全国统一，要建立全国统一的商号登记检索数据库，实现事前保护。

2. 加快实现商标与企业信用信息之间的数据共享

《"十四五"推进国家政务信息化规划》要求加强政务信息系统整合共享，打破信息孤岛，实现数据赋能和协同治理，主要任务之一便是深度开发利用政务大数据。[①] 实现商标和企业信用信息这两个数据库之间的数据共享。一方面，与我国数字政府的建设目标相匹配，是深化基础信息库共享应用的内容之一。另一方面，对从源头管控商标和企业名称混淆类侵权行为具有重要意义，有利于知识产权的保护。该数据共享工作的实现能够提高政府治理的数字化、网络化和智能化水平，提高我国知识产权保护水平，应尽快落实。

3. 优化落实知识产权行政保护服务

知识产权行政保护服务的优化落实首先要加强相关政府部门与市场主体的联系，建立知识产权侵权快速响应机制。对于企业在调研中提到的难以直接联系到相关执法人员的情形，可以参考网格化治理，压实区域负责人管理职责，利用数字化平台畅通市场主体与执法部门的联系，比如利用企业微信等快速联络手段。执法部门在工作中积极推广相关知识产权侵权行政保护的联系方式，切实了解市场主体在知识产权保护过程中遇到的困难，畅通政企沟通渠道，提高知识产权行政保护的效率。其次，加强知识产权行政执法人员的业务培训，促进行政执法标准的统一。比如对于调研企业提到的侵权人缺乏或未公示营业执照的情况，宜出台处理意见进行统一指导，缩小行政机关推诿不作为的空间，降低市场主体维权成本。最后，对于线上知识产权问题要加强共同治理。电商知识产权侵权往往涉及的地域较广，区域执法部门难以展开执法行动，且针对电子商务侵权行为，平台也有相应责任。因此，对于电商知识产权侵权问题，知识产权管理部门不仅要建立跨区域的协同保护机制，还要积极联合平台方，形成保护合力，促进电子商务的高质量发展。[②]

---

① 《国家发展改革委关于印发〈"十四五"推进国家政务信息化规划〉的通知》，发改高技〔2021〕1898号，2021年12月24日发布。

② 参见张泉《电商领域知识产权保护需加强"共治"》，新华网，http://big5.xinhuanet.com/gate/big5/www.xinhuanet.com/fortune/2019-12/12/c_1125340810.htm。

4. 完善知识产权维权援助机制，落实知识产权全方位保护

首先，明确知识产权维权援助主体的职责，强化知识产权协同保护。在协同保护方面，除了传统的法院保护知识产权，还要注重以检察院为代表的司法保护力量的发挥。一方面，检察机关要主动精准履职，以办案为中心，运用多种法律监督手段辅助市场主体合法维权。另一方面，知识产权维权援助主体还要落实《最高人民检察院国家知识产权局关于强化知识产权协同保护的意见》的要求，建设常态化联络机制和信息共享机制，加强行政机关和检察院的业务支撑、办案协作力度和人才交流培训，深化知识产权行政执法和司法研究合作，整合知识产权行政资源和司法资源，以共同推进知识产权全方位保护。[①]

其次，优化线下知识产权维权投诉服务。各地政府对于知识产权维权投诉的线下办理部门信息应及时进行公布和更新，并畅通线下维权投诉部门与市场主体之间的交流渠道，通过线下办理窗口的设置及时响应市场主体需求，避免因工作人员不在岗而让市场主体白跑腿，从而付出额外的维权成本，要真正落实政务服务当天办结、一次办结。

再次，普及线上知识产权维权援助办理服务，明确维权援助的内容。线上维权援助办理服务的普及是各地政府对数字化改革的有效响应，能够节省市场主体进行知识产权维权的时间成本，给市场主体带来便利。各城市宜在城市的知识产权维权援助网、知识产权局网站、政务服务网站等相关官方网站上开设线上知识产权维权援助办理服务，并就该业务与省级、国家级知识产权维权援助办理服务做好对接工作，从而合理配置各地区的维权援助需求与援助资源，并对频繁受理的共性问题进行提炼，以便后续为市场主体提供事前的维权提醒。维权援助内容的明确能够防止维权援助主体推诿不作为，有利于形成全国统一的高水平知识产权维权援助机制。维权援助内容的确定可以参考重庆的规定，既吸收《关于开展知识产权维权援助工作的指导意见》中列明的内容，又根据本区域维权的需要提供更丰富的援助，而不是用"重大""疑难"等含义不明确的词汇限制市场主

---

① 参见《最高人民检察院国家知识产权局关于强化知识产权协同保护的意见》，最高人民检察院网上发布厅，2022年4月25日发布。

体申请援助的权利。① 为了便利市场主体实现知识产权维权援助相关问题的一站式解决，即使设立有专门的涉外知识产权维权援助渠道，也不建议将涉外知识产权维权援助服务排除在线上办理的范围外。

最后，各地政府和司法机关应充分关注企业需求，发挥主观能动性，提供更加精准全面的知识产权维权援助服务。在知识产权维权援助上，维权援助主体不仅要关注事后维权渠道的提供，也要注重事前维权服务的完善。比如对于市场主体经常反映的维权援助问题而言，可以对类似问题进行提炼，整理典型案例或定向维权指南，采取报告、图文解读、视频直播等形式向辖区内有关市场主体进行精准推送，提高市场主体的维权意识，防患于未然。同时政府或司法机关也应当充分挖掘治理效能，积极联系专家学者、行业协会等社会力量参与到知识产权维权援助服务当中，为市场主体提供更加丰富的维权选择。

5. 大力发展知识产权行政裁决，加快建设多元纠纷解决衔接机制

知识产权行政裁决的发展，首先，要注重顶层制度的完善以及具体工作的落实。目前我国出台了《重大专利侵权纠纷行政裁决办法》，为重大复杂的专利侵权案件、跨地区的专利侵权处理以及电子商务带来的大面积群体专利侵权案件的协调处理提供了法律参考。② 其次，在制度上还需要完善行政裁决与知识产权司法保护的衔接制度。知识产权行政裁决的工作需要进一步在试点实践中不断优化知识产权行政裁决的工作细则，通过培训和实践形成专业的知识产权行政裁决工作人才队伍。我国目前正在进行专利侵权纠纷行政裁决示范建设工作，在先行先试、重点突破的过程中，国家知识产权局联合司法部根据验收情况，发布了13个典型经验做法。这些经验是本次指标评估的记分项，以期激励其他城市加强学习，不断加大知识产权行政裁决的工作力度，创新工作方法，以更好地发挥行政保护的优势。

多元纠纷解决衔接机制的建设，需要明确衔接机制启动的条件和启动的时机，完善衔接机制的程序性规定。纠纷解决的相关行政机关、司法机

---

① 参见《国家知识产权局印发〈关于进一步加强知识产权维权援助工作的指导意见〉的通知》，国知发保字〔2020〕22号，2020年6月16日发布。

② 《国家知识产权局举行第三季度例行新闻发布会》，中华人民共和国国务院新闻办公室，http://www.scio.gov.cn/xwfbh/gbwxwfbh/xwfbh/zscqj/Document/1710210/1710210.htm。

关应加强服务,主动释明切换纠纷解决方式所需要的程序以及具有的优势,同时保障当事人自愿选择纠纷解决方式的权利,既实现纠纷解决方式的合理分配,又充分保障当事人的权益。除了目前比较受到重视的诉调衔接机制,相关部门也要加强合作,对调解仲裁衔接机制、行政执法与调解仲裁衔接机制建立的优势、可能的衔接模式展开探索,连接起目前相对独立的各种纠纷解决方式,以更加合法、高效且经济的方式解决知识产权纠纷,化解矛盾。

6. 丰富科技成果转化平台功能,提高政府平台服务能力

参照重庆科技成果转化平台的建设成果,结合市场主体对科技成果转化的需求,完善科技成果转化平台的功能。其一,科技成果转化平台应当对国家级、省级以及当地的成果转化扶持政策进行汇总,并做好相关政策的解读和推送工作;同时也可以开发政策匹配功能,让成果转化政策被市场主体和科研机构了解,发挥政策的激励作用。在对政策进行整合的过程中,也要注意对政策内容的审核,及时清理、废除与法律相抵触的规章、规范性文件。其二,科技成果转化平台应当提供科技需求和科研成果的对接服务。供需对接是科技成果转化的重要环节,这一服务也是科技成果转化平台所要提供的重点服务,以更好地帮助市场主体和科技机构实现对接。除了积极联络市场主体和科研机构发布信息并做好信息的审核工作,科技成果转化平台之间也可以尝试积极建立省级或跨省的科技成果对接服务,提高科技成果转化运用的可能性。其三,科技成果转化平台也可以积极开展线上线下的科技成果交流活动,建立市场主体和科研机构沟通的桥梁。有关的活动内容也可以整理成视频和图文发布在科技成果转化平台上,增加宣传的长效性。其四,科技成果转化平台还要密切关注市场主体的需求,不断挖掘新的服务点。比如重庆采取的科技融资、仪器共享、技术经纪服务等。还可以开发公众号、小程序,及时推送关于科技成果转化的政策,方便市场主体快速掌握科技成果转化相关的信息。科技成果转化平台要不断深挖科技创新成果转化中的难点和痛点问题,有针对性地解决难题和创造性地优化服务。

第六章　所有制平等保护

平等保护属于不同经济所有制的市场主体能够有效激发市场活力，有利于市场竞争力的提高和经济的健康发展。在数字经济发展的赛道上，要抢得先机抓住新一轮科技革命和产业变革机遇，就需要对中小企业进行扶持，注重保护外商投资，并为民营企业提供维权投诉举报的途径，以便政府及时了解市场主体的需求，做强做优我国的数字经济。世界银行的"营商环境评估（DB）"和"宜商环境评估（BEE）"中，所有制平等保护的内容散见于各个一级指标当中。本章的评估指标设置集中体现了中国在数字经济建设语境下对所有制平等保护的重视。

一　评估指标构成

本次评估的"所有制平等保护"一级指标下设置3项二级指标，分别是"扶持中小企业""保护外商投资"和"维权投诉举报高效便捷"（见表6-1）。

4项三级指标包括"对中小企业、小微企业的扶植政策""外商投资企业投诉""是否提供维权投诉服务"以及"维权投诉渠道畅通、有效回应"。通过分析考察对中小企业和小微企业的扶植政策、外商投资在清单之外不设限、是否为企业提供维权服务以及维权服务渠道畅通和有效回应情况，从不同角度来反映36个被评估城市在2022年3月31日之前对于所有制平等保护的情况。

表 6-1　　　　　　　　　所有制平等保护

一级指标	二级指标	三级指标
所有制平等保护（5.5分）	扶持中小企业（3.0分）	对中小企业、小微企业的扶植政策（3.0分）
	保护外商投资（1.0分）	外商投资企业投诉（1.0分）
	维权投诉举报高效便捷（1.5分）	是否提供维权投诉服务（1.0分）
		维权投诉渠道畅通、有效回应（0.5分）

二　设置依据、评估标准及评估分析

本章指标主要对《优化营商环境条例》中相对分散的所有制平等保护的条文进行了汇总，并将这些内容转化为指标进行评估。本章指标的确定充分考虑到了营商环境建设中中小企业、小微企业扶持的重要地位，兼顾外商投资的保护，并以线上维权投诉举报服务的建设情况以及具体服务感受度作为平等保护实现情况的兜底评估，尽可能地保障评估的全面性。

在评估中，评估小组所依据的材料与数据来源主要是被评估城市的政府及其有关部门门户网站、数字政务服务 App、网络搜索引擎关键词查询、新闻报纸媒体查询、评估小组设计的调查问卷等，检索时间为 2022 年 3 月 1 日至 2022 年 4 月 6 日，有效评估信息选取的截止时间为 2022 年 3 月 31 日。调查问卷收集时间为 2022 年 4 月 12 日至 2022 年 5 月 9 日。通过相关方式未能检测到相关内容的，视为未落实该项工作或服务；可检测但不属于有效信息的内容，即网站评估中不可直接获取的"僵尸网页"和无效数据，仍视为未落实该项工作或该项服务。各三级指标的评估方法及赋分标准如下所示。

（一）对中小企业、小微企业的扶植政策（3.0分）
【设置依据】

中小企业、小微企业为我国贡献了大量的税收、国内生产总值、科技创新成果以及城镇劳动力就业，是我国经济至关重要的增长动力。但中小企业、小微企业由于自身体量小，在竞争中往往处于劣势。《优化营商环境条例》第六条要求"国家鼓励、支持、引导非公有制经济发展，激发非公有制经济活力和创造力",通过政策平衡中小企业、小微企业在竞争中的劣势便是所有制平等保护的重要内容。数字经济建设要求政府提高数字化治理能力,本项指标首先评估被评估城市中小企业、小微企业扶持政策线上的集成情况、政策匹配难度以及相关线上服务提供的情况,并以市场主体的满意度作为佐证。

政府采购是中小企业和小微企业在发展过程中进行市场开拓的重要手段。为贯彻落实《关于促进中小企业健康发展的指导意见》,发挥政府采购政策功能,促进中小企业发展,根据《中华人民共和国政府采购法》《中华人民共和国中小企业促进法》等法律法规,财政部、工信部制定了《政府采购促进中小企业发展管理办法》[1],其中第三条规定,"采购人在政府采购活动中应当通过加强采购需求管理,落实预留采购份额、价格评审优惠、优先采购等措施,提高中小企业在政府采购中的份额,支持中小企业发展"。该文件的制定说明我国在招投标与政府采购领域已经具有全国性的中小企业保护机制设计框架。本项指标将政府采购作为中小企业、小微企业扶持政策的典型领域,旨在深入评估各城市是否有对《政府采购促进中小企业发展管理办法》的标准进行进一步提高或细化,各城市在招投标与政府采购领域对于中小企业、小微企业是否有其他创新性的扶持措施。该指标与世界银行"宜商环境评估(BEE)"中"市场竞争"(Market Competition)一级指标下促进市场竞争的监管质量中评估的"公共合同招标规定的质量"有一定关系,同属于法律上的指标。[2]但本指标评估的相关内容集中在招投标与政府采购领域对中小企业、小微企业有哪些扶持政策以及各城市扶持水平有何差异,其评估更加细致。

【评估方法】

网络检索与主观问卷相结合。网络检索首先检索被评估城市是否有中小企业、小微企业扶持政策的汇集网站,并对网站建设情况、政策汇总、政策解读、亮点服务进行打分。其次,检索被评估城市政府门户网站,查

---

[1] 《关于促进中小企业健康发展的指导意见》,中办发〔2019〕24号,2019年4月7日发布;《政府采购促进中小企业发展管理办法》,财库〔2020〕46号,2020年12月18日发布。
[2] The World Bank, *Pre-Concept Note Business Enabling Environment* (*BEE*), pp. 48–49 (2022), https://www.worldbank.org/content/dam/doingBusiness/pdf/BEE-Pre-Concept-Note---Feb-8-2022.pdf.

找招投标或政府采购领域有关中小企业、小微企业扶持的地方性法规、规章、规范性文件,通过文件内容与《政府采购促进中小企业发展管理办法》的对比,确定被评估城市是仅对《政府采购促进中小企业发展管理办法》进行了转发,还是具有更高的中小企业、小微企业扶持水平。最后,检索被评估城市在招投标与政府采购领域有何创新措施。时间截止到2022年6月3日。

主观问卷通过五级量表,收集市场主体对注册地城市中小企业、小微企业扶持政策的政策体系完备度、政府推送精准度、配套保障完善度以及政策实效感知度的评分。调查问卷收集时间为2022年4月12日至2022年5月9日。

【评分标准】

总分为3.0分。网络检索满分为2.5分。该分数由两部分构成,都以1.0分为满分,评估后按比例放大至2.5分。第一部分是在扶持政策网站建设上以1.0分为底分:基础分满分为0.5分,没有建立相关政策汇集网站,得0分;建设有专门网站得0.5分,缺少政策分类得0.4分,建有专门网站但没有持续更新得0.3分。亮点分满分为0.5分,其中仅文字解读加0.1分,图片、视频等多种形式解读加0.2分,提供政策匹配服务加0.3分。第二部分是招投标与政府采购领域的中小企业、小微企业的扶持政策,以1.0分为底分:由于国家法律规定,我国中小企业、小微企业的扶持政策体系基本建立,各城市都以0.3分作为基础分;基础分满分为0.8分,被评估城市对《政府采购促进中小企业发展管理办法》里的规定进行提高或细化的,得0.8分;亮点分满分为0.2分,除采购需求标准化、预留采购份额、价格评审优惠外,有其他创新性措施,每项加0.1分。

主观问卷满分为0.5分。分别计算36个城市中小企业、小微企业扶持政策的政策体系完备度、政府推送精准度、配套保障完善度以及政策实效感知度的平均分,四者相加后再将计算结果转换为满分0.5分,并保留两位小数。

【评估分析】

在本次评估中,该指标的平均得分为1.918分(见表6-2)。

表 6-2　"对中小企业、小微企业的扶植政策"得分分布

得分（分）	2.0—3.0	1.0—2.0	0—1.0
城市（个）	18	16	2

高于平均得分的共 19 个城市，占比为 53%。武汉、厦门、青岛、成都、广州、济南 6 个城市的得分在 2.5 分以上，其中武汉获得了最高分 2.8 分，说明其扶持政策的汇总网站建设到位，招投标与政府采购对中小企业、小微企业的扶持力度也很大，市场主体对中小企业、小微企业扶持政策满意度很高。厦门、广州、青岛、武汉、乌鲁木齐 5 个城市在扶持政策网站建设上获得了满分，说明这 5 个城市针对中小企业、小微企业专门建立了扶持政策汇集网站，且网站建设较好。天津、宁波、厦门、深圳、沈阳、成都、南昌在招投标领域中对中小企业具有比《政府采购促进中小企业发展管理办法》更高的保护水平。南昌在主观问卷中获得了最高分。

低于平均得分的共 17 个城市，占比为 47%。石家庄、太原 2 个城市得分低于 1.0 分。这些城市低分主要是由于检索不到城市中小企业、小微企业扶持政策汇总的网站，政策网站服务不到位，同时对中小企业的保护水平基本与《政府采购促进中小企业发展管理办法》持平。北京、乌鲁木齐在主观问卷中的得分低于平均分，说明尽管网站建设比较完备，但当地市场主体有着更高的需求，对目前当地政府有关中小企业、小微企业的扶持政策并不满意。

在本指标的网站检索评估过程中，评估小组尝试代入市场主体视角，评估各城市中小企业、小微企业扶持政策网站的建设情况。除了没有建设专门政策汇总网站的 3 个城市，大部分城市失分主要是由于对政策缺乏分类、缺乏政策解读、政策解读形式不够丰富，不便于市场主体寻找、理解以及更好地利用相关扶持政策。天津中小企业公共服务平台的政策原文仅更新到 2020 年 10 月，说明虽然建设有相关网站，但网站缺乏及时的维护。在招投标与政府采购领域，36 个城市中有 19 个城市在招投标和政府采购领域对中小企业、小微企业有更好的保护。有 17 个城市仅仅对《政府采购促进中小企业发展管理办法》进行了转发，对根据有关政策进行细化落实的行动不足。

而在主观问卷部分，综合 36 个城市的数据，在满分 5.0 分的问卷评分

条件下，政策体系完备度的平均分是 3.75 分，政府推送精准度的平均分是 3.77 分，配套保障完善度的平均分是 3.75 分，政策实效感知度的平均分是 3.75 分，这一方面说明市场主体认为城市在中小企业、小微企业扶持政策的推送工作做得相对较好，但在政策体系完备度和配套保障完善度方面仍有进步空间。另一方面也反映了部分城市在扶持政策网站建设方面虽然已经有一定的成果，但还未达到让市场主体非常满意的程度。这样的主客观感受度差异，可能是由于政策网站建设、政策解读内容或政策解读方式未能精准对接市场主体需求，也可能是由于政策网站的宣传或功能整合度未能使部分市场主体很好地享受到相关服务。

【典型事例】

在本次评估中，部分城市的政策汇总平台建设值得推广，比如上海提供"惠企政策一窗通"，注册登录后可以进行政策匹配；青岛和成都提供了政策直播讲解，可以在直播中与工作人员互动，并可以观看回放；北京在北京市中小企业公共服务平台的首页汇总一周的政策，方便市场主体了解最新的政策动态。[1]

据可检索到的信息，招投标与政府采购领域在中小企业、小微企业扶持政策评分过程中主要有四大亮点。第一，部分城市采取了技术手段使中小企业、小微企业的扶持政策能够更好地落到实处，这是值得广大城市推广的。比如天津有效发挥了采购平台的支持作用，通过加挂中小企业标识、搜索排序、流量引导等技术手段，引导中小企业入驻电子商城，优先向中小企业进行采购。[2] 深圳将份额预留的规定嵌入管理系统，不进行份额预留则无法进行下一步操作，这也是数字化政府建设的体现。[3] 第二，部分城市削减了中小企业、小微企业参与招投标与政府采购的证明负担。

---

[1] 为方便验证，附上相关网址：上海市企业服务云，惠企政策一窗通，https://shpolicy.ssme.sh.gov.cn/ssme/#/dashboard；青岛政策通，http://zccx.qingdao.gov.cn/pcSite/policyMatch/policyMatchList.html；成都市中小企业服务中心政策直播间，https://wx.vzan.com/plug-ins/?v=637845242959483885#/FixupIndex/356886808?shareuid=0；北京中小企业公共服务平台，https://www.smebj.cn/ncms/index/index.html。

[2] 参见《天津市财政局天津市工业和信息化局关于贯彻落实〈政府采购促进中小企业发展管理办法〉的通知》，津财采〔2021〕12 号，2021 年 6 月 29 日发布。

[3] 参见李荣华《深圳财政：打造政府采购优化营商环境"深圳样本"》，"南方+"客户端，http://static.nfapp.southcn.com/content/202112/06/c6009501.html?group_id=1。

比如南京推进的政府采购"信用承诺制"改革，中小企业、小微企业按照规定做出信用承诺，即可免于提交财务报告、完税证明、无违法记录等6种证明材料，有效降低了中小企业获取证明的难度，提高了中小企业、小微企业参与招投标与政府采购的热情。① 杭州桐庐县也采取了类似措施，但目前还没有查询到将该措施推广到全市的新闻。② 第三，部分城市为中小企业、小微企业参与招投标与政府采购提供了金融支持。比如成都的"蓉采贷"政策，支持中小企业仅凭政府采购合同办理无抵押、无担保、低利率的信用融资，能较好地缓解中小企业融资难、融资贵的问题。③ 南昌也推出了"政采贷"业务，以中小企业、小微企业的政府采购信用和国库集中支付作为履约保障，不用担保抵押，有效解决了中小企业、小微企业缺少抵押品、无人担保的融资难题，降低了中小企业、小微企业的融资成本。④ 上海、沈阳、福州等城市也在有关规范性文件中要求为中小企业、小微企业参与招投标和政府采购提供相关的金融支持政策。第四，规范政府采购文件。厦门推出了《厦门市财政局关于印发政府采购文件负面清单的通知》，禁止在政府采购文件中对中小企业、小微企业实行差别待遇，并举出了禁止内容示例，有利于打击对中小企业、小微企业的变相限制行为，使政府采购文件规范化。⑤ 上述四点措施都有利于加强中小企业、小微企业在招投标与政府采购领域的竞争力，具有一定的推广价值。

（二）外商投资企业投诉（1.0分）

【设置依据】

《优化营商环境条例》第六十九条第二款规定禁止"制定或者实施政

---

① 参见《南京政府采购喜获亮丽成绩单》，中国政府采购新闻网，http://www.cgpnews.cn/articles/59524。

② 参见《桐庐县：探索实施"承诺+信用管理"制度》，中国政府采购新闻网，http://www.cgpnews.cn/articles/59775。

③ 参见《四川成都："蓉采贷"创新中小企业信用融资》，中国财经报网，http://www.cfen.com.cn/dzb/dzb/page_2/202110/t20211027_3761132.html。

④ 参见《南昌不断推动政府采购支持中小企业政策落见实效》，南昌市人民政府，http://www.nc.gov.cn/ncszf/jrnc/202204/03ddd21e1a084a7181b86d2db589ecc0.shtml。

⑤ 参见《厦门市财政局关于印发政府采购文件负面清单的通知》，厦财采〔2020〕12号，2020年6月23日发布。

第一编 市场主体保护

策措施不依法平等对待各类市场主体"。商务部发布《外商投资企业投诉工作办法》表明要及时有效处理外商投资企业投诉,以保护外商投资的合法权益,从而持续优化外商投资环境。①

【评估方法】

网络检索。检索被评估城市是否对《外商投资企业投诉工作办法》有所响应,在城市的官方网站以及相关部门网站上是否提供线上线下外商投资企业投诉服务。时间截至2022年6月3日。

【评分标准】

满分为1.0分。对《外商投资企业投诉工作办法》进行响应占0.5分,其中公布明确的城市外商投资企业投诉管理办法、处理办法的计0.5分;只有省内制定了外商投资企业投诉管理文件的计0.3分;城市和省内均没有相关文件响应外商投资企业保护的计0分。线上线下外商投资企业投诉服务占0.5分,其中提供线上办理外商投资企业投诉服务且城市线下设有外商投资企业投诉机构的计0.5分;仅有线下外商投资企业投诉机构的计0.3分;线上线下均检索不到城市外商投资企业投诉服务设置的计0分。

【评估分析】

在本次评估中,该指标的平均得分为0.731分,具体得分分布如表6-3所示。

表6-3　　　　　"外商投资企业投诉"得分分布

得分(分)	1.0	0.8	0.6	0.3
城市(个)	6	16	11	3

高于平均得分的共22个城市,占比为61%。天津、上海、重庆、济南、福州、长沙6个城市获得了最高分1.0分,这些城市均为外商投资企业提供了在线投诉的办理服务。

低于平均得分的共14个城市,占比为39%。哈尔滨、太原、大连获得了最低分0.3分。3个低分城市失分原因在于,哈尔滨和太原并未积极

---

① 参见《外商投资企业投诉工作办法》,商务部令二〇二〇年第3号,2020年8月25日发布。

响应《外商投资企业投诉工作办法》，外商投资企业投诉的工作流程和管理机制不明确；评估小组无法检索到大连线上线下外商投资企业投诉渠道。

从平均得分来看，本项指标得分较高，说明在《外商投资企业投诉工作办法》的指导下，我国外商投资企业线下投诉机构在全国各大省会城市和重要城市基本建立，外商投资企业投诉反馈便利度提升，能够给予外商投资一定的保障。

【典型事例】

在法律响应方面，北京及时跟进《外商投资企业投诉工作办法》的规定，出台《北京市外商投资企业投诉工作管理办法（修订）》，完善了外商投资企业投诉的具体规则。北京在相关管理办法的修订中丰富了投诉人范围，明确了投诉受理事项，建立了外商投资企业投诉工作部际联席会议制度和投诉信息报送制度，使有关投诉材料、受理程序、处理方式等工作规则更加清晰，并通过明确救济途径、保障当事人程序性权利和加强对商业秘密的保护来更有力地保障外商投资企业的权利。[①] 北京市商务局还积极制定了《北京市关于进一步加强稳外资工作的若干措施》，力图从政策宣传解读、规范性文件吸收外商投资企业建议、认真履行政府承诺方面深入落实外商投资法律法规，并从知识产权保护工作、外商投资企业参与标准化工作、外商投资企业公平参与政府采购、完善外商投资事中事后监管体系等多方面推进工作，不断强化外商投资企业权益保护。[②] 天津市商务局也为了工作衔接，及时修订完善了《天津市外商投资权益保护工作联席会议制度》，[③] 并积极召开外商投资权益保护工作联席会议，了解本市外商投资权益保护和外商投资企业投诉工作的开展情况。[④] 天津市商务局还对区域内外商投资企业权益保护政策措施要点，如知识产权、政府采购、企

[①] 参见颜焱、李旸《关于〈北京市外商投资企业投诉工作管理办法（修订）〉修改要点解读》，君泽君律师事务所，http：//www.junzejun.com/Publications/0939431a92612b-8.html。

[②] 参见《北京市关于进一步加强稳外资工作的若干措施》，京商资发字〔2021〕14号，2021年12月9日发布。

[③] 《天津市外商投资权益保护工作联席会议制度》，津商外管〔2020〕13号，2021年1月6日发布。

[④] 参见《我市召开外商投资权益保护工作联席会议》，天津市人民政府，http：//www.tj.gov.cn/sy/zwdt/bmdt/202204/t20220421_5862881.html。

第一编　市场主体保护

业投诉等政策措施进行了汇总，制成《天津市外商投资企业政策要点汇编（2021年版）》①，方便外商投资企业进行查阅。南京则积极组织全市外商投资企业投诉工作机构参加全省外商投资企业投诉工作业务培训，进一步加强外商投资企业投诉工作的队伍建设，提高工作人员的业务水平与工作效率。②

在外商投资企业投诉渠道建设方面，被评估城市线下投诉机构的建设基本完善，但只有少量城市提供了线上投诉服务，具体投诉网站和投诉方式如表6-4所示。

表6-4　　部分被评估城市外商投资企业线上投诉渠道汇总

类型	城市	网站	网址	投诉方式
独立网页	上海	上海外商投资企业投诉在线平台	https://www.fdiprotection.cn/	注册登录投诉在线平台
外商投资企业协会	天津	天津市外商投资企业协会	http://tjaefi.com.cn/front_web_site/quanyibaohu/lists_15.html	需要提供姓名、联系方式和投诉内容，在线提交申请
外商投资企业协会	重庆	重庆外商投资企业协会	http://www.cqaefi.com/Complaint.asp?lid=1318	注册登录重庆市外商投资企业投诉协调平台
12345平台	福州	福州市12345政务服务便民热线	http://fz12345.fuzhou.gov.cn/fzwp/regCallStep2.jsp?id=1&user=company#	填写诉求企业信息、诉求问题，进行网页提交

---

① 参见《天津市外商投资企业政策要点汇编（2021年版）》，天津政务网，http://shangwuju.tj.gov.cn/zwgk/zcfg_48995/wstz/bs_49001/202112/t20211214_5749462.html。

② 参见《我市组织参加全省外商投资企业投诉工作业务培训》，南京市商务局，http://swj.nanjing.gov.cn/ztzl/swzl/zsyz/202107/t20210702_3025384.html。

续表

类型	城市	网站	网址	投诉方式
政务服务网站	深圳	广东政务服务网—深圳市外商投诉处理服务	https://www.gdzwfw.gov.cn/portal/v2/guide/11440300MB2C92181C3442118004000	微信扫码登录到广东省统一身份认证平台
	济南	山东省人民政府—外商投诉与调解（济南市）	http://search.shandong.gov.cn/guide?innerCode=19549&regionCode=370100000000	登录后进入办理
	青岛	山东省人民政府—外商投诉与调解（青岛市）	http://search.shandong.gov.cn/guide?innerCode=17537&regionCode=370200000000	登录后进入办理
	长沙	长沙市人民政府—湖南一件事一次办—外来投资企业咨询和投诉	http://smartgate.changsha.gov.cn/csywtbyhsjweb/cszwdt/pages/portal/guide.html?taskid=11430181774486358U4432021101W0001&region=430100000000	登录后提交在线办理申请

由此可见，大部分城市采取了政府服务网站承载外商投资企业投诉服务的模式，该模式高度集成了城市的政务服务，方便市场主体寻找。而上海建立独立网页的优势则在于方便查询到相关法律法规、各区投诉中心的电话以及相关资讯动态。外商投资企业协会模式较难直接检索到相关服务，但和独立网页模式一样，能够承载更多关于外商投资的政策、服务等指引内容。福州依托的12345平台也具有一定的特色，丰富了外商投资企业的投诉渠道和12345服务热线的服务内容，该网站还提供电话热线、App、短信、QQ、微信、微博、邮件、传真等多样化的受理方式，做到了多渠道便民便企。江西政务服务网"南昌市"项下建立有外商投资举报协调处理的服务，但仅提供了该服务的办理信息流程、受理条件等办理指南，不提供在线办理服务，数字政府建设还不够完善。沈阳虽然建有外商投资企业协会的网站，但网站未及时更新维护，目前在网页的投诉协调部分提供的法律依据还是商务部2006年发布且目前已经失效的《商务部外

商投资企业投诉工作暂行办法》，需要及时改进。①

(三) 是否提供维权投诉服务（1.0分）

【设置依据】

《优化营商环境条例》第十八条要求"国家推动建立全国统一的市场主体维权服务平台，为市场主体提供高效、便捷的维权服务"。不仅有利于企业诉求及时传达到政府，并且获得妥善解决；也有利于企业合法权益的维护。由于在科技创新与知识产权保护指标下已经对知识产权保护的维权援助机制进行了评估，本指标评估内容不包含知识产权保护领域的维权服务。本指标的设置旨在评估被评估城市维权投诉服务的提供情况，同时评估线上线下相关服务的提供情况。

【评估方法】

网络检索。检索被评估城市官方网站以及相关部门网站上是否提供市场主体维权服务。12345企业投诉热线电话虽然属于市场主体维权服务的一种，但其法律依据是《关于进一步优化地方政务服务便民热线的指导意见》，属于全国统一要求，且本次被评估的36个城市均提供了该服务，据此给分不具有区分度，故不纳入给分范围。② 中小企业账款问题举报投诉电话由于类似原因同样不计入整体评估中。时间截至2022年6月3日。

【评分标准】

满分为1.0分。其中基础分满分为0.5分，主要评估政府是否为企业维权投诉服务提供支持，如推出企业维权相关的政策、设立企业维权服务平台、举行维权活动、建立公共法律服务平台提供法律帮助等。亮点分满分为0.5分，主要评估是否提供线上维权投诉服务，如法律服务指引、线上诉求反馈、线上维权投诉办理等。因为诉求反馈与维权投诉相比，程度较轻，所以实现此项建设在本指标中仅计0.3分。

---

① 《商务部外商投资企业投诉工作暂行办法》，商务部令〔2006〕第2号，2006年9月1日发布；沈阳市外商投资企业协会，http://www.syaefi.org.cn/about/index.php?lang=cn&menuid=151。

② 《国务院办公厅关于进一步优化地方政务服务便民热线的指导意见》，国办发〔2020〕53号，2020年12月28日发布。

第六章 所有制平等保护

【评估分析】

在本次评估中，评估小组通过检索36个被评估城市的政府网站以及相关部门网站，检索是否有知识产权维权之外的线上线下维权服务。最终得出该指标的平均得分为0.772分，具体得分分布如表6-5所示。

表6-5　　　　　　　"是否提供维权投诉服务"得分分布

得分（分）	1.0	0.8	0.6	0.5
城市（个）	6	21	5	4

高于平均得分的共27个城市，占比为75%。重庆、深圳、沈阳、南昌、郑州、贵阳6个城市建有维权投诉的专门网站，获得了满分1.0分。

低于平均得分的共9个城市，占比为25%。虽然36个被评估城市均为企业维权投诉提供了一定程度的法律服务。西安、拉萨、兰州获得0.6分主要是由于未能检索到相关维权投诉机构且相关的政府活动、法律服务较少。大连、成都仅获得0.6分主要是由于维权投诉平台久未更新，可用性存疑。太原、哈尔滨、南宁、昆明仅获得0.5分主要是由于找不到相关的线上维权投诉服务建设。

【典型事例】

在本指标评估过程中，大部分城市失分主要是由于缺少线上维权投诉服务，或者维权投诉服务的提供停留在推荐律所上。比如北京的"北京民营企业产权保护社会化服务"公众号提供了维权服务，但维权服务仅限于律所推荐。天津、上海、厦门、南京、武汉、西安、石家庄、呼和浩特、海口、贵阳、兰州、银川、乌鲁木齐这些城市也只能在中小企业公共服务平台上检索到律所并咨询相关的内容。部分城市虽然有发文说明提供维权服务平台，但难以检索到线上网站进行验证。比如四川的四川省企业维权网上服务系统，虽有文章进行指引，但完全找不到该线上平台的入口。[①]表6-6反映了部分城市已有的线上维权服务申请渠道。

---

① 参见《四川省民企维权平台已开通，有诉求这样提》，天府记事公众号，https：//mp.weixin.qq.com/s/0jvYYTGqy-l2XK8lg4_-zA。

第一编　市场主体保护

表6-6　　　　　　　部分城市已有的线上维权服务申请渠道

类型	城市	网站	网址	投诉方式
独立网站	重庆	重庆市人民政府民营企业维权投诉中心	https：//wq.cqsme.cn/#/index	登录后选择投诉类别进行投诉
	大连	中小微企业诉求意见网上受理系统	http：//96366.dlsme.cn/web/9078d0fbfc2d49ca939cd64309619b30.html	填写诉求信息
	青岛	政商直通车	http：//www.qingdao.gov.cn/ZSZTC/GovWebSite/SubmitQuenew.aspx	填写个人信息和信件内容提交
	西宁	青海省中小企业诉求意见及保障支付受理平台	http：//sq.smeqh.cn/#/portal/enterpriseAppeal	网页填写诉求意见后提交
	福州	福州党企新时空·政企直通车	http：//www.fzszqztc.com/index/letter/addletter.html	点击"一键写信"填写诉求
	厦门	政企直通车	http：//zt.wx.xmsme.cn/zqztc/index.html	登录后点击"一键写信"
	长春	长春亲清政府关系数字服务平台	http：//10000.changchun.jl.cn/cczqht_gep/urban/index	登录后点击"我要提问"
	杭州	杭州市亲清新型政商关系数字平台	https：//qinqing.hangzhou.gov.cn/#/interact	登录后点击"立即咨询"
	呼和浩特	蒙企通民营企业综合服务平台	https：//mqt.nmghx.cn/admin/auth/login	登录后可反映诉求建议
	长沙	湖南省人民政府政企通	http：//www.hunan.gov.cn/zqt/zqt_qysq.html	填写基本信息后提交诉求
	济南	济企通服务企业云平台	http：//www.jiqitong.cn/Home/SqIndex	登录后点击"我要提交"

第六章　所有制平等保护

续表

类型	城市	网站	网址	投诉方式
企业服务平台	沈阳	沈阳市中小企业公共服务平台	http：//www.smesy.com.cn/	点击服务大厅—企业维权，登录后进行维权
	拉萨	西藏自治区中小企业公共服务平台	https：//www.xzsme.cn/appeal.html#/	选择企业诉求—诉求办理，登录后反映诉求
	青岛	青岛市企业服务平台	https：//www.qdmqfw.com/	点击"发布需求"，提交需求内容
	上海	上海市企业服务云	http：//www.ssme.sh.gov.cn/	登录后可反映诉求
政府	郑州	郑州市优化营商环境市事通	http：//amr.zhengzhou.gov.cn/yshjsst-write.jhtml	登录后可写信进行投诉举报
公众号、小程序、APP	深圳	小程序：深i企		选择"服务"—"提诉求"—"我要投诉"，登录后可投诉
	成都	公众号：四川省民营企业法律服务中心		关注公众号，选择企业诉求，登录后反馈
	南昌	公众号：南昌民企维权		关注后选择"维权服务"—"我要维权"
	沈阳	APP：辽事通		下载App进行网上投诉
	广州	小程序：广州12345		点击"立拍下单"—"营商环境（企业）"，即可分类反映诉求意见

157

第一编　市场主体保护

续表

类型	城市	网站	网址	投诉方式
公众号、小程序、APP	合肥	公众号：合肥市12345		登录后可进行咨询、求助、投诉、举报等
	贵阳	APP：贵商易		下载 App 进行投诉

总体来看，在线上维权投诉服务平台建设方面重庆表现较优。重庆市人民政府民营企业维权投诉中心是现阶段完成度较高的市场主体维权服务平台，在缺乏统一的市场主体维权服务平台作为样板的当下，可以供其他城市参考学习，并在此基础上发展完善。该维权投诉中心分为政策了解、新闻中心、律所服务团队、具体投诉等模块，分区丰富，功能集成度高。该网站受理保障中小企业款项支付条例投诉、经济信息领域违法案件行政投诉、民营企业维权投诉、违约拖欠中小企业款项登记投诉四个方面问题，市场主体登录后即可在网站首页进行精准的投诉维权。部分城市也致力于多样化投诉方式建设，比如南昌建立了"南昌民企维权"微信公众号并设立了"967788"民企维权专线，青岛则提供青岛市企业服务平台和政商直通车 2 种反映企业诉求的渠道。青岛的政商直通车更加偏向于问题的解答，网站显示有 100 多条办理数量，并附上了 5 条典型案例供市场主体参考，能够让诉求应答更长效、更大范围地发挥作用。而大连市中小企业公共服务平台的网上服务大厅提供的网上投诉服务可跳转到中小微企业诉求意见网上受理系统，该系统的诉求追踪中仅显示 2 条诉求，一条为 2018 年，一条为 2020 年，2 条诉求均未得到回复，平台的可用性存疑。

在线下的维权投诉服务方面，各城市也开始从组织机构、服务活动展开探索。在组织机构上，宁波成立了营商环境投诉监督中心，由纪委监委派员驻点常态化受理行政机关不作为、乱作为和违法违纪事项，并采取嵌入式监督，聘请廉情监督员深入企业走访，督促纾困惠企政策的贯彻执行。[1] 太原

---

[1] 参见《宁波成立营商环境投诉监督中心》，中央纪委国家监委网站，https：//www.ccdi.gov.cn/yaowen/202109/t20210928_ 251396.html。

则建立了民营企业涉法（行政执法）投诉绿色通道，以便及时受理、查处民营企业受到的随意执法、执法不公等问题。[①] 在服务形式上，沈阳举办了企业涉法诉求现场办公会，由公检法司相关人员现场为7家民营企业在执行难、恶意缠诉、信用修复等方面的涉法诉求进行了办理。[②] 深圳不仅有"深i企"收集企业诉求并快速分发转办，还会针对收集的企业共性问题举行"企服会"，从而深入了解中小企业的生产经营情况和遇到的普遍问题，规范企业共性诉求的收集、提交渠道和流程。[③]

（四）维权投诉渠道畅通、有效回应（0.5分）

【设置依据】

《优化营商环境条例》第四十九条规定，"政府及其有关部门应当建立便利、畅通的渠道，受理有关营商环境的投诉和举报"。该指标旨在评估受评估城市维权渠道的畅通性和回应的有效性。

【评估方法】

主观测评。问卷通过五级量表，收集市场主体对注册地城市维权渠道畅通性和回应有效性的感知度。调查问卷收集时间为2022年4月12日至2022年5月9日。

【评分标准】

分别计算36个城市维权渠道畅通性和回应有效性的平均分，二者相加后再将计算结果转换为满分0.5分，并保留两位小数。该指标由于是纯粹的市场主体主观感受，相比客观评估的数据具有更高的主观随意度，因此仅以0.5分作为指标满分。

【评估分析】

在本次评估中，该指标的平均得分为0.368分。西宁由于缺乏具体数据，评估小组选取了同为西北地区的银川、西安、兰州和乌鲁木齐4个城

[①] 参见晋联通《太原市建立民营经济领域纠纷调处工作机制》，《中华工商时报》，http://epaper.cbt.com.cn/ep_m/cbtm/html/2020/05/20/08/08_59.htm。

[②] 参见《沈阳探索建立民营企业维权新机制》，中华工商网，http://www.cbt.com.cn/gsl/dfgsl/202005/t20200524_236725.html。

[③] 参见苑伟斌《深圳健全中小企业诉求反馈机制诉求"一键提"处理"快速回"》，《深圳商报》，http://szsb.sznews.com/MB/content/202202/28/content_1170039.html。

市的平均分作为分数，具体得分分布如表6-7所示。

表6-7　　　　"维权投诉渠道畅通、有效回应"得分分布

得分（分）	0.45	0.40—0.45	0.35—0.40	0—0.35
城市（个）	4	8	15	9

高于平均得分的共22个城市，占比为61%。大连、沈阳、青岛、武汉取得了最高分0.45分。宁波、长沙、拉萨、石家庄等7个城市得分在0.4分及以上。

低于平均得分的共14个城市，占比为39%。北京、西宁、乌鲁木齐评分不到0.3分。

综合36个城市的数据，从主观问卷原始的5.0分满分来看，维权渠道畅通性的平均分是3.78分，回应有效性评分的平均分是3.76分，说明市场主体对注册地维权服务较为满意，但还有优化空间。从地域分布来看，按照区域平均分数由高到低排序分别为华中地区、东北地区、西南地区、华东地区、华北地区、华南地区和西北地区。其中，在本指标满分0.5分的条件下，华中地区取得了最高分0.425分，西北地区取得了最低分0.285分。值得注意的是，在本次评估中，有24个城市的市场主体在问卷中反映想投诉维权但找不到投诉维权渠道，各地政府还需要加强企业维权投诉渠道的建设与推广，让辖区内的市场主体了解到维权投诉的适用情形以及开启方式，使市场主体面临的问题能够及时、妥善地解决。

三　三级指标评估结果分析

本项指标评估总分为5.5分，被评估的36个城市的平均得分为3.75分，共有18个城市得分等于或大于平均分，占被评估城市总数的50%，其中武汉获得了最高分4.85分；18个城市在平均分之下，占被评估城市总数的50%。

本项一级指标共包含4个三级指标，各三级指标的得分状况为：一是"对中小企业、小微企业的扶持政策"，满分为3.0分，平均分为1.918分，得分率为63.9%；二是"外商投资企业投诉"，满分为1.0分，平均

分为 0.731 分，得分率为 73.1%；三是"是否提供维权投诉服务"，满分为 1.0 分，平均分为 0.772 分，得分率为 77.2%；四是"维权投诉渠道畅通、有效回应"，满分为 0.5 分，平均分为 0.368 分，得分率为 73.6%。

其中，在所有三级指标中平均得分率最高的是"是否提供维权投诉服务"，反映目前市场主体认为政府提供的维权投诉服务基本及格。但"对中小企业、小微企业的扶持政策"整体得分率较低，不到70%，这主要是由于部分城市在招投标与政府采购领域对中小企业、小微企业的保护程度与国家规定持平，也缺少特色化的扶持政策，为体现不同城市保护程度的区分度，故得分较低。

（一）取得的成就

1. 中小企业、小微企业扶持政策的汇总工作得到重视

在本次评估中，只有3个城市找不到针对中小企业、小微企业的扶持政策汇总网站，大部分城市政府都针对中小企业、小微企业建设了服务网站。部分城市（比如上海）还提供了政策匹配的服务，进一步提高了政策检索的便利度，降低了中小企业、小微企业了解有关扶持政策的难度。对中小企业、小微企业扶持政策的汇总，反映了政府管理思路逐步向服务思维转变，有利于建设市场化、法治化、便利化的营商环境。

2. 中小企业、小微企业在招投标与政府采购领域的扶持机制基本建立

目前我国招投标与政府采购领域已经具有初步的中小企业、小微企业扶持机制，各地在《政府采购促进中小企业发展管理办法》的指引下，对中小企业、小微企业施行预留采购份额、价格评审优惠等扶持政策。天津、厦门、深圳等城市也根据自身发展实际，在技术、证明材料、金融服务、规范性文件管理等方面对中小企业保护机制进行创新，加强了对中小企业的保护力度。从整体上来看，我国招投标与政府采购领域中小企业、小微企业的扶持机制初步建成，处于不断丰富与创新的阶段。

3. 企业维权投诉逐步受到重视

36个城市在本次评估中或多或少都体现出对企业维权投诉的帮助。其一，大部分地区都建设了线下的企业维权机构，比如重庆在中小企业局下设民营企业维权投诉中心、宁波开设营商环境投诉监督中心企业、大连开设大连市企业家维权援助办公室等。与此同时，外商企业投诉处理线下机

构的建设也基本完善。其二，针对企业维权的政府活动也逐渐增多。比如深圳汇总企业投诉的共性问题进行的"企服会"宣传、沈阳的企业涉法诉求现场办公会、长沙的民营企业维权联席会议制度等。其三，12345热线以及中小企业债款问题举报投诉电话等企业维权方式在全国全面铺开。根据《国务院办公厅关于进一步优化地方政务服务便民热线的指导意见》①，各类非紧急诉求的办理被明确纳入12345热线的受理范围，合肥等城市还开设了"为企服务"专席。而在《保障中小企业款项支付条例》和工信部《保障中小企业款项支付投诉处理暂行办法》的指导下，被评估城市的中小企业款项支付投诉建设也开展得较好，由于在本次评估中体现不出区分度，没有纳入加分项。② 上述建设表明，虽然线上维权投诉服务建设还不到位，但我国的企业维权投诉仍是逐步受到重视的。

（二）存在的问题

1. 扶持政策汇总网站整体服务水平差距较大

政策的简单汇总不等于服务到位，政策只有精准推送到对应的中小企业、小微企业，并且进行充分解读让这些企业积极响应政策，政府颁布的扶持政策才具有生命力，才能更好地助力营商环境的优化，从而促进经济高质量发展。在本次评估中，有些城市的扶持政策汇总网站建设得十分丰富，比如提供政策匹配服务，提供视频直播解读政策，可以留言互动等。然而，部分城市仅仅做到了政策的汇总，连基础的政策分类服务也不提供，部分城市虽然对政策有解读，但解读形式单一，低质的政策汇总只是形式工作，并不能实质性地方便中小企业、小微企业接触并理解扶持政策。整体来看，我国扶持政策网站的整体服务水平还是有较大差距的。

2. 招投标与政策采购领域对中小企业、小微企业的保护政策未能有效落实

《政府采购促进中小企业发展管理办法》从全国角度对招投标与政府

---

① 《国务院办公厅关于进一步优化地方政务服务便民热线的指导意见》，国办发〔2020〕53号，2020年12月28日发布。

② 《保障中小企业款项支付条例》，中华人民共和国国务院令第728号，2020年7月5日发布；《保障中小企业款项支付投诉处理暂行办法》，工信部企业〔2021〕224号，2020年12月30日发布。

采购领域的中小企业、小微企业扶持措施进行指引，其规定有待进一步细化落实。在评估过程中，浙江省财政厅已经提高了部门规章的标准，强化了对中小企业、小微企业的保护，但宁波的政策跟进还不够及时。尽管天津、厦门、深圳等城市推出了创新的中小企业、小微企业扶持措施，但采取这些措施的城市数量较少。大部分城市对中小企业、小微企业的扶持停留在对部门规章进行转发的水平上，份额预留、价格优惠等可以进行技术性改进的措施未能及时跟进到各城市的电子交易及服务平台上，金融支持停留于政策规定，缺乏实际执行。实践中还出现了行政机关通过行政手段干预招投标领域市场的违法行为。广州市国资委出台文件要求"同等条件下优先选用市属国企系统内企业作为供应商"，形成了阻碍中小企业参与招投标公平竞争的"玻璃门"，损害了中小企业的合法权益。从整体上看，各城市中小企业、小微企业扶持水平差距较大，创新的中小企业保护措施需要得到推广落实，以进一步提高我国招投标与政府采购领域中小企业保护水平。

3. 线上维权投诉服务有待全面铺开

在本次评估中，无论是外商投资企业的线上投诉渠道还是国内市场主体的维权服务覆盖率都较低，36个城市中仅有8个城市提供外商投资企业线上投诉渠道，仅占22%；36个城市中也仅有6个城市提供专门的线上维权投诉服务申请渠道，仅占17%。这样的评估结果暴露了地方政府对维权投诉与数字政府建设工作的不足。

4. 维权投诉信息不公开，政府回应不到位

在调研中，企业反映对于维权投诉的进展信息得不到公开，权利人投诉后长期得不到回应，收到的回应质量不高，影响投诉的效果，损害市场主体对政府保护权利的信心与满意度。在评估中企业反映的问题得到了印证，一些城市的维权援助网站只能反映诉求，对于政府的回应只能被动等待，甚至大连还出现了中小微企业诉求意见网上受理系统诉求近四年未得到回应的情况。对于企业反映的维权投诉信息鲜少有平台进行公开，这既使政府的维权投诉处理难以受到公众监督，又降低了诉求信息的使用效率，未能充分发挥维权投诉的作用。

5. 市场主体线上维权投诉服务平台建设不到位

市场主体线上维权投诉服务平台建设不到位，一方面体现在缺少相关

的网站、App、公众号或小程序等建设,另一方面体现在部分地区涉及市场主体维权投诉的服务只有律所推荐,服务质量较低,不能切实满足市场主体维权投诉的需求。和其他指标不同,市场主体线上维权投诉服务平台建设的难点在于企业维权投诉这个词汇的内涵过于宽泛,涉及企业权利的纠纷又容易与诉讼、调解、仲裁等纠纷解决方式相联系,政府应就哪些市场主体维权投诉内容提供服务,这一点是不明确的。在评估中发现,有法规指导的12345热线和中小企业债款问题举报投诉电话在36个城市中均得到了重点建设,其他需要各地区政府进行摸索、容易与司法活动产生联系或不清楚是否越权的维权投诉服务建设相对不完善。

6. 公平竞争审查制度有待进一步完善落实

公平竞争的保障是所有制平等保护的重要内容,能够加快建设统一开放、竞争有序的市场体系,促进经济的持续健康发展。[1] 在实践中,地方保护、市场分割盛行,市场准入硬性门槛重重,基于所有制形式、企业规模、营业收入等设置歧视性对待、评审标准限制中小企业参与政府采购、招投标等行政行为频发,公平竞争往往难以得到有效保障。[2] 在数字经济发展的语境下,算法和用户数据的优势更加大了中小企业参与竞争的难度。《中共中央国务院关于加快建设全国统一大市场的意见》再次强调了维护统一的公平竞争制度和完善公平竞争审查制度的重要性。[3] 公平竞争审查制度的完善落实既是政策规定的明确任务,也是企业在调研中反映的一大诉求。

(三) 改进的建议

1. 提高扶持政策汇总网站的建设水平

数字经济营商环境评估的主要目的不是给城市打分分出三六九等,而是通过评估挖掘创新的、值得推广的典型经验做法,树立标杆,为该项指标的总体建设提供参考或改进的方向,从而"以评促建",助力数字政府

---

[1] 参见《国务院关于在市场体系建设中建立公平竞争审查制度的意见》,国发〔2016〕34号,2016年6月1日发布。

[2] 参见《建议全面落实公平竞争审查制度》,光明网,https://m.gmw.cn/baijia/2022-03/07/1302833374.html。

[3] 参见《中共中央国务院关于加快建设全国统一大市场的意见》,2022年3月5日发布。

和服务型政府的建设，减轻经济发展的负累。上海、重庆、广州等城市均在中小企业、小微企业扶持政策网站上推出了政策匹配、直播解读政策等便利市场主体的服务，值得推广。各地政府需要及时有效地清理过期的、不符合实际发展情况或违反上位法的规章及规范性文件，不断提高扶持政策的质量，并进一步优化网站服务功能。各地政府需要有效利用发达的互联网技术，同时站在市场主体的视角思考主体的需求，才能更好地提高扶持政策汇总网站的建设水平，真正助力中小企业、小微企业发展。

2. 中小企业、小微企业扶持政策落实

各城市需及时响应国家和省的有关保护政策，对有关中小企业、小微企业保护内容进行细化、强化和落实，使份额预留、价格评审优惠、金融支持等中小企业、小微企业扶持政策能够落到实处，让中小企业真正受益。

中小企业、小微企业扶持措施可以从以下四点进行提升。其一，将中小企业、小微企业扶持政策的规定嵌入各城市的电子交易及服务平台，从而加强数字政府建设。其二，各地督促清理有关招投标与政府采购的法规与政策性文件，采用负面清单等方式重点审查可能限制中小企业、小微企业权利的规定，防止对中小企业、小微企业实行差别待遇或歧视待遇。各地政府还可以完善投诉举报渠道，动员以中小企业、小微企业为代表的市场主体积极反映在招投标过程中遇到的隐形门槛。其三，根据监管实际需要精简事前审批所需的程序和材料，减少中小企业、小微企业参与招投标与政府采购的不必要负担。其四，吸收其他城市的成功经验，多方调研，推出适合自己城市发展的中小企业、小微企业金融支持政策措施。

3. 优化线上维权投诉服务

线上维权投诉服务工作的全面铺开，能够完善我国各地政府政务服务线上办理服务的种类，提高外商企业和国内企业维权投诉的便利度，投入使用的线上维权投诉服务能够真正发挥其效用，进而提高市场主体对政府服务的满意度，促进营商环境建设。当然，各地政府对线上维权投诉服务的铺开也要量力而行，使投入使用的线上维权投诉服务能够真正发挥其效用，而不是成为毫无响应的"僵尸网站"。

4. 促进维权投诉公开，提高回应的速度与效率

12345投诉热线工单记录着企业和群众诉求的受理时间、具体诉求、

第一编　市场主体保护

转办情况、办理意见、回访情况等信息，能够清晰地记录办理情况，有利于监督提升诉求办理的效率，落实问责机制。[1] 市场主体维权投诉的管理也可以采用工单的形式，让维权投诉的受理信息得到有效的记录和及时的处理。长沙市芙蓉区每月公开月度工单的办理情况，统计工作完成度、工作完成量和群众满意度，总结民生诉求热点以及营商环境、行政效能类工单的情况，以及"接诉即办"专栏的月度成就。[2] 通过公开隐私化处理后的工单，能够帮助市场主体和公众对维权投诉服务展开监督，增进市场主体通过该维权服务渠道反映问题的信心，并使遇到类似问题的市场主体了解相应情形的处理指导，提高维权投诉答复的使用效率。在本次评估中发现，青岛的政商直通车发挥了类似的作用，但其公布的内容较少，也缺乏检索功能，需要将这项服务继续深化细化，不断提高政府维权投诉服务的质量。

5. 厘清并丰富市场主体维权投诉服务内容，做好线上服务平台功能

提高我国市场主体维权服务建设水平，需要加强顶层设计，厘清并丰富市场主体维权投诉服务的内容。市场主体的维权投诉活动，既包括市场主体对自身权益的维护，也包括市场主体针对行政机关的违法行为进行投诉。市场主体之间权益的维护并不排除在市场主体维权投诉服务外，比如为了保护中小企业，大型企业违反合同约定拒绝履行付款义务的行为，也在《保障中小企业款项支付投诉处理暂行办法》调整的范围内。而市场主体面对行政机关的违法行为，虽然可以采取行政复议、行政诉讼等方式维护自己的权利，但在这些救济途径都没能发挥应有作用时，企业维权投诉服务也应发挥一定的保障作用，需要通过顶层制度设计来确定二者之间的边界以及负责此项工作的部门。从服务型政府的角度出发，即使市场主体维权需要通过诉讼、仲裁、调解等既有制度解决维权问题，政府也可以提供法规检索匹配、相关案例推送、普法培训等服务，鼓励并帮助企业更好地维护自己的权利，这一点是线上维权投诉服务平台完善的重要内容。此外，政府也可以与法院、检察院展开配合，积极对辖区内企业的合规经营和维权活动提供服务，进一步了解市场主体，特别是中小企业、小微企业

---

[1] 服务工单的形式可以参考安庆市12345政府热线服务平台2022年3月4日的一份服务工单，https://www.wangjiang.gov.cn/public/19635638/2021921471.html。

[2] 长沙市芙蓉区"12345"市民服务热点工单办理情况汇总网站，http://www.furong.gov.cn/interactive/12345/hotline/。

的诉求，发挥优化营商环境的作用。

6. 建立公平竞争审查的意见反馈渠道

目前我国已出台《公平竞争审查制度实施细则》，对公平竞争审查制度的审查机制、审查程序、审查标准、例外规定、第三方评估等内容进行了具体的规定。[①] 市场主体是公平竞争的直接感受者，公平竞争的进一步完善落实需要听取市场主体的反馈意见。这一方面要求政府对于公平竞争审查的结果及时进行公开，方便市场主体和社会公众进行监督；另一方面则要求建立违反公平竞争问题的反映和举报渠道，这一渠道可以与现有的维权援助服务、12345热线、市长热线等意见反馈渠道相结合，增强企业反映相关问题的便利度，并提高问题解决的效率。

[①] 参见《市场监管总局等五部门关于印发〈公平竞争审查制度实施细则〉的通知》，国市监反垄规〔2021〕2号，2021年6月29日发布。

第二编　市场环境

第二编　市场环境

　　党的二十大报告指出要"构建全国统一大市场,深化要素市场化改革,建设高标准市场体系。完善产权保护、市场准入、公平竞争、社会信用等市场经济基础制度,优化营商环境"①。本编聚焦市场环境建设,按照企业生产周期,从"市场准入机制""税收政策及实施""涉企收费合理""企业融资""政府诚信"及"企业退出及政府相关服务"6个方面对36个城市进行评估。本编评估重点为市场准入及企业退出障碍、企业融资、减税降费及政府诚信等"放管服"改革内容,重点考察政府数字化治理监管效能与便利化政务服务改革成效(具体得分情况见下表)。

---

　　① 《高举中国特色社会主义伟大旗帜　为全面建设社会主义现代化国家而团结奋斗——在中国共产党第二十次全国代表大会上的报告》,人民出版社2022年版,第29页。

第七章　市场准入机制

世界银行《营商环境报告》以"企业开办"这一指标实现对市场准入机制的评价。作为企业创办与运营的第一关，开办企业依旧是"宜商环境评估（BEE）"的评估关键。"宜商环境评估（BEE）"相较于"营商环境评估（DB）"指标新增了"市场准入的监管质量""数字化公共服务和企业信息透明度"两项内容。[①] 中国于2014年开始全面实施商事制度改革，实行注册资本登记制改革、"多证合一"、"证照分离"、市场准入负面清单等多项市场准入改革措施，同时充分利用互联网技术，不断提高企业市场准入领域的政务服务效率。本章借鉴世界银行《宜商环境项目概念说明书》中的新增评估点，围绕市场主体登记和市场准入程序精简两个方面评估政府在市场准入服务方面体现的数字监管能力和服务水平。

一　评估指标构成

本次评估的"市场准入机制"一级指标下设置两项二级指标，分别为"登记"和"市场准入"（见表7-1）。

二级指标下各设立一项三级指标，"企业登记业务规范性"指企业登记中被评估城市存在商事主体登记中的不合理限制（例如对企业住所变更登记的限制），体现了在市场准入领域中政府与市场的边界，对应了宜商环境中"市场准入的监管质量"，强调正确、适度、合理的监管要求。"精

---

① The World Bank, *Pre-Concept Note Business Enabling Environment (BEE)*, pp. 9-12 (2022).

简程序"指市场准入程序、环节的精简化改革,包括对市场准入监管过程中的数字化、职能化改革,对应了宜商环境中的"市场准入的数字化公共服务和企业信息透明度""市场准入的效率"两项二级指标。

表 7-1　　　　　　　　　　市场准入机制

一级指标	二级指标	三级指标
市场准入机制（2.0分）	登记（1.0分）	企业登记业务规范性（1.0分）
	市场准入（1.0分）	精简程序（1.0分）

二　设置依据、评估标准及评估分析

本节从三级指标角度,逐项说明该指标设置的具体依据、实施中的评估方法和评分标准,并基于评估情况分析评估结果。

（一）企业登记业务规范性（1.0分）

【设置依据】

《优化营商环境条例》第十九条明确要求持续深化商事制度改革,统一企业登记业务规范。企业申请办理住所等相关变更登记的,有关部门应当依法及时办理,不得限制。各城市应当严格依照国务院有关市场主体登记管理的规定进行企业登记（包括设立登记、变更登记和注销登记）,不得随意设置登记限制（如住所变更登记限制）。除法律、行政法规规定的特定领域外,涉企经营许可事项不得作为企业登记的前置条件。

【测评方法】

评估小组对被评估城市的市场主体登记进行体验式评估。检索所有被评估城市的市场主体线上登记平台的登记指引或登记流程介绍,查看公示的相关信息包含的登记过程是否规范,是否有设置不合理的限制、要求,在此过程中重点评估企业名称登记规则、企业住所登记规则和企业经营范围登记规则。同时发放企业问卷,调查在进行企业登记（包括设立登记、变更登记和注销登记）的过程中是否存在隐性的不合理限制的情况以及存在哪些方面的不合理限制。在数字经济的市场主体设立登记方面是否有特殊要求或者特惠条件。

【评分标准】

赋分值为1.0分（满分），不存在上述设限情况、登记流程基本实现规范要求的得1分；公开的企业登记流程信息存在一定程度不合理设限规定的，按照严重程度得0.5—0.7分；公开的企业登记流程信息中不存在不合理限制，但是企业主观问卷中对被评估城市企业登记体验度评价较低的，按照严重程度得0.5—0.9分。综合客观检索式评分和登记体验度评估，得出最终得分（主观问卷评分占30%，客观检索评分占70%，最终得分保留2位小数，单项三级指标得分情况保留1位小数①）。

【评估分析】

在本次评估中，从网站检索的结果来看，被评估城市的所有市场主体在线登记平台均对市场主体登记的流程具有统一的介绍，暂未在网络检索方面发现有被评估城市对市场主体登记随意设限的情况。在对企业进行企业登记隐性设限主观问卷调查方面，大部分被评估城市的企业登记隐性设限情况不明显，但仍存在少部分城市的企业在企业主观问卷调查中对市场准入领域登记规范评价度不高的情况，包括"线上登记系统不好用""注销登记事情很多""登记事项说明不明确"等问题。其中得分为0.8—0.9分的城市有35个，得分为0.7分的城市有1个，各城市得分差距不大。得分为1.0分（满分）的城市有3个；得分为0.9分的城市有23个；得分为0.8分的城市有9个；得分为0.7分的城市有1个。具体数据如表7-2所示。

表7-2　　　　　　　"企业登记业务规范性"得分情况

得分（分）	1.0	0.9	0.8	0.7
城市（个）	3	23	9	1

在上述得分范围内，得分较高的城市如深圳、杭州、西安等，在网上公开平台公示登记信息检索和企业主观问卷调查情况方面表现均较为出色，即网上公示企业登记信息不存在法律规定之外的不合理限制，并且本

---

① 单项分数在本报告展示时统一保留1位小数，但计分时是保留的2位小数。

第二编　市场环境

地企业主观问卷反映企业登记环节体验度评价较高。得分较低的城市如太原，存在网上公示企业登记信息不全面或过于简略、地方企业对登记环节规范性和便捷性满意度较低等情况。

【典型事例】

以开办企业登记和审批为例，开办企业是考察一个地方营商环境的重要指标，也是世界银行营商环境评价体系中的第一个一级指标，关乎每一个市场投资者的切身利益。评估小组在评估过程中注意到，诸如北京、深圳等在企业开办登记方面有许多创新、便利的做法。如表7-3所示，北京以"北京市企业服务e窗通平台"为支撑，在加强名称登记服务管理中以清单化管理体现规范化和标准化，以不断提升名称自主申报系统智能化水平为抓手，推进名称登记"难繁慢"等问题的有效解决，实现名称登记高效快速，"无感通过"。①

此外，深圳企业设立登记"秒批"系统，依托"一网四库"，实现企业登记无人干预自动审批。"一网"是指全流程网上商事登记系统，"四库"分别指企业名称库、统一地址编码库、实名核身数据库和失信人员名单库四个基础数据库。通过与多个政府部门的权威数据进行实时校验、多维度比对，将企业设立审批时限压缩至几十秒内。② 在数字经济方面，2021年8月，《深圳经济特区数字经济产业促进条例（草案）》提请深圳市七届人大常委会第三次会议审议。该文件将强化数字产品的应用保护，不仅建立数字知识产权快速预审机制，还放宽数字产品市场准入，在尚未有国家标准的数字产品领域，支持市场主体联合制定团体标准，允许符合团体标准的数字产品在本市销售、登记。③

---

① 冀岩：《加快市场主体登记规范化标准化建设深入推进企业开办便利化再上新台阶》，北京市市场监督管理局官网，http：//scjgj.beijing.gov.cn/hdjl/zxft/ztft/202111/t20211108_2531928.html。

② 牛加莉、刘茜：《营商环境之开办企业：深圳"秒批"》，环球网，https：//m.huanqiu.com/article/3yfnSNe8U0K，2022年5月30日。

③ 《为数字经济产业立法，放宽数字产品市场准入深圳拟设数据交易场所》，深圳都市网，https：//www.citysz.net/shehui/2021/0830/202151767.html，2022年5月30日。

表7-3　　　　　　　　　典型城市企业登记平台展示

城市	企业登记平台	网址	备注
北京	北京市企业服务e窗通平台	https://ect.scjgj.beijing.gov.cn/index	个人服务：企业设立、个体设立；法人服务：变更、备案、注销、增减补换照
深圳	广东省政务服务平台法人服务深圳站	http://www.gdzwfw.gov.cn/portal/legal/hot?region=440300	全省统一的政务平台根据城市设置不同的登记端口；对企业登记事项的排列非常明确，但是对企业的登记流程介绍不够明晰
厦门	厦门市场监督管理局商事主体网上审批系统	https://wssp.scjg.xm.gov.cn:4433/wssp/	市场主体办理设立登记、变更登记、注销登记、备案时，申请人应当配合登记机关通过实名认证系统，采用人脸识别等方式进行实名验证
杭州	浙江省企业登记全程电子化平台	http://gswsdj.zjzwfw.gov.cn/	全省统一的企业登记全程电子化平台，涵盖企业开办、企业备案、企业注销等所有企业登记项目，实现分段办理

（二）精简程序（1.0分）

【设置依据】

《优化营商环境条例》明确要求推进"证照分离"改革，持续精简涉企经营许可事项。各省市政府应当按照国家有关规定，简化企业从申请、设立到具备一般性经营条件所需办理的手续。"宜商环境评估（BEE）"中"市场准入"（Business Entry）一级指标中分别通过"市场准入的数字化公共服务和企业信息透明度"以及"市场准入的效率"两个二级指标反映数字营商环境优化下政府的数字政务服务水平和整体市场准入领域的政务效能两个维度。

【评估方法】

检索所有被评估城市关于"证照分离"改革、涉企经营许可精简事项的文件、新闻或其他公开信息，依据现有信息对城市精简市场准入程序的政策安排、施行情况进行梳理。同时发放企业问卷，调查企业在市场准入

第二编 市场环境

方面对相应程序精简情况的主观评价,并结合公开信息和企业主观评价进行综合评估。

【评分标准】

赋分值为1.0分(满分)。现有已检索的文件、新闻显示出被评估城市能够基本按照国家要求进行"证照分离"改革、精简经营许可事项(包括审批权集中、下放),企业主观问卷能够显示对本地市场准入程序精简改革基本满意的得0.7—0.9分;精简市场准入程序有创新和突出表现,企业主观问卷显示对市场准入程序精简改革满意度较高的得1.0分;"证照分离"改革、精简经营许可事项还存在待改进问题,企业主观问卷显示对市场准入程序精简化改革满意度较低的得0.5—0.6分。综合主观问卷评分和客观检索评分,得出最终得分(主观问卷评分占30%,客观检索评分占70%,最终得分保留2位小数,单项三级指标得分情况保留1位小数)。

【评估分析】

在本项评估中,评估小组对被评估城市关于"市场准入""精简市场准入程序""证照分离""精简经营许可事项"等关键词进行文件、新闻的检索,并对内容进行打分。打分主要考虑被评估城市进行市场准入登记的平均所用时间、对"证照分离"改革的实际情况,以及在市场登记方面进行的数字化创新环节。该项总分为1.0分,综合线上信息检索和企业主观问卷评分,被评估城市的平均得分为0.82分,得分范围在0.7—1.0分。其中得分为0.9—1.0分的城市有9个,包括杭州、武汉、深圳、宁波等。得分为1.0分(满分)的城市有3个;得分为0.9分的城市有6个;得分为0.8分的城市有18个;得分为0.7分的城市有9个。具体得分如表7-4所示。

表7-4 "精简程序"得分分布

得分(分)	1.0	0.9	0.8	0.7
城市(个)	3	6	18	9

从得分情况可以看出,所有被评估城市的得分均在0.7分以上,所有被评估城市均基本按照国家要求进行"证照分离"改革、精简经营许可事项(包括审批权集中、下放),企业主体对被评估城市整体的市场准入程序精简化改革基本满意。

第七章 市场准入机制

【典型事例】

目前被评估城市的市场准入程序精简、"证照分离"、"多证合一"改革已经基本落实，对于市场登记时间而言，所有被评估城市实现市场主体登记流程压缩至1—3天，得分较高的城市基本实现1天内即时办理。在市场登记程序精简化改革方面，有不少城市存在具有地方特色的创新做法。如上海自2015年开始全面实施"三证合一"登记制度改革，实行"一照一码"登记模式。新冠肺炎疫情暴发以来，上海市场监管部门主动把服务送到企业"家门口"，加强登记政策辅导，明确办理渠道和办理流程，通过邮箱、微信、QQ、云讲堂等方式，在线上进行登记辅导，及时解决申请人在登记过程中遇到的问题。同时，引导办事对象全程网上办理登记注册业务，推行网上申报、网上签署、网上核准、网上发照等全流程无纸化在线办理模式。[1] 上海徐汇区依托数字化转型打造"住所云"平台，以部门协同为抓手深入推进"一业一证"改革，推动"证照分离"改革在徐汇区走上"快车道"。

又如浙江省市场监督管理局在2021年10月发布《企业开办全程网上办规范》的省级标准，总结了浙江在企业开办"网上办"中提供的便利化服务做法，该标准不仅结合了不同地市的特色亮点做法，而且充分考虑了企业在办理前、办理中、办理后不同阶段的需求，为企业提供各类指引和其他延伸服务。[2]

三 评估结论与建议

在评估指标体系所设计的一级指标中，"市场准入机制"一级指标的平均得分为1.69分（总分2.0分），得分率为84.5%。得分最高的城市为杭州，得分为满分2.0分，其次分别是深圳、上海、厦门、武汉。经过分差分析，本项中的两个三级指标的得分差距主要体现在"精简程序"。总体来讲，我国各省市在市场准入领域（包括市场主体登记的流程规范、市

---

[1] 上海市市场监管局：《亿级项目快速"秒"办！上海市场监管部门用"减法"为企业"加力"》，中国质量新闻网，https://www.cqn.com.cn/zj/content/2022-05/11/content_8817945.htm。

[2] 《全国首个！浙江发布〈企业开办全程网上办规范〉省级地方标准》，浙江省人民政府官网，https://www.zj.gov.cn/art/2021/10/11/art_1229417725_59130425.html。

177

场准入程序精简、行政审批事项精简、"证照分离"改革）成效显著。

本项一级指标共包括两个三级指标，每项指标满分为1.0分。各三级指标得分情况为："企业登记业务规范性"平均得分为0.864，得分率为86.4%；"精简程序"平均得分为0.828，得分率为82.8%。

本项"市场准入机制"一级指标是衡量被评估城市在企业注册登记、市场准入程序精简度、便利度的指标。两项三级指标之间的得分差距不大，但是相较于本编其他章节指标得分差距明显。总体而言，该项一级指标的得分点主要体现在市场准入、企业注册登记业务的线上办理平台建设方面；失分点主要体现在企业登记线上线下业务的信息披露一致性、完整性，企业主观对企业注册、登记业务服务满意度差异方面。

（一）取得的成就

1. 市场主体登记流程基本实行统一规范

被评估城市均建立了统一的信息化市场主体登记平台，登记主体能够较为简便直接地通过信息平台获取相关的登记流程信息，按照平台的指示完成基本的登记操作。企业的注册登记、登记变更和登记注销均能够通过线上信息平台进行办理。在企业注册登记上，大多数被评估城市均提供免费实体营业执照的邮寄服务以及电子营业执照的申领服务。电子营业执照与实体营业执照具有同等法律效力，极大地便利了企业的日常事务办理。同时线上平台和实地办事大厅提供了标准的企业登记文书、规范企业章程、股东会决议等示范文本，供企业自行选择和使用，降低了企业注册登记的制度性成本。

2. 市场准入程序精简化、数字化、透明化、统一化改革成效明显

所有城市基本按照国家要求进行市场准入程序精简化、"证照分离"改革，包括精简经营许可事项（如审批权集中、下放），所有被评估城市实现市场主体登记流程时间压缩至3天内，较为优秀的被评估城市的市场主体登记时间压缩至1天内或几小时之内。在企业开办方面，基本实现了企业注册、信息登记过程中的电子化服务。结合"京津冀""长三角""珠三角"等国家战略市场准入登记等政务服务实现省级内跨域通办。如2017年为推进京津冀三地企业登记领域内深入合作与共同发展，本着开放共赢、优势互补的原则，以促进合作、服务区域发展为共同目的，北京市工商局、天津市市场监管委和河北省工商局共同签署了《京津冀三地企业

登记注册工作协作备忘录》，旨在加强三地登记注册信息共享，提升服务水平，建立和完善长效工作机制，实现企业登记注册业务的深度合作。目前，京津冀地区已经实现全地域互设企业登记窗口，开通了北京、河北、天津企业的互相迁移和注册登记的双向绿色通道。[1] 除京津冀地区外，2020年9月，长三角地区沪苏浙两省一市市场监督管理局联合起草制定并发布《长三角生态绿色一体化发展示范区统一企业登记标准实施意见》，聚焦在一体化示范区内统一企业登记标准、办理流程、办理模式等方面，推出九大举措，旨在通过不断降低企业进入市场的制度成本，促进市场经济要素在一体化示范区内自由流动，释放"一体化"红利。[2]

（二）存在的问题

1. 市场主体登记流程信息公示有待改进和明确

评估小组对被评估城市的市场主体登记平台进行登记试验，发现有城市在市场主体登记的具体流程设计上虽然基本符合了相关规范，但是对其设计的流程存在介绍不明确或说明繁杂的情况，比如没有提供简要的流程介绍图示，只是单纯按照国家规范要求设计系统登记流程。并且有非常多的被评估城市在进入市场登记系统之前必须进行注册登录，即在注册登录之前无法查看本地的市场主体登记流程介绍。同时，对于不同市场主体，如有限公司、合伙企业、个体工商户的法律概念介绍不够明确，需要申请人自行进行提问检索。

根据市场监管总局发布的企业登记前置审批目录，目前我国共有35项需要在登记之前获得行政审批的市场主体项目。在评估小组的评估当中，许多城市对需要进行行政登记审批的项目介绍不够充分。一些城市通过排列各种行业的市场主体登记入口引导申请人进行选择，对需要审批的项目领域进行特别提醒，但是也有城市仅有一条登记入口，没有对需要行政审批的项目内容进行特别提示和说明。

---

[1] 《京津冀签署三地企业登记注册工作协作备忘录》，央广网，http://www.cnr.cn/tj/ztjjj/tj/20171025/t20171025_523999752.shtml。

[2] 《长三角示范区统一企业登记标准两天办结全部手续》，信用中国，https://www.creditchina.gov.cn/xinyongfuwu/tongyishehuixinyongdaimachaxunzhuanlan/gongzuodongtai/202010/t20201012_212744.html。

2. 企业登记业务办理线上线下"当场办""一次办"推行情况不一

根据评估小组向企业发放的调查问卷显示,在企业登记(包括注册、变更、注销)领域,仍然存在"变更登记需要跑多次,费时费力""线上平台显示的信息与线下窗口要求的材料不完全一致"等情况。另外,有少部分企业反映许多需要线下办理的业务在实地服务大厅只接受线上预约,还有"想要事先咨询却没有线上客服,电话联系却打不通"等线上信息公示不全面或不完全准确、信息登记业务咨询途径有限等问题。

(三)改进的建议

1. 进一步规范市场主体登记流程

各省市应当严格按照2022年国务院发布的《中华人民共和国市场主体登记管理条例实施细则》,"进一步优化市场主体登记办理流程,提高登记效率,推行当场办结、一次办结、限时办结等制度,实现集中办理、就近办理、网上办理、异地可办"。严格遵循"市场主体登记应当遵循依法合规、规范统一、公开透明、便捷高效的原则,明确登记事项、统一登记文书"[1]的要求。优化办理流程、提高登记效率,将不同登记事项划分为"当场办""限时办""一次办"并进行明确的标识和解释。各地政府应当确保这些标识和解释在线上平台和线下业务窗口同步更新,在线上平台逐步优化市场准入注册事项检索功能和咨询客服窗口建设。

2. 增加登记流程定向化介绍工具

为提升线上服务登记平台的便民度,建议各地政府在市场主体登记平台的主页上进行市场主体登记流程的简要介绍,如线路图展示或流程要点展示等多种可视化形式的介绍;在办理程序上,平台的操作设计应当尽可能按照"市场登记简要流程介绍""登记平台注册登录""具体登记事项办理"的顺序。在市场主体登记平台板块对诸如有限公司、合伙、个体工商户等具有不同法律意义的市场主体进行简要的概念辨析介绍,帮助登记申请人更快地分辨出不同市场主体类别的差异,结合自己的实际情况选择正确的市场主体登记项目。

---

[1] 《中华人民共和国市场主体登记管理条例实施细则》,国家市场监督管理总局发布,2022年3月1日,第4条、第6条。

第八章　税收政策及实施

减税降费作为激发市场主体活力的重要"先手棋",是优化营商环境的重要举措之一,也是应对新冠肺炎疫情下中国经济现状和缓解外部环境压力的重要措施。就纳税指标而言,《宜商环境项目概念说明书》相较于之前的《营商环境报告》增加了对税收法规质量和税务机关公共服务质量的评估,能够全面反映经济体的税收营商环境。[1] 传统的税收征管依托于实体经济建立,随着数字经济的迅猛发展,经济形态变更的同时对传统税收征管模式产生了冲突。2021年《关于进一步深化税收征管改革的意见》提出深化"智慧税务"建设,依托数字技术不断驱动我国的税收征管改革。[2] 本章结合世界银行《宜商环境项目概念说明书》中的"税收"(Taxation)指标,以"税收政策及实施"为主题,对被评估城市的减税降费落实、税务部门的税收便利化服务改革成效进行评估。

一　评估指标构成

一级指标"税收政策及实施"下设一个二级指标"减税降费全面惠及市场主体",二级指标下设两个三级指标(见表8-1)。

---

[1] The World Bank, *Pre-Concept Note Business Enabling Environment* (BEE), pp. 20-21 (2022).
[2] 蒋梦薇:《完善"以数治税"税收征管体系的思考》,《中国税务》2022年第3期。

第二编 市场环境

表 8-1　　　　　　　　　　税收政策及实施

一级指标	二级指标	三级指标
税收政策及实施（3.0分）	减税降费全面惠及市场主体（3.0分）	减税降费政策落实（1.0分）
		精简办税、全面实行网上办税（2.0分）

税负水平是评价营商环境的重要指标，在"减税降费全面惠及市场主体"二级指标下设置两个三级指标，从减税降费政策的落实和税费收取过程中的程序精简、数字化水平进行评估。"减税降费政策落实"对应宜商环境"税收"一级指标中的"税收法规的质量""税收负担"两项二级指标部分，强调一国的税收制度给企业带来的实际税收负担。"精简办税、全面实行网上办税"对应宜商环境中的"税务部门提供的公共服务""税收系统的实践效率"，从税收业务的整体办事效率维度出发衡量政府的税收政务服务水平。

二　指标设置及评估标准

（一）减税降费政策落实（1.0分）

【设置依据】

《优化营商条例》第二十四条要求，政府及其有关部门应当严格落实国家各项减税降费政策，及时研究解决政策落实中的具体问题，确保减税降费政策全面、及时惠及市场主体。

【评估方法】

检索被评估城市关于"减税降费落实"的政策文件、新闻、信息公开，包括在政府官网或税务服务网设置专栏介绍减税降费政策、按季度或年份等时段公开本时段地区内减税降费成果、主动向企业等市场主体介绍减税降费的政策等。发放企业问卷，从企业主观评价监督评估被评估城市的减税降费政策落实情况。

【评分标准】

赋分值为1.0分（满分）。有创新、突出表现、企业对本地政府减税降费工作评价较高的得1.0分；采取各种方式主动向市场主体介绍减税降费政策、定时向社会公开减税降费成果、尽可能落实减税降费政策、企业对本地政府减税降费工作评价基本满意，得 0.7—0.9 分；落实了减税降费政策但信息公开、政策宣传不到位，得 0.5—0.6 分；未落实减税降费政策、企业对本地政府减税降费工作评价较低，不得分。综合主观问卷评分和客观检索评分，得出最终得分（客观检索评分占 70%，主观问卷评分占 30%，最终得分保留 2 位小数，单项三级指标得分情况保留 1 位小数）。

【评估分析】

本项评估中所有城市得分均在 0.8 分以上。得分为 0.9—1.0 分的城市有 31 个。其中得分为满分 1.0 分的有北京、厦门、杭州、济南等 10 个城市，得分为 0.8 分的城市有 5 个（见表 8-2）。

表 8-2　　　　　　　　"减税降费政策落实"得分分布

得分（分）	1.0	0.9	0.8
城市（个）	10	21	5

在本项评估中，评估小组通过对被评估城市的减税降费落实数额、是否定期进行减税降费具体数额的信息公开、减税降费政策落实过程中的做法进行评估，得出被评估城市基本落实了国家减税降费的政策。所有城市均在政府的官方网站上进行了减税降费政策的宣传，包括设立减税降费政策宣传信息专栏。许多得分较高的城市会对办税数据进行算法分析，通过办税系统或者走访企业进行"点对点"的减税降费政策宣传和落实工作。在企业主观调查中，大部分被评估城市的企业均表示本地政府有主动向企业宣传、解读减税降费政策，符合减税降费范围内的企业确实受到减税降费政策的优惠。如宁波、厦门、杭州等城市在企业主观问卷中获得较高的减税降费落实政策评价，在政策公开、减税降费精准服务和落实上表现优异。

【典型事例】

在被评估城市当中，评估小组注意到，重庆税务部门在 2022 年公布了本市 2021 年度新增减税降费超 350 亿元，为重庆制造业中小微企业办理缓税（费）15.8 亿元。在落实新政方面，重庆税务部门加强对新实施减税降费政策的宣传解读，运用大数据向市场主体精准推送优惠政策信

第二编　市场环境

息，重点抓好中小微企业、个体工商户、制造业企业的纳税辅导工作，帮助市场主体用好优惠政策。同时，加强政策执行情况的跟踪问效和评估，深入分析优惠政策对降低税费成本、带动扩大就业等方面的积极效应，及时收集政策落实中的困难问题，为进一步优化完善政策措施提出合理建议。①

2021年，宁波积极推进减税降费优惠政策直达快享，对本市的"小巨人"企业实施点对点个性化辅导，加快审批和退税速度，平均退税时限缩短至4个工作日内。②除此之外，厦门市税务局联合市工商联成立"行业协会税务专家顾问团"，通过定期走访行业协会，切实帮助行业、企业解决了很多痛点、堵点、难点问题，构建了一条"沟通距离更短、覆盖范围更广、常态联系更密"的税企沟通渠道。③

（二）精简办税、全面实行网上办税（2.0分）

【设置依据】

《优化营商环境条例》第四十六条要求，"各省市税务机关应当精简办税资料和流程，简并申报缴税次数，公开涉税事项办理时限，压减办税时间，加大推广使用电子发票的力度，逐步实现全程网上办税，持续优化纳税服务"。宜商环境评估指标体系"税收"（Taxation）一级指标中下设"税务部门提供的公共服务""税收负担及税收系统的实践效率"二级指标，要求优化税务部门业务办理的公共服务水平，减轻企业在税收过程中的负担，提高税务系统的运行效率和税务事项办理效率，需要精简办税程序，实施税收业务的数字化、非接触化。

【评估方法】

检索被评估城市的税务服务平台，政府官网的相关政策文件、新闻；调查税务服务平台的建设情况；公开办税信息所介绍的办税流程和指南是

---

① 《进一步精准释放减税降费红利持续激发市场主体活力》，重庆市人民政府官网，https：//cq. gov. cn/ywdt/zwhd/bmdt/202112/t20211228_ 10242742. html。

② 参见中国税务报《宁波：税惠沃土助科创企业成长》，国家税务总局宁波市税务局官网，http：//ningbo. chinatax. gov. cn/art/2021/1/28/art_ 188_ 210562. html。

③ 《厦门：减税降费民营企业"轻装快跑"》，国家税务总局厦门市税务局官网，http：//www. chinatax. gov. cn/chinatax/n810219/n810739/c5172898/content. html。

否做到精简，是否逐步实现网上办税，是否落实"便民办税春风行动"要求。同时发放企业问卷，调查企业在办税过程中是否受益于精简办税、网上办税的便利。结合公开信息和企业主观评价评估被评估城市的精简办税落实情况。

【评分标准】

赋分值为2.0分（满分）。基本做到精简办税、网上办税（网上办税率为80%以上）、非接触式办税，企业主观问卷显示对税收服务事项满意度较高的得1.4—2.0分；网上办税、非接触式办税还有进一步优化空间，企业主观问卷显示企业对税收服务事项认为有待提升的得1.0—1.2分；办税流程繁杂、未普及网上办税的，不得分。综合主观问卷评分和客观检索评分，得出最终得分（主观问卷评分占30%，客观检索占70%，最终得分保留2位小数，单项三级指标得分保留1位小数）。

【评估分析】

本项评估指标的总体得分率较高，所有被评估城市分数均在1.7分以上，得满分2.0分的城市有9个，各城市之间分差较小，具体得分情况见表8-3。

表8-3　　　　"精简办税、全面实行网上办税"得分分布

得分（分）	2.0	1.9	1.8
城市（个）	9	2	19

在评估中，所有被评估城市统一使用电子税务局平台，逐步实现网上办税，扩大非接触式办税的业务范围。基本实现精简办税、非接触办税、网上办税率80%以上，较为优秀的城市实现网上办税率高达95%，还建立了智能化税务大数据分析平台，提供线上"一对一"咨询服务等服务形式。企业主观问卷显示企业对本地税务服务评价基本满意，税务服务智能化、精准化、精简化改革初显成效。

【典型事例】

本项指标中各城市得分差距较小，被评估城市中高分城市数量多。评估小组在检索中注意到，福州税务部门推出"榕易办"税收服务体系，进一步压缩企业开办时间，在为纳税人提供"套餐式"集成服务的同时，精简资料、简化流程、缩短时限，将全市电子税务局"新办企业套餐"申请

第二编　市场环境

审核时间压缩至7分钟，助力企业开办登记在0.5个工作日办结。优化本地智能化征纳互动平台，向具备税费减免条件的纳税人定期推送政策信息，实时提醒和辅导纳税人办理相关业务。拓展"税小蜜"在钉钉、微信、支付宝、税企交流群和App等渠道的应用，为全市纳税人、缴费人提供7×24小时的智能咨询和辅导，有效提升群众办事体验。①

除此之外，南京税务部门为确保税收优惠政策及时送达，推出"智能外呼"，通过数字化税企服务智能平台，让后台机器人向纳税人拨打电话，对重要税收消息和优惠政策进行点对点精准提醒，同时利用税收大数据进行"精准画像"，为纳税人"量体裁衣"推送政策操作提示。针对大型企业、"专精特新"中小企业、"小巨人"企业和小微企业不同的税务服务需求设计不同的分类服务，为纳税人提供更为精细化、个性化的服务。②

2021年，上海首个智慧税务共治点在上海市北高新园区亮相，通过远程办税终端，以虚拟的方式把办税柜台开到园区，使企业不出园区就能办妥各项涉税业务。除此之外，在这个虚拟的办税柜台，办税企业可以享受到通过刷脸进行"智能咨税"、可视化大屏实时辅导、人机交互式学习、专家讲座网络直播等办税服务，促进税收治理更加提质增效，不断提高税法遵从度和社会满意度。③

三　评估结论与建议

本项一级指标评估总分为3.0分，被评估的36个城市的平均得分为2.75分，总体得分率为91.7%。本项评估获得较高分数的城市有杭州、厦门、福州、北京、上海、武汉、大连等。

本项一级指标共包括2个三级指标，"减税降费政策落实"为1.0分，"精简办税、全面实行网上办税"为2.0分。各三级指标得分情况为："减

---

① 《福州税务深化改革推出"榕易办"》，海峡网，http://www.hxnews.com/news/fj/fz/202104/20/1983839.shtml。
② 《南京：简化办税流程精准落实优惠提供个性化服务》，国家税务总局江苏省税务局官网，https://jiangsu.chinatax.gov.cn/art/2022/4/20/art_22181_382090.html。
③ 《上海：实现"云办税"数字化转型惠企》，国家税务总局官网，http://www.chinatax.gov.cn/chinatax/n810219/n810739/c5164148/content.html。

税降费政策落实"平均分为 0.919 分，得分率为 91.9%；"精简办税、全面实行网上办税"平均分为 1.827，得分率为 93.1%。

两项指标的各城市评估得分差距不大，得分率也较高。特别是在减税降费政策落实方面，各城市均能够充分利用各种渠道宣传减税降费政策，实现减税降费政策的精准推送，同时减少企业的减税退税成本，实现减税降费政策应惠尽惠。"减税降费政策落实"指标的得分点主要表现在税务部门减税降费政策的社会化宣传和对特定领域、行业部门企业的政策精准化推送，减税降费的执行实效和企业满意度方面；失分点主要体现在降低企业的减税降费申请成本和程序，减税降费政策落实的信息披露等方面。"精简办税、全面实行网上办税"指标的得分点表现在税务服务平台的建设完整度，税务政策信息的线上披露完整度，办税的线上化、非接触化方面；失分点表现在线上税务服务平台使用的便利度（具有很强的地域化差异），个别税务事项办理的程序精简度方面。

（一）取得的成就

1. 年度减税降费政策在社会面得到充分宣传和落实

减税降费政策集中于企业所得税和增值税两大税种，整体上具有减税覆盖面广、优惠力度较大的特点。减税降费政策对不同企业类型（包括小微企业、高新技术企业），以及不同行业（涵盖农业、文化、体育等多种行业）施以相应的税收优惠，除此之外，还包括促进区域协调发展的一系列税收优惠政策等。从评估小组对被评估城市关于减税降费的政策的落实工作评估中发现，所有被评估城市涉及减税降费落实的工作部门均能够及时学习国家关于减税降费政策的具体内容；在自身深入了解国家政策后利用各种方式将政策转达至市场主体，主动为符合减税降费条件的企业进行培训和退税办理；得分较高的城市利用大数据、算法等技术对减税降费政策精准推送，确保所有企业"一个不落"地享受到减税降费的政策优惠；各被评估城市均定期向社会公开本市范围内的减税降费落实数据和政策落实情况报告。

2. 总体办税流程实现精简规范统一，网上、非接触式办税业务比例较高

评估小组检索了所有被评估城市在政府官网、税务部门官网公示的办税流程要求以及企业办税服务系统（问卷），所有被评估城市在办税便利

化改革、不断简化办税流程、简并报送资料中卓有成效。在企业办税服务上实现了规范化、统一化，所有被评估城市均接入了国家统一的电子税务局服务平台，并根据各地实际情况设计了不同的服务功能。得分较高的城市能够充分利用大数据、网络交互、区块链等新型技术提高办税服务效率。被评估城市基本实现80%以上的税务事项网上办理，得分较高的城市实现了95%以上的税务事项网上办理。

（二）存在的问题

1. 减税降费政策公开和解读有待完善

在评估小组对被评估城市的减税降费政策信息进行公开的检索中发现，目前大多数城市的减税降费数据更新至2021年，而有个别被评估城市的减税降费总数据仅更新至2020年。对于减税降费工作情况汇报而言，一些城市将总结纳入年度政府工作报告内，包括一些减税降费政策落实的基本情况；一些城市则专门发布了独立的减税降费工作报告；还有些城市对减税降费工作的信息公开不够充分，除具体数据外，公布的工作做法浮于表面，没有体现具体的工作内容。

2. 减税降费的优惠力度有限、审批程序繁杂，行政成本较高

减税降费政策的出台拟在局部抵消目前企业面临的成本逐渐上涨的问题，降低企业负担。评估小组在调查被评估城市自主总结的减税降费的工作报告时发现，有许多被评估城市都提出了单个企业减税力度与需要办理的减税降费业务程序不匹配，退税降费金额不大，但是办理减税降费的业务却较为繁杂，导致企业的积极性不高。[①] 由于企业数额较大，且不同企业有不同的情况，税务部门同时需要花费大量的人力物力成本投入至政策的学习和宣传当中，绩效考核压力较大。经济较为发达的被评估城市能够通过数据分析技术减少成本，但广大中部地区及欠发达地区、基层地区则需要投入更多的成本。

---

① 《基层减税降费政策落实中的几个问题及建议》，宣城市审计局官网，http://sjj.xuancheng.gov.cn/News/show/1113254.html；财政部山西监管局：《减税降费成效显著存在问题仍需关注》，财政部官网，http://www.mof.gov.cn/zhengwuxinxi/xinwenlianbo/caizhengbu/202201/t20220130_3786016.htm。

3. 数字经济相关税收征管信息获取和申报存在新挑战

在传统的税收监管模式中,税务机关与涉税信息的获取渠道相对较为完善。而数字经济产生的新业态、新模式,改变了许多行业的业务形式。新型行业内的市场准入、交易形式、交易标的给税收征管(对纳税主体、税收管辖、标的估值、交易数额等信息的获取和整合)带来了新挑战。

(三) 改进的建议

1. 加大减税降费政策及工作实行情况的公开力度

减税降费政策是国家积极财政政策的重要内容,而各省市对本级行政范围内减税降费工作情况的公开是证明减税降费积极效果、接受人民监督的方式之一。建议各省市制定定期的减税降费工作落实数据和情况公开计划;充分利用系统集成、智能推送已出台的各项减税降费政策,特别是大规模增值税留抵退税政策,帮助基层执行机关和纳税人、缴费人第一时间全面准确了解政策,做到应知尽知、应享尽享。依托税务网站完善统一规范的税费政策库,进行实时动态更新。

2. 进一步深化税收征管服务改革,精简减税降费程序

紧随国家关于进一步深化税收征管服务改革的进度,坚持"我为纳税人缴费人办实事暨便民办税春风行动"。依照《中共中央办公厅、国务院办公厅关于进一步深化税收征管改革的意见》的要求,深入推进精确执法、精细服务、精准监管、精诚共治。逐步扩大"非接触式"税务服务事项,建立高效、快速、精准的税务问询服务机制。[①] 充分利用国民度较高的 App 应用程序进行税务办理和问询平台创建。在减税降费事项上,取消不合理涉及减税降费的税务证明事项,精简减税免税办理程序。对符合减税免税政策条件的纳税人,尽可能减少或取消审批流程,避免给纳税人增添不必要的负担。

3. 完善税收大数据建设,实现税收信息的互联共享

"智慧税务""大数据+税收"是数字经济发展新形势下税收征管的发展方向,网上办税体系的建立和完善也成为优化纳税服务的重点要求。全

---

① 《中共中央办公厅、国务院办公厅关于进一步深化税收征管改革的意见》,2021 年 3 月 24 日发布。

面推进税收征管数字化升级和智能化改造,把科技融入税收治理的全环节,推进"以票控税"向"以数治税"转变。① 目前国家税务总局下的电子税务平台已经实现全国广泛应用,由此可以进一步扩大网上办税、非接触式办税的事项范围,同时加强对数字经济平台的管理,扩大互联网平台涉税信息获取途径,加强税务机关与其他部门涉税数据的互联共享。②

---

① 施正文:《迈向税收征管现代化的里程碑式改革》,《国际税收》2021年第10期。
② 蒋梦薇:《完善"以数治税"税收征管体系的思考》,《中国税务》2022年第3期。

第九章　涉企收费合理

治理整顿涉企收费,是深化供给侧结构性改革、推进经济高质量发展的重大决策,也是减轻企业负担、激发市场主体活力、打造优质营商环境的重要举措。促进涉企收费的合理化,一方面,需要清理不必要的收费项目,降低费用金额,转换收费模式以减少企业负担;另一方面,需要打击违反收费标准、"自立名目"收费等违规收费行为。我国的涉企收费主体庞杂、名目繁多,涉企收费治理涉及多部门、多行业和多领域的工作。有效整顿涉企收费,需要明确主体责任,提升治理效率,降低治理成本,注重综合治理,建立长效机制。本章将从整治涉企不合理收费整治和推广以金融机构保函替代现金缴纳涉企保证金两个方面,对各城市数字化治理不合理涉企收费、减轻企业负担工作成效进行评估。

一　评估指标构成

一级指标"涉企收费合理"下设两个二级指标,即"涉企收费清单""推广金融机构保函",分别从涉企不合理收费整治和推广以金融机构保函替代现金缴纳涉企保证金两个角度评估城市的"涉企收费合理"政策情况(见表9-1)。

第二编 市场环境

表 9-1　　　　　　　　　　涉企收费合理

一级指标	二级指标	三级指标
涉企收费合理（2.5分）	涉企收费清单（1.0分）	涉企不合理收费整治（1.0分）
	推广金融机构保函（1.5分）	推广以金融机构保函替代现金缴纳涉企保证金（1.5分）

二　指标设置及评估标准

（一）涉企不合理收费整治（1.0分）

【设置依据】

《优化营商环境条例》第二十五条要求设立政府性基金、涉企行政事业性收费、涉企保证金，应当有法律、行政法规依据或者经国务院批准。对政府性基金、涉企行政事业性收费、涉企保证金以及实行政府定价的经营服务性收费，实行目录清单管理并向社会公开，目录清单之外的前述收费和保证金一律不得执行。

2019年，市场监管总局、国家发展改革委、工信部、民政部、财政部、国资委、银保监会七部门联合发文《关于进一步加强违规涉企收费治理工作的通知》（国市监竞争〔2019〕150号），要求根据依法依规、公开透明、系统清理、健全机制的原则，进一步加强违规涉企收费治理。

【评估方法】

检索被评估城市的政府官网等信息平台是否有公开统一的涉企行政事业性收费清单，并对被评估城市的涉企行政事业性收费清单进行横向对比，主要调查收费项目设置的种类、数量、金额是否合理、合法。公开的政策文件、新闻体现了被评估城市在交通领域、水电气暖领域、行业协会和中介机构领域的涉企收费整治情况等。同时发放企业调查问卷，从企业主观评价调查政府涉企收费整治的工作成效、违规涉企收费行为投诉举报渠道的多样性和有效性。

【评分标准】

赋分值为1.0分（满分）。定期按照要求进行各个领域的涉企收费整治，对发现的不合理涉企行政事业性收费、隐形收费或垄断收费进行纠察、费用返还、信息公开，企业主观评价中对涉企收费治理工作基本满意、企业主观问卷反映不合理隐形收费、垄断收费不明显的，视工作成效情况得 0.8—1.0 分；涉企行政性收费清单项目设置（种类、数量、金额）存在有待优化问题，企业反映交通领域、水电气暖领域、行业协会和中介机构领域等存在比较严重的隐形、垄断收费情况且投诉举报途径不明确、投诉后跟进处理不到位的，视具体情节得 0.5—0.7 分。综合客观检索评分，得出最终得分（最终得分保留 2 位小数，单项三级指标得分保留 1 位小数）。由于隐形收费的复杂性和主观问卷样本的特殊性，本项不对企业的主观问卷反馈另行评分。

【评估分析】

本项目得分由评估小组进行检索评估并按照评估标准进行分值计算，各被评估城市得分分值均为 0.9—1.0 分，其中得满分的城市有 10 个，城市之间得分差值不大。得分为 1.0 分（满分）的城市有 10 个，得分为 0.9 分的城市有 26 个（见表 9-2）。

表 9-2　　　　　"涉企不合理收费整治"得分情况

得分（分）	1.0	0.9
城市（个）	10	26

在本项评估中，被评估城市均按照国家关于加强违规涉企收费治理的要求发布各项政策落实违规涉企收费纠察行动，大部分被评估城市能在治理行动中将具体的纠察成果和总结及时通过政策文件、新闻进行公开，获得较高分的城市能够依本地实际情况设计具体的涉企收费治理方案并逐一实施，行动细则和行动结果能够及时进行网上公开。

【典型事例】

评估小组对被评估城市涉企收费治理进行评估时注意到，武汉在涉企收费清单公示方面，发布电子版本的武汉市《涉企收费手册》，收录了所有涉企的行政事业性收费和政府定价的经营性服务性收费。其中，设有涉企行政事业性收费的有公安、自然资源、住房和城乡建设、交通运输等 11 个部门，政府定价的经营性服务性收费有商业银行基础服务收费（含银行卡刷卡手续费)、征信服务收费、电信网和互联网网间结算价格等16大类。收费手册对收费依据、收费内容、收费计价方式等进行清晰的解读,设计排版精美,极大地提高了涉企收费清单的可读性。[1]

被评估城市在公示涉企行政性收费清单外还定期对涉企不合理、不正当收费进行统一的稽查整顿活动,同时根据本地实际情况设计差异化的治理方案。如深圳根据自身情况,重点针对六大收费领域展开行动,如在港口、检验检疫等进出口环节,市监局重点监督本地港口企业是否落实国家有关阶段性降低港口收费标准相关政策;重点查处检验检疫环节强制服务收费,港口环节拖轮、围油栏企业变相提高标准收费,以及各类船代、货代等相关企业明码标价不规范等行为。在商业银行等企业融资方面,重点对近两年未曾开展检查的中资银行进行检查;查处商业银行不落实小微企业"两禁两限"政策,违规收取有关信贷资金管理费用,利用贷款强势地位捆绑强制收费,只收费不服务,将贷款业务及其他服务中产生的尽职调查、押品评估等相关成本转嫁给企业承担等行为。在供水、供电、供气等公用事业收费方面,协同供电、燃气、水务等单位开展价格专项检查,督促疫情防控期间水、电、气阶段性降价政策落实到位;同时,组织开展转供电环节电价整治行动,重点查处涉及5G基站和新能源车充电桩的转供电违规加价行为。[2]

江西南昌在"减费"领域内,围绕降低工会经费、社保缴费等费用,实行工会经费先征后返、中小企业宽带和专线资费再降10%、延长阶段性降低失业和工伤保险费率、落实稳岗返还和以工代训补贴、落实统一规范的职工基本医疗保险和大病保险等政策。降低一般工商业电价、调整高速公路差异化收费政策,新增铁路运价优惠政策,推进"三同"试点。引导降低平台及中介服务费用,推行企业电子印章等措施[3]。

---

[1] 《2022版〈武汉涉企收费手册〉出炉啦》,武汉市发展和改革委员会官网,http://fgw.wuhan.gov.cn/zfxxgk/zfxxgk_1/qtzdgkwj/202201/t20220114_1896575.html。
[2] 《让惠企政策"看得见、见真效"——深圳市市场监管局开展涉企违规收费专项整治行动》,市场监督管理总局官网,https://www.samr.gov.cn/xw/df/202008/t20200825_321044.html。
[3] 《减税减费减租减息减支惠企政策新闻发布会在南昌举行》,江西省人民政府官网,http://www.jiangxi.gov.cn/art/2021/4/22/art_5862_3327768.html。

（二）推广以金融机构保函替代现金缴纳涉企保证金（1.5分）

【设置依据】

涉企保证金，是由行政机关设立，要求企业缴纳或承担的各类保证金（包括保障金、抵押金和担保金）。工信部、财政部发布的《关于公布国务院部门涉企保证金目录清单的通知》规定了16项涉企保证金项目，要求严格依照清单项目中规定的征收标准、程序和时间进行征收和返还。由于涉企保证金会占用企业的现金流，在保证款项支付、防范化解企业履约风险的同时也会给企业，特别是中小微企业带来一定程度的资金负担。[1]《优化营商环境条例》要求推广以金融机构保函替代现金缴纳涉企保证金。减轻投标、履约、农民工工资支付、工程质量保证等领域的企业现金保证负担。

【评估方法】

检索被评估城市政府官网的政策文件、新闻关于推广银行保函替代工程建设领域、农民工工资支付、政府采购、招投标等领域的涉企保证金的内容以及推广使用银行保函的比例、推广使用电子保函的程度。同时发放企业调查问卷，从企业市场主体角度调查被评估城市在落实推广以金融机构保函替代现金缴纳涉企保证金政策的实际情况，以及银行电子保函系统建设和应用情况。

【评分标准】

赋分值为1.5分（满分），基础分为1.2分。全面落实并推广各领域以金融机构保函替代现金缴纳涉企保证金、公共资源交易平台对接电子保函系统，企业主观问卷反映对金融机构保函替代现金缴纳涉企保证金改革基本满意的，得1.2—1.5分；未充分推广落实或推广不到位，企业反映以金融机构保函替代现金缴纳涉企保证金额度有待优化、对担保限制较多的，得0.8—1.0分；未落实推广以金融机构保函替代现金缴纳涉企保证金的，不得分。

【评估分析】

在本项评估中，评估小组通过检索被评估城市政府官网的政策文件、

---

[1]《关于公布国务院部门涉企保证金目录清单的通知》，工信部联运行〔2017〕236号，2017年9月21日发布。

第二编　市场环境

新闻关于推广银行保函替代工程建设领域、农民工工资支付、政府采购、招投标等领域的涉企保证金的内容，得出被评估城市均出台了在工程建设、农民工工资支付、政府采购、招投标等领域，金融机构保函可以替代现金缴纳涉企保证金的相关文件。得分较高的城市在进一步推广电子保函，以及实现政府采购网站系统与金融机构电子保函系统对接上颇有成效。

本项评分满分为1.5分，所有被评估城市得分为1.3—1.5分，各城市分差不大。得分为1.5分（满分）的城市有1个，得分为1.4分的城市有4个，得分为1.3分的城市有31个（单项三级指标得分保留1位小数，见表9-3）。

表9-3　"推广以金额机构保函替代现金缴纳涉企保证金"得分分布

得分（分）	1.5	1.4	1.3
城市（个）	1	4	31

本项指标得分的分数差距主要体现在推广以银行保函替代现金缴纳涉企保证金政策文件的完整度、推行电子保函、电子保函系统与政府采购系统对接的情况。得分较高的城市在保证金清理、工程建设、政府采购等领域中实现以银行保函替代现金缴纳涉企保证金的政策文件的公开度较高、内容较为完整，还对相关政策文件进行了较为简要明确的解读。除此之外，得分较高的城市还推行了电子保函并与政府采购平台、投标保证金平台进行直接系统对接，不断提高保函申请、发放的使用效率。

【典型案例】

在本项评估当中，长沙市公共资源交易中心通过创新举措，大力推行全流程电子化交易，并依托"长沙市工程建设投标保证金电子保函（保证保险）服务系统"改革投标保证金提交方式，成为优化营商环境典型单位被予以推介。自2019年上线投标保证金电子保函服务系统以来，长沙市公共资源交易中心采用电子保函方式提交投标保证金占同期保证金的比例不断扩大，企业减负效果也日益显著。长沙市公共资源交易中心主任在接受采访时表示："实行电子保证保险，一年多时间就有7144家企业用这个电子保险保单，递交了35.24亿元，占了同期保证金的56%，加上其他的电子保函，占了同期保证金的80%，也就是说80%的保证金，可以用保函来替代，大大地节约企业的资金占用成本，减轻企业负担。"①

浙江自 2016 年在建设工程保证金领域引入保险机制以来，先后采取了"替""降""免""保""管"等措施，在全国率先实施工程建设保证金制度系统改革。引入企业信用机制，实行企业保证金额度的差异化缴纳和保函保费支付，为建筑市场监管引入了市场化监督机制，政府得以借助银行、保险公司、担保公司的力量对企业履约行为实施更为全面的监督。除此之外，浙江要求严格落实住建部等六部门《关于加快推进房屋建筑和市政基础设施工程实施工程担保制度的指导意见》（建市〔2019〕68 号）中的"积极发展电子保函，鼓励以工程再担保体系增强对担保机构的信用管理，推进'互联网+'工程担保市场监管"要求，上线工程电子保函系统，着手推进投标保证金电子保函。②

三 评估结论与建议

本项一级指标评估总分为 2.5 分，被评估的 36 个城市的平均得分为 2.24 分，平均得分率为 89.6%。得分最高的城市为上海，得 2.43 分；得分较高的城市还有深圳、广州、青岛、厦门、北京等；得分较低的城市有乌鲁木齐、兰州、银川。

本项二级指标共包括 2 个三级指标，"涉企不合理收费整治"为 1.0 分，"推广以金融机构保函替代现金缴纳涉企保证金"为 1.5 分。各三级指标得分分别为："涉企不合理收费整治"平均分为 0.937 分，得分率为 93.7%；"推广以金融机构保函替代现金缴纳涉企保证金"平均分为 1.306 分，得分率为 87.1%。

本项二级指标分别从涉企不合理收费整治和推广以金融保函替代现金缴纳涉企保证金两个方面评估各城市的涉企收费合理化改革实效。从两个指标的得分情况来看，各城市得分差距不大，该项指标的总体得分率较高。"涉企不合理收费整治"的失分项主要体现在涉企收费的稽查信息不

---

① 《营商赢未来！长沙投标电子保函服务系统助力打造一流营商环境》，网易新闻，https://www.163.com/dy/article/GP0ALNDV05381994.html。
② 龚保儿：《浙江："信用+保函"机制为守信企业降本减负》，国脉电子政务网，http://www.echinagov.com/news/291397.htm。

第二编　市场环境

公开、涉企收费清单的收费项目和清单公示可阅读性低等方面，此项失分因素比较普遍。"推广以金融机构保函替代现金缴纳涉企保证金"的失分项则主要体现在银行保函的实际应用和电子保函系统的建设方面。

（一）取得的成就

1. 涉企不合理收费整治减轻企业运营成本

涉企收费清理围绕涉企行政事业性收费、政府性基金、涉企经营服务性收费、行政审批中介服务收费以及行业协会商会收费等多个领域涉及企业负担的收费，对其中存在的不合理收费、无依据自主增设收费、违规收费、不落实优惠政策收费等问题进行自查、整改、随机抽查，并对具体的检查和整改情况进行公开。对治理中发现的涉企违规收费典型案例进行细节公开，帮助社会层面了解涉企违规收费的典型情况，加强涉企收费治理的外部监督、社会监督。采取政府平台服务弹窗、媒体平台等多种形式宣传涉企违规收费治理的政策和投诉举报途径，促进涉企违规收费的多方面、多领域综合治理。从企业视角来看，自涉企收费治理以来，违规收费数量逐渐减少和新冠肺炎疫情期间许多生产经营相关收费项目减少或降低收费数额，企业在涉企收费上的支出成本降低。

2. 以银行保函替代现金缴纳涉企保证金降低企业资金负担，促进企业信用机制建设

目前，所有被评估城市在建设工程保证金领域（包括涉企保证金领域）均已纳入银行保函机制。同时，建立"信用+保函"机制，进行以企业信用评价为依据的保证金差异化缴纳，对信用较好的企业降低涉企保证金和银行保函保费。推行电子保函平台，实现信用数据和保函办理系统的对接，提升企业办理银行保函和保证金保险的便利度。推行以银行保函替代现金缴纳涉企保证金、银行保函保费市场化定价和纳入企业信用评价机制，化解了企业建设工程、政府采购、农民工工资支付等失信问题，同时减轻了企业的资金负担。

（二）存在的问题

1. 涉企收费治理存在清单繁杂、违规收费界定不明、减少收费项目缺乏法律依据的问题

当前涉企行政收费清单内的项目，包括中央和地方两级清单，地方又根据具体情况分为省级、市级，行政收费项目多而繁杂。行政收费清单制度施行以来，相关收费项目逐渐清晰且有据可循，但项目清单往往按照收费部门进行逐一排列，并没有系统的、根据项目所属类别进行类型化的梳理。清单的繁杂和多样使企业在查询收费类别和收费标准时望而却步。同时，不同地方对同一个性质的收费项目的界定也有所不同，导致无论是收费主体还是企业都不清楚哪些具体事项应该收费而哪些不应该收费。另外，有些城市以政府财政为依托直接免除了法律明文规定应当收费的行政确认、许可的成本性收费，其合法性有待考量。

2. 企业反映隐性收费特别是协会行业领域违规收费仍然存在

在本项目的评估中，评估小组在整理已收集的企业问卷中发现，在各种评估城市当中许多企业反映仍然存在一些隐性的收费，如强制要求订阅大量的纸质报刊造成不必要的资源浪费，为了方便行业管理强制要求加入协会、社团并按照要求缴纳金额不等的会费。这些隐性的收费往往表面上都是自愿的，但是实际上企业受制于监管要求不得不支付相应款项。

3. 以银行保函替代现金缴纳涉企保证金的信用信息流通有限，招投标平台引入电子保函缺乏相应政策制度

以银行保函替代现金缴纳涉企保证金有利于减缓企业的资金占用压力，同时引入企业信用评价机制，以金融机构支付信用为保障，实现风险转移和担保的市场化操作。金融机构作为保函的开立主体，需要以自身资产作为违约理赔担保。金融机构除需要掌握申请人的资产情况、财务状况外，还需要了解申请人的行业资质、社会信用状况等跨地区、跨部门的综合信息。但是目前仍存在金融机构对申请人企业综合信用信息获取不充分的问题。由于存在信用信息获取障碍，在具体实践中有企业反映银行在开立保函时要求企业进一步提供反担保，甚至"公务员担保"。[①] 同时，招投标平台引入电子保函系统涉及较为专业复杂的技术和金融领域，目前缺乏相关配套政策制度明确招投标平台的管理和技术要求，可能存在数据安全

---

① 孔守斌、田玉玺、韩涛、马丹祥：《"信用+保函"在涉企保证金中的创新应用——以公告资源交易领域为例》，《宏观经济管理》2022年第3期。

第二编　市场环境

和运行不稳定的问题。①

（三）改进的建议

1. 对涉企收费的项目范围、设立依据、收费标准进行正确界定

在法治理念下，充分利用理论和规范上的依据，确定涉企行政收费的界限范围，帮助各级行政部门了解什么费用应该收、什么费用不该收，避免盲目减少、无理由压缩收费项目范围的情况，也能在不合理收费、违规收费、隐性收费出现时进行准确的识别和整改。如涉企行政性收费，理论上可以分为涉企补偿性收费和涉企引导性收费。涉企补偿性收费是因法律规定、市场需要而进行支出，需要受益主体对行为成本或建设成本进行相应的成本补偿，如法律职业资格证工本费、公共交通过路费。涉企引导性收费是通过一定的、合理的收费项目对市场的资源配置进行引导。优化营商环境背景下涉企行政收费，只有先回归理性的范围界定，再围绕既定收费范围，清理和规范现有的涉企行政收费项目，实现"减费"目标才有的放矢，这是打造法治营商环境的正确选择。②

2. 充分利用外部监督渠道对涉企隐形收费、行业协会领域的违规收费进行纠察整改

在涉企收费当中，隐形收费相较于一般的不当收费如不合理收费、垄断收费等，往往更具有迷惑性，难以被纠察。通过巧设名目、"改名换姓"等方式收取本无收费依据的费用项目，在银行金融领域中时常出现，自查纠察的实效性并不高。在行业协会领域中，较为突出的是团体会费、评比达标表彰费用、捐赠收入中的不正当收费，在集中的纠察运动中被发现和纠察的概率较低。对此，应当充分利用外部监督途径，宣传、扩大社会面的不合理涉企收费举报渠道，做到有举报必回应、有问题必解决。建议设立"线上+线下"违规涉企收费投诉举报平台、通道，引导企业、公众在遇到违规收费时进行投诉举报。对于投诉举报中的确属于隐形收费的收费项目，及时取消和退回；对于不属于不合理收费的项目，应当在确认收费

---

① 党航行：《电子投标保函平台建设中的风险防范》，《中国招标》2022年第1期。
② 经亚龙：《优化营商环境背景下涉企行政收费范围的界定》，硕士学位论文，华东政法大学，2021年，第59—61页。

合理性、正当性后及时做出反馈和解释，并说明收费项目的法律依据。

3. 加强企业信用信息平台建设和数据流通，推动"信用+银行保函"在涉企保证金方面的全面应用

完善全国信息信用共享平台，实现跨部门、跨地区的信息共享，提高银行在开立保函审查中的企业信用信息获取便利度，引导金融机构通过信用评估对保函进行分类审批和差异化定价，使信用良好的企业获得更高的担保额度和更低的保函费率，降低企业在建设工程、公共资源交易等领域的经营成本，营造崇尚诚信的市场环境和社会氛围。

第十章　企业融资

获得融资是企业快速发展的重要保障，也是企业在困难时期快速恢复经营的最重要途径，而获得融资与政府提供金融服务有密切的关联。相较于世界银行《营商环境报告》中"获得信贷"一级指标的原有设置，"宜商环境评估（BEE）"提升了"金融服务"（Financial Services）指标的地位，将企业融资作为单独的一级指标，全面审查金融监管、企业获取融资服务、金融信用监管等内容，并突出了促进小微企业获得融资服务的主旨。[①] 本次数字营商环境评估借鉴世界银行营商环境评估项目中的"金融监管促进企业融资"设置，吸收"宜商环境评估（BEE）"中的新增评估点，即突出融资服务的重要性，从而评估数字经济化转型发展中监管部门的监管能力与服务水平。

一　评估指标构成

本次评估的"企业融资"一级指标之下设置两项二级指标，分别为"融资成本"和"融资服务"（见表10-1）。

[①] The World Bank, *Pre-Concept Note Business Enabling Environment* (*BEE*), pp. 26 – 30 (2022).

表 10-1　　　　　　　　　　　企业融资

一级指标	二级指标	三级指标
企业融资	融资成本（3.0分）	企业融资可获得性、多样性、便捷性（3.0分）
	融资服务（2.0分）	完善金融机构监管考核和激励机制（1.0分）
		规范金融机构收费行为（1.0分）

三项三级指标中的第一项是"企业融资可获得性、多样性、便捷性"，是指融资成本在不同维度上的三大重要属性。该项指标同时对应了"宜商环境评估（BEE）"中"获取金融服务的便利度"指标，吸纳其电子支付、获得贷款两项指标的效率评估要求。其余两项三级指标（"完善金融机构监管考核和激励机制"与"规范金融机构收费行为"）是对政府提供融资服务的机制性评价，反映了被评估城市在企业融资过程中政府与金融机构的互动关系，对应了"宜商环境评估（BEE）"中"金融服务监管框架质量"指标的两种宏观监管维度与一种微观监管措施。

二　设置依据、评估标准及评估分析

本节从三级指标角度，逐项说明该指标设置的具体依据、实施中的评估方法和评分标准，并基于评估情况分析评估结果。

（一）企业融资可获得性、多样性、便捷性（3.0分）

【设置依据】

民营企业尤其是中小微企业是国民经济发展和社会发展不可或缺的力量，在增加就业岗位、提高居民收入、保持社会和谐稳定等方面发挥着重要作用。企业的生存和发展离不开资金的充足和流动，企业融资难一直是困扰中小微企业持续性实现生产经营的问题。《优化营商环境条例》第二十六条明确规定了政府利用金融工具促进市场主体发展的机制，政府应当"鼓励和支持金融机构加大对民营企业、中小企业的支持力度，降低民营企业、中小企业综合融资成本"，"促进多层次资本市场规范健康发展，拓宽市场主体融资渠道，支持符合条件的民营企业、中小企业依法发行股票、债券以及其他融资工具，扩大直接融资规模"。在此环节中，衡量企业融资获取情况是评估政府提供金融服务质量的重要尺度。

【评估方法】

在评估方法上，通过官网检索与公开搜索引擎检索，搜集被评估城市关于降低企业融资成本退出的政策文件、新闻等，同时采用问卷法，调查企业在融资方面的困难及政府在解决企业融资难、降低企业融资成本上的具体落实情况。在评估内容上，分别从促进企业融资的可获得性、多样性、便捷性三个角度对被评估城市进行评估。

【评分标准】

本项指标的满分为 3.0 分，其中可获得性、多样性和便捷性分别赋 1.0 分。对被评估城市在降低企业融资成本方面的举措进行综合性评价，包括设立线上的企业融资平台，举办银企对接路演或企业融资需求碰头会，出台中小微企业融资优惠政策（包括风险代偿、贷款贴息等）、帮扶股权融资、知识产权融资等新型融资方式，结合企业主观评价进行综合评估。

具体而言对可获得性、多样性、便捷性三个角度具有创新和突出表现，企业主观问卷对本地政府降低企业融资成本方面做出的相关措施和服务基本满意的，分别赋分 0.8—1.0 分；具有基本企业融资帮扶举措，企业主观问卷对本地政府降低企业融资成本方面做出的相关措施和服务评价有待优化的，分别赋分 0.5—0.7 分。最终得分为三个角度得分总和。

【评估分析】

本项指标从融资可获得性、多样性、便捷性三个层次综合考量了被评估城市在降低企业融资成本方面的相关举措。本项指标满分为 3.0 分，基本合格分数为 2.4 分。被评估的 36 个城市的平均得分为 2.52 分，得分均居于 2.3—2.7 分。被评估城市的得分除兰州得 2.3 分外，均高于合格分数 2.4 分。得分最高的城市包括深圳、青岛、南昌，获得 2.7 分（见表 10-2）。

表 10-2　"企业融资可获得性、多样性、便捷性"得分分布

得分（分）	2.7	2.6	2.5	2.4	2.3
城市（个）	3	10	14	8	1

根据评估材料，被评估城市均在"降低企业融资成本"方面提供了政策支持。

首先，在"可获得性"维度，被评估城市出台了全领域或特殊行业的中小微企业贷款优惠政策（包括风险代偿基金、政策性担保机构扶持、贷款贴息等多种政策），形成了以财政资金为基础、紧密结合市场化运营方式的融资支持机制，提高了企业获得银行贷款的获得率。

其次，在"多样性"维度，许多城市推出股权融资、知识产权质押融资等新型融资方式的信息发布平台，为企业拓宽新型融资渠道提供了信息条件。

最后，在"便捷性"维度，各被评估城市建设了市级、省级多级别的企业融资数据平台，以供广大金融贷款机构入驻介绍借贷产品，融资企业可以在线上平台发布融资需求或直接通过平台联系相应银行机构。除此之外，相关举措还包括举办银企对接路演活动、企业融资需求意见征询碰头会，促进政府部门与企业机构的双向沟通，帮助政府部门、企业机构深入了解企业的融资需求和意向等。

【典型事例】

在本项评估当中，深圳在新冠肺炎疫情期间采取了多种措施降低企业的融资运营成本，帮助企业渡过因新冠肺炎疫情造成的资金周转困难阶段。深圳金服发布了2020年新冠肺炎疫情以来深圳中小微企业的融资运行报告，深圳金融系统联合各产业部分出台多项支持政策助力小微企业和重点企业，从不抽贷、不断贷到降低融资成本，从银行贷款贴息到主动资金支持，助力深圳企业复工复产速度领先全国，率先实现GDP转正。[1] 这些支持政策具体包括四个方面。一是对受到新冠肺炎疫情影响较大的企业，以及有发展前景但受到新冠肺炎疫情影响暂遇困难的企业，金融机构不抽贷、不断贷、不压贷。二是对受新冠肺炎疫情影响较大的企业和创业者到期还款困难的，予以展期或续贷，并酌情增加信用贷款和中长期贷款。三是鼓励各银行机构适当下调贷款利率减免手续，减免政策性担保机构的担保费，对符合条件的其他合作担保机构给予一定的担保费补贴。政

---

[1] 深圳市创业创新金融服务平台：《深圳中小微企业融资运行报告2020》，深圳市地方金融监督管理局官网，http://jr.sz.gov.cn/sjrb/ztzl/szsjfpt/xwdt/content/post_ 8570591.html。

第二编　市场环境

府性再担保机构全年免收再担保费,提高融资担保基金的再担保风险分担比例。四是划拨市级产业专项资金重点用于贷款贴息。设立民营企业平稳发展基金,为因新冠肺炎疫情造成资金周转困难的优质中小企业提供短期流动性资金支持,并实行利率优惠。

另一具有借鉴意义的融资措施集成建设模式来自青岛。青岛民营经济发展局为扭转民营企业融资难的问题,推出了一系列的措施:一是完善政府性融资担保体系、政策性风险代偿,即按照不同代偿率,分别给予企业再担保代偿额的100%、80%、60%、50%补偿;二是建立"市级再担保机构资本金补充机制",有效提高银行放贷意愿,突出了财政资金的激励作用;三是出台了"融资租赁业务奖补"政策,帮助企业破解银行贷款额度限制,为中小企业提供优质的设备分期融资支持和长期稳定的资金来源;四是建立股权融资奖励机制,加大"股权融资奖补"力度,拓宽企业融资渠道。

除此之外,青岛民营经济发展局还会同市财政、人民银行、银保监会等部门专题研究施策,由市财政出资2亿元设立转贷引导基金,为中小企业提供低费率过桥转贷服务,有效帮助企业解决应急周转资金需求。[1]

(二) 完善金融机构监管考核和激励机制(1.0分)

【设置依据】

《优化营商环境条例》第二十六条明确指出,金融监督管理部门应当完善对商业银行等金融机构的监管考核和激励机制。在促进小微企业发展的探索之路中,建立金融机构绩效考核与小微信贷投放挂钩的激励机制是推进缓解小微企业融资难、融资贵政策落地见效的重要措施之一。为应对新冠肺炎疫情,银保监会曾印发《中国银保监会办公厅关于加强产业链协同复工复产金融服务的通知》,明确指出"完善银行业金融机构考核激励和风险控制""对产业链协同复工复产相关授信予以差别化安排""完善激励机制",强调了金融机构监管考核和激励机制对小微企业发展的促进作用。[2] 因此,应当从金融机构的考核与激励机制双向出发促进小微企业获得融资。

---

[1] 王好:《五招连发破五关!看民营企业融资难的"青岛解法"》,《半岛都市报》2022年5月17日第A04版。

[2] 《中国银保监会办公厅关于加强产业链协同复工复产金融服务的通知》,银保监办发〔2020〕28号,2020年3月27日发布。

【评估方法】

利用官网检索、网络公开搜索引擎,查询与"完善金融机构监管考核和激励机制"有关的政府文件,根据官网检索政策文件的数量、关键词检索难易程度、是否有政策专栏来评分。上述关键词应当包括:金融机构监管考核,金融机构激励机制,金融机构支持小微企业考核与激励等。此项指标不仅要求地方政府发布"完善金融机构监管考核和激励机制"的工作号召,还要求就该项机制展开一定的实践。仅转发中央红头文件、没有实际落实建设工作的政府文件将被排除在检索材料之外。

【评分标准】

本项指标设置 0 分、0.5 分、1.0 分三档,分别对应"不可得""可得""易得"三种情形。"易得"赋 1.0 分,要求政府官网有政策文件、新闻、公报等材料支撑,可供检索的关键词简单直白。"可得"赋 0.5 分,在官网政策文件缺失的情况下,要求至少有网上新闻材料佐证存在金融机构考核与激励机制,且可供检索的关键词不应复杂。"不可得"赋 0 分,指无法查询到相关佐证材料,或查询到的材料仅包括"转发中央红头文件、没有实际落实建设工作"的无效内容。

【评估分析】

在本项评估下,36 个被评估城市的平均得分为 0.861 分,其中多数城市获得 1.0 分。本项得分情况整体较好,有 8 个城市存在失分情况,占被评估城市数量的 22.2%。如表 10-3 所示,28 个城市满足"易得"的条件,可检索到的政策文件佐证其"完善金融机构监管考核和激励机制",获 1.0 分,占被评估城市数量的 77.8%。天津、重庆、南京、青岛、郑州和长沙被评为"可得",获 0.5 分,占被评估城市数量的 16.6%。拉萨、乌鲁木齐缺少任何佐证材料,被评为"不可得",获 0 分,占被评估城市数量的 5.6%。

表 10-3　"完善金融机构监管考核和激励机制"得分分布

得分(分)	1.0	0.5	0
城市(个)	28	6	2

事实上,本项指标评估的创新之处在于:依据本次评估方法获得的评

第二编　市场环境

价不能直接反映政府对金融机构的监管效益，只能佐证地方政府已经为建设金融机构监管考核与激励机制准备了充分的制度性框架与指导性计划。这种形式性评价可以反映地方政府在涉及金融机构监管的重大行政决策、数字政府建设与政府信息公开中迈出的稳健步伐。其中表现较好的成都，通过发布《成都市办公厅关于推行"蓉易贷"进一步完善成都市普惠金融服务体系的实施意见》等规范性文件，归纳了涉及小微企业的金融服务政策，重点突出了政府利用监管机制助推金融机构服务小微企业的运行逻辑。[1] 其中，成都完善普惠金融服务体系的重点工作在于定位信贷支持对象、划分信贷风险分担、建立资金补偿机制，涵盖了企业办理信贷的完整周期。另外，在试评估阶段，评估小组还注意到被评估城市清单之外的安康曾在官网公布一份名为《关于加大对金融机构支持小微企业考核与激励力度的建议》的政协提议，详细归纳了金融机构考核数据类型、考核方法、考核事项，形成了一份可供参考的金融机构监管模板。[2]

上述两份典型事例表明政府在制订金融机构管理计划方面平衡了监管与服务两大支柱，以促成小微企业获得经营资金为中心思想，部署了以金融机构监管为推力、以小微企业获得信贷服务为内生力量的规划。

本项指标评估的失分之处在于：部分失分的6个被评估城市可按失分原因分为三类。第一类属于"缺少政府文件"，即在本项指标对应领域需要制定专门文件的情况下缺少任何有效政府文件。金融机构监管考核与激励机制涉及政府在宏观经济监管领域的重要职能，行政权力的行使应当有明确的外部约束与自我约束，其行使的方式也应公开透明。例如，重庆只在一篇以"金融创新"为主题的新闻报道中提及本市金融机构监管机制的规划。[3] 经过网页检索的验证，评估小组没有发现重庆针对金融机构的监管制定有针对性的政策，无法判断其金融机构监管的具体方式。

第二类属于"缺少市级政府文件"，包括郑州、长沙和青岛，即只能

---

[1] 《成都市人民政府办公厅关于推行"蓉易贷"进一步完善成都市普惠金融服务体系的实施意见》，成办发〔2020〕91号，2020年10月16日发布。
[2] 《关于加大对金融机构支持小微企业考核与激励力度的建议》，安康市财政局官网，https://czj.ankang.gov.cn/Content-2190486.html。
[3] 张桂林、刘恩黎：《重庆：金融创新助力实体经济绿色转型》，经济参考报官网，http://www.jjckb.cn/2021-12/07/c_1310355833.htm。

检索到区县级金融机构监管实践，无法佐证被评估城市已经构建了体系完善的监管机制，不符合营商环境建设全市域覆盖的评估意旨。[1]

第三类属于"只有纲领性政策目标"，包括天津、南京，即只可检索到泛泛提及金融机构监管和激励机制的红头文件，无法检索到建立该项机制的专项实施意见和后续工作意见，说明该市只初步确定了以加强金融机构监管和激励促进小微企业融资的发展目标，而没有确定具体的发展模式，应当在未来加强政策制定。[2]

【典型事例】

本项指标的满分率是本章中最高的三级指标，达到77.8%，北京、上海、广州、深圳等大型城市均达到了预期目标，说明金融机构监管考核和激励机制已经在经济发展水平较高、金融监管技术较好的城市有了良好的建设。以北京为例，其以贷款增速、应收账款融资规模、政策性资金数量等具体数据的方式明确了近三年民营小微企业融资"增量、扩面、降价"的目标，提出了"政策协调""政银企对接机制""完善金融服务基础设施"等有效的融资服务机制。[3]

（三）规范金融机构收费行为（1.0分）

【设置依据】

《优化营商环境条例》第二十六条对金融机构收费监管提出了三项要求，包括"按照国家有关规定规范收费行为""不得违规向服务对象收取不合理费用"和"向社会公开开设企业账户的服务标准、资费标准和办理时限"。早在2016年，《国家发展改革委办公厅关于印发〈商业银行收费行为执法指南〉的通知》，指出规范金融机构收费问题应当依据《价格

---

[1] 郑州只可检索到《〈中牟县激励金融机构支持地方经济发展实施办法〉政策解读》，参见《〈中牟县激励金融机构支持地方经济发展实施办法〉政策解读》，中牟县政府官网，http://public.zhongmu.gov.cn/D3601X/5909134.jhtml，2022年3月5日。

[2] 《天津发布关于完善国有金融资本管理的实施意见》，中国证券网，https://news.cnstock.com/news, yw-202105-4701115.htm；《南京市"十四五"社会信用体系建设规划的通知》，宁政办发〔2021〕44号，2021年10月1日发布。

[3] 北京市促进民间与社会投资信息平台：《北京：进一步完善民营和小微企业金融服务体制机制》，北京市人民政府官网，http://banshi.beijing.gov.cn/tzgg/202108/t20210809_427010.html。

法》《价格违法行为行政处罚规定》等法律法规，其目的是助推金融业服务实体经济，缓解融资难、融资贵状况。

【评估方法】

政府文件查询法。利用官网检索、网络公开搜索引擎，查询与"规范金融机构收费行为"有关的政府文件，根据官网检索政策文件的数量、关键词检索难易程度、是否有政策专栏来评分。上述关键词应当包括：规范金融机构收费行为、金融机构收费行为、金融机构乱收费等。

【评分标准】

设置0分、0.5分、1.0分三档，分别对应"不可得""可得""易得"三种情形。"易得"赋1.0分，要求政府官网有政策文件、新闻、公报等材料支撑，可供检索的关键词简单直白。"可得"赋0.5分，在要求官网政策文件缺失的情况下，至少有网上新闻材料佐证存在规范金融机构收费行为的监管机制，且可供检索的关键词不应复杂。"不可得"赋0分，指无法查询到相关佐证材料的情形。

【评估分析】

在本项三级指标评估中，36个被评估城市的平均得分为0.569分，得分情况较"完善金融机构监管考核和激励机制"指标明显较差。其中0分城市多达12个，失分情况较严重，存在失分情况的城市共有19个，占被评估城市数量的52.8%。如表10-4所示，北京、厦门、大连、上海等17个城市满足"易得"的条件，可检索到政策文件足够佐证其建立"规范金融机构收费行为机制"，获1.0分，占被评估城市数量的47.2%；南昌、宁波、海口等7个城市被评为"可得"，获0.5分，占被评估城市数量的19.4%；西宁、兰州、郑州等12个城市缺少足够的佐证材料，被评为"不可得"，获0分，占被评估城市数量的33.3%。

表10-4　　　　　　"规范金融机构收费行为"得分分布

得分（分）	1.0	0.5	0
城市（个）	17	7	12

【典型事例】

本项指标的得分情况相较于本章中其他两项指标明显较差，得分率在

第十章　企业融资

本章中最低，仅为56.9%，0分率高达33.3%，总体失分率达52.8%，得分存在明显的三级梯度，这说明规范机构收费监管的机制建设在多数城市存在模式不清、方向不明的问题。除此之外，失分城市对"规范金融机构收费行为"的理解存在误差。

获得0分的12个被评估城市普遍存在仅有省级政府文件、缺少市级佐证材料的问题。评估小组在本次数字营商环境评估的多数指标中展开了对省、市、县三级政府文件的检索，核实了政府文件是否有效涵盖本项指标待解决的问题。评估组认为，在必须制定本级别政府文件的重要领域，被评估城市缺少市级政府文件会导致政府实施监管、提供服务缺少合理的法律依据与自我约束机制，并会使实施效果偏离《优化营商环境条例》宗旨。在无须严格制定各级政府文件的领域，省级政府文件所规定的机制体制建设措施可以在省会城市、省内大型城市得到实施，但需进一步核实是否存在实施的情况。以四川、广东为例，二省均就减免实体经济的银行手续费、查处银行违规收费问题，从正向引导和反向制裁的双重角度发布规范性文件并开展专项治理活动，是省域形成的良好监管思路。[①] 但基于精准评估的要求，评估小组认为金融机构收费监管直接影响市场主体的财产性权益与获得金融服务的体验感，属于前述应当明确制定有效文件的重要领域。同时，成都、广州缺少建立市级金融机构收费监管的佐证材料，因此不能证明该被评估城市已经建立了因地制宜的金融机构收费监管模式。

在本项指标中表现较好的典型城市是厦门，评估小组通过一份政策性文件、一篇专项新闻报道获得了厦门在近期展开金融机构收费监管的成果。金融机构收费监管也是向市场主体提供金融服务的一项建设。厦门金融工作办公室通过编制小微企业金融服务相关文件，明确指示金融机构的规范经营行为，提出"完善规范内部经营管理""主动接受监管"等要求。[②] 在具体执法领域，首先，厦门市场监管部门联合银保监会连续3年

[①] 《疫情下，以"四降一取"支持实体发展在川银行已累计减免支付手续费9亿多》，四川在线，https://sichuan.scol.com.cn/ggxw/202112/58357392.html，2022年3月20日；中新网广州：《广东查处银行违规收费19000万元》，中国新闻网，http://finance.china.com.cn/roll/20160720/3820781.shtml，2022年3月20日。

[②] 《厦门市金融工作办公室关于地方金融机构进一步深化小微企业金融服务的意见》，厦金融办〔2018〕52号，2018年8月14日发布。

开展商业银行收费专项检查，规范银行收费项目；其次，提出8类与市场主体融资服务相关的重点问题，如"不落实小微企业'两禁两限'等优惠政策""开展中间业务强制服务、只收费不服务或少服务"等[①]；最后，厦门形成的"执法促进主动清退""完善商业银行收费政策""加强涉企收费违规检查力度"值得各被评估城市借鉴。

三 评估结论与建议

本项一级指标评估总分为5.0分，被评估的36个城市的平均得分为3.947分，共有17个城市在平均分之上，占被评估城市总数的47.2%；19个城市在平均分之下，占被评估城市的52.8%。本项评估得分排名前五的城市依次为深圳（4.7分）、北京（4.6分）、上海（4.6分）、武汉（4.6分），以及厦门、大连、石家庄、呼和浩特、太原（均为4.5分）；得分较低的三个城市依次是拉萨（3.0分）、郑州（3.0分）、兰州（3.3分）。本项指标得分有明显的梯度，各城市的得分情况整体不够乐观。

本项一级指标共包含3项三级指标，除"企业融资可获得性、多样性、便捷性"指标为3.0分外，其余三级指标均为1.0分。各三级指标的得分状况为："企业融资可获得性、多样性、便捷性"平均分为2.517分，得分率为83.9%；"完善金融机构监管考核和激励机制"平均分为0.861分，得分率为86.1%；"规范金融机构收费行为"平均分为0.569分，得分率为56.9%。

其中，3项三级指标中得分率最高的是"完善金融机构监管考核和激励机制"，说明多数城市已经建立起符合企业融资新要求的金融机构监管框架。"企业融资可获得性、多样性、便捷性"指标排名第二，分值略低于排名第一的指标，说明政府在提供融资服务时形成丰富而有保障性的相

---

① 8类问题具体包括：不执行政府定价、指导价；明令取消、暂停或减免项目继续收费；不落实小微企业"两禁两限"等优惠政策；不履行价格承诺；开展中间业务强制服务、只收费不服务或少服务；利用贷款优势地位捆绑服务并强制收费或转嫁抵押登记费、押品评估费等；不按规定明码标价或者公开、公示不规范；违规收取有关信贷资金管理费用。参见中国消费者报《福建厦门提醒商业银行规范收费行为》，中国消费者报官网，http://finance.sina.com.cn/jjxw/2021-05-31/doc-ikmxzfmm5751774.shtml。

关机制。得分率最低的"规范金融机构收费行为"指标与其余两项形成明显的数值差,说明规范金融机构收费行为的监管措施没有达到金融监管与服务体系的平均标准,存在监管漏洞与盲区,需要加强机制建设。

(一) 取得的成就

1. 打造监管与服务双措施,解决中小微企业融资难问题

我国现阶段的融资扶持重心持续集中在中小微企业,我国政府积极出手大力扶持中小微企业渡过生存困难的局面。中小微企业融资难、融资贵,主要原因包括金融机构与企业之间的信息不对称、小微企业贷款风险高、信贷交易成本较高等现实问题。[1] 上述金融活动中的参与主体包括政府、金融机构与中小微企业,如何打通三者之间的沟通壁垒一直是解决问题的重点。本次评估收集的政府促进融资措施被分为监管措施与服务措施,监管措施中的主要监管对象是金融机构,涵盖了包括收费行为在内的经营监管;服务措施以推动金融机构服务中小微企业为主、政务服务为辅,涵盖了不抽贷断贷、贷款贴息、降低信贷门槛等多项措施。上述两大类措施的解决对象都是中小微企业融资难的问题,但其创新之处是利用了"政府监管金融机构提供服务"与"政府直接提供服务"两种不同的解决路径,使急需资金的中小微企业成为最终的受益对象。

2. 上市公司直接融资状态稳健

有研究认为上市公司数量的多少是企业融资便利度高低的一个重要标志,因此,国家需要在更多地区创立新型交易所,促进当地企业直接融资业务的发展及融资环境的改革。[2] 在促进公司上市过程中,中央和地方通过发布法规与规范性文件,组织市监部门与金融部门扶持上市培育对象,使待上市企业享受优惠政策与良好融资环境。[3] 上述措施在培育更多公司

---

[1] 余继超:《小微企业融资难是何原因?如何解决?这篇文章说透了》,澎湃新闻网,https://www.thepaper.cn/newsDetail_forward_11680147。

[2] 广东粤港澳大湾区研究院、21世纪经济研究院:《2020年中国296个城市营商环境报告》,2020年,第55页。

[3] 中国证券报:《国资委:推动更多优质资产进入上市公司》,中国经济网,http://finance.ce.cn/stock/gsgsdbd/202106/13/t20210613_36638899.shtml;相关政府文件参见《国务院关于进一步提高上市公司质量的意见》,国发〔2020〕14号,2020年10月9日发布。

上市的过程中稳定了直接融资的形势。

3. 政府采取多维举措提升企业融资服务质量

面对当前中国经济环境的复杂性、严峻性、不确定性，企业的融资难问题在新冠肺炎疫情的肆虐下进一步加深。据评估小组对企业进行的问卷调查显示，约27%的受调查企业明确表示存在融资难问题，其中有76%的企业表示本地政府有为企业融资采取相应的政策措施且企业因此受益。据评估过程中的材料显示，政府通过采取设立线上的企业融资平台、举办银企对接路演或企业融资需求碰头会、出台中小微企业融资优惠政策（包括风险代偿与贷款贴息等借贷优惠政策）、帮扶股权融资、知识产权融资等新型融资方式，提高企业融资的可获得性、多样性和便利性，引导企业拓宽融资渠道。上述系列融资服务措施从多维度为企业提供数量丰富、信息透明的融资信息交流平台，降低企业的融资成本。

4. 数字经济新发展模式助力小微贷

在平台经济的背景下，政府对新业态经济的包容审慎监管和大力扶持措施可以使中小微企业在"搭便车"的过程中受益。积极依托供应链数字化，平台可以将包括信息流、商流、物流、资金流在内的核心信用传递到中小微企业，促进其通过信贷审核获得融资。[1] 从上述传导原理的视角看，评估中梳理的政府依托新业态、数字化监管等措施可以实现平台经济对中小微企业获得信贷的促进作用，政府通过鼓励中小微企业积极依托平台经济提升了融资服务的效益。

（二）存在的问题

1. 中小微企业融资方式仍较为单一，贷款优惠政策惠企范围有限

目前，中小微企业融资的主要渠道仍是获得银行信贷。中小微企业受到规模和行业的限制，可行的融资渠道相对较少，难以涉足债券融资、股权融资、专项基金等规模较大、门槛较高的融资方式。另外，中小微企业对其他融资政策和融资渠道不够了解，银行成为企业重要融资渠道。根据企业主观问卷显示，银行之外的民间借贷途径相较于银行借贷更加快捷方便，但其融资成本高，且无可靠的法律保障，一旦遇到情况变化，极易引

---

[1] 艾瑞咨询：《2021年中国中小微企业融资发展报告》，2021年，第19—20页。

发纠纷。同时，政府出台中小微企业融资优惠政策（包括风险代偿、贷款贴息等借贷优惠政策）、举办银企对接路演或企业融资需求碰头会确实能够解决短期、少次融资需求，但是无法解决企业的长期融资需求。此外，许多诸如风险代偿、贷款体系优惠政策在申请资格中存在一定的行政审批门槛，容易引发权力寻租。从预算法治化的角度来看，政府以财政为基础通过"行政+市场化"操作降低企业融资成本本质上是一种行政补贴，对政府财政会造成一定负担。

2. 金融监管框架尚未健全

当前我国的金融监管以金融机构监管为主，金融机构的业务范围和具体活动受到所属监管机构划分的影响。金融监管部门之间存在互相掣肘、监管标准冲突等问题，限制了金融创新、金融机构竞争、金融业务改革的效果。[1] 因此，推进金融机构监管改革是推进金融创新和发展多元化、避免金融风险的重要举措。此外，单一的金融机构监管模式不足以满足金融监管框架的国际化要求。在"宜商环境评估（BEE）"的"金融机构监管框架质量"指标中，金融监管的对象被扩展至提供电子支付及绿色融资的金融服务提供者，投资公司、投资顾问机构等很可能被列入监管范围中。[2] 在功能监管的新型金融监管倡议下，现行金融监管框架还不足以适应多层次金融市场体系建设的要求。

（三）改进的建议

1. 发展民营中小型地方银行和融资企业，鼓励商业银行进一步的金融创新

发展地方性的中小型银行和融资机构，对口中小企业融资需求，实现有融资需求的借贷关系的合作化和稳定化，有利于缓解企业和金融机构之间存在的信息不对称。进一步鼓励和推动地方金融机构发展，引导更多的民间资本投入到中小企业信用担保机构、小额贷款公司、村镇银行和社区银行等中小金融机构当中。鼓励商业银行在法律允许的范围内进行金融创

---

[1] 上海证券报：《功能监管：中国金融监管框架改革的重心》，人民网，http://money.people.com.cn/stock/n1/2016/0526/c67815-28381180.html。

[2] The World Bank, *Pre-Concept Note Business Enabling Environment* (BEE), pp. 26-30 (2022).

新，为中小企业打造金融服务产品，如采购贷、订单贷、应收账款融资等创新产品。

2. 持续推进金融监管框架与融资服务框架改革

在市场经济现代化建设目标中，为适应中小微企业融资急需精准扶持、政府与金融机构合力促进融资的新型关系、"宜商环境评估（BEE）"中金融服务框架高质量要求等情况，政府可以利用新型规制工具与治理理念，推进融资服务向信息化、精准化方向发展。具体包括以下两点。

第一，以包容审慎监管调整中小微融资监管框架。包容审慎监管是我国近些年来提出并发展的新型市场监管方式，对于要素市场化配置、企业有序进入市场、提升企业信用等方面有重要作为。包容审慎监管提倡放松管制，给予市场容错空间与创新发展机会，以"观察期"探索企业监管的新方法。包容审慎监管尤其体现在新业态新经济监管中，参与互联网金融、平台经济的中小微企业可以在包容创新的环境中有序进入市场，适度扩大经营规模，广泛吸引融资。对于新业态新经济的融资，政府可适当放宽监管力度，协同金融机构优化信用监管方式，促进企业获得融资机会，降低融资成本。

第二，引入电子支付、信用报告等工具提升服务质量。数字政府建设依托互联网技术与通信技术建成的信息工具能够准确读取实体经济发展中资金短缺的产业领域、市场主体和造成短缺的原因，并给出政策调整建议。在互联网金融蓬勃发展的背景下，互联网技术和信息通信技术可以促进资金融通与支付、信息中介服务的新型金融业态。[1] 因此，数字政府建设应当明确新型金融服务工具的政策目标，提升金融服务的基础设施工具，采用新型信息工具分析企业融资面临的困境。

---

[1] 黄震、邓建鹏：《监管新政下的互联网金融发展走向》，《中国银行业》2015年第8期。

第十一章　政府诚信

政府诚信是衡量和检验政府与市场主体关系中的信用值的重要指标，也是本次数字经济营商环境评估的25个一级指标中唯一涉及司法大数据评价的一级指标。《优化营商环境条例》明确指出，国家在加强社会信用体系建设环节中持续推进"政务诚信""商务诚信""社会诚信"和"司法公信"建设，提高全社会诚信意识和信用水平。其中，政府合同与政府诚信是国家信用体系建设的重要环节。

本章指标吸收了"营商环境评估（DB）"中"合同执行"（Enforcing the Contract）和"政府合同"（Contracting with the Government）两项指标中与"解决商业纠纷"有关的行政与司法权行使机制，重点考察政府在商事经营领域的诚信水平。在"宜商环境评估（BEE）"中，"争议解决"（Dispute Resolution）指标下"解决商业纠纷的便利度"维度包含了解决与政府合同有关纠纷的程序效率，也是本章指在标评估过程中参考的方法之一。[①]

一　评估指标构成

本次评估的"政府诚信"一级指标之下设置两项二级指标，分别为"招商引资"和"政府合同"（见表11-1）。

四项三级指标包括"优惠政策公开度""优惠政策申报便利度""政府合同违约涉诉案件"和"政府失信责任追究机制"，分别从正向、负向

[①] The World Bank, *Pre-Concept Note Business Enabling Environment* (*BEE*), pp. 26-30 (2022).

评价政府与市场主体的交易情况，反映被评估城市在市场经营过程中的信用水平。

表 11-1　　　　　　　　　　政府诚信

一级指标	二级指标	三级指标
政府诚信 （6.0分）	招商引资（3.0分）	优惠政策公开度（1.0分）
		优惠政策申报便利度（2.0分）
	政府合同（3.0分）	政府合同违约涉诉案件（1.0分）
		政府失信责任追究机制（2.0分）

二　设置依据、评估标准及评估分析

在本项评估中，评估团队所依据的材料一部分来自政府官方网站、"信用中国"官网及官方政务服务 App，另一部分来自司法大数据研究院获取整理的司法大数据报告。网站评估中的数据以被评估城市市级、区县级政府及其部门的官方数据为主，涵盖了政策、新闻与公报等多种材料。在特殊情况下无法获取官方材料的，评估小组辅以网络公开搜索引擎和新闻报纸媒体进行检索。通过上述方式未检测到相关内容的，视为未落实该项工作或该项服务；可检测但不属于有效信息的内容，即网站评估中不可直接获取的"僵尸网页"及无效数据，仍视为未落实该项工作或该项服务。

司法大数据部分的数据则选取 2017 年 1 月 1 日至 2022 年 3 月 31 日的公开司法案件、失信被执行案件，以科学统计方法进行分析。本章数据由中国司法大数据研究院依托中国裁判文书网使用大数据技术挖掘、提取和分析而成。本章从三级指标角度，逐项说明该指标设置的具体依据、实施中的评估方法和评分标准，并基于评估情况分析评估结果。

（一）优惠政策公开度（1.0分）
【设置依据】

《优化营商环境》第三十一条指出，政府主体应当积极履行向市场主体依法做出的政策承诺。与优惠的税收、审批、公共资源获得等事项相关的政策是政府吸引投资、鼓励创新的重要举措。优惠政策促进招商引资工作在近些年来成为评价招商引资工作开展水平的重要标准。与单一的政府承诺相比，以政策形式发布承诺事项能够促进政府及时兑现政策。

【评估方法】

政府网站评估法与体验法相结合。截至2022年6月3日，通过检索被评估城市的政府网站（以招商局、投资促进局为主）、政府服务App，寻找被评估城市是否有招商引资政策集成；同时，通过体验法进行验证，排除不可访问、不可实际办理的情形，并记录政策的明晰度与可持续性，将其作为增分与减分的备选条件。明晰度和可持续性属于实质审查，需要评估政策的合理性，明晰度需判断政策能被广大投资者理解而并非语言机械的政策纲要，可持续性需判断政策是否与前沿国家战略保持同步，以保持适用效力。

【评分标准】

设置0分、0.5分、1.0分三档，分别对应"不可得""可得"与"易得"。在第一轮评估中，有专栏、政策集成则可评为"易得"，赋1.0分；经过第二轮评估的实质性审查，排除政策专栏长时间不更新、内容空乏而无法被企业主体理解等情况后的城市可最终获得"易得"评价，否则将视严重程度降级为"可得"与"不可得"。缺少政策集成专栏，但可以检索到分散的优惠政策，且检索难度小、政策数量丰富，可评为"可得"，赋0.5分。缺少招商引资优惠政策，检索困难，评为"不可得"，赋0分。

【评估分析】

在本项评估中，评估小组通过检索被评估城市的政府网站（以招商局、投资促进局官网为主）、政府服务App，衡量被评估城市的招商引资政策集成建设质量，划定本项指标得分的三档标准如表11-2所示，石家庄、厦门、呼和浩特等14个城市被评为"易得"，获1.0分，占被评估城市总数的38.9%；太原、合肥、宁波等20个城市被评为"可得"，获0.5分，占被评估城市总数的55.6%；福州、南宁被评为"不可得"，获0分，占被评估城市总数的5.6%。该指标的平均得分为0.667分。

表 11-2　　　　　　　　"优惠政策公开度"得分分布

得分（分）	1.0	0.5	0
城市（个）	14	20	2

在本项评估中，优惠政策公开较好的情况包括政策集成专栏、政策数量丰富、官网检索简单易操作等情况，实际上多数被评估城市有招商局、投资促进局门户网站，说明优惠政策发布平台畅通便捷。因此，评估小组在预评估阶段给予本项指标较高的得分预期，并相应收紧了赋分的难度标准。但在实际评估过程中，部分城市存在优惠政策与其他涉企政策混杂难分、政策分类不科学、政策发布平台零碎等影响检索的问题，因此被降级为第二档"可得"。评估小组因此推测，优惠政策公开度与数字政府与电子政务建设水平密切相关。

【典型事例】

本项指标中获得 0 分的 2 个城市均出现市级招商局或投资促进局官网无法访问且无其他获取优惠政策途径的情形。其余 34 个城市均有一定的政策可供查阅，但因其政策集成度、明晰度、规范性等形式与实质的原因被分为两档得分。

获得 1.0 分的城市均可检索到优惠政策集成专栏，其中法规、规章和规范性文件按照文件效力、涉及的产业、优惠措施进行了多样化分类，较典型的做法如杭州投资促进局官网优惠政策专栏、呼和浩特商务局招商引资专栏。[1] 呼和浩特招商引资政策专栏包含城市推介、政策法规、招商项目三部分，分别对应市级招商引资建设整体状况、政策明细与具体的招商项目，内容涵盖市级、县（区、旗）级。另外，乌鲁木齐发布招商引资政策年度汇编的方式灵活运用了政府信息公开机制，值得形成参考经验。

获得 0.5 分的城市失分的原因主要有两点，一是将涉企政策笼统地公布在地方招商局官网上，缺少详细的分类，使访问者难以分辨优惠政策，如上海产业政府服务官网发布的招商政策文件与公示公告专栏。[2] 二是官

---

[1] 杭州市投资促进网"产业政策"专栏，http://tzcj.hangzhou.gov.cn/col/col1603992/index.html；呼和浩特市商务局"招商引资"专栏，http://swj.huhhot.gov.cn/zsyz/。

[2] 上海市产业政策服务官网，https://www.sh-keji.cn/category/ryrd。

网虽有分类明确的优惠政策集成，但政策发布慢、数量少、内容多为纲领性规范，在实际查阅过程中并不能帮助市场主体获取有用的信息，如拉萨。[①] 这反映出部分地方政府数字平台信息公开水平仍然较低。

（二）优惠政策申报便利度（2.0分）

【设置依据】

同"优惠政策公开度"指标。

【评估方法】

在评估阶段，评估小组发现多数城市已经建立了优惠政策兑现网上服务平台，用户可以全线上办理优惠政策兑现申报。因此，本项指标的评估方式为优惠政策兑现平台评估，采用各政府网站评估法与体验法相结合的方式进行评估。评估小组将记录被评估城市是否建设了一站式优惠政策兑现平台、平台功能与办理栏的信息公示情况，同时通过体验法进行验证，排除不可访问、不可实际办理的情形。

【评分标准】

本项三级指标总分为2.0分。设置0分、1.0分、2.0分三档，分别对应"不可得""可得"与"易得"。有网上一站式政策兑现平台的，可评为"易得"，赋2.0分。无一站式平台，但有政策、新闻佐证及时兑现的，可评为"可得"，赋1.0分。缺少有效政策和新闻材料的，或虽有一站式兑现平台但实际上不能访问、不可操作的，评为"不可得"，赋0分。

【评估分析】

本项指标的评估方式为优惠政策兑现平台评估，评估针对优惠政策兑现平台的建设状况展开。评估得分被分为3档，北京、厦门、大连等20个城市被评为"易得"，获2.0分，占被评估城市总数的55.6%；呼和浩特、青岛、贵阳等14个城市被评为"可得"，获1.0分，占被评估城市总数的38.9%；乌鲁木齐、西宁被评为"不可得"，获0分，占被评估城市总数的5.6%（见表11-3）。

---

① 国家级拉萨经济技术开发区官网"招商政策"专栏，http://lsda.lasa.gov.cn/jkq/zszc/common_list.shtml。

第二编　市场环境

表 11-3　　　　　"优惠政策申报便利度"得分分布

得分（分）	2.0	1.0	0
城市（个）	20	14	2

在本项评估中，优惠政策兑现平台建设较好的情况包括平台可以直接访问或有充分的材料佐证优惠政策兑现平台便于当地企业主体使用的情形。由于部分被评估城市未单独建立优惠政策兑现平台，而是将兑现事务纳入政务服务综合平台，为避免遗漏，评估小组将有新闻材料佐证优惠政策及时兑现的情形视作"可得"，这部分城市占据了本项评估的 38.9%。整体来看，各被评估城市已经建立起了及时兑现优惠政策的长效机制，且相当一部分城市已经利用数字政府工具完善了这一机制目标。

【典型事例】

本项指标中获得 0 分的 2 个城市均出现缺少一站式政策兑现平台、缺少明确的政策和新闻佐证优惠政策兑现机制的情形，如乌鲁木齐在此项不得分的原因是缺少数字化政策兑现平台，因此被评为"不可得"。

其余 34 个城市均有一定的材料佐证存在优惠政策兑现机制，但由于本次评估以兑现平台建设情况衡量及时性，只有可访问政策兑现平台的城市获得了"易得"评价，典型做法如：第一，厦门惠企政策兑现平台，企业可通过政策类型（包括认定奖励类、资金补贴类、竞争评选类）、责任部门、兑现日期、市区级筛选可参与兑现的项目。官网实时更新兑现的进展情况（兑现中或已过期）。[1] 第二，宁波"甬易办"惠企惠民政务服务平台，提供多项精准筛选条件，发布与项目对应的政策指南，明确显示政策兑现的有效时间、截止时间。[2] 第三，广州"穗好办"惠企政策直通车，筛选条件和信息公示与前述两个评估城市相似，创新之处是可直接链接到各区的政策兑现网址，实现精准化申报。[3]

---

[1] 厦门惠企政策兑现平台，https://msjx.xmdanao.com/co-policy-client/indexFD.html#/?activeKey=1。
[2] 宁波市惠企惠民政务服务平台，https://enb.ningbo.gov.cn/home。
[3] "穗好办"惠企政策直通车，https://zwfw.gzonline.gov.cn/vuegzzxsb/rewardAndSubsidy。

(三) 政府合同违约涉诉案件（1.0 分）

【设置依据】

政府履行合同应遵守包括及时性要求在内的各项合同义务，避免违约的发生。《优化营商环境条例》第三十一条明确指出，地方各级人民政府及其有关部门应当"履行与市场主体依法订立的各类合同""不得以行政区划调整、政府换届、机构或者职能调整以及相关责任人更替等为由违约毁约"。而涉诉案件数量是反映政府合同活跃度的一项重要客观数据，可以直观地反映政府的违约情况与合同履行的及时性。

【评估方法】

司法大数据检索法。统计 2017 年 1 月 1 日至 2021 年 3 月 31 日结案的民事、行政案件中涉及行政协议、行政合同与政府合同的涉政府违约纠纷案件的数量与其中政府败诉案件的数量（见表 11-4、表 11-5）。

表 11-4　　　　　政府违约情况司法大数据统计口径

条件分类	检索目标
案件类型	民事、行政案件
审结/新收	审结
审判程序	一审、二审、再审
文书类型	判决书、裁定书、调解书
结案时间	2017 年 1 月 1 日至 2021 年 3 月 31 日
案由范围	全案由
检索口径	全文出现"行政协议""行政合同""政府合同"
法院范围	全国各级法院
涉政府违约	被告为政府，原告诉求、本院认为中出现"违约""违反……约定""违反……合同""违反……协议"
涉政府违约纠纷政府败诉情况	被告为政府，判决结果为支持或部分支持原告诉讼请求；原告为政府，判决结果为驳回原告诉讼请求；上诉人为政府，判决结果为驳回上诉

需要注意的是，政府合同涉诉的案件数量不能直接反映政府的失信度与诚信建设水平。在数字经济建设领先的城市，企业主体往往更倾向于提及涉政府违约诉讼，其中反映的现象可能包括企业争议解决意识提升、当

第二编 市场环境

地司法维权成本降低等。因此，本项指标评估避免采取绝对数量标准，将以数据结合典型事例的方式共同说明政府违约情况。

表11-5　　　　　政府违约涉诉案件数量败诉率统计

城市	涉及政府违约的案件数量（起）	涉政府违约政府败诉案件数量（起）	败诉率（%）
兰州	123	1	0.81
太原	37	1	2.70
南昌	179	5	2.79
西宁	48	2	4.17
沈阳	293	14	4.78
宁波	39	2	5.13
西安	91	5	5.49
济南	197	11	5.58
郑州	386	23	5.96
青岛	100	6	6.00
贵阳	100	7	7.00
大连	98	7	7.14
杭州	151	11	7.28
银川	694	71	10.23
重庆	291	31	10.65
成都	74	8	10.81
南宁	45	5	11.11
呼和浩特	56	7	12.50
福州	55	7	12.73
长春	46	6	13.04
长沙	86	12	13.95
石家庄	7	1	14.29
上海	34	5	14.71
天津	68	11	16.18
昆明	123	20	16.26
北京	226	37	16.37

续表

城市	涉及政府违约的案件数量（起）	涉政府违约政府败诉案件数量（起）	败诉率（%）
哈尔滨	42	7	16.67
厦门	20	4	20.00
南京	70	17	24.29
乌鲁木齐	28	7	25.00
武汉	64	18	28.13
深圳	26	8	30.77
海口	57	20	35.09
合肥	31	12	38.71
广州	210	83	39.52
拉萨	2	1	50.00

【评分标准】

由于诉讼意愿、争议解决方式差异、统计误差等，单一的违约案件数量不能直接得出政府诚信度低的结论。本项指标以败诉率作为唯一的评分标准。通过司法大数据统计口径得出政府违约案件的总数和其中的政府败诉案件数量，计算败诉率。在反映各城市表现情况时，败诉率越高，得分越低。在赋分时为方便计分则采取胜诉率数值，将数值四舍五入为保留1位小数，以0.1为梯度设置得分基准。

【评估分析】

通过上述评估方法得出的分数具体分布情况如表11-6所示。其中，兰州、太原、南昌、南宁、宁波等10个城市得1.0分，占被评估城市总数的27.8%；贵州、大连、杭州、上海、成都等13个城市得0.9分，占被评估城市总数的36.1%；天津、昆明、北京等7个城市得0.8分，占被评估城市总数的19.4%；武汉、深圳、海口3个城市得0.7分，占被评估城市总数的8.3%；拉萨得0.5分。

表11-6　"政府合同违约涉诉案件"得分分布

得分（分）	1.0	0.9	0.8	0.7	0.6	0.5
城市（个）	10	13	7	3	2	1

第二编　市场环境

【典型事例】

1. 涉及违约的政府合同类型

政府违约案件数量反映的是政府未积极履行合同引发的纠纷。评估小组在设计主观问卷时引进了政府违约问题，收集企业主体在政府合同中的参与情况，统计政府违约的主要合同类型和违约事由。在684份涉及"在本评估周期内与政府订立政府合同"的主观问卷中，共有145份问卷涉及"超过约定期限履行合同"（违约事项、政府合同的具体类型及事例数量如表11-7所示）。

表11-7　违约事项、政府合同的具体类型及事例数量

政府合同类型	政府拒绝履行合同、单方解除合同（起）	政府履行合同不符合合同规定的质量要求（如不按照合同约定的履行方式）（起）	政府履行合同不符合数量要求（如只支付部分价款）（起）
城市基础设施等国有资产（包括无形资产）的投资、建设、租赁、转让、承包、托管、出借、担保等合同	30	2	8
土地、森林、荒地、水流、矿藏等国有自然资源使用权的出让、转让、出租、承包合同	9	3	7
政府特许经营合同、政府和社会资本合作（PPP）合同	10	1	8
行政征收、征用补偿合同	6	1	2
科研、咨询、会展等委托服务合同	4	2	0
招商引资合同	3	0	2

2. 涉政府合同违约的诉讼案件

本项评估的典型事例参考了《最高人民法院行政协议典型案例（第一批）》和《最高人民法院行政协议典型案例（第二批）》中的典型案例，以分析涉及商事政府合同纠纷中政府违约的原因与法院意见，总结政府合同违约的司法解决机制。

在"九鼎公司诉吉林省长白山保护开发区池北区管理委员会、吉林省长白山保护开发区管理委员会不履行招商引资行政协议案"① 中，被诉行政机关长白山管委会向企业做出政策支持、资金支持等允诺，但因选址问题迟迟未兑现政策承诺，导致企业无法继续经营，被诉请尽快办理前期手续及场地选址事宜，或给予货币补偿。法院支持了原告的诉讼请求，认为"政府在客观上无法实现原招商目的时，应当对实际投资人的损益作出处理，避免侵害营商环境"。

在"淮安红太阳公司诉江苏涟水经济开发区管理委员会、江苏省涟水县人民政府继续履行投资协议案"② 中，涉案《项目合同书》《补充协议》中相关条款的约定和承诺超越行政机关的职权而应属无效，人民法院秉持"规范行政机关招商引资行为及优化法治化营商环境"的理念，未全盘否定涉案投资协议的效力，对有效条款和无效条款的法律后果予以分别处理，最终判决行政机关给予企业在经济损失上的赔偿，可以充分保护协议相对人的信赖利益。

3. 法院对政府合同违约案件的处理机制

法院在追究政府违约责任、解决政府失信问题中不仅可以行使审判权，还可以形成外部监督力量。其中的典型事例如银川"政府承诺+社会监督+失信问责"机制，遵守依法行政、依法履职并保护社会主体的信赖利益，要求各级政府部门都要履行对社会承诺的服务事项，主动接受社会监督。银川将各级政府部门和公职人员在履职及执法过程中"因违法违规、失信违约被司法判决、行政处罚"等信息纳入政务失信记录。在履职承诺方面，对没有执行到位的，政府"要有整改措施并限期整改，对整改不到位、严重失职失责的要追究责任"。③

---

① 九鼎公司诉吉林省长白山保护开发区池北区管理委员会、吉林省长白山保护开发区管理委员会不履行招商引资行政协议案，《最高人民法院行政协议典型案例（第一批）》。
② 淮安红太阳公司诉江苏涟水经济开发区管理委员会、江苏省涟水县人民政府继续履行投资协议案，《最高人民法院行政协议典型案例（第一批）》。
③ 信用中国：《宁夏银川打造"诚信政府"，十大信用案例占七成》，信用中国（安徽芜湖）官网，http://credit.wuhu.gov.cn/news/1560822440978.html。

（四）政府失信责任追究机制（2.0分）

【设置依据】

在政府诚信建设过程中，政务诚信是政府对社会、公民受信践诺的重要要求，也是数字经济发展过程中政府与市场主体互动时必须遵守的基本理念。《国务院关于加强政务诚信建设的指导意见》明确指出，"危害群众利益、损害市场公平交易等政务失信行为"是政务诚信的治理重点。实践中，各地已经推出了政务诚信建设机制。

在政府违约情况之下，政府面临行政诉讼败诉并依照生效法律文书执行的环节。另外，在"加强预算管理、严格责任追究等措施，建立防范和治理国家机关、事业单位拖欠市场主体账款的长效机制"等机制性要求中，履行生效判决也应被纳入"长效机制"的范畴中，被诉行政主体应当配合强制执行司法与行政机关，积极履行合同义务，赔偿因违约给市场主体带来的损失。同时《关于推进社会信用体系建设高质量发展促进形成新发展格局的意见》要求应当建立健全"政府失信责任追究制度""完善治理拖欠账款等行为长效机制"。[1]

本项指标评估以上述政务诚信、政府违约两个维度展开，着重考察政府在营商环境建设中涉及的商事诚信建设机制，总结各地机制中的创新之处。

【评估方法】

在"信用中国"和各被评估城市官网检索与政务诚信、违约责任追究机制相关的政府性文件和机制建设总结类材料，辅以网络检索法，检索被评估城市是否存在推进"政府违约失信责任追究机制"的建设成果。

【评分标准】

采取"基础分+分段加分"的方式，满足相应条件可分别加分：有政务诚信机制建设相关政府文件，如政务诚信建设条例、信用条例，可得基础分0.5分；有针对政府商事责任追究的机制，如政府采购、政府和社会资本合作、招标投标、招商引资等领域中的政府失信责任追究机制，加

---

[1] 《中共中央办公厅国务院办公厅关于推进社会信用体系建设高质量发展促进形成新发展格局的意见》，2022年3月29日发布。

1.0分；有政府诚信机制建设成果，如案例、金额等详细，加0.5分；有针对失信责任追究机制的创新点，加0.5分。

本项三级指标总分为2.0分，加分不可超出满分。

【评估分析】

"政府失信责任追究机制"得分分布如表11-8所示。

表11-8　　　　"政府失信责任追究机制"得分分布

得分（分）	2.0	1.0	0
城市（个）	21	14	1

【典型事例】

本项指标评估结合了政务诚信机制、政府失信追责机制两项重要机制，考察政府在政府合同责任承担中自我检查与接受社会监督的意愿，从而推断企业面临政府失信违约时的救济途径可得性。评估小组在检索中发现，大部分城市制定了政府失信责任追究及责任倒查相关机制的政策性文件，并展开了相应的实践，建立了行政主体自查、司法主体监督、社会共同监督"三位一体"的责任追究机制。

重庆提供多种渠道以监督政府失信责任。《重庆市社会信用条例》将"提升政务诚信、商务诚信"作为基本原则，写入"建立政务诚信监测治理体系和政府失信责任追究制度"中，设定了重点领域政府违约的违约责任与赔偿责任；利用"信用中国（重庆）"网站和"信用重庆"微信公众号公示政府部门信用信息，联合社会公众力量共同监督。[1] 江苏省政府在全省范围内建立政府失信责任追究制度。《江苏省社会信用条例》明确规定，"各级人民政府、有关部门在履职过程中发生违法违约行为，被依法追究责任的，相关信息应当纳入政务失信记录"[2]。由此可见，各地社会信用体系建设已经将政务失信纳入考查范围中。

有"政府被列为失信被执行人"记录的城市都开展了政府失信责任追

---

[1] 工人日报：《重庆立法保障守信者处处受益》，中工网，http：//www.workercn.cn/34306/202109/22/210922145947383.shtml。

[2] 《江苏省社会信用条例》，江苏省人民代表大会常务委员会，2021年7月29日发布。

究制度建设，多数以发布政策性文件的方式展开。北京提出"建立政府失信责任追溯和承担机制，对拖欠民营企业、中小企业款项的行为要依法严肃问责"①。郑州将公职人员纳入公权力失信监管范围，要求"将全市政府机构及公职人员在履职过程中因违约毁约拖欠等失信信息纳入政务失信记录"，由法院牵头建立"全市政府机构及公职人员失信被执行人信息通报和共享机制""定期将相关信息通报给市委政法委和市发展改革委"等创新实践。②

三 评估结论与建议

本项指标评估总分为6.0分，被评估的36个城市的平均得分为4.781分，共有21个城市在平均分之上，占被评估城市总数的58.3%；15个城市在平均分之下，占被评估城市的47.2%。本项评估获得满分的城市只有郑州（6.0分），排名前十的城市还包括杭州（5.9分）、成都（5.9分）、北京（5.8分）、厦门（5.8分）、西安（5.5分）、太原（5.5分）等。本项指标得分有明显的梯度，各城市的整体得分情况整体较好。

本项二级指标共包含四个三级指标，每项指标均为1.0分。各三级指标的得分状况为："优惠政策公开度"平均分为0.667分，得分率为66.7%；"优惠政策申报便利度"平均分为1.5分，得分率为75%；"政府合同违约涉诉案件"平均分为0.864分，得分率为86.4%；"政府失信责任追究机制"，平均分为1.75分，得分率为87.5%。

其中，所有三级指标中平均得分率最高的是"政府失信责任追究机制"指标，共有21个城市获得满分，说明政府在政务诚信和违约责任追究机制建设上已经取得了较好的成果。得分排名第二的指标是"政府合同违约涉诉案件"，共有10个城市获得满分，所有城市得分均高于0.5分，说明政府合同违约问题暂未引起突出的政企互动矛盾。

上述数据说明涉企相关的政府诚信建设存在着不可忽视的问题。除

---

① 《北京将建立政府失信责任追溯和承担机制》，中国新闻网，https：//www.cqn.com.cn/ms/content/2020-05/11/content_ 8602348.htm。

② 大河报：《郑州：加强诚信建设公职人员失信信息纳入政务失信记录》，郑州文明网，http：//zz.wenming.cn/wmzz_ xwzx/202009/t20200922_ 6729402.html。

"政府合同违约涉诉案件"一项内容来源于客观数据，评估机制尚待完善，其余指标得分结果均明确反映了政府在信用建设中的成效与可改进之处。评估小组将根据具体失分原因对地方政府诚信建设过程中存在的问题进行梳理，并给出相应的改进建议。

（一）取得的成就

1. 招商引资政策形式规范、内容丰富

获取涉企优惠政策是市场主体开办与经营过程中重点关注的问题，也是衡量地方政府招商引资机制水平的重要依据。评估小组对"优惠政策公开度"指标获得满分的14个城市进行观察显示，这些城市利用政府门户网、招商局官网或投资促进局官网、政府信息公开平台披露了招商引资政策集成，实现了政策一站式获取与查阅，体现了较好的数字政府建设水平。在可获取的政策集成基础上，评估小组进一步评价了优惠政策的形式与实质特征，范围涉及政策发布的有效性、及时性，政策的基本类型，政策文件的语言规范性等角度。最终获得满分的城市在上述内容中皆有较好的表现，说明招商引资政策发布机制已经有了较多可供参考的范例城市。

2. 优惠政策兑现平台数字化建设水平较高

在试评估阶段，评估小组发现各地政府都将及时兑现优惠政策视作重要领域，对督促政府及时兑现优惠政策已经有了充分的政策辅助，于是"优惠政策申报便利度"指标的评估重点在于衡量"申报便利"的程度。获得1.0分的17个城市的政务服务官网普遍构建了政策兑现平台，实现了数字政务服务，为市场主体带来了便利。在数字政务的发展趋势下，优惠政策兑现应当延续线上办理、一次办理的机制，政府提供优惠政策服务将朝着自动化、智能化的方向发展。

（二）存在的问题

1. 优惠政策的规范性、明晰度、稳定性与可持续性有待提升

根据"优惠政策公开度"指标评估显示，被评估城市政府已经建立了优惠政策发布机制，但如何提升发布效率、提高发布质量，使优惠政策让更多的市场主体直观理解并最终使市场主体获利，是各地方政府应当思考的问题。

评估中显示政府发布的优惠政策需要从规范性、明晰度、稳定性与可持续性方面提高质量。规范性、稳定性属于形式和效力审查，规范性要求发布形式合适、更新及时以避免形同虚设，稳定性要求政策不恣意变动以侵害市场主体的信赖利益。明晰度和可持续性属于实质审查，需评估政策的合理性，明晰度是指判断政策能被广大投资者理解而并非语言机械的政策纲要。可持续性需判断政策是否与前沿国家战略保持同步，以保持适用效力。

2. 政府合同违约问责机制不够完善

在政府与市场主体的不平等关系中，政府在合同解除权、合同履行方式等重要条件中占据了支配地位，且政府及时履行合同是信赖保护原则的要求，因此，政府应当更积极主动避免违约的发生，保护市场主体的权益。

在本项评估中，司法大数据结果涵盖相当一部分数量的政府违约案件，案件类型涉及政府迟延履行、拒绝履行、不完全履行等多种情况，这说明政府在合同履行过程中存在不主动承担责任的现象。政府违约问题发生后不仅面临社会信用风险，还会给企业主体的经营造成损失，因此，政府合同违约的事后损失赔偿机制是政府诚信建设中的重点。

目前，与政府违约相对应的责任追究机制不尽完善，缺少违约责任的赔偿机制。法院对于政府合同违约的监督力度不强。

（三）改进的建议

1. 加大招商引资优惠政策清单建设力度，动态调整政策

在政策的实质内容方面，针对优惠政策惠及对象指向不明、语言规范性缺失、稳定性较差的情况，地方政府应当提升行政决策水平与规范性文件制定水平。而在政策发布层面，针对政策发布不及时更新、政策分类不够直观、政策检索难度较大等问题，地方政府应当重视官网建设角度，充分利用数字政府工具来提升政府信息公开的水平。另外，政策清单、项目编制清单机制可以在优惠政策的制定与发布过程中发挥效用，地方政府可以就减税降费、获得用地审批等某一具体优惠事项定期编制优惠政策计划清单，根据地区产业的实际发展情况动态调整政策的适用对象、范围和优惠力度。

2. 落实政府合同违约赔偿责任追究机制

《优化营商环境条例》明确指出，县级以上人民政府及其有关部门应当"加大对国家机关、事业单位拖欠市场主体账款的清理力度"，通过"加强预算管理、严格责任追究等措施"，建立防范和治理国家机关、事业单位拖欠市场主体账款的长效机制。此项规定透露出，地方政府应当充分利用内部监督与社会监督机制双重机制，重点解决以拖欠账款为主的违约问题，建立起"谁违约，谁负责"的责任问责机制，并额外承担因违约给市场主体造成的损失。面临目前缺失违约赔偿追究机制的问题，各地需建设优化案件审理与加大赔偿金额相结合的数字经济政府诚信保障措施。

首先，完善政府合同违约案件审理机制。目前我国法院推行了行政协议案件审理的专门审判工作，在司法审判体系中融合了营商环境与政府诚信建设的核心理念，建立了以《最高人民法院关于审理行政协议案件若干问题的规定》为指导文件、《关于充分发挥审判职能作用为企业家创新创业营造良好法治环境的通知》等文件为辅助的行政协议案件审理机制。但在司法实践中，法院对于政府违约案件的审查强度需要进一步加强。

其次，增加政府合同违约赔偿金额。政府违约赔偿能够及时填补企业信赖利益受损带来的损失，也能威慑政府减少失信违约行为，维护自身诚信度。当前的政府违约赔偿计算采用"充分赔偿"标准，法院将政府因违约行为获利、企业投资金额、产权使用利益、资金使用利益的损失及未来经营收益、市场风险等因素纳入了违约赔偿数额的范围，考虑因素涵盖了企业从进入市场、投入生产到经营受阻的全过程。[1] 采用"充分赔偿"标准能够增加企业的获赔金额，倒逼政府恪守诚信底线，减少乱决策、乱签约、"新官不理旧账"等失信行为。在数字经济营商环境建设过程中，作为政府诚信核心配套设施的违约责任追究机制应当延续"充分赔偿"标准，司法审判机关可以考虑增加政府合同违约赔偿金额，将企业预期收益、信赖利益损失等因素纳入赔偿范围。

---

[1] 中科公司与某某县国土局土地使用权出让合同纠纷案，参见中华人民共和国最高人民法院（2017）最高法民终340号民事判决书。

第十二章 企业退出及政府相关服务

畅通企业退出是激发市场活力的重要动力。在投资环节，企业退出与资本循环、资本增值密切相关；在破产清算环节，高效率的破产框架可以助推丧失经营价值的企业快速获得清算，推动新公司的创立，扩大私营部门的规模，激发市场的活力。[1] 加快完善市场主体退出机制一直是我国现代化经济体系的建设重点。政府在企业办理退出过程中的主要职能是甄别市场主体优劣、引导破产清算处理流程、完善注销登记制度等，从而降低退出成本、激发市场竞争活力。[2] 因此，评估政府在企业办理退出中的配套政策、政务服务质量与办理效率具有重要意义。

与"宜商环境评估（BEE）"中的"商事破产"（Business Insolvency）指标相比，本项指标评估不局限于企业办理破产事务，结合我国中小微企业的发展现状，纳入了常规的注销办理事务。本项指标对应"商事破产"指标中"破产程序的专门机构与运行机制的质量"与"获得破产救济的便利度"两项二级指标，吸纳"宜商环境评估（BEE）"考察司法纠纷解决机制的设置，重点考核政府提供退出办理的服务质量。[3]

---

[1] The World Bank, *Pre-Concept Note Business Enabling Environment* (BEE), p. 53 (2022).
[2] 《关于印发〈加快完善市场主体退出制度改革方案〉的通知》，发改财金〔2019〕1104号，2019年6月22日发布。
[3] The World Bank, *Pre-Concept Note Business Enabling Environment* (BEE), pp. 54-56 (2022).

一 评估指标构成

本次评估的"企业退出及政府相关服务"一级指标下设置两项二级指标，分别为"优化注销办理流程"和"提高破产案件处置效率"（见表12-1）。

三项三级指标包括"网上自助办理""缩短公告时限"和"府院联动工作机制"，从不同角度反映被评估城市在评估期间政府提供企业退出及其配套服务的水平。"网上自助办理"与"缩短公告协议"指标对应了"宜商环境评估（BEE）"中"中小微企业的专门程序"板块中的"简易快速程序"内容，"府院联动工作机制"对应了"获得破产救济的便利度"的相关内容。[①]

表12-1　　　　　　　　　企业退出及政府相关服务

一级指标	二级指标	三级指标
企业退出及政府相关服务（3.5分）	优化注销办理流程（2.5分）	网上自助办理（1.5分）
		缩短公告时限（1.0分）
	提高破产案件处置效率（1.0分）	府院联动工作机制（1.0分）

二 设置依据、评估标准及评估分析

在本次评估中，评估小组所依据的材料与数据来源主要是网站评估。网站评估数据的主要来源为被评估城市的政府及其有关部门门户网站、数字政务服务 App、网络搜索引擎关键词查询、新闻报纸媒体查询四种，且以政府官网为主。通过上述方式未检测到相关内容的，视为未落实该项工作或该项服务；可检测但不属于有效信息的内容，即网站评估中不可直接获取的"僵尸网页"及无效数据，仍视为未落实该项工作或该项服务。本章从三级指标角度，逐项说明该指标设置的具体依据、实施中的评估方法

---

① The World Bank, *Pre-Concept Note Business Enabling Environment* (*BEE*), pp.54-56 (2022).

第二编　市场环境

和评分标准，并基于评估情况分析评估结果。

（一）网上自助办理（1.5 分）

【设置依据】

《优化营商环境条例》第三十三条明确要求"政府有关部门应当优化市场主体注销办理流程"。《市场监管总局　国家税务局关于进一步完善简易注销登记便捷中小微企业市场退出的通知》大力推行简易注销机制，鼓励创新办理退出方式。①

【评估方法】

本项指标评估采取政府网站评估法与体验法相结合的方法。以 2022 年 6 月 3 日为截止日期，通过检索被评估城市的政府网站、政府服务 App，寻找被评估城市是否有企业注销办理一站式平台。同时，通过体验法进行验证，排除不可访问、不可实际办理的情形。

【评分标准】

设置 0 分、1.5 分两档，分别对应"不可得""可得"两种情形。"可得"要求有一站式注销办理平台，用户可简单快捷登录。"不可得"指没有网上办理平台或存在不可访问的情形。

【评估分析】

在本项评估中，评估小组通过检索被评估城市的政府官方网站、数字政务服务 App，确定被评估城市是否存在企业退出一站式办理网站。秉持"有则可得，无则不可得"与"实际不可操作则不可得"的要求，本评估应当排除网站不可访问、用户不可注册、退出事项实际上不可办理的"僵尸网站"情形，但对网站是否易得、网站维护状态是否稳定、申报是否及时得到响应等效益性评价标准不予考虑。

经过网址搜集与访问体验，评估中的 36 个城市中有 35 个城市建设了企业退出一站式办理网站，且均为可以有效访问与申报的网站。只有西宁不可获得企业退出申报网站，被评价为"不可得"。

---

① 《市场监管总局、国家税务总局关于进一步完善简易注销登记便捷中小微企业市场退出的通知》，国市监注发〔2021〕45 号，2021 年 8 月 3 日发布。

【典型事例】

由上述评估数据可知，被评估的36个城市中有35个城市获得了本项目的满分，得分率极高，平均得分高达1.460分，这说明各地广泛响应"创新简易退出机制"的要求，积极利用数字政务的方式为企业在网上办理退出业务提供服务。当前，各地的网上办理退出业务呈现良好的发展态势。在评估过程中，评估小组以天津企业退出一站式办理网站作为典型事例，着重观察体验了该地的网上自助办理流程。

"天津市企业注销一窗通平台"是"天津市政府门户网站"中的专栏，其主页设有注销申请窗格、企业注销流程说明图、每日办理动态公示栏目。[1] 用户需通过"天津市统一身份认证平台"注册登录，根据提示进行退出申报。在完成申报后，企业可在本站查询办理进度，并可以通过官网发布的联系方式联系承办机关。上述设置体现了从申报到结果监督的一站式政务服务，其简便的操作、清晰的说明可以有效提升自助申报业务的实际操作性。

与天津注销平台相似的优质政务服务窗口还包括山西企业注销"一网通"服务平台[2]、福建企业注销网上服务专区[3]、北京市企业服务e窗通平台[4]等。上述平台既包括单独办理企业退出的专栏，也包括办理企业商事登记各类活动的混合窗口。

（二）缩短公告时限（1.0分）

【设置依据】

退出时限是指政府办理企业注销所需的时间，是对政府办理事项的效率要求。《优化营商环境条例》第三十三条明确要求政府应当"压缩办理时间"以"降低注销成本"。退出时限的要求存在于简易退出机制、注销公告机制中，该机制目前处于大力推进改革阶段。

【评估方法】

本项评估采用政府网站评估法。在政府官网检索政策、公报、新闻等

---

[1] 天津市企业注销一窗通平台，http：//qydj.scjg.tj.gov.cn/yctLogout/index.html。
[2] 山西省企业注销"一网通"服务平台，https：//1.71.190.115：8081/repeal/index。
[3] 福建企业注销网上服务专区，http：//61.154.11.191/repeal_yct_portal。
[4] 北京市企业服务e窗通平台，https：//ect.scjgj.beijing.gov.cn/index。

材料，评估是否存在简易注销流程、缩短注销公告时限机制的明确依据。考虑到改革推进的范围和力度差异，有必要检测被评估城市的改革范围，区分已形成成熟的退出公告时限工作机制和仅形成小范围试点改革两种情形。

【评分标准】

设置0分、0.5分、1.0分三档，分别对应"不合理""良好""合理"三种情形。"合理"赋1.0分，要求政策依据充分，简易退出机制已经脱离试点状态，在全市范围内建立成熟的退出公告时限工作机制。"良好"赋0.5分，要求有依据佐证存在公告时限要求，被评估城市已经开展了简易退出试验改革。"不合理"赋0分，为缺少依据、仅开展小范围试点但没有推进后续改革的情形。

【评估分析】

在本项评估中，评估小组通过检索被评估城市的政府官方网站来获取政策文件、公报和新闻材料，在穷尽官网评估的情况下辅以网络搜索引擎评估。根据评估的赋分标准，所有城市的得分都高于0分，获得了0.5分或1.0分，说明各城市在本项目中均有相应的材料佐证。其中，27个城市获得1.0分，被评为"合理"；9个城市获得0.5分，被评为"良好"，说明各城市相关佐证材料的获取的难易程度存在差异。

【典型事例】

本项评估结果只有"合理"和"良好"两档得分，没有城市获得"不合理"评价。有27个城市被评为"合理"，获得1.0分。获得"合理"评价的城市都有可供检索的材料，证明其市域范围内已经开展了较成熟的简易退出机制，明确缩短了企业退出公告时限，并将此机制规定在政府文件中，有意发展为长效化机制。较典型的事例如宁波，作为2015年全国首批4个简易注销改革试点城市之一，宁波于2018年提请国家市监总局"压缩企业注销公告期、提升注销便利化"，形成"公告时间大幅压缩""适用企业范围扩大""允许被终止简易注销登记的企业在达到条件后再次申请简易注销"等经验。[1] 类似的优秀案例如广西将"压缩简易注

---

[1] 《宁波"简易注销"再提速企业注销公告期从45天缩减至20天》，中国宁波网，http://news.cnnb.com.cn/system/2019/02/25/030030471.shtml。

销登记公告期限"拓展至全省级行政区范围内，积累了丰富实践。① 关于退出公示的救济，为避免因缩短退出时限使相关利害关系人权益受损的问题，厦门设有退出异议机制。②

有9个城市获得0.5分，包括长春、济南、广州、贵阳、昆明、太原、南昌、长沙、兰州，这些城市按失分的原因可归纳为两类。

第一类为佐证材料不足，即缺少足够的官网政策文件，或检索难度较大的情形。政府官网材料按可用价值高低分为政策文件、公报及官方新闻，官方材料的可用价值高于网络搜索引擎获取的材料。此类城市的检索结果多为内容一笔带过、未展开描述相应机制的新闻材料，且多需要借助网络搜索引擎寻找辅助材料。其中较典型的如太原，仅存在民间媒体新闻中的"缩短企业退出办理机制"相关事例，说明太原展开了简易注销机制，但该报告并非重点介绍"退出公告时限"的专题报道，而是对营商环境举措的概括性描述。③

第二类为试点改革范围狭小，即仅能在区县级政府官网查找到本级别材料的情形。企业退出涉及税务、债务、破产清算等事务，由多部门介入申请审批。此项申请较多存在于地方的经济试验区、经济开发区。较多地方仅有当地经开区进行了缩短企业退出办理时限的试点改革，未在全市范围内铺开此项机制的建设。其中较典型的是上海，仅有材料佐证浦东新区建立了"畅通市场主体退出渠道"的机制。④ 评估小组无法在上海市政府官网及其他辅助性搜索引擎中找到全市建立该机制的相关材料。但上海浦东新区采取税务局、人社局等多部门联合开通"注销绿色通道"、明确缩短登记公告时限的举措能够充分体现政府办理企业退出服务的精简、高效

---

① 广西日报：《广西市场主体简易注销全面提速》，国务院官网，http：//www.gov.cn/xinwen/2021-09/09/content_5636381.htm。

② "有关利害人可就通过厦门市商事主体登记及信用信息公示平台《简易注销公告》专栏异议留言功能提出异议并简要陈述理由。"参见中国质量新闻网《福建厦门：简易注销公告时限缩短55%，注销登记即来即办》，全国组织机构统一社会信用代码数据服务中心转载，https：//www.cods.org.cn/c/2021-01-28/13302.html。

③ 山西晚报：《优化"六最"营商环境太原定出行动计划》，中宏网"营商环境"专栏，http：//sanjin.zhonghongwang.com/show-197-4602-1.html。

④ 《上海市浦东新区市场主体退出若干规定》，上海市人民代表大会常务委员会，2021年9月28日发布。

要求，值得推广。[1]

（三）府院联动工作机制（1.0分）

【设置依据】

破产程序中的府院联动工作机制是解决企业破产衍生社会问题的一种新兴机制。《优化营商环境条例》第三十三条明确要求"县级以上地方人民政府应当根据需要建立企业破产工作协调机制，协调解决企业破产过程中涉及的有关问题"。破产府院联动机制遵循政府主导风险管控和事务协调、法院主导司法程序的原则。在《加快完善市场主体退出制度改革方案》[2]中，破产案件应"繁简分流"，政府与法院应"加强司法与行政协调配合""加强司法能力及中介机构建设"。

【评估方法】

政府网站评估法与网络搜索引擎关键词检索法。具体观测方法为在被评估城市的市级政府官网、法院官网及百度、微信搜一搜等主流搜索引擎中检索关于破产案件府院联动工作机制的政策、公报和新闻，筛选日期为本评估期间内，根据实测情况具体赋分。考虑到改革推进的范围和力度差异，有必要检测被评估城市的改革范围，排除仅在区县级政府、法院试点改革且没有推进后续改革的情况。

【评分标准】

设置0分、0.5分、1.0分三档，分别对应"不合理""良好""合理"三种情形。"合理"赋1.0分，要求政策依据充分，府院联动工作机制已经脱离试点状态转而在全市范围内全部建立。"良好"赋0.5分，要求有公报、新闻等一定依据佐证，区县级单位已经开展了府院联动工作的试点改革。"不合理"赋0分，为缺少任何依据、仅开展小范围试点但没有后续改革的情形。

---

[1] "从优化注销流程方面着手，通过与税务、人社等部门更深层次的配合协同，为企业开辟注销'绿色通道'。此轮改革前，简易注销登记公告时限为20日，改革后缩减至10日，实现了流程'优化'。对于创业者而言，只要未发生债权债务或已将债权债务清偿完结，符合相关条件的，都能通过简易注销快速退出市场。"参见解放日报《优化营商环境畅通市场主体退出渠道浦东新区法规实施三月余成效明显》，上海市人民政府2022年2月22日转载，https://www.shanghai.gov.cn/nw4411/20220222/7c3f775f17c64c549cb456dde4fcf605.html。

[2]《关于印发〈加快完善市场主体退出制度改革方案〉的通知》，发改财金〔2019〕1104号，2019年6月22日发布。

【评估分析】

在本项评估中，根据评估的赋分标准，大多数城市获得1.0分或0.5分，但也存在多个城市得0分的情况。其中，得1.0分的城市有26个，占比为72.2%；得0.5分的城市有4个，占比为11.1%；得0分的城市有6个，占比为16.7%（见表12-2）。

表12-2　　　　　　　　"府院联动工作机制"得分分布

得分（分）	1.0	0.5	0
城市（个）	26	4	6

其中，27.8%的城市在本项指标中存在失分情况，这说明相当数量的城市在破产案件府院联动工作机制的建设中没有达到全国平均水平。

【典型事例】

本项指标是本章中得分差距较明显的三级指标，各城市在三等赋分标准中体现了明显的得分梯度。获得1.0分的城市都有建立市级破产案件府院联动工作机制的材料依据，或其所属省份出台了统一建立省级机制的政府文件。其中的典型事例如杭州的"企业涉险与破产司法处置府院联动机制"，即通过发布规范性文件的方式明确工作机制内容，包括分类协同处置机制、制度化沟通协调机制、常态化信息共享机制等，并明确了府院职责分工，涉及多部门联合目标。[1] 重庆积极推进的"法院创新破产案件审理机制"也探索出多条企业破产服务的有效路径，包括制定预重整工作指引，[2] 利用科技手段构建全业务网上办理、全领域区块协同、为出清任务较重的对象开辟绿色通道等。[3] 广州创新工作方式，破产管理人办理涉税事项过程中反映的痛点、堵点、难点问题，畅通人民法院、税务局、管理

---

[1] 《杭州市人民政府办公厅关于建立杭州市企业涉险与破产司法处置府院联动机制的通知》，杭政办函〔2018〕119号，2018年10月8日发布。

[2] 《重庆市第五中级人民法院关于印发〈重整案件审理指引（试行）〉的通知》，2021年12月28日发布，2022年3月16日。

[3] 法治日报：《一批民营企业何以快速重生——重庆法院改革创新破产案件审理机制助力企业健康发展》，法制网，http://www.legaldaily.com.cn/index_article/content/2022-03/09/content_8684479.htm。

人之间的工作衔接机制。[1]

长沙所属省份湖南省通过省高院拟构建企业破产处置府院联动工作机制，但长沙市级单位缺少建设同样机制的材料。湖南从省级层面建立统一机构的目标可能在未来会发挥积极效益，其发布的《关于建立企业破产处置府院协调机制的通知》（湘政办函〔2020〕102号）明确从省级层面建立统一机构，定期召开联席工作会议，这种做法值得肯定。[2] 类似的做法还包括河南、甘肃、江西、广西。

获得0.5分的四市均为仅可获得区县相关机制材料的情形。其中典型的城市是成都，天府新区作为成都现阶段鼓励创新创业发展的重要试点区域，建立了企业破产府院联动工作机制，这说明成都市政府有推进此机制常态化建设的趋势，但该工作机制在未来仍有拓展范围的空间。[3]

得0分的沈阳、太原、西安、拉萨、西宁、乌鲁木齐六市的相关材料暂无法获得。

三 评估结论与建议

本项指标评估总分为3.5分，被评估的36个城市的平均得分为3.111分，得分率达88.9%。共有18个城市在平均分之上，占被评估城市总数的50%。本项评估获得满分的城市有18个。本项指标各城市的整体得分情况整体良好，但得分分布存在一定的梯度。

本项一级指标共包含三个三级指标，包含1.5分指标1项、1.0分指标2项。各三级指标的得分状况为："网上自助办理"平均分为1.458分，得分率为97.2%；"缩短公告时限"平均分为0.875分，得分率为87.5%；"府院联动工作机制"平均分为0.778分，得分率为77.8%。

其中，在所有三级指标中平均得分率最高的是"网上自助办理"，得

---

[1] 广州中院：《府院联动！共为优化营商环境提速增效》，澎湃新闻网，https://www.thepaper.cn/newsDetail_forward_7567921。
[2] 李果：《湖南高院推动构建企业破产处置府院联动机制》，湖南省高级人民法院官网，https://hunanfy.chinacourt.gov.cn/article/detail/2020/09/id/5462752.shtml。
[3] 天府新区法院：《四川天府新区建立企业破产府院联动机制》，载微信公众号"民事司法评论"，2021年1月11日。

分率为97.2%，接近满分，这表明目前被评估城市政府机构在网上自助办理企业退出事项的建设情况比较理想，该工作机制已经在全国范围内全面铺开。得分最低的指标是"府院联动工作机制"，平均得分率为77.8%，与另外两项指标形成较大的梯度差距，其中得0分的城市数量为三项指标中最多，有6个，较明显地反映了部分城市在破产案件府院联动机制的建设中响应速度慢、力度小。

本项指标的总体建设情况较好，但并不表示其中的子项目存在的问题可以被忽略。经过分差分析，本项中的三个三级指标的得分率有明显差异，其中"府院联动工作机制"作为本项中唯一涉及纠纷解决机制的三级指标，得分情况较差。评估小组将根据具体失分原因对地方政府提供企业退出及政府相关服务的过程中存在的问题进行梳理，并给出相应的改进建议。

（一）取得的成就

1. 企业简易退出机制得到全面建设

本章中的"网上自助办理""缩短公告时限"两项三级指标共同构成了企业简易退出机制。总体上看，两项三级指标总分为90分，被评估的36个城市共得84分，得分率高达93.3%；两项三级指标中获得0分的次数仅为1次，0分率仅占1.4%，这意味着全国各地方政府已经广泛展开了企业简易退出机制的实践，在制定退出程序性规范、创新退出办理方式、提升退出办理服务质量方面取得了较好的成果。

2. 企业退出自助办理便捷高效

评估小组对被评估城市的退出办理网站的初步观测显示，除极少数城市缺少来源信息，其他被评估城市的政府官网实现了网上办理企业退出业务一站式平台建设，因此评估小组相应放松了评分标准，只剔除了网站是否可得、可实际访问、可实际办理业务等情况。经过体验法的验证，初步观测环节获得"可得"评价的35个城市不存在不可实际办理等情况，可以获得1.0分。网上办理是企业自助办理中最便捷高效的途径，它有效地利用了数字政府与电子政务服务的最新建设成果，是实现"在家办、一次办"的有力工具，丰富了服务型政府建设的成果。

第二编　市场环境

（二）存在的问题

1. 企业破产府院联动工作机制建设尚未全面铺开

在评估中发现，企业破产府院联动工作机制的得分为三项三级指标中最低，被评估城市得分形成明显的三级梯度差异，部分得分为 0.5 分的城市的府院联动工作机制建设停留在县级单位，且浮于口号与会议倡导。

企业破产府院联动工作机制是防范化解重大风险特别是金融风险的重大部署，推进破产重整后的企业盘活重生、破产清算后的企业尽快市场出清。在优化营商环境的背景下，本次被评估的 36 个城市都就促进金融市场高质量发展、加强实体经济支持力度展开了工作部署。因此，作为企业退出过程中化解风险与纠纷的破产解决机制需要在被评估城市内全面铺开。得分为 0.5 分的四市仅作区县级单位试点改革建设，体现出企业退出破产解决机制没有在本市级范围内形成成熟的工作机制。

2. "退出时限"弹性空间较大

在本次评估中，各地对"退出时限"的解读存在较大的弹性空间，退出时限机制建设方式和建设水平有较大的差异。鉴于数据的可得性，评估小组将"退出时限"定义为压缩企业办理注销时间的一项建设目标，而非字面意思上的具体时间数量。此外，在实际评估过程中，各被评估城市普遍在建设"简易退出"机制的过程中提出了"压缩企业办理注销时间"的要求。如南京发布政府文件，明确提出将企业简易注销公告期由 45 天压缩至 20 天。[①]

（三）改进的建议

1. 加强府院联动，构建市级破产案件处置机制

企业破产是解决企业退出市场最后一道障碍的市场化手段。用市场化手段调整和压缩过剩产能，可以实现社会资源的合理再分配与再利用，可以有效防范金融风险，盘活市场的经济存量。在强调风险分摊的当今公共治理策略中，府院联动是一种协调行政权和司法权的风险防范机制与纠纷解决机制。为使府院联动工作机制在地方发展中发挥良好效用，应当注重

---

① 南京日报：《南京企业简易注销公告时限 45 天压缩至 20 天》，南报网，http://www.njdaily.cn/news/2021/0313/3185131872653240785.html。

以下两个方面。

第一，府院联动工作机制需要同时从横向合作力度和纵向合作强度中构建。我国破产法明确规定了在破产企业行政清算阶段中的政府职责，包括"上级主管部门担任清算组组长"，政策性破产中行政权主导"破产受理、职工安置、破产分配"，这说明政府介入破产清算流程具有法律依据，行政权与司法权在破产清算问题上有各自侧重的分工。在便利企业退出、破产市场化的新发展规划中，政府与法院的合作需要从传统的分工走向协调，再走向联动机制，并以协同机制作为未来发展目标，实现工作目标一致、步骤一致、效率一致。府院联动工作机制的内在逻辑包括保障工作组织、明确工作规则、厘清工作职责与任务。观察目前各被评估城市发布的企业破产处置府院联动工作机制实施方案，其中提出的"保障职工权益""妥善处理债权问题"及"项目推介招商引资工作"等工作任务可以有针对性地解决企业退出中的市场主体权益保障难题，此类以权益保障为中心的工作展开逻辑值得全面推广。

第二，在仅有的省级府院联动工作机制建设的情况下，此类活动多为制定纲领性政策文件的临时性活动，实际可操作性较弱，且省级工作机制有管辖范围的局限性，往往不能涉及市级片区小微企业案件。因此，市级政府与中级人民法院应当尽快填补本级破产案件处置府院联动工作机制的缺失。在仅有的区县级破产案件处置府院联动工作机制试点的情形中，市级政府与中级人民法院应当认识到构建完整的市级机制的重要性，吸收试点建设经验，在全市域管辖范围内推广其工作机制，并及时颁布规范性文件与工作文件，形成稳定的府院联动工作机制。

2. 完善压缩退出时限规定，推进信息公开

根据评估小组的概念界定，"退出时限"指标应指着力构建压缩退出时限机制。这一机制属于行政活动中的程序性事项，应当有明确的概念、范围界定与对应的信息公开机制。对于时限的具体设置而言，应当考虑到本地小微企业退出整体数量、办理退出需求与市场活动状况，确定符合经济运行实际情况与政务服务实际水平的时限标准，切勿以完成目标口号为导向，设置无法完成的虚假标准。对于压缩退出实现的配套政务服务流程，应当以规范性文件、政策文件的形式加以明确规定，并及时在政府官网、办理退出一站式平台中公开。

第三编　政务服务

第三编　政务服务

　　党的二十大报告指出，要"深化简政放权、放管结合、优化服务改革。""合理缩减外资准入负面清单，依法保护外商投资权益，营造市场化、法治化、国际化一流营商环境"，[①] 本编聚焦政务服务建设，选取"权力清单""一网通办及一网统管能力建设""政策咨询与反馈机制""中介服务""证明清单""贸易通关便利""公共法律服务资源体系建设"7个主要涉企政务服务主题，重点考察36个城市政务服务数字化建设水平，也即是否实现一体化在线政务服务平台建设，推动政务服务标准化、便利化、规范化，精简行政许可和优化审批服务，建立公平、公开、透明、高效的政府运行体系，从而降低市场主体的制度性交易成本（具体得分情况见下表）。

[①] 《高举中国特色社会主义伟大旗帜　为全面建设社会主义现代化国家而团结奋斗——在中国共产党第二十次全国代表大会上的报告》，人民出版社2022年版，第29、33页。

第十三章　权力清单

权力清单是政府主动接受社会监督的重要制度，是法治政府建设的重要环节之一。市场经营活动中有大量的行政审批与政务服务事项，其对企业营商的权益产生重要影响，甚至关乎大量中小微企业的存亡。明确政府权力边界、主动实行政务公开是营商环境构建的基本保障机制之一。权力清单是我国实现行政审批与政务服务公开透明的主要载体，其要求全面梳理各级各部门政府现有行政职权、大力清理调整行政职权、优化权力运行流程等任务，是国家治理体系和治理能力现代化建设的重要部署。[1]

企业在开办时需获得用地、电力、互联网等公共资源，在从事政府管制领域的生产时需获得资质审批，在日常经营时常面对电力维护、交通疏解等基础设施公共服务，各项事务均离不开政府权力"收与放"，市场主体密切关注着与之相关的政府权力清单。因此，本次数字营商环境评估综合考察与营商环境密切相关的行政审批清单、公共服务清单两项权力清单，通过检索以涉及商事活动为主的材料评估上述两类清单体系的完整性、合理性与清单公开的透明度。

政府权力的公开在营商环境国际化标准中由来已久，早前的世界银行"营商环境评估（DB）"的每项指标都涉及"办理流程的公开透明度"评价，在"获得电力"（Getting Electricity）、"办理施工许可证"（Dealing with Construction Permits）两项主要涉及行政审批的一级指标中着重强调了行使审批权的透明度。"宜商环境评估（BEE）"在多数指标中考核了

---

[1] 《关于推行地方各级政府工作部门权力清单制度的指导意见》，2015年3月25日发布。

第三编　政务服务

"监管框架质量""相关法律法规公开透明度"内容,在"公共资源获取"（Utility Connection）与"经营场所"（Business Location）两项一级指标中同时强调了监管的透明度、服务信息的透明度两项内容。[①] 本次数字营商环境评估吸收"宜商环境评估（BEE）"中的"监管与公共服务"二分法思维,从行使监管的职权到提供公共服务的职责两方面评估营商环境建设中权力清单的机制水平。

一　评估指标构成

本次评估的"权力清单"一级指标下只设置了一项二级指标,即"行政权力清单",与之对应的两个三级指标（"统一编制审批事项清单"与"公共服务清单"）是权力清单的两种主要表现形式,从"放管服"改革中的两种不同维度反映政府履职的情况（见表13-1）。

表13-1　　　　　　　　　　　权力清单

一级指标	二级指标	三级指标
权力清单（2.0分）	行政权力清单（2.0分）	统一编制审批事项清单（1.0分）
		公共服务清单（1.0分）

二　设置依据、评估标准及评估分析

本项评估方法是获得政府公开的两项权力清单,评估小组将记录清单的获取过程,以评价获取的难易程度,同时观测清单的整体数目与形态,以评价清单建设的优劣水平。

评估小组所依据的材料与数据来源为官网,即通过访问政府及其有关部门门户网站,必要时通过网络搜索引擎关键词查询。如果上述方式均无法获取权力清单,视为未落实该项工作或该项服务。本部分从三级指标角度,逐项说明该指标设置的具体依据、实施中的评估方法和评分标准,并

---

① The World Bank, *Pre-Concept Note Business Enabling Environment* (*BEE*), pp.13-21 (2022).

第十三章　权力清单

基于评估情况分析评估结果。

（一）统一编制审批事项清单（1.0分）

【设置依据】

《优化营商环境条例》第三十五条就"推进政务服务标准化"提出要求，政府应"编制并向社会公开政务服务事项"，其中包括"行政权力事项"和"公共服务事项"。目前，政府服务事项清单参照上述两种事项的分类，分为行政审批事项清单和公共服务清单。

"行政审批事项清单"也称"行政审批事项目录"，政府以清单（目录）形式将行政审批事项向社会公众公布，接受社会监督，清单（目录）之外一律不得实施行政审批。行政审批事项调整变化，必须严格按照法定程序进行，并且要同步调整行政审批事项清单（目录）。

在国家大力推进精简审批事项与审批流程的过程中，审批事项常以"一张表"的形式做出，以作为优化审批服务工作的基础。《全面实行行政许可事项清单管理的通知》指出，统一编制行政许可事项清单应建立"事项同源、规范统一的省、市、县三级清单"，使"各级清单逐项明确事项名称、主管部门、实施机关、设定和实施依据等基本要素"，并"依托全国一体化政务服务平台"完成公开。[①] 因此，统一编制审批事项清单需检测各级清单的体系、形式的规范性和清单公开度三项内容。

【评估方法】

在政府官方网站搜集政府许可事项清单，包括审批事项清单、行政审批中介事项清单等，其中包含市级、区县级两级清单。检索过程中优先检索只有"一张表"的市级统一审批事项清单，并优先查看官网是否有清单集成专栏。在统一的清单不可得时，再检索上述各项分类型清单，在市级层面清单不可得时，再检索区县级相关清单。

【评分标准】

本项指标得分依次考虑清单公开度和各级清单的体系、形式的规范性。评分设置0分、0.5分、0.75分和1.0分四档，分别对应"不合理"

---

① 《国务院办公厅关于全面实行行政许可事项清单管理的通知》，国办发〔2022〕2号，2022年1月30日发布。

"良好""合理""优秀"四级评价。"不合理"赋0分,指难以查询到任何类型和级别的审批清单的情形,包括仅可查询到所对应省级单位清单的情形。"良好"赋0.5分,指可以查询到部分类型的审批事项清单,但清单种类过于单一,或指仅可查询到所辖区县级清单的情形。"合理"赋0.75分,要求可查询到大部分市级审批事项清单,内容完整。由于国家大力推进权力清单编制与公开,各城市已经有了较长时间的实践,在理论上应有合理的建设成果,因此评估小组提高了本项指标可获得满分的标准。"优秀"赋1.0分,指可以在被评估城市官网找到统一审批事项编制清单"一张表"的情形。

【评估分析】

在本项评估中,评估小组通过检索被评估城市的政府网站,对各市政府及其部门、所辖区县的许可事项类清单进行统计,同时以网络公开搜索引擎补充辅证,划定了本项指标得分的四档标准,一是被评为"优秀",得1.0分的上海、厦门、武汉、呼和浩特、西宁、银川等7个城市,占比为19.4%;二是被评为"合理",得0.75分的北京、重庆、宁波等10个城市,占比为27.8%;三是被评为"良好",得0.5分的深圳、长春、杭州等17个城市,占比为47.2%;四是被评为"不合理",得0分的拉萨、兰州2个城市,占比为5.6%。该指标的平均得分为0.639分,得分分布呈现"正态分布"特征(见表13-2)。

表13-2　　　　"统一编制审批事项清单"得分分布

得分(分)	1.0	0.75	0.5	0
城市(个)	7	10	17	2

在本指标评估中,北京、深圳等国际型大城市及成都、武汉等中部地区大型副省级城市没有获得满分,而西宁、银川、呼和浩特等城市的得分较高。

【典型事例】

由于"统一编制行政审批事项清单"建设任务的重要性,以及各地政府于近些年内在此项任务中投入的较高建设成本,本项指标的评分标准较严格,其主要体现在"合理"和"优秀"的划分中。

获得"合理"评价的城市是指官网有较完整的许可事项类清单合集，且该清单合理应至少是市级清单，这不仅要求清单的建设要层级分明、类型齐全，还额外要求清单的获取需简捷便利，排除清单散见于不同部门、不同搜索引擎的情形。其中典型的做法是合肥的"清单目录"。合肥通过政府官网发布规范性文件的方式统一公布市级政府权责清单、行政权力中介服务清单和公共服务清单目录，实现了清单内容统一、形式规范、获取便利的要求。①

获得"优秀"评价的部分城市已经探索出"一张表"的更优质的清单形式，如银川发布"行政审批（许可）事项清单"专栏，在官网鲜明的位置发布清单大表。该清单中阐明了行政主体的职权类型、职权名称与职权依据（见表13-3）。

表13-3　　　　　　　　银川行政审批（许可）事项清单示例

序号	职权类型	职权编码	职权名称 项目	职权名称 子项	职权依据	备注
1	行政许可	0101001000	企业固定资产投资项目标准		【行政法规】《企业投资项目核准和备案管理条例》（2016年国务院令第673号）第三条第一款　对关系国家安全，涉及全国重大生产力布局、战略性资源开发和重大公共利益等项目，实行核准管理。具体项目范围以及核准机关、核准权限依照政府核准的投资项目目录执行。政府核准的投资项目目录由国务院投资主管部门会同国务院有关部门提出，报国务院批准后实施，并适时调整。国务院另有规定的，依照其规定 【国务院决定】《国务院关于发布政府核准的投资项目目录（2016年本）的通知》（国发〔2016〕72号） 一、企业投资建设本目录内的固定资产投资项目，须按照规定报送有关项目核准机关核准。企业投资建设本目录外的项目，实行备案管理。事业单位、社会团体等投资建设的项目，按照本目录执行	

---

① 《合肥市人民政府关于公布市级政府权责清单、行政权力中介服务清单和公共服务清单目录（2021年本）的通知》，合政秘〔2021〕32号，2021年6月1日发布。

第三编 政务服务

续表

序号	职权类型	职权编码	职权名称 项目	职权名称 子项	职权依据	备注
1	行政许可	0101001000	企业固定资产投资项目标准		【规范性文件】《自治区人民政府关于发布〈宁夏回族自治区政府核准的投资项目目录（2017年本）〉的通知》（宁政办〔2017〕32号） 一、列入本目录的投资项目实行核准管理。我区依法行使项目核准职权的核准机关包括：自治区和地市发展改革部门（工业技术改造项目核准机关为经济和信息化部门）或地市行政审批部门，经自治区或地市人民政府授权的国家级开发区管委会经济发展部门 二、企业在宁投资建设本目录内的固定资产投资项目，须按规定报送项目核准机关核准。除涉密项目外，企业投资项目核准全部通过投资项目在线审批监管平台进行申报、受理和办理。企业投资建设本目录外的项目，实行备案管理。事业单位、社会团体等投资建设的项目，按照本目录执行 【规范性文件】《国家发展改革委关于做好贯彻落实〈政府核准的投资项目目录（2016年）〉有关外资工作的通知》（发改外资规〔2017〕111号） 第一条 实行核准制的外商投资项目的范围（二）《外商投资产业指导目录》中总投资（合增资）3亿美元以下限制类项目，由省级政府核准。 《自治区人民政府办公厅关于印发〈宁夏回族自治区企业投资项目核准和备案管理办法〉的通知》（宁政办发〔2017〕153号） 第三条 列入《宁夏回族自治区政府核准的投资项目目录》的企业投资项目实行核准制。其他企业投资项目实行备案制 第五条 县级及以上人民政府发展改革部门是本级政府的投资主管部门，履行对投资项目的综合管理职责	

资料来源：参见宁夏政务服务网"权力和责任清单"专栏，https：//zwfw.nx.gov.cn/nxzw/list-qlqd.jsp？urltype=tree.TreeTempUrl&wbtreeid=5542。

虽不排除上述清单基于本地审批事项目相较于其他大型城市较少，但此种"数量为一"的统一审批事项清单正体现了国家精简审批事项、优化审批服务的改革要求，应当成为各城市未来的参考方向。

值得说明的是，呼和浩特的"清单集成"一站式专栏是所有被评估城市中最具有创新性的清单公开方式。登录内蒙古政务服务网可分别访问市级行政区政府的"基础清单"专栏，查阅市级权责清单、市级政府部门行政许可清单、市级"最多跑一次"事项清单等12项基础清单，体现了清单公开的数字化、智能化与便利度，因此被破格评为"优秀"。[①] 对于现阶段因审批事项复杂而难以统一编制"一张表"的城市，可以参照呼和浩特的政务官网建设方法。

（二）公共服务清单（1.0分）

【设置依据】

公共服务清单是政务服务清单的重要形式之一。"宜商环境评估（BEE）"将政府提供公共服务的水平作为权重极高的评估项目，因此本次评估中的"公共服务清单"指标有重要的评估价值。

【评估方法】

在政府官网检索公共服务清单栏目。与统一审批事项清单的类型化体系不同，政府应就公共教育、劳动就业创业、社会保险等多领域服务事项编制统一的公共服务清单，因此公共服务清单的"数量为一"，级别依旧可保持省、市、区县三级。

【评分标准】

本项评估围绕清单形式的规范性和清单公开度展开。评分设置0分、0.5分和1.0分三档，分别对应"不合理""良好"和"合理"三级评价。"不合理"赋0分，指难以查询到任何级别的公共服务清单的情形，包括仅可查询到所对应的省级单位清单的情形。"良好"赋0.5分，指无法在政府官网获取公共服务清单，需借助网络搜索引擎获取的情形，或仅可以查询到所辖区县级清单的情形。"合理"赋1.0分，指能够在政府官网的一站式专栏中获取至少市级的公共服务清单。

【评估分析】

在本项评估中，评估小组首先选取被评估城市的市级政府官网来获取公共服务清单，在缺少市级清单的情况下检索区县级公共服务清单，在穷尽政府官网评估的情况下辅以网络搜索引擎评估。根据评估的赋分标准，

---

① 内蒙古政务服务网呼和浩特市专栏，http：//zwfw.huhhot.gov.cn/hs/govservice/yfxz/index。

得 1.0 分的城市有 24 个，占比为 66.7%；得 0.5 分的城市有 11 个，占比为 30.6%；乌鲁木齐得 0 分，占比为 2.8%。本项指标的整体得分情况较好，只有乌鲁木齐缺少任何清单材料，其他各城市均有相应的材料佐证，其平均分达 0.819 分（见表 13-4）。

表 13-4　　　　　　　　"公共服务清单"得分分布

得分（分）	1.0	0.5	0
城市（个）	24	11	1

【典型事例】

相较于前项"统一编制行政审批事项清单"指标的四级得分设置和严格赋分标准，本项指标只采用三级得分，赋分标准较宽松，这与公共服务清单类型与数量单一的特殊性质有关。各城市在三级赋分标准中体现了"递减式"的得分梯度，得 1.0 分的城市数量居多，得 0.5 分的城市数量减半，得 0 分的城市数量最少。

得 1.0 分与得 0.5 分的城市都有开展基本公共服务清单编制与公开的材料依据，本次评估中表现出的主要差异在于清单的集成度，即清单是否以"一张表"做出。目前，24 个被评估城市已经以"事项目录""事项清单"的形式公开了基本公共服务清单，说明"一张表""一份专栏"是清单建设应达到的水平。其中的典型事例如厦门政府官网的"清单公开"专栏，明确划分了权责清单、前置审批、中介服务等 9 类审批与服务清单。[1] 广州按照部门、清单类型 2 种划分方式创建了"权责清单"专栏，供网站访问者直接按照需要进行查询；与此同时，发布了区县级清单专栏，实现了全市域清单的一站式查询。[2]

获得 0.5 分的城市多因其服务清单被拆分为不同类型，如天津的服务收费清单与服务事项承诺制清单。部分城市只能获得区县级服务清单，如济南各区县服务清单散见于各区县政府官网。另外，本指标仍然存在省级

---

[1] 厦门市人民政府"权责清单"专栏，https：//www.xm.gov.cn/zdxxgk/qzqd/。
[2] 广东政务服务网"权责清单"专栏，http：//www.gdzwfw.gov.cn/portal/affairs-public-duty-list? region=440100。

清单先行、市级清单编制未跟进的问题，如山西明确公布省级公共服务事项目录，但太原缺少相对应的同源、同类型市级清单。①

得 0 分的乌鲁木齐仅有基本养老公共服务清单，是本次评估中基本公共服务清单的诸多分支之一，因此乌鲁木齐的清单编制与发布状况被评为"不合理"。②

三 评估结论与建议

本项指标评估总分为 2.0 分，被评估的 36 个城市的平均得分为 1.458 分，共有 24 个城市在平均分之上，占被评估城市总数的 66.7%；12 个城市在平均分之下，占被评估城市总数的 33.3%。本项评估获得满分的城市有 6 个，包括厦门、呼和浩特、武汉、上海、银川和西宁；得分较低的城市获得 0.5 分，包括兰州、乌鲁木齐 2 个城市。本项指标的得分有明显的梯度，分为 2.0 分（满分）、1.75 分、1.5 分、1.25 分、1.0 分和 0.5 分六档。同分数量最多的得分是 1.5 分，共有 11 个城市获得。

本项一级指标共包含两个三级指标，每项指标均为 1.0 分。各三级指标的得分状况为："统一编制审批事项清单"平均分为 0.639 分；"公共服务清单"平均分为 0.819 分。

两项三级指标的平均分存在较大差异，"统一编制审批事项清单"平均分低于"公共服务清单"平均分，这说明审批事项清单体系的完整度、内容的规范性及公开程度水平相对更低。

两项三级指标差异更明显的是得分分布，被评估城市的"统一编制审批事项清单"得分呈现明显的差异化、层级化，方差值为 0.0623，低于"公共服务清单"的 0.0736。

本项指标的总体建设情况良好。经过分差分析，本项中的两项三级指标的得分率有明显差异，两项三级指标的失分原因存在较大的共性，但"统一编制审批事项清单"的失分问题更突出。评估小组将根据具体的失

---

① 《山西省人民政府办公厅关于印发山西省省级公共服务事项目录的通知》，晋政办发〔2019〕5 号，2019 年 2 月 27 日发布。
② 《乌鲁木齐市基本养老公共服务目录》，乌鲁木齐市人民政府官网，http://www.urumqi.gov.cn/fjbm/mzj/zwgk/485636.htm。

第三编　政务服务

分原因对地方政府编制和发布权力清单存在的问题进行梳理，并给出相应的改进建议。

（一）取得的成就

1. 权力清单基本实现全覆盖

权力清单的建设机制包括清单的编制与发布两个环节，评估编制环节可以检索"政府编制清单规划"类规范性文件，评估发布环节则直接按本章中的评估方法进行，根据上述两种方法都可以检索到一定的佐证材料。

评估小组对被评估城市进行的观察显示，各个被评估城市的市县二级政府官网都至少有"权利清单"专栏，因此，评估小组相应地提高了评估权力清单建设水平的标准。虽然各被评估城市在编制与发布清单的主体、渠道、程序上有较多差异，根据评估标准获得的得分也有一定梯度，但各被评估城市现有的清单建设成果至少可以佐证地方政府形成了建设权力清单的机制，值得肯定与鼓励。

2. 行政审批服务质量持续优化

在相应服务型政府建设的过程中，各地政府创新审批事项办理方式，提高行政审批的透明度与便民度，具体做法可分为建设统一政务服务中心与"一网通办"两种类型。[①] 针对群众关注较多、办理量较大的政务服务问题，各地采取"一窗口集中办理"的方法减少不必要的审批流程，节约办理成本与时间；针对申报程序烦琐、难度大的事项，如获得电力、经营用地等涉企审批，普遍建立了审批申报系统。上述举措运用了"互联网+政务服务"，推动了"放管服"改革向纵深发展。

3. 公共服务清单发布高效便民

公共服务清单的可获得性体现了政府信息公开高效便民。评估小组在前期调研过程中发现各被评估城市目前的公共服务清单有类型固定、数量单一等特征，因此公共服务清单的体系比较简单，这有利于政府及时编制与发布清单。各被评估城市的公共服务清单建设成果证实了评估小组的前期分析，各被评估城市在公共服务清单的编制计划、年度公示、信息获取

[①] 参见成协中《优化营商环境的法治保障：现状、问题及展望》，《经贸法律评论》2020年第3期。

方面都有良好的表现。其中，众多城市依托数字化平台，创新政府文件公示方式，如前述呼和浩特、广州的"权责清单"专栏，使信息发布更加直观、透明。

（二）存在的问题

1. 审批事项清单类型的地方差异较大

审批事项清单的地方差异主要体现在审批部门。由于各被评估城市政府机构设置存在差异，同类审批事项的主管部门不同，如部分被评估城市将投资审批事项交由招商局主管，由招商局编制并公开投资项目审批清单，但部分不单独设置招商局的地方政府将此类事项交由商务局，部分设置了投资促进局的地方政府则交由独立的投资促进局。地方政府机构设置有遵照其地方政治权力运作实际情况的合理性，但审批部门差异映射出的审批流程差异、审批水平差异、审批标准差异会导致审批效率差异，致使各地市场建设的行政审批阻碍强度差异加大，这是违背统一构建国内大循环发展格局、构建统一要素市场的战略理念的。另外，部分被评估城市已经将多种类型的审批事项整合为一张审批清单，将以往涉及多个部门的审批权力整合与下放，形成更便利高效的统一审批事项清单，因此此类城市在本次评估中被评为"优秀"。

2. 公共服务事项的内容体系有待完善

公共服务事项清单建设目前顺应了依法设定、科学分类、统一规范、动态管理和信息公开的国内要求，但还应当在"宜商环境评估（BEE）"的国际要求中获得质的提升。目前各城市公共服务清单的主干体系按照"教育、劳动就业、社会保险、医疗卫生、住房保障、文化体育、人口、特殊人群保障"八项内容展开，其中与生产领域密切相关的是劳动就业服务质量。此类公共服务事项统一清单在形式上有着便捷直观的优点，但在实质上并不能反映涵盖与市场主体从事生产活动相关的公共服务，如水、电、天然气等公共资源的获取和维护。在未来的"宜商环境评估（BEE）"要求下，政府提供促进企业开办与经营的公共服务会占据公共服务清单的主体地位。由于本次评估没有涉及各项服务事项的实质评估，评估小组仅以改进建议的方式提出公共服务清单建设在未来的实质性改进方向，促进政府提供公共服务对标国际化水平。

(三) 改进的建议

1. 深化行政审批改革，明确审批事项清单的基本类型

在压缩审批事项的趋势下，按照审批主体的划分明确审批事项类型化，能够为企业打造更加公平高效的审批环境，推进政府治理体系和治理能力现代化。针对上述审批清单存在的类型地方差异大的问题，地方政府应当在制度建设中注重以下方面。

第一，审批事项的范围是严格法定的，编制审批清单的主体不能超过法律规定的范围制定额外的审批事项，因此审批事项的基本类型应当严格限制在法律法规的范围内。各地方政府要依照《行政许可事项清单管理通知》中的法律、行政法规、国务院决定设定的行政许可事项清单，以中央主管部门作为划分依据，对照本地政府部门机构职能，遵守法定实施机关的审批权限。

第二，借鉴部分"审批集成清单城市"的审批事项分类方法，在此基础上结合实际，科学改进分类标准。评估中表现较好的合肥在每年公布市级政府权责清单、行政权力中介服务清单和公共服务清单目录的模式中，将重要的审批清单划分为两类，即权责清单与行政权力中介服务清单，具体领域审批事项如投资审批、建设审批分列于两类清单之下。这种模式在不动摇原有审批权限分配的基础上实现了审批清单的布局整合，可以为获取审批服务的市场主体提供更易查易办的审批体验。建议在此类城市建设成果中形成规模效应，鼓励各城市展开类似的实践。

第三，借鉴部分"一张表审批清单城市"的做法，以整合各部门行政审批事项为目标。清单的横向整合并没有动摇原有的审批权限分配，在现阶段可从形式上整合各不同部门单独编制的清单，在发布程序上由市办公厅统一进行，或多部门联合牵头进行。为实现这一目标，各城市应充分利用数字政府功能，加强部门间、市县二级政府间的政务信息传递，建立稳定的信息交流机制，并严格遵守法定程序原则，使清单的公开做到步调一致、协同高效。

2. 构建可对接国际化标准的公共服务体系

以北京、上海等特大型城市为代表的重点评估城市应当牵头适应新评估周期的公共服务体系建设标准。世界银行《宜商环境项目概念说明书》

提出，将以"监管框架"与"公共服务"两大支柱在实践中结合的效率衡量商业环境。评估政府对市场运作至关重要的公共服务的机构设置、基础设置建成与项目方案落实，成为整个项目中占据一半内容的重点环节。因此，在公共服务的概念被扩充的情况下，国内公共服务体系建设应当及时跟进"宜商环境评估（BEE）"，对标国际标准。"宜商环境评估（BEE）"侧重"公共服务支柱"的领域目前集中在获得用地、公共资源获取、金融服务板块，各城市可优先从上述板块入手，结合本书的相对应指标，扩充公共服务体系的原有内容。

第十四章　一网通办及一网统管能力建设

2022年4月，中央全面深化改革委员会审议通过了《关于加强数字政府建设的指导意见》，强调把数字技术广泛应用于政府管理服务，推动政府数字化、智能化运行；打造泛在可及、智慧便捷、公平普惠的数字化服务体系，让百姓少跑腿、数据多跑路。[1] 世界银行于2022年2月公布新的"营商环境评估（BEE）"，按照企业的生命周期设计了10项指标，同时将数字技术应用和环境可持续性贯穿于整个指标的评估，比如在数字技术应用方面，大部分指标都将涵盖电子窗口和在线一体化平台的评估内容。[2] 本章指标设置旨在评估政务服务的数字化建设水平，同时也与世界银行最新公布的《宜商环境项目概念说明书》中设置的交叉指标"数字技术应用"（Adoption of Digital Technologies）相对应。本章重点评估政务服务的办理程序标准化、网上办理的便利度、数据协同等内容，为深入推进政府数字化转型，创新服务方式，全面建设数字化法治政府提供一定的数据参考和建议。

一　评估指标构成

本次评估的"一网通办及一网统管能力建设"一级指标之下设置三项二级指标，分别为"办理程序标准化""智慧办理"和"一网统管能力建

---

[1] 王敬波：《新时代法治政府建设的三个基础性工程》，《民主与法制周刊》2022年第17期。
[2] The World Bank, *Pre-Concept Note Business Enabling Environment*（*BEE*）, p.5（2022）.

设"，在二级指标之下设置了六项三级指标（见表14-1）。

表14-1　　　　　　　一网通办及一网统管能力建设

一级指标	二级指标	三级指标
一网通办及一网统管能力建设（7.5分）	办理程序标准化（3.0分）	当场办结（1.0分）
		集中办理就近办理网上办理（1.0分）
		重点项目帮办代办（1.0分）
	智慧办理（1.5分）	网上办理能力（1.5分）
	一网统管能力建设（3.0分）	数据库建设（1.5分）
		数据共享与业务协同工作机制（1.5分）

二　设置依据、评估标准及评估分析

本章从三级指标角度，逐项说明该指标设置的具体依据、实施中的评估方法和评分标准，并基于评估情况分析评估结果。

在评估中，评估小组所依据的材料和数据来源主要为被评估城市的市政府以及所属省政府网站、相关部门网站、网络搜索引擎关键词查询四种。通过以上四种方式未能检测到相关内容的，则视为未落实该项工作或该项服务。

（一）当场办结（1.0分）

【设置依据】

《优化营商环境条例》第三十六条明确规定，"政府及其有关部门办理政务服务事项，应当根据实际情况，推行当场办结、一次办结、限时办结等制度"。针对与数字经济市场主体活动密切相关的工商登记环节，《市场主体登记管理条例》第六条明确规定，"县级以上地方人民政府承担市场主体登记工作的部门应当优化市场主体登记办理流程"，"推行当场办结、一次办结、限时办结等制度"。

【评估方法】

通过对被评估城市的政府网站进行检索，查询其是否有"当场办结或

第三编 政务服务

即办件或马上办或一次办事项清单"、是否存在"当场办结网上办理专栏"或"一件事一次办专栏"、是否有"秒批秒办专栏"等体现政府办理政务服务事项推行当场办结制度的情况。

【评分标准】

赋分总分为1.0分。符合以下情况之一的得1.0分：有"当场办结或即办件或马上办事项清单"；有"当场办结网上办理专栏"；有"秒批秒办专栏"。

【评估分析】

根据评分标准对各个城市进行评分，最终结果为：得1.0分的有北京、天津等35个城市，占比为97.22%；该项指标平均得分为0.972分，平均得分率为97.20%。

"当场办结"指标所代表的制度内核是要求政府及其有关部门切实增强服务意识，为市场主体提供规范、便利、高效的政务服务，为企业办事节省时间，减少企业办事跑动次数。由此，评估小组未采用单一的评分标准，而是选择了三项评分标准，考察各个城市政府的具体措施是否体现的是制度内核。

由评估结果可知，被评估的36个城市有35个城市得1.0分，表明各个地方政府实际推行了当场办结、一次办结、限时办结等制度，通过事项清单和网上办事专栏等多样形式不同程度地提升了政府办事效率，节省了企业办事时间。

【典型事例】

各个城市在具体落实本项指标所代表的制度时采取的措施存在不同。或采取清单化措施公开明确"当场办结事项""即办件事项""马上办事项""一次办事项"；或通过建立网上办理专栏"一件事一次办""秒批秒办"等；或同时结合清单、专栏两种方式。

仅公开事项清单的代表性城市包括北京、天津、长春、南京、长沙等。北京政务服务网"阳光政务"板块设有便利化清单专栏，包含"马上办""一次办""最多跑一次""高频事项最多跑一次""秒批事项"等清单。其中"马上办""一次办""最多跑一次"清单又按照市级、区级、街乡级审批服务事项分类展示。"高频事项最多跑一次"清单公开至市级；"秒批事项"清单包含市级、区级秒批事项。以上清单内容仅包含审批单位和审批事项名称，未具体说明设定依据。长春政务服务网"服务清单"中涉及本项指标的清单包括"马上办""一次办""最多跑一次"事项清单等，清单分为市级和区级，清单公开内容包括事项名称、审批单位以及设定依据。

仅以事项办理专栏方式推行当场办结、一次办结、限时办结等制度的代表性城市如成都。成都政务服务网设有"一件事服务"专栏，按照个人服务、法人服务事项分类，每一具体事项包含办理时限、跑动次数、申报材料、办理环节等内容。

以事项清单公示连接办理专栏的代表性城市包括大连、厦门、深圳、重庆、宁波、沈阳、哈尔滨、济南、武汉、西安、呼和浩特、南宁、贵阳、拉萨等城市。大连政务服务网首页设有"服务清单"专栏，包含高频事项最多跑一次、即来即办、秒批秒办、马上办等清单。清单内容包括事项名称、实施部门、申请条件、申请材料、办理流程、办理环节、承诺期限、收费情况等条文，点击具体事项名称可以直接跳转链接至事项办理界面进行申请办理。① 厦门市清单公开内容不仅包括事项名称和办理部门，也包括办理流程、办理方式（材料提交方式、结果领取方式等），公开内容全面详细，点击具体事项名称也可直接跳转链接至办理界面进行申请办理。②

公开清单类型较少的城市如上海、南昌、郑州、乌鲁木齐等城市。上海政务服务网"服务公开"专栏涉及本项指标的清单仅有跑动次数清单，包含市级最多跑一次事项目录和区级最多跑一次事项目录。③ 南昌政务服务网"阳光政务"专栏涉及本项指标的清单仅有"只跑一次和一次不跑事项清单"，其办件清单具体事项未公开，仅发布了政策性通知。④ 乌鲁木齐政务服务网涉及本项指标的清单类型仅有最多跑一趟事项清单，但清单公开内容较为全面详细，包含事项名称、审批部门、办理流程等。⑤

---

① 参见大连市政务服务网，http://zwfw.dl.gov.cn/spHall/summer/licenseSeparate/certApart/index2.jsp。
② 参见福建省网上办事大厅，https://zwfw.fujian.gov.cn/listopen/nearby-make/index?paramsType=msbqd。
③ 参见上海市政务服务网，http://zwdt.sh.gov.cn/govPortals/column/matterslist/listOnce.html。
④ 参见江西政务服务网，http://www.jxzwfw.gov.cn/col/col12/index.html?flag=gj。
⑤ 参见新疆政务服务网，https://zwfw.xinjiang.gov.cn/xjzwfw2021/fwqdnew/inventory.html。

第三编 政务服务

(二) 集中办理、就近办理、网上办理（1.0分）

【设置依据】

《优化营商环境条例》第三十六条规定，"政府及其有关部门办理政务服务事项，应当根据实际情况，推行当场办结、一次办结、限时办结等制度，实现集中办理、就近办理、网上办理、异地可办"。《国务院办公厅关于进一步优化营商环境更好服务市场主体的实施意见》（国办发〔2020〕24号）① 进一步提出要提升涉企服务质量和效率，推进政务服务便利化。其中政务服务便利化具体体现在企业办理相关事项是否能实现集中办理、就近办理、网上办理。

【评估方法】

通过检索被评估城市的政府网站，查询其是否有集中办理、就近办理、网上办理涉企事项清单，或者是否有集中办理、就近办理、网上办理等相关专栏，根据以下标准进行评分。

【评分标准】

该项三级指标赋分总分为1.0分。实现以下任意两种情形即得满分：有"集中办理清单"或"一件事一次办清单"或"最多跑一次清单"或"联办清单"或对应办理专栏的；有"就近办理清单或者对应办理专栏的"；有"网上办清单""网上通办清单"或者网上办理专栏的。

【评估分析】

根据评分标准对各个城市进行评分，最终结果为：有"集中办理清单"或者对应办理专栏的城市有36个，占比为100%；有"就近办理清单"或者对应办理专栏的城市有24个，占比为66.67%；有"网上办清单"或者对应网上办理专栏的城市有36个，占比为100%；根据评分标准，被评估城市均达到了公开两种以上清单并设置对应办理专栏的要求，得分均为1.0分，平均得分率为100%。

【典型事例】

各个城市在具体落实集中办理、就近办理、网上办理制度时采取的措

---

① 《国务院办公厅关于进一步优化营商环境更好服务市场主体的实施意见》，国办发〔2020〕24号，2020年7月21日发布。

施不一。或以清单公示的形式直接公布涉企事项集中办理、就近办理、网上办理等事项；或设立专门的一体化办理平台、就近办理平台、网上办理平台等。

推行清单公示方式的典型城市是北京。北京通过就近办、网上办、一次办清单对相关政务服务事项进行公示，每项清单又分为市级、区级、街乡级审批服务事项。清单内容包括实施主体和事项名称，明确告知了哪些事项可以就近办、网上办、一次办。[①]

推行专栏方式的典型城市是厦门。厦门网上办事大厅"清单公开"专栏公开了"一次办清单""就近办清单""网上办清单"等24项清单。清单内容包含事项名称、办理部门、办理流程、申请条件、申报材料、收费情况、设定依据、办理时限、服务承诺到现场次数等，点击具体事项即可跳转链接至办理界面进行申报。上述专栏办理方式不仅明确了哪些事项可以集中办理、就近办理、网上办理，且详细告知了申请人如何办理，极大地节省了申请人查找询问办理流程的时间；其清单公示专栏与办理界面合一的设置给用户带来了方便快捷的操作体验。[②]

通过设立特色办理平台落实集中办理的城市有成都、上海、宁波、武汉、呼和浩特等26个城市。[③]其中成都政务服务网设有专门的"一件事服务"平台，按照个人服务和法人服务进行分类，法人服务又按照企业生命周期或者行业领域进行分类办理。例如，按照企业生命周期，法人服务可分为企业开办、用工招聘、缴费纳税、生产经营、破产注销等，共包含126件可集中办理的服务事项；按照行业领域可分为工程建设、广告印刷、互联网科技等18个领域，共包含304件可集中办理的事项。另外，在"一件事服务"平台，针对每一件办理事项均有图解、办事指南详细告知办理流程，并公开办理时限、跑动次数、申报材料、办理环节个数等具体信息。[④]上海

---

① 参见北京政务服务网，http://banshi.beijing.gov.cn/pubtask/facilitation.html?locationCode=110000000000。

② 参见福建省网上办事大厅，https://zwfw.fujian.gov.cn/。

③ 根据评估结果显示，单独设立一件事办理平台的城市有北京、上海、沈阳、青岛、济南、南京、哈尔滨、长春、大连、厦门、太原、石家庄、广州、深圳、西安、成都、武汉、南昌、海口、贵州、昆明、拉萨、银川、青海、兰州、乌鲁木齐，共计26个城市。

④ 参见四川政务服务网，http://zxbl.sczwfw.gov.cn/themes/themeService/oneThingIndex?areaCode=510000000000。

第三编　政务服务

设有"高效办成一件事"服务平台，分为市级一件事和"区级一件事"。各类事项按照行业领域进行分类办理。[1] 呼和浩特政务服务网也设有类似的办理平台，即"蒙速办·一网办"和"蒙速办·一次办"，并分为单办事项、联办事项、旗县区一件事服务事项。[2]

落实就近办理制度具有创新性的城市如郑州。郑州为实现群众就近办理，在办事群众就近的街道、社区服务中心等地点设置了"综合自助一体机"。这类政务服务一体机利用人工智能、大数据等技术为群众提供自助业务办理，提供"24小时不打烊"政务服务。办事群众只需对一体机进行语音交流，按照一体机界面指示进行操作。一体机系统自动对提交的材料进行智能预审，对不合格的材料做出修改提示。对需要核验的纸质材料，申请人可直接将材料放置在一体机配套的文件柜中，无需再次到人工窗口提交，会有工作人员定时到一体机拿取材料。审批完成后，申请人凭短信取件码到一体机文件柜领取办理结果，从而实现群众就近办理、不见面办理。[3]

（三）重点项目帮办代办（1.0分）

【设置依据】

中共中央办公厅、国务院办公厅于2018年印发的《关于深入推进审批服务便民化的指导意见》提出，"大力推行审批服务集中办理，探索推行全程帮办制"。《优化营商环境条例》第三十六条指出，政府及其有关部门办理政务服务事项应根据具体情况实现异地可办。2022年《国务院关于加快推进政务服务标准化规范化便利化的指导意见》（国发〔2022〕5号）[4] 提出"推进政务服务事项实施清单标准化""统筹制定政务服务事项'跨省通办'全程网办、异地代收代办、多地联办的流程规则""设置帮办代办窗口，为老年人、残疾人等特殊群体提供帮办代办服务""规范

---

[1] 参见上海一网通办，https：//zwdt.sh.gov.cn/govPortals/column/ot/onething.html。
[2] 参见内蒙古政务服务网，http：//zwfw.nmg.gov.cn/special_zone/sbzq?regionCode=150000&record=istrue。
[3] 参见郑州政务服务网，https：//zz.hnzwfw.gov.cn/col/col3545/index.html。
[4] 《国务院关于加快推进政务服务标准化规范化便利化的指导意见》，国发〔2022〕5号，2022年3月1日发布。

网上办事指引，创新在线导办帮办等方式""推动更多群众经常办理且基层能有效承接的政务服务事项以委托受理、授权办理、帮办代办等方式下沉至便民服务中心（站）办理"。推行帮办代办制度，可以进一步优化政务服务，提升企业办事的便利度和获得感。

【评估方法】

通过对被评估城市的政府网站进行检索，查询其是否有重点项目帮办代办事项清单或者帮办代办线上办理平台，根据以下标准进行评分。

【评分标准】

该项三级指标赋分总分为1.0分。符合以下两项条件中的任意一项得1.0分：有重点项目帮办代办事项清单，有帮办代办线上办理平台。

【评估分析】

本项三级指标的评估结果为：政务服务平台有"重点项目帮办代办清单"或者线上办理平台的，得1.0分。得1.0分的有厦门、南京、济南、青岛、呼和浩特等18个城市，占比为50%。[1] 政务服务平台无"重点项目帮办代办清单"或者线上办理平台的，得0分，得0分的有天津、上海等18个城市，占比为50%（见表14-2）。[2] 被评估城市该项指标的平均得分为0.5分，平均得分率为50%。

表14-2　　　　　　"重点项目帮办代办"得分分布

得分（分）	1.0	0
城市（个）	18	18

被评估的36个城市中有18个城市未确立"重点项目帮办代办清单"，也未设立专门的帮办代办平台，重点项目帮办代办制度落实有待加强。

【典型事例】

在落实情况较好的18个城市中，厦门网上办事大厅清单公开栏设有"全程代办清单"，代办事项按照部门、地区进行分类，每个事项公开内容

---

[1] 根据评估结果显示，得1.0分的有北京、重庆、宁波、深圳、杭州、成都、广州、厦门、南京、济南、青岛、呼和浩特、福州、郑州、南宁、拉萨、兰州、乌鲁木齐，共计18个城市。

[2] 根据评估结果显示，未得分的有天津、上海、沈阳、大连、长春、哈尔滨、武汉、西安、石家庄、太原、合肥、南昌、长沙、海口、贵阳、昆明、西宁、银川，共计18个城市。

涵盖办事指南、在线办理、在线咨询、在线评价等。代办清单不仅明确哪些事项可以代办,而且告知代办流程,点击具体事项下面的在线办理即可直接申请代办。将清单公示与办理平台一体化,节省了用户查找办理流程的时间,给予用户方便快捷的使用体验。[1] 济南也设有"帮办代办政务服务事项清单",清单内容涵盖部门名称、主项、子项、办理项、事项类别等。[2] 南宁设有"代办帮办事项清单",事项按照办理部门进行分类,共公开249个事项可帮办代办,事项清单也涵盖办事指南。[3]

部分城市进行了代办服务电子平台建设。南京设有单独的"南京投资建设代办服务专业平台",为南京投资建设项目提供精准化的代办服务,包含代办指南、代办申请、在线咨询、工作动态等内容。呼和浩特设有单独的"蒙速办·帮您办"网上办理平台,主要服务事项包括重点投资建设项目、招商引资项目、科技创新项目等,服务方式即由地方政府组建帮办工作队伍,代办员为申请人提供业务咨询,积极与相关部门联系沟通,参与项目审批洽谈、跟踪项目进度等。[4] 郑州政务服务网设有"小原帮办"专栏,主要提供政务服务事项的咨询、引导、协助办理等业务,为企业和群众提供一对一帮办代办服务,为老弱病残孕等特殊办事群众在线或上门提供帮办代办服务。[5]

(四) 网上办理能力（1.5分）

【设置依据】

《优化营商环境条例》第三十七条规定,"国家加快建设全国一体化在线政务服务平台（以下简称为"一体化在线平台"）,推动政务服务事项在全国范围内实现一网通办。除法律、法规另有规定或者涉及国家秘密等情形外,政务服务事项应当按照国务院确定的步骤,纳入一体化在线平台办理"。

---

[1] 参见福建省网上办事大厅, https://zwfw.fujian.gov.cn/listopen/index。
[2] 参见济南市人民政府网站, http://www.jinan.gov.cn/art/2021/6/10/art_57825_4617072.html。
[3] 参见广西数字政务一体化平台, http://nn.zwfw.gxzf.gov.cn/gxzwfw/fwqd/dbbbqdList.do?webId=10&gaol。
[4] 内蒙古政务服务局：《内蒙古自治区全面推行"蒙速办·帮您办"工作实施方案》,内蒙古政务服务网, http://zwfw.nmg.gov.cn/special_zone/sbzq?regionCode=150000&record=istrue。
[5] 参见郑州政务服务网, https://zz.hnzwfw.gov.cn/col/col3560/index.html, 2022年5月19日。

第十四章 一网通办及一网统管能力建设

【评估方法】

通过对被评估城市的政府网站进行检索，查询其是否有政务服务"一网通办"在线办理平台，根据以下标准进行评分。

【评分标准】

该项三级指标赋分总分为1.5分，由基础得分1.0分和加分项0.5分构成。被评估城市的政府网站有"一网通办"在线办理平台的，得基础分1.0分；"一网通办"在线办理平台根据各类主体或有关事项进行分类设置办理专栏的，符合加分项的要求，得0.5分。

【评估分析】

本项三级指标评估的具体结果为：有政务服务"一网通办"在线办理平台的，得1.0分。得1.0分的有北京、天津、上海等36个城市。政务服务网上办理平台根据不同事项设置办理专栏的，得0.5分。得0.5分的有北京、天津、上海等36个城市。该项三级指标赋分总分为1.5分，各个城市平均得分为1.5分。

该项指标评估结果为被评估的36个城市得分均为1.5分，表明各个城市均建立了网上办事大厅，即政务服务"一网通办"在线办理平台。网上办理平台建设形式多样，根据不同事项类型分别设置办理专栏，将个人办事和企业办事分开设置专栏。在被评估的36个城市全面建立了政务服务"一网通办"平台。

【典型事例】

关于"一网通办"网上办事平台，各个城市在建设形式上呈现多样化和丰富化。评估小组以北京、上海、长春三市建设成果为例，分别从平台形式、办理流程、专栏分类三个角度说明"一网通办"的三类特色范例。

北京的平台形式与办理流程精细化程度较高。北京政务服务网上办理平台分为个人服务、法人服务、部门服务、便民服务、利企服务、投资项目、中介服务、阳光政务专栏。其中法人服务专栏又分别设置热门分类、主体分类、部门分类、企业分类、生命周期分类，涉及企业开办、税收财务、准营准办、资质认证、投资审批、抵押质押、知识产权、交通运输等事项。每一个具体事项均公开基本信息、办理流程、申请材料、结果、设定依据以及收费标准等内容。[1]

上海一网通办包含特色专栏、办事服务、热门服务、主题分类、优化营商环境等内容。其中办事服务设有主题集成服务专栏，涵盖1123项"一件事"办理事项，涉及营业执照、用工、涉税、扶持补贴、房屋、车辆、工程建设项目等领域。法人办事专栏实现2119项网上可办事项，每一事项均公开办事指南，详细告知用户到现场次数、办结时限、实施主体、受理条件、申请材料、办理流程、服务收费和依据等内容，便捷用户操作办理，节省用户办理时间。[2]

长春网上办事大厅分为"我要办""我要查""我要看、我要问"四个专栏，包含个人办事、法人办事、办事指南、办事进度、政策文件、办事网点、结果公示、咨询投诉、常见问题等内容。[3]

（五）数据库建设（1.5分）

【设置依据】

《优化营商环境条例》第三十七条规定，"政府及其有关部门应当按照国家有关规定，提供数据共享服务，及时将有关政务服务数据上传至一体化在线平台，加强共享数据使用全过程管理，确保共享数据安全"。

【评估方法】

通过对被评估城市的政府网站进行检索，查询其是否有统一的数据收集和共享平台，根据以下标准评分。

【评分标准】

该项三级指标赋分总分为1.5分，满足以下两项标准可分别获得0.75分：有一体化统一的数据共享平台或政府网站上有单独的数据开放页面，得0.75分；在数据共享平台或者数据开放页面中设置了"数据解读"专栏，得0.75分。

【评估分析】

该项三级指标赋分总分为1.5分。评估小组评估的具体结果如表14-3

---

[1] 参见北京市政务服务网，http：//banshi.beijing.gov.cn。
[2] 参见上海市人民政府网站，https：//zwdt.sh.gov.cn/govPortals。
[3] 参见长春市政务服务网，https：//yzw.changchun.gov.cn/zwfwwcc/website/personal-new-new.html? serviceObject=Enterprise。

所示。只有统一的数据收集和共享平台或数据开放平台，无数据解读专栏的，得0.75分。得0.75分的有天津、上海等25个城市，占比为69.44%。① 有数据开放平台并且设置数据解读专栏的，得1.5分。得1.5分的有北京、重庆等11个城市，占比为30.56%。② 被评估城市在该项三级指标上的平均得分为0.98分，平均得分率为65.33%。

表14-3 "数据库建设"得分分布

得分（分）	1.5	0.75
城市（个）	11	25

由以上评估数据可知，被评估的36个城市均设立了数据收集开放平台，但只有11个城市在数据开放平台设有"数据解读"专栏。由此可知，一体化数据共享平台已在各被评估城市全面建立，但平台机制的内容不够完善。

政府在落实数据共享制度时，除了建立基本的数据一体化在线平台，更应该思考如何使数据被更好地利用，发挥数据本身的功能。数据开放面临的对象是公众，公众一般不具有专业的数据分析解读能力，由此对数据的认识往往不够清晰。政府作为数据的发布者，且具备专业人员，其对数据的理解和分析更为专业。因此，政府不仅要承担发布数据的职能，更要对数据进行合理的解读分析，提升数据治理的能力，才能帮助公众有效利用数据。

【典型事例】

在被评估的36个城市中，数据共享平台建立且平台内容设计较为完善，得满分的有11个城市，其发展经验值得各地数字经济营商环境建设部门借鉴参考。

北京以设置数据专栏的方式提升政务公开的可获得性。北京政府网站涵盖数据资源、数据解读、月（季）度数据、统计年鉴和公报、宏观数据库、图解数读等版面。其中数据资源发布有典型的创新性，其按照主题和

---

① 根据评估结果显示，得0.75分的有天津、上海、宁波、厦门、沈阳、大连、长春、哈尔滨、南京、济南、青岛、武汉、成都、西安、石家庄、呼和浩特、福州、南昌、长沙、贵阳、昆明、拉萨、兰州、银川、乌鲁木齐，共计25个城市。

② 根据评估结果显示，得1.5分的有北京、重庆、杭州、广州、深圳、太原、合肥、郑州、南宁、海口、西宁，共计11个城市。

部门进行分类,又单独设置了最新数据、最热数据、最热接口、最热应用专栏;数据来源丰富,数据资源共涉及 115 个部门、13695 项数据集、567464 个数据项、10979 个数据接口、71.86 亿条数据;数据的公共互动性强,数据解读板块负责解读各种数据,以图解、文字解读、视频解读等多种形式及时反映最新数据情况。[1]重庆市政府设有类似的"重庆数据"开放页面,包含图解数据、统计公报、数据要闻、数据指标、经济社会运行状况数据等专栏。[2]

深圳市发展和改革委员会网站设有数据发布平台,重点发布企业投资建设的有关数据。涉及重大项目数据公开、数据解读、数据快递等内容。[3]广东省设有"开放广东"网上平台,统一收集公开全省各区域数据。平台内设开放数据、数据应用、数据分析、咨询动态、交流数据、粤港澳大湾区专题等专栏,涉及创新科技、医疗卫生、交通出行、社保就业、文旅服务、生态环境、教育文化、土地农业、金融贸易、城市安全等各个行业。用户可在平台查询数据、提交数据申请、了解最新数据资讯、提出相关意见。"开放广东"实现了一体化在线平台汇集数据、共享数据并能够及时上传和解读政务服务有关数据,实质性地帮助用户使用有关数据,保障了数据共享与数据的统一管理。[4]

(六)数据共享与业务协同工作机制(1.5 分)

【设置依据】

《优化营商环境条例》第三十七条规定:国家依托一体化在线平台,推动政务信息系统整合,优化政务流程,促进政务服务跨地区、跨部门、跨层级数据共享和业务协同。

【评估方法】

通过对被评估城市的政府网站进行检索,查询其是否有"跨省通办"政务服务平台、"全市通办"政务服务平台、"特色区域通办"政务服务平台,根据以下标准评分。

---

[1] 参见北京市人民政府网站,http://www.beijing.gov.cn/gongkai/shuju/。
[2] 参见重庆市人民政府网,http://www.cq.gov.cn/zjcq/sjfb_120853/cqsj/。
[3] 参见深圳市发展和改革委员会网站,http://fgw.sz.gov.cn/zwgk/sjfb/。
[4] 参见广东省人民政府网站,https://gddata.gd.gov.cn/index。

【评分标准】

该项三级指标赋分总分为1.5分，分为三个部分赋分：有"跨省通办"政务服务平台，得0.75分；有"全市通办"政务服务平台，得0.45分；有"特色区域通办"政务服务平台，得0.3分。

【评估分析】

该项三级指标赋分总分为1.5分。有"跨省通办"政务服务平台，得0.75分。得0.75分的城市有36个，占比为100%。有"全市通办"政务服务平台或者全市通办清单，得0.45分。得0.45分的城市有36个，占比为100%。有"特色区域通办"政务服务平台，得0.3分。得0.3分的城市有36个，占比为100%。

本项三级指标评估重点在于考察各个城市是否建立了相应的跨省、全市通办平台，并不考察各个城市的通办平台的具体实施效果，即实施情况不在该项指标评估范围内。本项三级指标所评估的城市得分均为1.5分，表明被评估城市中跨省通办、全市通办网上平台已经全面建立，为政务服务跨地区、跨部门、跨层级数据共享和业务协同提供了一体化在线平台。

【典型事例】

北京政务服务网专题专栏界面设有"区域通办"服务，包含北京跨省通办服务专区、京津冀一网通办服务专区、北京全城通办专区三种服务。各个服务专区大体按照高频事项、个人办事、法人办事、行业领域、便民服务等分类分项设置，针对每一具体事项包含使用指引、在线办理指南、办件查询、服务评价等内容。用户进入相应的服务专区界面后，可以根据使用指引依次选定办理区域、主题分类、要办理的事项，也可以直接在搜索栏查询办理服务。在办理完成之后还可以进入交流互动专区，提交意见，参与调查问卷，对政务服务进行"好差评"。北京跨省通办服务专区给予了用户方便快捷的使用体验，被接入服务专区的各个事项可跨越区域地理障碍实现网上通办。此外，北京根据发展规划建立了特色区域网上通办平台——京津冀一网通办服务专区，进一步推动京津冀政务服务协同发展，推进更多高频事项"一网通办"。[①]

[①] 参见北京市政务服务网，http：//banshi.beijing.gov.cn。

第三编 政务服务

上海一网通办平台设有跨省通办服务专区、全市通办、长三角一网通办等33个特色服务专栏。其中具有区域特征的长三角一网通办平台支持上海、江苏、浙江、安徽的用户在线办理有关事项。各地用户选择办理区域和事项之后统一进行网上申报与异地网上预审，预审通过后可以在线提交材料或在本地专窗提交材料，也可以选择跨省快递配送，等待办理完成后在本地领取结果。同时，线下窗口与线上通办平台保持一致，设立有上海专窗、江苏专窗、浙江专窗、安徽专窗等，实现线上线下一体化政务服务协同共享。长三角政务服务一网通办将更多跨区域事项接入通办平台，实现一地认证、全网通办、异地线上线下可办的政务服务优化效果。[1]

被评估的36个城市除了设立跨省通办、全市通办平台，大部分城市还设立了相应的特色区域通办专区，比如川渝通办专区、西南五省跨省通办服务专区、东北三省一区通办服务专区、粤港澳大湾区政务服务专区、黄河流域五省毗邻城市跨省通办专区、丝路通办服务专区等。依托一体化在线平台，可以更大范围推动政务信息系统整合，优化政务服务流程，促进政务服务跨地区数据共享和业务协同。

三　评估结论与建议

本项一级指标"一网通办及一网统管能力建设"赋分总分为7.5分，被评估城市平均得分为6.45分，平均得分率为86%，有14个城市在平均得分之下。本项一级指标评估中得分最高为7.5分，得分最低为4.75分，体现了一定的区分度。在本项指标评估中，得满分7.5分的城市有7个，包括北京、重庆、深圳、杭州、广州、郑州、南宁。

本项一级指标共包含六项三级指标，其中"网上办理能力""数据库建设""数据共享与业务协同工作机制"赋分均为1.5分，其余各项赋分均为1.0分。各三级指标的得分情况为："当场办结"平均为1.0分，得分率为97.22%；"集中办理就近办理网上办理"平均分为1.0分，得分率为100%；"重点项目帮办代办"平均分为0.5分，得分率为50%；"网上办理能力"平均分为1.5分，得分率为100%；"数据库建设"平均分为

---

[1] 参见上海市一网通办平台，https://csj.sh.gov.cn/govService/index。

0.98分，得分率为65.33%；"数据共享与业务协同工作机制"平均分为1.5分，得分率为100%。

以上得分率表明政府在推行集中办理、就近办理、网上办理，实现当场办结、一次办结、限时办结等制度方面落实较好，但在数据库建设和帮办代办制度等方面落实不够到位。

（一）取得的成就

1. 当场办结、限时办结、集中办理制度全面推行，办理时限明显缩短

深化"放管服"改革、优化营商环境的重点举措之一是推动更多事项集成办理。集成办理需要政府发挥一站式服务功能，推行首问负责、一次告知、一窗受理、并联办理、限时办结等制度。[①] 根据评估结果显示，被评估的36个城市均不同程度推行了当场办结、限时办结、集中办理制度，获得了内容与程序方面的丰富成果。其中与数字经济发展密切相关的是企业办事服务简化，各地通过发布事项清单或设置一件事一次办、秒批秒办专栏简化办理流程，减少提交材料次数，使更多事项最多跑一次或者一次不用跑，极大地节省了企业办事时间。通过以上措施，行政机关承诺办结时限远远低于法定办结时限，政务服务效率明显提升，办理时限明显缩短。

2. "一网通办"政务服务平台全面建成，实现高频事项网上可办

数字政府建设是数字经济和数字社会建设的基础性工程，而数字平台建设是数字政府建设的重点工程。推进国家政务信息化规划，加快建设数字政府、提升政务服务水平的关键举措就是要构建统一的国家电子政务网络体系，推动地方、部门各类政务专网向统一电子政务网络整合，打破信息孤岛，实现应联尽联、信息共享，从而实现更多事项一网通办，提升政务服务便利度。[②] 根据评估结果显示，被评估的36个城市均建立了网上政务服务平台，并与省级政务服务平台连接，进而接入全国一体化在线政务服务平台，这说明被评估城市实现了大部分事项网上可办，通过数字技术

---

① 《国务院办公厅关于印发全国深化"放管服"改革优化营商环境电视电话会议重点任务分工方案的通知》，国办发〔2020〕43号，2020年11月10日发布。
② 《"十四五"推进国家政务信息化规划审议通过，数字政府建设提速》，中央人民政府网站，http://www.gov.cn/xinwen/2021-11/18/content_ 5651620.htm。

第三编 政务服务

提升了政务服务的便利化、高效化,节省了企业办事时间,提高了与数字经济相关的政务服务支撑。

3. 数据共享与业务协同机制基本建立,数字政府建设迈向系统整合阶段

在事实层面,数据共享与业务协同是数字政府基础设施建设的技术支撑,而在法律层面,一体化在线平台可以推动政务信息系统整合,促进政务服务跨地区、跨部门、跨层级数据共享和业务协同,优化行政权力的横向配置。① 评估小组采用"数据共享与业务协同工作机制"这一项三级指标来考察各个地方政府对该规定的落实情况。评估结果表明被评估的36个城市均建立了跨省通办政务服务平台、全市通办服务平台。各个城市同时建立了对应的特色区域通办平台,在更大范围内推进数据共享与业务协同,实现更多的政务服务事项跨地区、跨部门、跨层级网上办理。数字政府建设从单个政府、单个部门向多个政府、多个部门进行系统整合发展,进一步推动政务信息共享,提升在线政务服务效率,更好地满足企业办事需求。

(二) 存在的问题

1. 办理审批事项和流程有待进一步简化

根据深化行政审批改革的要求,各个地方政府应当全面推行审批服务"马上办、网上办、就近办、一次办"。在评估过程中,在公布政府权责清单和公共服务事项清单基础上,地方政府以为企业和群众办好一件事为标准,进一步提升审批服务效能,形成了由省级单位公布、各层级政府"马上办、网上办、就近办、一次办"审批服务事项目录的机制,大部分事项实现网上办理,一定程度上提升了企业的办事效率,符合审批制改革的基本要求。② 但实践中仍存在不必要的审批事项,存在各种重复证明、循环证明、无法取得证明材料的证明,同时也存在一些事项需要线上线下共同办理,网上办事并未全面覆盖。此外,针对一些地方政府设置的秒

---

① 参见《优化营商环境条例》第三十七条。
② 参见中央人民政府网站,http://www.gov.cn/zhengce/2018-05/23/content_5293101.htm。

批秒办事项，从表面上看办理时限较短，但实际上申请人仍需要完成网上申请、准备材料等流程，在申请人完成流程后"马上就批"。负责这类事项的审批机关通常不进行审查，申请人完成的流程并无实质意义，造成秒批秒办本质上只是在履行程序。各地方政府应考量是否彻底取消此类审批事项。

2. 区域和城乡政务服务发展水平不均衡

根据评估结果显示，被评估城市整体上存在区域和城乡政务服务发展不均衡的现象，各地方政府网上办理能力存在一定差距。首先，一网通办平台进驻部门、政务服务网上办理事项数量存在区域差异，实现大部分事项网上可办的城市有北京、上海、厦门、重庆、杭州、广州等，而兰州、呼和浩特、拉萨、银川等数字经济活跃度偏低的城市网上办理事项相对较少。其次，城乡之间的政务服务水平也不均衡，在电子政务层面，省级的政务服务平台全面建立，但未完全覆盖市级的政务服务事项，县乡级政务服务事项覆盖率相对较低。

3. 数字技术支撑和安全保障体系不完备

建设数字政府、推进电子政务需要数字技术的支撑，还需要安全保障体系的维护，这样互联网、大数据、云计算等数字技术的发展才能实现一体化政务服务平台的建设，实现数据共享协同。被评估的36个城市存在部分城市政府网站无法打开或打开无法运转等现象，表明网站维护存在问题，数字技术支撑不到位。此外，根据国家网信办发布的《数字中国发展报告（2020年）》显示，截至2020年年底，全国一体化政务服务平台已发布53个国务院部门的数据资源9942项，为各地区各部门提供共享调用服务达540余亿次。[1] 依托数据资源高效流通和广泛共享极大地提升了政务服务效率，数字政府服务效能显著增强，但同时也存在数据安全风险。数字安全保障能力与国家秘密、个人隐私、企业商业机密的安全性直接相关，在公共数据不断开发利用的当下，各地方政府应思考如何构建数据安全保障体系，实现数据安全可控，从而兼顾数字经济发展的效益与安全。

---

[1] 国家互联网信息办公室：《数字中国发展报告（2020年）》，国家互联网信息办公室，http：//www.cac.gov.cn/2021-06/28/c_1626464503226700.htm。

（三）改进的建议

1. 精简办理事项和办事流程，进一步提升政务服务便利度

《国务院关于加快推进政务服务标准化规范化便利化的指导意见》（国发〔2022〕5号）指出，提升政务服务便利度有诸多路径可循，如推进更多事项集成化办理，推广"免证办"服务，推动更多政务服务事项就近办、网上办、掌上办，推行告知承诺制和容缺受理服务模式，提升智慧化、精准化、个性化服务水平等；现行的成套模式包括"免申即享"、政务服务地图、"一码办事"、智能审批等创新应用模式。① 这为地方政府提升政务服务质量指明方向。

除此之外，各地的事项办理改革应当遵循合法性与合理性的双重标准。对于应当办理的事项，应最大化精简办事流程，减少办事材料，但仍应符合法律规范要求。依法应当提交的材料可以变更提交形式，以电子化的方式节省申请人的办事时间。此外根据深化行政审批事项改革的要求，及时清理没有法定依据的行政审批事项，进一步减少不必要的行政审批，对于实务中出现的大量秒批秒办类审批事项应进一步思考是否应该取消审批。简化办事流程只是从形式上减少了企业办事时间，而减少审批事项则从根本上免除了企业办事负担。未来应重点减少办理事项，彻底清理不必要的审批，从源头上消除企业的审批负担。

2. 加强基层数字政府建设，构建便民惠民智慧服务圈

《法治政府建设实施纲要（2021—2025年）》提出坚持运用互联网、大数据、人工智能等技术手段促进依法行政，着力实现政府治理信息化与法治化深度融合，优化革新政府治理流程和方式，大力提升法治政府建设的数字化水平。② 我国幅员辽阔，存在区域发展不均衡的现象，在全面推进数字政府建设时应重点关注能力薄弱的地区，加强基层数字政府建设，以实现统筹均衡发展。

从技术层面来看，《关于深入推进智慧社区建设的意见的通知》（民发

---

① 参见中央人民政府网站，http://www.gov.cn/zhengce/content/2022-03/01/content_5676259.htm。

② 参见中央人民政府网站，http://www.gov.cn/zhengce/2021-08/11/content_5630802.htm。

〔2022〕29号）提供了建设思路，提出利用现代信息技术"提升城乡社区治理服务智慧化、智能化水平"，其中的重点之一是"推进社区综合信息平台建设"，目标是推动社区服务"指尖办""网上办""就近办"；另一重点是"加强社区基础设施建设"，包括城乡社区综合服务设施智慧化改造工程（如政务通用自助服务一体机，社区政务、便利店、智能快递柜等自助便民服务网络布局）。[①] 由此可知，各地方政府未来应将社区智能化建设经验不断推广，构建便民惠民智慧服务圈。

3. 加强数字基础设施建设，构建数据安全保障体系

数字基础设施建设是政府实现数字化转型、建设数字政府的关键。数字基础设施包括信息基础设施、信息技术能力等。根据《数字中国发展报告（2020年）》显示，截至2020年我国已建成全球最大的5G网络，独立组网（SA）率先实现规模商用，全国超300个城市规模部署5G SA；光纤通信建设取得新进展；互联网普及率由50.3%提升到70.4%；信息基础设施建设居于全球领先地位。[②] 未来应在此基础上进一步加强数字基础设施建设，重点实现乡镇、偏远地区等光纤和5G网络全覆盖，提升互联网普及率。

在构建数据安全保障体系层面，各地应以《数据安全法》和《网络安全法》等法律法规为基础，从数据安全与发展、保护义务、数据分类保护等层面建构保障体系。针对现有发展成果，各城市应及时总结各地实践经验，如《江苏省数字政府建设2022年工作要点》指出，要落实数据分类分级管理制度，探索制定重要数据和核心数据目录；《广东省数字政府改革建设2022年工作要点》强调要加强数字政府网络安全保障，强化省市政务云一体化安全运营能力，加强政务网络安全管控；《湖南省2022年政务管理服务工作要点》指出，建立健全内容、平台和数据安全防护体系，加强日常监测预警。[③] 上述经验成果都可以作为数据安全保障体系建设的范例。

[①] 参见中央人民政府网站，http://www.gov.cn/zhengce/zhengceku/2022-05/21/content_5691593.htm。

[②] 国家互联网信息办公室：《数字中国发展报告（2020年）》，国家互联网信息办公室，http://www.cac.gov.cn/2021-06/28/c_1626464503226700.htm。

[③] 参见中央人民政府网站，http://www.gov.cn/xinwen/2022-05/17/content_5690765.htm。

第十五章 政策咨询与反馈机制

良好的政策环境对企业发展至关重要，政策制定实施的透明度和可预期性是构建良好政策环境的关键。"宜商环境评估（BEE）"指标体系的评估重点为微观经济层面的监管框架和公共服务。监管框架主要涉及影响企业营商活动的政策制度、法律法规等，评估标准为透明度、清晰度、可预测性，目的是为政府和企业之间的知识共享和政策对话打开大门，促进经济改革。[①] 本章"政策咨询与反馈机制"指标设置与世界银行评估内容"监管框架（Regulatory Framework）"相对应，评估重点为涉企政策的公开与解读、政府与企业之间的沟通渠道建设、政府对企业的意见反馈情况，从而增强政府对涉企政策公开与解读的处理能力，促进政府及时回应和解决企业的难点和堵点问题。

一 评估指标构成

本项评估的一级指标"政策咨询与反馈机制"下设三项二级指标，分别为"制定政策意见听取""涉企政策公开与解读""在线咨询与反馈"。在每一项二级指标之下设置对应的三级指标，共设三项三级指标（见表15-1）。

---

① The World Bank, *Pre-Concept Note Business Enabling Environment* (*BEE*), p.2 (2022).

表 15-1　　　　　　　　　政策咨询与反馈机制

一级指标	二级指标	三级指标
政策咨询与反馈机制（3.0分）	制定政策意见听取（1.0分）	沟通渠道建设（1.0）
	涉企政策公开与解读（1.0分）	形式多样、可视化（1.0分）
	在线咨询与反馈（1.0分）	及时性、有效性（1.0分）

二　设置依据、评估标准及评估分析

本章从三级指标角度，逐项说明该指标设置的具体依据、实施中的评估方法和评分标准，并基于评估情况分析评估结果。

在评估中，评估小组所依据的材料和数据来源主要为被评估城市的市政府以及所属省政府网站、相关部门网站、网络搜索引擎关键词查询四种。通过以上四种方式未能检测到相关内容的，则视为未落实该项工作或该项服务。

（一）沟通渠道建设（1.0分）

【设置依据】

《优化营商环境条例》第四十八条规定，"政府及其有关部门应当按照构建亲清新型政商关系的要求，建立畅通有效的政企沟通机制，采取多种方式及时听取市场主体的反映和诉求，了解市场主体生产经营中遇到的困难和问题，并依法帮助其解决"；第六十二条规定，"制定与市场主体生产经营活动密切相关的行政法规、规章、行政规范性文件，应当按照国务院的规定，充分听取市场主体、行业协会商会的意见"。

【评估方法】

通过对被评估城市的政府网站进行检索，查询其是否有政策性文件意见征询通道，是否有向公众、企业征询制定意见，以及是否告知意见采纳结果，根据各个城市的具体情况，按以下评分标准赋分。

【评分标准】

赋分总分为1.0。符合以下各项要求赋予对应的得分，最终得分为各项得分之和：有政民互动窗口，得0.4分；有意见反馈专栏（征集意见采纳结果告知专栏），得 0.6 分。

【评估分析】

根据评分标准对各个城市进行评分，最终结果如表 15-2 所示。有政民互动窗口，得 0.4 分。得 0.4 分的有北京、天津等 36 个城市，占比为 100%。有意见反馈专栏（征集意见采纳结果告知专栏），得 0.6 分。得 0.6 分的有北京、天津等 31 个城市，占比为 86.11%。总计得 1.0 分的有北京、天津等 31 个城市。① 总计得 0.4 分的城市有长春、西安、太原、西宁、乌鲁木齐。

表 15-2　　　　　　　　"沟通渠道建设"得分分布

得分（分）	1.0	0.4
城市（个）	31	5

建立畅通有效的政企沟通机制是构建新型政商关系的关键。从政府的角度出发，首先应采取多种方式及时听取市场主体的反映和诉求。其次应及时告知市场主体征集意见采纳的结果。建立政民互动窗口是构建政企沟通机制的基本要求，意见反馈专栏是对政府提出的更高要求，监督政府要及时采纳意见并告知采纳结果。此项要求更能体现政府在构建亲清新型政商关系中的积极作为，故在评分标准中权重更大。

评估结果显示，被评估的 36 个城市中有 31 个城市建立了政民互动渠道，并且有专门的意见采纳反馈专栏；有 5 个城市只建立了制定政策意见收集渠道，并未设置专门的结果反馈专栏。

【典型事例】

关于政策性文件意见征集的设置，普遍性做法是将其设置在政民互动界面下。比如北京市政府网站政民互动界面有政策性文件意见征集专栏，分为市级政策性文件意见征集、区级政策性文件意见征集。针对每一项征集意见的文件会显著标明其来源和征集时间，同时附上征求意见

---

① 根据评估结果，得 1.0 分的有北京、天津、上海、重庆、宁波、厦门、深圳、沈阳、大连、哈尔滨、南京、杭州、济南、青岛、武汉、成都、广州、石家庄、呼和浩特、合肥、福州、南昌、郑州、长沙、南宁、海口、贵阳、昆明、拉萨、兰州、银川，共 31 个城市。

稿原文和编制说明，意见反馈渠道包含电子邮箱、邮寄地址、电话、传真、网上留言。① 天津也在政民互动板块下设置决策意见征集专栏，针对每一项政策文件包含公告、草案正文、背景介绍、公众意见采纳情况反馈、发表意见、意见提交方式等内容。②

关于意见采纳结果反馈，有些城市在制定政策、听取意见专栏下，在每项政策文件后面设置"公众意见采纳情况反馈"选项，点击即可查看该项政策的意见反馈结果，如北京、天津、上海、宁波等城市。有些城市采取的做法是并列设置"征集意见专栏"和"意见反馈结果专栏"，如重庆、深圳、沈阳等城市。以上两种做法均使公众易获取意见采纳结果，并能有效监督政府制定政策文件是否实际收集了公众意见。

（二）形式多样、可视化（1.0分）

【设置依据】

《优化营商环境条例》第三十八条规定，"政府及其有关部门应当通过政府网站、一体化在线平台，集中公布涉及市场主体的法律、法规、规章、行政规范性文件和各类政策措施，并通过多种途径和方式加强宣传解读"。

【评估方法】

通过对被评估城市的政府网站进行检索，查询其是否有公开并解读涉企政策，是否有优化营商环境政策推送专栏，是否对涉企政策进行解读，解读方式是否多样。根据各个城市的具体情况，按以下评分标准赋分。

【评分标准】

赋分总分为1.0分。符合以下各项要求赋予对应的得分，最终得分为各项得分之和：有营商环境专栏或者有单独的涉企政策推送板块，得0.5分；对涉企政策的解读方式存在两种以上形式，比如文字解读、图片解读、视频解读等形式，解读形式多样，得0.5分。

【评估分析】

根据评分标准对各个城市进行评分，最终结果如表15-3所示。有营商环境专栏或者有单独的涉企政策推送板块，得0.5分。得0.5分的有北

---

① 参见北京市人民政府网站，http：//www.beijing.gov.cn/hudong/gfxwjzj/。
② 参见天津市人民政府网站，http：//www.tj.gov.cn/zmhd/jcyjzj/。

京、天津、上海等 36 个城市，占比为 100%。对涉企政策的解读方式多样，比如文字解读、图片解读、视频解读，得 0.5 分。得 0.5 分的有北京、天津、上海等 32 个城市，占比为 88.89%。总计得分为 1.0 分的城市有 32 个，总计得分为 0.5 分的城市有 4 个。[1]

表 15-3　　　　　　　"形式多样、可视化"得分分布

得分（分）	1.0	0.5
城市（个）	32	4

涉企政策的公开与解读对于优化营商环境、保障市场主体的权益具有重要意义。市场主体有权知晓关系其切身利益的政策法规，政府作为政策的制定者，有能力且应当对政策进行详细解读，以便市场主体理解并指导自身的市场行为。本指标的评估重点在于两个方面：一是政府建立营商环境专栏，有单独的涉企政策推送板块；二是涉企政策的解读方式多样化，有文字、图片或视频解读形式。被评估的 36 个城市均建立了营商环境专栏，有单独的涉企政策推送模块，便于精准推送惠企政策，提升政策信息的透明度。对于涉企政策的多样化解读，有 4 个城市未落实到位，或没有进行相关解读，或解读形式只有文字解读，在政策信息的清晰度和可预测性层面还有待加强。

【典型事例】

关于涉企政策公开与解读形式，北京、上海、重庆、杭州等城市的做法亮点突出。北京设有"优化营商环境政策集成"平台，涵盖政策文件、政策公开讲、政策解读、图解、办事直达、各区专栏等内容。其中值得借鉴的做法是将政策文件按照企业办理的有关事项进行分类，分为开办企业、办理建筑许可、财产登记、政府采购、执行合同、获得信贷、跨境贸易、企业人才引进、纳税、获得电力、政务服务便利化、办理破产 12 类，并且单独设置国家政策文件专栏。在政策解读形式上，除文字解读、视频图片解读之外，还具有案例解读，将各区的经验做法及时公开，促进各区

---

[1] 根据评估结果显示，得 0.5 分的城市有长春、兰州、西宁、乌鲁木齐。其余 32 个城市得分为 1 分。

交流互鉴，推动形成竞相优化营商环境的良好局面。[1] 上海设有"营造超一流营商环境"平台，具体内容和北京具有相似性，但也有其突出特点。在政策文件公开专栏，部分政策存在中文和英文两种版本，充分考虑了不同群体的需要，为外资企业营造了良好的语言环境。也单独设有"优化营商环境典型案例"专栏，汇集各地区各个企业的经验做法，推动营商环境向善向好发展。[2]

浙江省人民政府设有"惠企政策直达"平台，其中值得借鉴的做法是单独设置最新政策专栏，实时更新各地惠企最新政策。此外，政策直通和政策清单专栏的设置也具有典型性。政策直通按照发布地区分类公开有关政策，分为杭州、宁波、温州、嘉兴、湖州、绍兴、金华等11个城市，便于企业按照城市查找对应政策。政策清单则是按照政策类别进行分类，分为税收优惠、财政支持、费金减免、降低企业制度性交易成本、降低企业人工成本、降低融资成本、降低用能用地成本7类政策。同时在各个具体政策下面设有在线咨询通道，用户可以针对政策立即进行咨询，在线客服能及时回应有关政策问题。[3] 重庆设有"深化放管服改革，优化营商环境"平台，值得借鉴的做法也是设有最新动态专栏，实时发布最新政策和热点问题，便于企业掌握最新政策。在政策分类上按照企业关注的重点事项进行分类，分为开办企业、办理施工许可、获得电力、登记财产、获得信贷、保护中小投资者、纳税、跨境贸易、政府采购、执行合同、办理破产11类，便于企业按需获取有关政策。[4]

（三）及时性、有效性（1.0分）

【设置依据】

《优化营商环境条例》第四十八条规定，"政府及其有关部门应当按照构建亲清新型政商关系的要求，建立畅通有效的政企沟通机制，采取多种方式及时听取市场主体的反映和诉求，了解市场主体生产经营中遇到的困难和问题，并依法帮助其解决"；第四十九条规定，"政府及其有关部门应

---

[1] 参见北京市人民政府网站，http://www.beijing.gov.cn/fuwu/lqfw/ztzl/yshj/index.html。
[2] 参见上海市人民政府网站，https://www.shanghai.gov.cn/yzcylyshj/index.html。
[3] 参见浙江省人民政府网站，https://hqpt.jxt.zj.gov.cn/hqzc/web/listing/list。
[4] 参见重庆市人民政府网站，http://www.cq.gov.cn/zt/yhshj/zcjj/zz/。

当建立便利、畅通的渠道,受理有关营商环境的投诉和举报"。

【评估方法】

本项指标评估重点在于考察各地区政府的在线咨询与反馈机制的建立情况。通过对被评估城市的政府网站进行检索,查询其是否有在线咨询与反馈渠道,在线客服对咨询事项是否进行准确回答。在对在线客服回答是否准确进行评估时,采取的具体方法是:被评估的36个城市回答统一问题"企业注册登记所需材料",评估各个城市的在线客服回答是否准确。回答扣题清楚,有实质性帮助即为准确。根据各个城市的具体情况,按以下评分标准赋分。

【评分标准】

赋分总分为1.0分。符合以下各项要求赋予对应的得分,最终得分为各项得分之和:有在线客服,得0.4分;在线客服回复准确,得0.6分。

【评估分析】

根据评分标准对各个城市进行评分,最终结果如表15-4所示。有在线客服(智能客服平台),得0.4分。得0.4分的有北京、天津、上海等36个城市,占比为100%。在线客服回答及时,准确,回答内容有实质性帮助,得0.6分。得0.6分的有北京、上海、重庆等19个城市,占比为52.78%。总计得0.4分的城市有17个,总计得1.0分的城市有19个。[①]

表15-4   "及时性、有效性"得分分布

得分(分)	1.0	0.4
城市(个)	19	17

《优化营商环境条例》中要求政府建立政企沟通平台,畅通政企沟通渠道,对于市场主体遇到的困难和问题要及时解决。本项指标的评估重点为在政企沟通渠道中"在线咨询与答复"渠道的建设情况。体现为在线客服是否畅通,回复是否有实质性帮助。

---

① 根据评估结果显示,该项指标得1.0分的有北京、上海、重庆、宁波、厦门、大连、哈尔滨、南京、杭州、青岛、西安、广州、石家庄、呼和浩特、合肥、南宁、贵阳、昆明、乌鲁木齐,共计19个城市。其余17个城市得分为0.4分。

评估结果显示，被评估的 36 个城市均建立了在线咨询与答疑平台（智能问答、在线客服）。但对于在线客服回答的准确性而言，只有 19 个城市符合评估小组对于准确性的标准，即回答内容扣题，有实质性帮助。其余 17 个城市或是没有回答，或是回答不具有相关性，对问题的解决无实质性帮助。

【典型事例】

针对评估小组设计的咨询问题"企业注册登记所需材料"，回答准确且有实质性帮助的城市有北京、上海、重庆、厦门、大连、宁波等。具体而言，北京的回答结果为相应的链接，点击链接可跳转到北京市企业登记信息材料查询服务系统，既可查询信息也可直接办理。上海和重庆均按照行政区划分别回答，包含各个区的企业登记提交材料。厦门的智能回答结果为：明确告知申请条件（含准备材料）、办理时间、办理地点、咨询电话，并附推荐回答内容（企业注册登记原始资料凭证、民办非企业注册登记等）。大连在线回答结果为：明确告知办理信息（含事项名称、办理主体、咨询方式）、办理材料，同时附有推荐内容（公司设立登记办事流程、外商投资企业设立登记流程等）。宁波的回答内容也包括申请条件、申请材料、办理基本流程，并与在线办理平台直接连接，点击即可跳转办理界面。这些城市的回复形式值得借鉴，回答清晰明确，对问题的解决有实质性帮助。

回答不准确的城市有 17 个城市，即天津、深圳、沈阳、长春、济南等。具体而言，沈阳的回答结果为"没有搜索到您要办理的业务"。天津的回答结果为"请问您是否想要咨询以下问题：个税是如何办理的"。长春的在线客服不直接回答问题且页面连接不畅通，回答内容为"访问超时或要求用户退出页面重新加载"。

这些城市的回答均被评估小组认定为回答不扣题，没有实质性帮助。

三 评估结论与建议

本项一级指标"政策咨询与反馈机制"赋分总分为 3.0 分，被评估城市平均得分为 2.58 分，平均得分率为 86%。共有 17 个城市得分在平均分之上，占被评估城市总数的 47.22%；19 个城市在平均分之下，占被评估城市的52.78%。本项一级指标评估中得分最高为3.0分，得分最低为1.3分，体现了一定的区分度。

本项一级指标共包含三项三级指标，分别为"沟通渠道建设""形式多样、可视化""及时性、有效性"，赋分各为1.0分。各三级指标的得分情况为："沟通渠道建设"平均分为0.92分，平均得分率为92%；"形式多样、可视化"平均分为0.94分，平均得分率为94%；"及时性、有效性"平均分为0.72分，平均得分率为72%。

（一）取得的成就

1. 政策性文件意见征集与反馈渠道基本建立

根据评估结果显示被评估的36个城市均建立了政策性文件意见征集渠道，31个城市建立了公众意见采纳结果反馈渠道。"沟通渠道建设"指标的平均得分率为92%。被评估的36个城市均建立了政民互动渠道，也同时具有制定政策性文件意见征集渠道。表明各个城市的政府在制定政策文件时均会将文件草案在政府官网上发布并设置一段时间征集公众意见。大部分城市对于征集意见的采纳结果也会进行反馈，并设有专门的意见反馈专栏。政策性文件意见征集与反馈渠道基本建立。

2. 政企沟通渠道基本建立

被评估的36个城市均建立了政民互动窗口，平均得分率为100%。互动窗口主要包含12345市民热线、征集调查、在线访谈、在线咨询、网上建议、市长信箱等政民沟通渠道。36个城市均设有在线问答平台，在线客服（智能客服平台）的平均得分率为100%。从整体上看，各地方政府基本建立了多样化的政民沟通渠道，保障了企业与普通民众提出意见建议的渠道畅通。

（二）存在的问题

1. 政策性文件意见征集效果不佳

被评估的36个城市基本上建立了政策性文件意见征询与反馈渠道，从形式上表明公众有提出意见以及获知采纳结果的渠道。但在实际检索各个城市的具体情况时，评估小组发现大部分政策性文件在征集时间内并未收集到公众意见，或者只收集到一条或几条公众意见，公众意见采纳情况反馈专栏内容存在空白或是回复笼统的情况。政府在落实制定政策意见听取与反馈制度时存在的实质问题是收集不到公众意见以及针对提出的意见并未实际反馈采纳结果。

以上问题的产生存在多种原因。从公众角度分析，一是公众不知晓该项政策在既定时段内公开征求意见；二是即使知道该项政策公开征求意见，但由于文化水平和专业知识限制，并不能有效提出意见建议。尤其是针对非民生领域的政策性文件，和公众日常生活联系不紧密，公众缺少关注的积极性。从政府角度分析，政府及其有关部门对于收集到的意见反馈结果敷衍应对，未详细回答采纳哪些意见和未采纳相应意见的原因，只是笼统回应"将对意见建议认真进行分析研究，充分考虑相关意见建议"。因此，其政策文件意见征集与反馈渠道虽然全面建立，但公众与政府均未有效参与，未达到改进优化政策制定的应有效果。

2. 政企沟通渠道未能及时有效解决企业问题

被评估的36个城市均建立了政民互动窗口，包括12345市民热线、征集调查、在线访谈、在线咨询、网上建议、市长信箱等沟通渠道，但部分渠道并不畅通，未及时有效解决企业问题。

依据三级指标"及时性、有效性"的评估结果，有在线客服（智能客服平台）的城市有36个，占比为100%；在线客服回答及时准确且回答内容有实质性帮助的城市有19个，占比为52.8%。这一数据表明被评估的36个城市均建立了在线咨询与答疑平台（智能问答、在线客服），但大部分城市的回答内容对于咨询人没有实质性帮助。例如，针对评估小组设计的统一问题"企业注册登记所需材料"，有些城市智能客服无法识别，进行循环问答；有些城市直接回答"没有搜索到相关内容"；有些城市根本无法连接到智能客服。通过本项指标评估反映出了在线咨询与回答渠道存在不畅通的问题，该渠道并未发挥有效解决公民问题的作用。

另一反映沟通渠道不畅通问题的现象是获取联系方式难。根据评估小组搜集的相关典型事例，部分市场监督管理局联系方式获取困难，存在未公开的情况，并不能在第一时间联系到相关执法人员。通过现场咨询的方式对企业来说时间成本过高。而通过12345热线电话进行咨询，需要排队等待分配工作人员进行解决，通常在几个工作日之后，效率同样不高。

此外，也存在咨询投诉缺少统一受理窗口的问题。各地主管部门具体受理咨询投诉的科室不同,会出现找不到对应科室或对应科室执法人员外出办事等情形,而现场又缺少统一的受理窗口处理企业需求,导致无法当天办结、一次办结,且缺少执法人员何时在岗信息,从而影响企业工作安排。

以上情况反映出目前政企沟通渠道建设的普遍性问题,如市民热线无法接通、接通但没有实质处理结果、在线咨询回复慢、回复结果无实质性帮助、具体处理问题的部门主体不明确、层层推诿处理、答复随意等。政企沟通渠道仅在形式上建立,并未发挥实质效果。如何畅通政企沟通渠道,及时有效解决企业问题应成为各政府部门关注的重点。

(三) 改进的建议

针对实践中普遍存在的政策性意见收集不到位、反馈笼统、政民沟通渠道不畅通、解决问题的部门主体权责不清晰、处理时间过长或未实质解决困难等突出问题,评估小组结合有关政策提出以下改进建议。

1. 增加专家意见专栏

针对公众无法及时知晓政策性文件收集时间或者无法准确提出意见建议的情况,制定机关首先应采取多种途径广泛告知社会公众,采用新闻、媒体或者网络平台等多种形式公告政策性文件的征集意见时间。对于公众因专业知识能力有限无法提出有效建议的情况,制定主体应主动找寻专家进行意见征集,专家同时也是公众,但专家具有专业能力,能较好地提出意见建议。未来可在意见征集专栏单独设置专家意见征集,以弥补公众意见的缺失。

2. 加强意见采纳结果反馈

各地方政府不能仅仅设立政策文件意见征询渠道,更重要的是要确保群众的意见被真实采纳,不能笼统反馈"将对意见建议认真进行分析研究,充分考虑相关意见建议"等内容。政府及其有关部门应及时查看群众的意见建议并反馈有效的答复结果,将意见采纳结果公示在对应的意见收集专栏下,方便群众查找知晓。

3. 完善在线咨询平台的建设

一是从技术层面加强智能客服回答的准确性,设置关键词、关键问题等内容帮助智能客服识别问题,给出相应答案。二是补充设置人工客服,在智能客服无法准确回答问题时提供人工客服选项。人工客服的设置涉及工作人员数量安排以及专业知识培训的问题。各地方政府应根据实际情况加大人员投入力度和人员培训力度，保障人工客服的回答速度和回答的专业性。

4. 推动政民互动渠道与对应职能部门高效对接，建立联动机制

国务院办公厅《关于推动12345政务服务便民热线与110报警服务台高效对接联动的意见》（国办发〔2022〕12号）曾要求"加强12345与110能力建设"，以对接联动机制顺畅运行为目标，以分流联动事项高效办理为重点，以平台数据智能应用为支撑，"建立职责明晰、高效便捷的12345与110高效对接联动机制"。建立健全对接联动机制，各地区12345或者110通过电话接到明确属于对方受理范围内的事项，以一键转接方式及时转交对方受理。提升12345接办质效，各地区要加强12345平台与部门业务系统的互联互通，实现信息实时全量共享。加强对12345工单承办单位办理工作的督查考核，及时公开办理情况，不断提高响应率、问题解决率和满意度。[①] 将群众意见反馈渠道和对应的部门业务系统实时对接，明晰各个部门处理事项的范围，建立联动机制，实现高效处理，进一步优化便民热线。

[①] 《关于推动12345政务服务便民热线与110报警服务台高效对接联动的意见》，国办发〔2022〕12号，2022年5月16日发布。

第十六章　中介服务

深化"放管服"改革、优化营商环境的重要举措之一是实行行政审批事项清单管理。明晰行政许可权力边界、规范行政许可运行,为企业和群众打造更加公平高效的审批环境。[1] 行政审批实施的重要内容之一是行政审批中介服务的规范,包含中介机构、中介服务流程、中介服务费用等内容。本章指标设置评估重点为政府在行政审批中介服务过程中的影响,涉及政府是否指定中介服务机构、中介服务流程是否公开、是否变相收取中介费用等。行政审批中介服务这一指标也与"宜商环境评估(BEE)"中的"公共服务"(Public Services)板块相对应。"宜商环境评估(BEE)"根据企业生命周期设置了10项指标,每一指标评估内容均涉及监管政策、公共服务以及效率。行政审批中介服务可分为由行政机关自行委托中介机构和由市场主体委托中介机构两类,其中第一类也属于公共服务的一种。由此本章指标设置与世界银行新评估体系具有评估内容上的一致性。

一　评估指标构成

本次评估的"中介服务"一级指标之下设置三项二级指标,分别为"中介服务独立性与中介服务反馈机制""流程规范公开""中介服务费用",二级指标下设四项三级指标(见表16-1)。

---

[1] 《国务院办公厅关于全面实行行政许可事项清单管理的通知》,国办发〔2022〕2号,2022年1月30日发布。

表 16-1　　　　　　　　　　　中介服务

一级指标	二级指标	三级指标
中介服务（4.0分）	中介服务独立性与中介服务反馈机制（1.0分）	有关政府是否给企业推荐或者指定中介服务机构、中介机构与政府机关脱钩（1.0分）
	流程规范公开（2.0分）	中介服务流程规范（1.0分）
		中介服务流程公开（1.0分）
	中介服务费用（1.0分）	不能转嫁给市场主体（1.0分）

二　设置依据、评估标准及评估分析

本节从三级指标角度，逐项说明该指标设置的具体依据、实施中的评估方法和评分标准，并基于评估情况分析评估结果。

评估小组所依据的材料和数据来源主要为被评估城市的市政府网站以及所属省政府网站、相关部门网站、网络搜索引擎关键词查询四种。通过以上四种方式未能检测到相关内容的，视为未落实该项工作或该项服务。

（一）有关政府是否给企业推荐或者指定中介服务机构、中介机构与政府机关脱钩（1.0分）

【设置依据】

《优化营商环境条例》第四十三条规定，"国家加快推进中介服务机构与行政机关脱钩。行政机关不得为市场主体指定或者变相指定中介服务机构；除法定行政审批中介服务外，不得强制或者变相强制市场主体接受中介服务。行政机关所属事业单位、主管的社会组织及其举办的企业不得开展与本机关所负责行政审批相关的中介服务，法律、行政法规另有规定的除外"。

【评估方法】

通过对被评估城市的政府网站进行检索，查询其是否有行政审批中介服务事项清单，是否有中介机构信息公示平台。事项清单要求政府公布中介服务实施机构的标准，从而监督政府是否指定具体的中介服务机构；中介机构信息公示平台是考察市场主体是否有自主选择机构的渠道。从政府和市场主体两个角度进行评估，然后根据各个城市的具体情况，按以下评分标准赋分。

【评分标准】

赋分总分为1.0分。按以下标准赋予对应的分值，各个被评估城市的最终得分为各项得分之和：有行政审批中介服务事项清单，得0.5分；有中介机构信息查询公示平台，得0.5分。

【评估分析】

根据评分标准对各个城市进行评分，最终结果如表16-2所示。具体而言，有行政审批中介服务事项清单，得0.5分。得0.5分的有北京、天津等35个城市。有中介服务网上平台（中介机构超市）或服务机构名录，得0.5分。得0.5分的有北京、天津等33个城市。总计得分为1.0分的有北京、天津等33个城市；总计得分为0.5分的城市有兰州、西宁、乌鲁木齐。

表16-2　"有关政府是否给企业推荐或者指定中介服务机构、中介机构与政府机关脱钩"得分分布

得分（分）	1.0	0.5
城市个数（个）	33	3

本项三级指标的评估重点在于考察政府是否给企业推荐或指定中介服务机构、政府与中介机构是否有关联。具体内容为两方面，一是行政审批中介服务事项清单上列明中介服务实施机构的资格要求而不是具体指定某个中介机构。二是建立一体化中介服务网上平台，使各个中介机构的具体信息能够在平台上查询获得。事项清单只是以书面形式明确中介服务实施机构的资格要求，但是无法实际说明符合相应资格的中介机构的数量以及企业是否有权自主选择。

一体化中介服务网上平台的建立能够将各个中介机构的信息整合。企业能在平台上自主选择各个机构而不受政府干预，使企业能充分获取中介机构信息，实际保障了企业的自主选择权。本项指标的评分标准包含两方面内容，一是行政审批中介服务事项清单，二是一体化中介机构网上平台

的建立，只有两方面内容都具备才能得满分1.0分。

在被评估的36个城市中，共有33个城市得了1.0分，其中32个城市建立了统一的中介机构信息公示平台。上海虽未建立相关中介服务平台，但公布了服务单位名录，在工程建设项目审批系统中也能根据机构名称予以查询，因此也得1.0分。兰州虽建立了相关中介服务平台，但未明确公布行政审批中介服务事项清单。整体上大部分地方政府均实现了行政审批事项清单化，行政审批中介服务一体化平台基本建立。

【典型事例】

在被评估的城市中，大部分城市均建立了行政审批中介服务事项清单，以清单形式公示中介服务事项名称、设定依据、中介机构要求、审批部门等重点内容。大部分城市同时也建立了中介服务一体化平台，将数字技术运用在中介服务事项中，提升服务效率和服务质量。并以数字化形式公开中介机构有关信息，建设公开透明、充分竞争、高效便捷的数字化网上交易平台。其中比较典型的做法如北京、重庆、宁波、杭州、广州等城市，既建立了事项清单，也建立了一体化中介服务平台。

北京关于本项指标的清单设有行政许可等中介服务事项保留目录和清理规范目录。保留目录明确了需要中介服务的政务服务事项、设定依据、实施机构；清理规范目录明确了不需要中介服务的审批事项，以及由申请人委托中介机构改为由审批部门委托中介机构的事项，列明审批部门、事项名称、实施机构、处理决定等内容。通过正向保留清单和反向排除清单严格规范了行政审批中介服务的设置，明确了应由审批部门自行委托中介机构的事项，禁止审批部门以任何形式要求申请人必须委托特定中介机构提供服务。此外，北京同时建立了中介服务网上交易平台，旨在实现统一管理、自主交易、公开透明、信息共享的良好服务环境。[1] 重庆也建立了网上中介服务超市，将中介服务事项、中介机构信息、采购公告、结果公告、政策法规等内容统一在平台公示，实现了网上一体化中介服务交易。[2]

---

[1] 参见北京市人民政府网站，http://banshi.beijing.gov.cn/pubtask/facilitation.html?locationCode=110000000000。

[2] 参见重庆市人民政府网站，https://zjcs.cqggzy.com/cq-zjcs-pub/pubLaw。

第三编　政务服务

宁波于2019年出台《关于印发宁波市进一步深化投资项目审批中介服务改革重点工作方案的通知》，对中介服务事项清理、中介服务效率、中介服务市场化发展、中介服务监管等内容做出规范要求。在清单方面，宁波确立行政审批中介服务事项（行政机关委托）清单，明确审批事项名称、审批部门、设定依据、中介机构要求、收费标准等内容。[①] 浙江建立了统一的投资项目行政审批中介服务平台，将中介机构信息统一收集，按照行业类别进行分类。服务平台囊括浙江范围内需要中介服务的审批事项，按照委托事项主体不同分为由业主委托事项和由行政审批机关委托事项。[②] 服务平台本质上和清单公示中介服务事项的效果相同，但服务平台不仅公示所需中介服务的审批事项，也在事项下对应列出可服务的中介机构信息，供委托主体自由选择。将中介服务事项和可服务中介机构信息整合，便于委托主体按需选取，更加便捷化、易操作。

（二）中介服务流程规范（1.0分）

【设置依据】

《优化营商环境条例》第四十三条规定，"作为办理行政审批条件的中介服务事项（以下称法定行政审批中介服务）应当有法律、法规或者国务院决定依据；没有依据的，不得作为办理行政审批的条件。中介服务机构应当明确办理法定行政审批中介服务的条件、流程、时限、收费标准，并向社会公开"。

【评估方法】

通过对被评估城市的政府网站进行检索，查询其是否有行政审批中介服务事项清单，是否有政策文件等对中介服务流程做出相应规定。根据各个城市的具体情况，按以下评分标准赋分。

【评分标准】

赋分总分为1.0分。符合以下情况之一的得1.0分：有行政审批中介

---

① 《关于印发宁波市进一步深化投资项目审批中介服务改革重点工作方案的通知》，2019年8月28日发布，http://fgw.ningbo.gov.cn/art/2019/8/28/art_1229019928_43966147.html?webId=16&jurisCode=330201。

② 参见浙江省投资项目行政审批中介服务平台，https://tzxmzjfw.zjzwfw.gov.cn/epoint-web-zjcsmhwz/epointzjcs/pages/serviceTask/taskDetail?taskguid=da747632-1b0f-4bc9-988a-42263af9be18。

服务事项清单，得 1.0 分；有相关政策文件对中介服务设立依据做出规范，得 1.0 分。

【评估分析】

根据评分标准对各个城市进行评分，最终结果如表 16-3 所示。有行政审批中介服务事项清单对中介服务事项、设定依据、中介机构、行政审批部门、行业主管部门等内容进行明确，得 1.0 分。得 1.0 分的城市有 35 个，占比为 97.22%。无行政审批中介服务事项清单，得 0 分。得 0 分的城市有 1 个，占比为 2.78%。

表 16-3　　　　　　　"中介服务流程规范"得分分布

得分（分）	1.0	0
城市个数（个）	35	1

本项三级指标的评估重点为行政审批中介服务事项是否有法律依据。评估对象为行政审批中介服务事项清单内容。

在被评估的 36 个城市中，有 35 个城市建立了行政审批中介服务事项清单，清单内容包括中介服务事项设定依据。整体上，被评估城市普遍实现以清单公示规范行政审批中介服务设定依据，实现中介服务事项依法设定。

【典型事例】

一些城市在清单之外还出台了地方性法规或者政策性文件，加强了规范行政审批中介服务事项的设定。比如，北京有事项清单"行政许可等中介服务事项保留目录"（共计 301 项），明确了中介服务事项名称、事项类型、办理部门、设定依据等内容。此外，北京出台了《北京市优化营商环境条例》，其中第三十六条规定"市政务服务部门依法制定作为办理行政审批条件的中介服务事项目录，并向社会公布；有关政府部门不得将目录以外的中介服务事项作为办理行政审批的条件"，"严格规范中介服务的设定"。北京政务服务管理局于 2021 年印发了《北京市中介服务网上交易平台管理办法》，规定机构入驻要求、交易流程、职责分工、信用管理、服务评价等内容，旨在规范网上中介服务交易，推动形成透明开放、竞争有序、便捷高效的中介服务市场。①

杭州建立了中介事项清单和中介机构清单，明确各个中介服务事项的设定依据和机构要求。除此之外，杭州于2021年7月发布了《杭州市"十二五"中介服务业发展规划》，明确规划背景与现实基础、指导思想与发展目标、主要任务、空间布局、保障措施等内容，旨在从整体上提高杭州中介服务业发展水平，充分发挥中介服务业促进经济发展、方便人民生活的作用。②

（三）中介服务流程公开（1.0分）

【设置依据】

《优化营商环境条例》第四十三条规定，"作为办理行政审批条件的中介服务事项（以下称法定行政审批中介服务）应当有法律、法规或者国务院决定依据；没有依据的，不得作为办理行政审批的条件。中介服务机构应当明确办理法定行政审批中介服务的条件、流程、时限、收费标准，并向社会公开"。

【评估方法】

通过对被评估城市的政府网站进行检索，查询其是否建立中介服务流程公示平台，根据各个城市的具体情况，按以下评分标准赋分。

【评分标准】

赋分总分为1.0分。按以下标准赋予对应的分值，各个被评估城市最终得分为各项得分之和：建立网上中介服务平台，得0.5分；平台有项目流程公示专栏，得0.5分。

【评估分析】

根据评分标准对各个城市进行评分，最终结果如表16-4所示。具体而言，建立行政审批中介服务网上平台（中介服务超市），得0.5分。得0.5分的有北京、天津等33个城市，占比为91.67%。中介服务平台有项目流程公示专栏等相关内容，得0.5分。得0.5分的有北京、天津等33个

---

① 参见北京市中介服务网上交易平台，http：//zjfw.beijing.gov.cn/info/list/61.html？xzqydm=110100&xzqymc=北京市&status=0。

② 参见杭州市人民政府网站，http：//www.hangzhou.gov.cn/art/2021/7/2/art_1229541472_3894738.html。

城市，占比为91.67%。总计得分为1.0分的城市有33个，总计得分为0分的城市有3个。①

表16-4　　　　　　　"中介服务流程公开"得分分布

得分（分）	1.0	0
城市（个）	33	3

本项指标评估重点为是否建立一体化中介服务网上平台，是否公开中介机构信息、办理法定行政审批中介服务的条件、流程、时限、收费标准等内容。在被评估的36个城市中，有33个城市建立了一体化中介服务网上平台，平台将中介机构有关信息予以收集、整合、公示，同时公开中介服务条件、流程、收费标准等内容，便于企业按需查找。一体化中介服务平台的建立有助于实现中介机构信息的数字化以及公开化，提升中介服务的效率，促进竞争交易的公平性。

【典型事例】

江西建立了省级网上中介服务超市，旨在统一各市级的中介服务事项，实现一体化中介服务交易。在使用范围方面，江西省级中介服务超市目前开通了九江、南昌、赣江等地的网上中介服务；在平台内容方面，包含55类中介服务事项，每一类事项可服务的中介机构均公开基本信息、信用记录等。网上中介服务超市也设有采购公告、中选公告等专栏，公示各类交易信息，保障了中介服务交易的公平性和竞争性。②

浙江投资项目行政审批中介服务平台，分别设置中介服务事项、中介服务机构、交易信息、运行数据、服务指南等专栏。平台在首页将"业主委托事项"和"行政审批机关委托事项"分类别展示，区分了企业委托中介机构和行政机关委托中介机构两种不同的情形，便于企业和行政机关按需查找相关信息。在中介服务机构专栏，按照工程咨询类、工程勘察类、测绘测量类、工程设计类、检验检测类、安全评估类等展示中介机构。另

---

① 根据评估结果显示，在被评估城市中，上海、西宁、乌鲁木齐未建立行政审批中介服务平台（中介服务超市）。

② 参见江西省网上中介服务超市，https://jxswszjcs.jxzwfww.gov.cn/jx-zjcs-qt/ncs/purchaseNotice/list。

第三编　政务服务

外，平台同时设有交易信息专栏，实时更新竞价公告、成交公告、终止公告等信息，实现公共资源交易服务"一窗找资源"。①

重庆网上中介超市的"中介服务事项"分类更加精细化。重庆将中介服务事项分为测绘、安全评价、工程监理等63类，每一类事项下均包含可提供服务的中介机构基本信息、收费标准等内容。此外，重庆网上中介超市还设有违法违规信息公开专栏，将违法违规的中介服务处罚信息及时公开，本质上体现了以信用监管形式监督中介服务的交易过程。②

（四）不能转嫁给市场主体（1.0分）

【设置依据】

《优化营商环境条例》第四十三条规定，"行政机关在行政审批过程中需要委托中介服务机构开展技术性服务的，应当通过竞争性方式选择中介服务机构，并自行承担服务费用，不得转嫁给市场主体承担"。

【评估方法】

通过对被评估城市的政府网站进行检索，查询其是否有行政审批中介服务事项清单，是否建立中介服务公示平台，根据各个城市的具体情况，按以下评分标准赋分。

【评分标准】

赋分总分为1.0分。符合以下任意情况之一的得1.0分：有中介服务平台或者中介超市；行政审批中介服务事项清单上列明"行政机关委托中介机构的收费情况"等内容。

【评估分析】

根据评分标准对各个城市进行评分，最终结果如表16-5所示。具体而言，有中介服务平台，行政机关通过中介服务平台竞争性选取中介服务机构；或者行政审批中介服务事项清单上列明"由行政机关委托中介机构的，不向市场主体收费"等内容，得1.0分。得1.0分的有北京、天津等33个城市，占比为91.67%。既无中介服务平台也无行政审批中介服务事

---

① 参见浙江省投资项目行政审批中介服务平台，https://tzxmzjfw.zjzwfw.gov.cn/epoint-web-zjcsmhwz/epointzjcs/pages/transInfo/tender。
② 参见重庆市网上中介服务超市，https://zjcs.cqggzy.com/cq-zjcs-pub/home。

项清单表明由行政机关委托中介机构收费情况等内容，得 0 分。得 0 分的城市有 3 个，占比为 8.33%。

表 16-5　　　　　　　　"不能转嫁给市场主体"得分分布

得分（分）	1.0	0
城市（个）	33	3

本项指标评估的内容为行政机关委托中介服务机构的情况，行政机关不能将其委托费用转嫁给市场主体承担。对于需要由市场主体自行委托中介机构的情形，市场主体与中介机构之间的收费情况不在本指标评估范围内。通过行政审批中介服务平台查询行政机关是否采取竞争性方式选取中介机构，是否由财政资金支付服务费用等内容评估本项指标。

在被评估的城市中，大部分城市均建立了中介服务网上交易平台。行政机关会根据具体事项发布招标公告，写明中介服务项目名称、采购人、中介机构要求、服务时限、服务金额、选取方式等内容，之后有意愿的中介机构可在规定时间内上传投标文件，按时参与投标，保障了中介交易的竞争性和公平性。

【典型事例】

北京、重庆、厦门、深圳等 33 个城市通过建立网上中介交易平台[①]，以采购公告、交易信息、结果公示专栏监督行政机关委托中介机构的过程，要求行政机关通过竞争性方式选取中介服务机构，发布竞价公告，并自行承担服务费用，不得转嫁给市场主体承担。少部分城市采取行政审批中介服务事项清单的形式，写明由行政机关委托中介机构时，不向市场主体收费等内容。比如大连公布行政审批中介服务事项清单，清单内容包括中介服务事项、审批部门、设定依据等，以特别备注的形式写明"由审批

---

① 根据评估结果显示，被评估城市所在市级或所属省级建立网上中介服务平台的有北京、天津、重庆、宁波、厦门、深圳、沈阳、长春、大连、哈尔滨、南京、杭州、济南、青岛、武汉、成都、西安、广州、石家庄、太原、呼和浩特、合肥、福州、南昌、郑州、长沙、南宁、海口、贵阳、昆明、拉萨、兰州、银川，共计 33 个城市。

部门采取购买服务方式委托相关机构为其审批提供技术性服务"①。内蒙古既建立中介交易平台，也通过清单明确中介费用承担，公开由申请人付费委托行政权力中介服务事项清单，清单内容包含事项名称、设定依据、实施部门、委托主体、中介费用承担主体。②

三 评估结论与建议

本项一级指标"中介服务"赋分总分为4.0分，被评估城市平均得分为3.76分，平均得分率为94%。共有32个城市得分在平均分之上，占被评估城市总数的88.89%；4个城市在平均分之下，占被评估城市的11.11%。本项一级指标评估中得分最高为4.0分，得分最低为1.5分，体现了一定的区分度。在本项指标评估中，共有32个城市得分为4.0分，包括北京、天津等。

本项一级指标共包含四项三级指标，分别为"有关政府是否给企业推荐或者指定中介服务机构、中介机构与政府机关脱钩""中介服务流程规范""中介服务流程公开""不能转嫁给市场主体"，四项三级指标赋分总分均为1.0分。各三级指标的得分情况为："有关政府是否给企业推荐或者指定中介服务机构、中介机构与政府机关脱钩"平均分为0.96分，平均得分率为96%；"中介服务流程规范"平均分为0.97分，平均得分率为97%；"中介服务流程公开"平均分为0.92分，平均得分率为92%；"不能转嫁给市场主体"平均分为0.92分，平均得分率为92%。

（一）取得的成就

1. 各地方政府全面推行行政审批中介服务改革，取得显著成效

2018年中共中央办公厅、国务院办公厅印发《关于深入推进审批服务便民化的指导意见》，明确深化行政审批中介服务改革，进一步减少不必要的行政审批中介服务事项，无法定依据的一律取消。对保留的审批中介

---

① 参见大连政务服务网，http://zwfw.dl.gov.cn/wdcms/spzjqd/index.jhtml? areaCode=210201000000。
② 参见内蒙古自治区人民政府网站，http://zwfw.nmg.gov.cn/pub/150000/custom/jcqd_150000/zhongjie_list/zjfwqd/202201/t20220110_52954.html。

服务事项要明确办理时限、工作流程、申报条件、收费标准，并对外公开。加快推进中介服务机构与主管部门脱钩。[①]

根据评估结果显示，"有关政府是否给企业推荐或者指定中介机构、中介机构与政府机关脱钩"指标平均得分率为96%，表明大部分地方政府通过清单公示或者中介机构信息网上公示严格防范行政机关变相给市场主体指定中介机构。"中介服务流程规范"指标平均得分率为97%，有35个城市建立了行政审批事项清单，公开了中介服务设定依据。"中介服务流程公开"和"不能转嫁给市场主体"指标平均得分率均为92%，大部分城市公开了中介服务的流程、申请条件等。被评估城市整体上全面推行了行政审批中介服务改革，清理了无法定依据的中介服务事项，并公开了中介服务流程，严格禁止行政机关向市场主体指定中介机构。行政审批中介服务改革取得显著成效。

2. 各地方政府基本落实行政审批中介服务平台的建设，实现"互联网+政务服务"

依据《优化营商环境》第四十三条"国家加快推进中介服务机构与行政机关脱钩"的要求，行政机关不得为市场主体指定或者变相指定中介服务机构，除法定行政审批中介服务外，"不得强制或者变相强制市场主体接受中介服务"。行政机关所属事业单位、主管的社会组织及其举办的企业"不得开展与本机关所负责行政审批相关的中介服务，法律、行政法规另有规定的除外"。评估小组采用"有关政府是否给企业推荐或者指定中介服务机构、中介机构与政府机关脱钩"这一指标来考察各地方政府对该项规定的落实情况。重点考察了各地方政府一体化中介服务平台的建立情况。

在被评估的36个城市中有33个城市建立了行政审批中介网上交易平台（中介服务超市），基本落实了一体化行政审批中介服务平台的建设。实现中介机构信息整合的网上展示、网上竞价、网上中标、网上评价，使企业能在平台上自主选择各个机构而不受政府干预，监督行政机关通过竞争方式选择服务机构，服务费用一律自行承担，不能转嫁给市场主体。依

[①] 《关于深入推进审批服务便民化的指导意见》，2018年5月23日发布，http://www.gov.cn/zhengce/2018-05/23/content_5293101.htm。

托政务服务网建设一体化中介服务平台，进而实现更多政务服务事项一网通办，全面实现政务服务数字化转型，提升政务服务效率。

（二）存在的问题

1. 中介机构信息公开不全面

在被评估的 36 个城市中，虽有 33 个城市建立了行政审批中介服务平台（中介服务超市），分类别分事项展示中介机构，但中介机构信息公开仍不全面。依据《优化营商环境》第四十三条"中介服务机构应当明确办理法定行政审批中介服务的条件、流程、时限、收费标准，并向社会公开"，中介机构的信息应向社会公开，公开内容应包括办理条件、办理流程、办理时限、收费标准等。在建立中介服务网上平台的城市中，大部分城市公开的中介机构信息只包含中介机构名称、机构类型、服务类型、注册地、法定代表人、资格信息、信用信息等基本信息，并未明确收费标准以及服务时限等关键内容。整体上各个城市公开的中介机构信息内容并不全面，未符合法定要求，同时也存在少数城市未建立中介服务网上平台，未在网上公开中介机构有关信息。

2. 行政审批中介服务事项清单重点内容未公开

被评估的 36 个城市中有 35 个城市建立了行政审批中介服务事项清单，各个地方政府在建立及公开清单层面落实较好。但仔细考察各个地方政府的清单制定内容，仍存在内容不完善的问题。大部分城市的清单内容包含中介服务事项名称、对应的行政审批事项名称、中介机构资格要求、行政审批机关、设定依据，但未包含中介费用承担主体以及中介机构委托主体等重要内容。在法定行政审批中介服务事项中，存在不同分类。一是由市场主体自行委托中介机构，所需费用由市场主体和中介机构之间自行约定。二是由行政机关委托中介机构，所需费用由行政机关承担，与市场主体无关。大部分城市所公布的事项清单中并未指明这两种情况，对于该由哪类主体委托中介机构并承担相应费用并不清楚。被评估的城市大部分存在行政审批中介服务事项清单内容不完善的问题。

（三）改进的建议

在基本建立行政审批中介服务平台的情况下，应进一步完善平台建设内容，规范中介服务平台运行管理，提高中介机构服务水平，完善中介机构服务监管机制。各地方政府应重点建设以下几个方面。

1. 明确中介机构入驻平台的行为规范要求

入驻中介服务平台的中介服务机构应提供办理条件、服务类型、服务时限、收费标准等信息，并在平台公示，方便公众查找监督。入驻机构应具备相应中介服务事项所要求的资质和资格条件或者相应的能力要求，应保证中介机构提供信息材料的真实性、全面性。中介服务机构在平台上开展活动应符合法律法规的要求，有提供虚假材料、证照、超越资质范围承揽业务等违法违规的行为应立即退出中介平台，并承担法律责任。

2. 明确区分由行政机关和企业委托中介机构的不同情况

法定行政审批中介服务事项存在不同分类。一是由市场主体自行委托中介机构，所需费用由市场主体和中介机构之间自行约定，一是市场调节价。二是由行政机关委托中介机构，所需费用由行政机关承担，与市场主体无关。大部分城市并未明确区分这两类情形，行政审批所需中介服务事项的设定虽有法定依据，但到底是由行政机关还是由市场主体委托中介机构并不清楚。

由行政机关委托中介机构的程序应按照招标投标的程序进行，且中介机构费用由行政机关自行承担。而由市场主体委托中介机构就是一般的买卖交易过程，所需服务费用由市场主体自行承担。中介服务网上平台应根据委托主体的不同分开设置中介服务事项。

3. 建设服务评价监督专栏

一体化行政审批中介服务平台应加强对中介服务交易过程的监督。各地方政府应设立公众评价监督专栏，允许公众对中介服务机构做出评价，同时便于公众提出相应的建议。实际使用中介服务网上平台进行交易的公民、企业才能真切感受到平台建设情况的好坏，才能发现中介服务机构的具体问题。设立公众服务评价专栏对于平台建设的完善以及监督中介服务交易过程具有重要作用。

4. 完善中介机构监管机制

根据深化行政审批中介服务改革要求，强化中介服务监管，全面开展中介服务信用评价，建立健全中介服务机构退出机制。在行政执法体制改革和创新监管机制的大背景下，综合执法模式、信用监管、包容审慎监

第三编 政务服务

管、智慧监管、失信联合惩戒等新型模式不断涌现，行政机关应针对不同对象、不同事项采取适当高效的监管模式，实现行政管理目标。中介服务机构本质上也是市场主体，在保护其合法权益的同时也要监管其不规范的中介服务行为，以保护其他市场主体的合法权益。应积极推进综合监管机制，将违法中介机构处罚信息公示，建立以信用承诺、信息公示为特点的新型监管机制。因此，各地方政府应积极探索智慧监管，加强市场主体的信用信息收集与公开。

第十七章　证明清单

在世界银行《宜商环境项目概念说明书》设置的一级指标"市场准入"（Business Entry）中，评估企业的市场准入监管限制是重要内容，该限制包括最低资本金、各种证明事项或其他准入标准。[①] 重复、繁多的证明事项是数字经济发展的重大滞碍，清理规范不适应数字经济发展需要的身份证明、验收材料等地方自设证明事项，有利于释放市场主体创新活力和内生动力。因此，本次数字营商环境评估将"证明清单"单独设置为一级指标，评估地方政府依法设定、清理证明事项工作的开展情况。

一　评估指标构成

本次评估的"证明清单"一级指标之下设置一项二级指标，为"依法设定证明清单"。其下设置一项三级指标"是否清理无法律依据的证明事项"，通过考察各城市市政府能否依法依规及时地清理无法律依据的证明事项以及证明事项网上办理的普及程度，以此反映被评估城市在数字经济时代推动贸易便利化的情况（见表17-1）。

表17-1　证明清单

一级指标	二级指标	三级指标
证明清单（1.0分）	依法设定证明清单（1.0分）	是否清理无法律依据的证明事项（1.0分）

---

① The World Bank, *Pre-Concept Note Business Enabling Environment* (*BEE*), pp.9-12 (2022).

二 设置依据、评估标准及评估分析

在该一级指标评估中,评估小组所依据的材料与数据来源主要为被评估城市的市政府网站、相关部门网站、网络搜索引擎关键词查询三种。通过相关方式未能检测到相关内容的,视为未落实该项工作或该项服务,各三级指标的评估方法及赋分标准如下。

(一) 是否清理无法律依据的证明事项(1.0分)

【设置依据】

国务院办公厅印发《关于做好证明事项清理工作的通知》明确要求"没有法律法规规定的证明事项一律取消","大力推行告知承诺制"。[1] 开展证明事项清理工作有利于减证便民、优化服务,打造更好的数字经济营商环境。

【评估方法】

赋分值为1.0分,通过对被评估城市政府网站进行检索,搜索是否公布《证明事项取消清单》《证明事项保留清单》以及《告知承诺制实施方案》等政策文件,同时以网络公开搜索引擎搜寻有关资料补充辅证。

【评分标准】

本项指标满分为1.0分,落实清理无法律依据的证明事项行动的,赋0.6分;公布证明事项清单的,赋0.2分;实施告知承诺制的,赋0.2分。

【评估分析】

在本项评估下,所有36个被评估城市的平均值均为1.0分,得分率为100%。通过重点考察证明事项清理工作实施情况,评估小组发现被评估的36个城市的政府网站均公示有《证明事项取消清单》《证明事项保留清单》《告知承诺制实施方案》,而且体系完整、公开透明。由上述评估数据可知,证明事项清理工作整体呈现向好发展趋势,各个城市政府不断加大清理力度,为市场主体提供最大化的便利。

---

[1] 《国务院办公厅关于做好证明事项清理工作的通知》,国办发〔2018〕47号,2018年6月15日发布,http://www.gov.cn/zhengce/content/2018-06/28/content_5301838.htm。

【典型事例】

通过此项三级指标的观测，评估小组发现，当前被评估城市的证明事项清理及规范化工作总体上情况良好。由上述评估数据可知，被评估的36个城市均公示有完整的《证明事项取消清单》《证明事项保留清单》《告知承诺制实施方案》，表明各城市在积极高效地落实证明事项清理工作。自2016年起，北京在全国率先清理规范证明，经过12批清理规范，全市行政机关、事业单位、社会组织和水、电、气、有线电视等公共服务企业设定的证明全部取消，六年间，累计取消证明320项。[①] 上海市政府则建立了证明事项告知承诺制协调机制，由司法行政、审批改革、发展改革和大数据部门构成，这一机制强化了行政事项综合管理部门间的协作，实现了各司其职、通力合作，并使证明事项告知承诺制与审批改革、信用监管、"一网通办"等工作紧密衔接，发挥了制度叠加效应。

三 评估结论与建议

本项评估的总分为1.0分，被评估的36个城市的平均得分为1.0分（均为满分），占被评估城市总数的100%（见图17-1）。

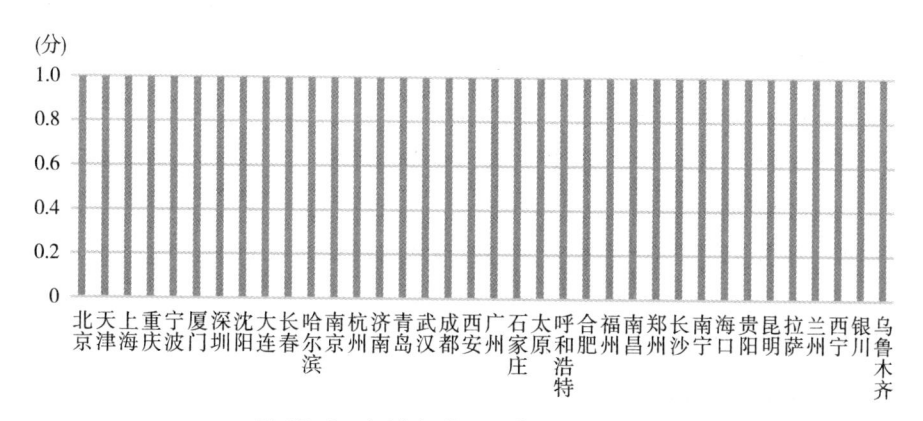

图17-1 各城市"证明清单"得分情况

---

① 朱延静：《北京持续开展"减证便民"行动已累计取消320项证明》，中国新闻网，https://www.chinanews.com.cn/sh/2022/06-15/9780318.shtml。

第三编 政务服务

本项一级指标共包含一个三级指标,即"是否清理无法律依据的证明事项"。平均分为1.0分,得分率为100%。表明被评估城市的市政府在清理无法律依据的证明事项方面落实情况较好,基本做到了全面具体,并且保持着一定的动态调整频率。

评估小组将根据评估数据以及各城市的对照情况对目前各城市的证明事项清理、规范及告知承诺制推进工作取得的成就和存在的问题进行梳理,并给出相应的改进建议。

(一) 取得的成就

1. 证明事项清理工作取得一定成效

据司法部统计,截至2019年4月底,各地区、各部门共取消证明事项13000多项。其中,各地区取消地方性法规设定的证明事项400多项、地方政府规章和规范性文件设定的证明事项11000多项、无依据的证明事项500多项;各部门取消部门规章和规范性文件设定的证明事项1100多项。

2. 各城市有序推进证明事项告知承诺制度

国务院办公厅印发《关于全面推行证明事项和涉企经营许可事项告知承诺制的指导意见》(国办发〔2020〕42号)[①]要求,有针对性地选取与企业和群众生产生活密切相关、使用频次较高或者获取难度较大的证明事项实行告知承诺制度,特别是在户籍管理、市场主体准营、资格考试、社会保险、社会救助、健康体检、法律服务等方面,要抓紧推行,尽快落实。大部分城市响应中央减证便民和优化营商环境的号召,积极高效地全面推行证明事项告知承诺制度,进一步从制度层面解决企业和群众办证多、办事难的问题,有利于持续优化营商环境,建设人民满意的服务型政府。

(二) 存在的问题

1. 清理延续性较差

证明事项清理工作应该由各城市根据各区域的具体情况稳步持续推

[①] 《关于全面推行证明事项和涉企经营许可事项告知承诺制的指导意见》,国办发〔2020〕42号,2020年10月27日发布,http://www.gov.cn/zhengce/content/2020-11/09/content_5559658.htm。

进，但根据市政府网站搜索，部分城市仅在《国务院办公厅关于做好证明事项清理工作的通知》公布当年进行一系列临时性和响应性的清理活动，[①]之后便未延续开展清理活动或未在公示平台进行相关信息公示，缺乏政策的稳定性和延续性。

2. 告知承诺制不同城市之间相差较大

尽管各城市的推行证明事项告知承诺制工作方案均围绕党中央、国务院关于减证便民、优化服务的部署要求设计，体现了一定的科学性和前瞻性。但在评估过程中也发现，少数城市如南宁的相关工作落后于其他城市，未及时出台全市统一的《告知承诺制实施方案》，不符合进一步转变行政管理方式、提升监管效能的总体趋向。同时，未全面高效地落实告知承诺制可能造成的行政机关随意将核查义务转嫁给群众和企业的不良后果。部分城市忽视本地区的经济发展、行政服务能力现状，存在实施要求和实施标准缺乏差异性、未能因地制宜推行证明事项告知承诺制等问题，进而影响"放管服"改革进度。

3. 大数据技术应用不够充分

几乎所有城市的《全面推行证明事项告知承诺制工作方案》均提及要依托大数据基础平台建立证明事项告知承诺制在线核查支撑体系，但在具体实施过程中，有些城市以平台、软件及窗口推广改革等与地方政府联合呈现贴合性的综合性立体化方式，推动落实告知承诺制，这方面工作较差的城市仅在网站上公布了实行告知承诺制证明事项的清单，未真正实行证明事项整合、归集、共享、开放数字化。

（三）改进的建议

1. 持续深化推动"减证便民"

各级政府应该以市级政府为单位每年度统一高效地收集、整合、共享不需要公众提供的"奇葩"证明、循环证明、重复证明，通过网站公布及窗口告知等方式多领域全方位实现信息公开，并在此基础上加强政府各部门协同合作，促进信息系统互联互通，打破政府部门间、部门内部的"信

[①] 《国务院办公厅关于做好证明事项清理工作的通知》，国办发〔2018〕47号，2018年6月15日发布，http://www.gov.cn/zhengce/content/2018-06/28/content_5301838.htm。

息孤岛"。

2. 加强告知承诺制工作督导

各城市市政府及有关部门可借鉴推行证明事项告知承诺制工作比较成功的地区的经验，结合本地区实际情况，制定市一级的可复制、易推广的实施计划与实施标准，在全市范围内普遍展开。在大力推行告知承诺制的同时加强信用体系建设，强化对群众和企业承诺事项的事后审查，对不实承诺甚至弄虚作假的，依法予以严厉处罚。各城市还可通过公布新的办事指南、大力推行告知承诺制等方式规范行政行为，提升监管效能。

3. 完善告知承诺制数字化建设

各有关部门需认真贯彻落实《国务院关于在线政务服务的若干规定》，通过全国一体化在线政务服务平台、国家数据共享交换平台、全国信用信息共享平台、政府部门内部核查和部门间行政协助等方式，实现数据资源跨部门、跨层级、跨地区、无障碍、全时空联通共享，建立告知承诺制在线核查支撑体系。对确因条件限制无法实现互联互通和信息共享的，要制定证明事项告知承诺制承诺信息核查办法，对申请人的承诺内容予以核实。确需进行现场检查的，要优化工作程序、加强业务协同，避免检查扰民。要结合"放管服"改革、"一网通办"工作要求，完善相关业务平台系统，统一添加告知承诺制模块，协同推进线上线下办理。[1]

---

[1] 《国务院关于在线政务服务的若干规定》，国令第716号，2019年4月26日发布，http://www.gov.cn/zhengce/content/2019-04/30/content_5387879.htm。

第十八章 贸易通关便利化

国际贸易是经济增长的关键驱动力，在促进技术创新、质量升级、产业转型等方面发挥着重要作用。世界银行《宜商环境项目概念说明书》在"国际贸易"（International Trade）中确定了三个评估内容：跨境货物贸易和电子商务的监管质量，促进跨境货物贸易便利度的公共服务质量，进出口货物和电子商务的便利度。[①] 相较于《营商环境报告》侧重于遵守贸易法规的难易程度，《宜商环境项目概念说明书》指标范围包括国际贸易监管框架、政府公共服务质量、数字技术和环境可持续发展等跨领域主题。本次数字营商环境评估延续《宜商环境项目概念说明书》对国际贸易便利度的关注，重点评估各城市的通关程序便利度、通关时间成本和中介服务质量。

一 评估指标构成

本次评估的"贸易通关便利化"一级指标之下设置两项二级指标，分别为"通关程序"和"通关成本"。四项三级指标通过考察分析各城市市政府国际贸易"单一窗口"办理、通关模式"两步申报"和"两段准入"、时间成本、降低中介服务收费等具体信息，从不同角度反映被评估城市在数字经济时代的优化营商环境、促进贸易便利化情况（见表18-1）。

---

① The World Bank, *Pre-Concept Note Business Enabling Environment* (*BEE*), pp. 31-35 (2022).

表 18-1　　　　　　　　　贸易通关便利化

一级指标	二级指标	三级指标
贸易通关便利化（4.5分）	通关程序（2.5分）	国际贸易"单一窗口"办理（1.5分）
		通关模式"两步申报"和"两段准入"（1.0分）
	通关成本（2.0分）	时间成本（1.0分）
		降低中介服务收费（1.0分）

二　设置依据、评估标准及评估分析

在该一级指标评估中，评估小组所依据的材料与数据来源主要为被评估城市的市政府网站、海关网站、"信用中国"网站、网络搜索引擎关键词查询四种。通过相关方式未能检测到相关内容的，则视为未落实该项工作或该项服务，各三级指标的评估方法及赋分标准如下。

（一）国际贸易"单一窗口"办理（1.5分）

【设置依据】

"单一窗口"功能范围覆盖国际贸易链条各主要环节，逐步成为企业面对口岸管理相关部门的主要接入服务平台。"单一窗口"可提高国际贸易供应链各参与方系统间的互操作性，优化通关业务流程，提高申报效率，缩短通关时间，降低企业成本，促进贸易便利化。

【评估方法】

赋分值为1.5分，具体的观测方法为通过对被评估城市或所属省份国际贸易"单一窗口"的建设情况进行考察，同时以海关网站等网络公开搜索引擎搜寻有关行动作为补充辅证。

【评分标准】

本项指标满分为1.5分，主要考察国际贸易"单一窗口"的建设情况。建立国际贸易"单一窗口"，赋0.8分；国际贸易"单一窗口"网站完善便捷，赋0.7分。

【评估分析】

在本项评估下，36个被评估城市的平均得分为1.5分，通过重点考察国际贸易"单一窗口"建设情况,得1.5分的有北京、重庆、宁波等36个城市,占比为100%。这些城市以市为单位或者以省为单位建有统一国际贸易"单一窗口",且平台具有完善的中央和地方特色的标准应用,基本实现了办理涉外贸易业务的数据一体化。

【典型事例】

通过此项三级指标的观测,评估小组发现,当前被评估城市的国际贸易"单一窗口"建设工作总体上情况良好。由上述评估数据可知,被评估的36个城市已经建成专门的国际贸易"单一窗口"网站,实现大部分国际贸易事项一窗办理。各省市国际贸易"单一窗口"依托地方优势产业和跨境贸易实际情况积极开发地方特色应用,如江苏国际贸易"单一窗口"江苏贸促板块的"FTA"和"原产地证"以及保险板块的"苏贸贷",[1]宁波国际贸易"单一窗口"长三角专区的船舶转港数据复用、冷链追溯、燃油保税加注等地方特色功能。[2]

(二)通关模式"两步申报"和"两段准入"(1.0分)

【设置依据】

海关总署印发以"两步申报、两轮驱动、两段准入、两类通关、两区优化"为主要内容的《海关全面深化业务改革2020框架方案》,要求持续深化全国通关一体化改革,建设新时代中国特色社会主义新海关,不断提升海关制度创新和治理能力建设水平。

【评估方法】

赋分值为1.0分,具体的观测方法为通过对被评估城市的政府网站、海关网站、国际贸易单一窗口进行检索,搜索"两步申报"和"两段准入"相关政策文件的公布情况,同时对结合网络公开搜索引擎搜寻相关政策的执行情况进行分析。

【评分标准】

本项指标满分为1.0分,实施通关模式"两步申报"和"两段准入",赋0.8分;相关政策文件有效务实,赋0.2分。

---

[1] 参见江苏国际贸易单一窗口,http://sw.jseport.cn。
[2] 参见宁波国际贸易单一窗口,https://www.nbsinglewindow.cn/yrd/yrd! index.do。

【评估分析】

在本项评估下，36个被评估城市的平均分为0.928分，通过重点考察通关模式"两步申报"和"两段准入"工作实施情况，具体结果如表18-2所示。得1.0分的有上海、深圳、大连等22个城市，占比为61.1%。获得满分的城市充分发挥国际贸易"单一窗口"全链条覆盖优势，大力推行"提前申报"，优化进口"两步申报"通关模式，完善"两段准入"持续推进通关提速改革。得0.9分的有沈阳、南京2个城市，占比为5.6%。这些城市响应国家优化营商环境政策，较好地推行"两步申报"和"两段准入"改革措施，但政策文件公布不完善，仅在促进外贸平稳发展等综合性文件概略性地提及有关工作。得0.8的有长春、石家庄、呼和浩特等12个城市，占比为33.3%。这些城市积极推广"两步申报"通关模式，试点开展"两段准入"工作，进一步简化优化海关通关流程环节，但在其政府网站上没有搜寻到相关政策文件确定其指导精神和具体实施计划，仅在少数新闻报道中有相关记载。

表18-2　　"通关模式'两步申报'和'两段准入'"得分分布

得分（分）	1.0	0.9	0.8
城市（个）	22	2	12

【典型事例】

通过此项三级指标的观测，评估小组发现当前被评估城市的"两步申报"和"两段准入"改革措施推行工作总体上情况良好。由上述评估数据可知，被评估的36个城市中有22个城市得分为满分，大部分城市积极响应国家优化营商环境、促进外贸便利化号召，发布指导相关工作的专项实施方案，推动通关监管模式改革。通过观测发现，未得满分的城市的问题主要为在其政府网站没有公布相关工作指导性文件，只有少数新闻报道有相关记载，给企业和公众在理解工作精神及工作具体规划上造成一定障碍。《关于进一步优化京津口岸营商环境促进跨境贸易便利化若干措施的公告》（京津联合公告第8号）规定优化作业流程，推进进口货物"两步申报"和"两段准入"监管作业衔接，全面推进"两段准入"

监管模式。[①]《重庆市促进跨境贸易便利化工作方案》(渝府办发〔2020〕4号)推动开展"两步申报"和"两段准入"改革试点，持续压缩口岸整体通关时间、持续降低进出口环节合规成本。[②] 表现较差的城市包括合肥、呼和浩特、福州等，这些城市有序推进进出口"提前申报"，协同推进"两步申报"和"两段准入"等各项改革，全面实施"查检合一"，减少事中作业环节和手续。但这些措施缺乏相关政策文件和具体实施计划，仅在少数新闻报道中有相关记载。

(三) 时间成本 (1.0 分)

【设置依据】

国务院《优化口岸营商环境促进跨境贸易便利化工作方案》(国发〔2018〕37号)要求，将各省(自治区、直辖市)整体通关时间和成本纳入全国营商环境评价体系，科学设定评价指标和方法，初步建立常态化评价机制。[③] 企业在遵守贸易程序时承担的时间成本将会限制其进入全球市场的能力，对贸易构成重大障碍。整体通关时间是评估国际贸易便利化的重要指标，减少通关时间更是我国进一步优化营商环境、促进跨境贸易便利、推动"放管服"改革的重要举措。

【评估方法】

赋分值为1.0分，具体的观测方法为通过检索被评估城市的政府网站、海关网站，同时通过网络公开搜索引擎进行检索有关新闻报道，对减少通关时间的实际成效进行统计分析。

【评分标准】

本项指标满分为1.0分，采取措施减少通关时间，赋0.7分；持续更新海关关区的通关时限和平均通关时间，赋0.3分。

[①] 《关于进一步优化京津口岸营商环境促进跨境贸易便利化若干措施的公告》，京津联合公告第8号，2021年2月4日发布，http://www.beijing.gov.cn/zhengce/zhengcefagui/202102/t20210210_2281769.html。

[②] 《重庆市促进跨境贸易便利化工作方案》，渝府办发〔2020〕4号，2020年1月11日发布，http://www.cq.gov.cn/zwgk/zfxxgkml/szfwj/xzgfxwj/szfbgt/202001/t20200119_8837739.html。

[③] 《优化口岸营商环境促进跨境贸易便利化工作方案》，国发〔2018〕37号，2018年10月13日发布，http://www.gov.cn/zhengce/content/2018-10/19/content_5332590.htm。

【评估分析】

在本项评估下，36个被评估城市的平均分为0.731分，满分为1.0分。通过重点考察各城市的通关时间成本情况，具体结果如表18-3所示。得1.0分的有北京、成都、武汉3个城市，占比为8.3%。获得满分的城市在海关网站定时公开每月的口岸通关时间及关区工作时限，并采取有力措施极大地压缩了企业通关时间。得0.8分的有上海、长春2个城市，占比为5.6%。这些城市海关网站就口岸通关时限以及申报企业通关时间的年度情况进行通告，在通报和减少通关时间方面表现良好且具有一定的创新性，但通关时间公告间隔时间过长，缺乏时效性。得0.7分的有厦门、哈尔滨、南京等31个城市，占比为86.1%。这些城市在海关网站或新闻媒体上公布了口岸通关时限以及申报企业通关时间的年度情况，但未定期更新海关通关时间，通关时间公告间隔时间过长，缺乏时效性。

表18-3　　　　　　　　"时间成本"得分分布

得分（分）	1.0	0.8	0.7
城市（个）	3	2	31

削减通关时间将为优化营商环境与促进外贸进出口增长奠定坚实基础，根据数据统计，各被评估城市均较好地完成了压缩通关时间的任务，但在通关时间公开工作方面，大部分城市存在运用互联网技术定期更新通关时间落实不足的问题，未充分发挥数字经济优势，企业也不能准确预估自己产品的通关时间，造成一定的信息阻碍，与促进跨境贸易便利化工作目标不符。

【典型事例】

通过此项三级指标的观测发现，当前被评估城市均圆满完成了国务院《优化口岸营商环境促进跨境贸易便利化工作方案》（国发〔2018〕37号）[①]中到2021年年底，整体通关时间比2017年压缩一半的要求，在减少通关时间方面总体上表现良好。但是，由上述评估数据可知，被评估城市中的大部分城市在海关网站未及时公布月度口岸通关时间，只是在《年度海关

---

① 《优化口岸营商环境促进跨境贸易便利化工作方案》，国发〔2018〕37号，2018年10月13日发布，http://www.gov.cn/zhengce/content/2018-10/19/content_5332590.htm。

工作总结》中通报全年进出口整体通关时间或仅公布口岸通关时限，只有武汉、成都和北京在海关网站定时公开每月的口岸通关时间及关区工作时限，并采取"提前申报"和"两步申报"等申报方式，从逐批实施抽样检测调整为依企业申请实施和海关依职权实施，极大压缩企业通关时间。

（四）降低中介服务收费（1.0分）

【设置依据】

国务院《优化口岸营商环境促进跨境贸易便利化工作方案》（国发〔2018〕37号）要求清理取消不合理的经营服务性收费和中介代理项目收费，降低企业通关成本，减轻企业负担，进一步降低进出口环节费用。[①]中介服务费用占据企业口岸通关成本的一部分，推进口岸中介服务收费规范化、降低中介服务收费是贯彻落实工作决策部署的重要途径。

【评估方法】

赋分值为1.0分，具体的评估方法为通过检索被评估城市的政府网站、海关网站，搜索是否落实公布口岸收费清单、降低中介服务等有关工作，同时以网络公开搜索引擎搜寻有关行动的资料作为补充辅证。

【评分标准】

本项指标满分为1.0分，公示口岸收费目录清单，赋0.4分；通过发布法规、政策、办法等官方文件有效规范通关中介市场，赋0.3分；创新精简中介代理收费项目，赋0.3分。

【评估分析】

在本项评估下，36个被评估城市的平均得分为0.581分。通过检索各地政府网站、海关网站、网络公开搜索引擎查询相关信息，评估结果如表18-4所示。得1.0分的有重庆、杭州、昆明等4个城市，占比为11.1%。得0.9分的有上海1个城市，占比为2.8%。得0.7分的有天津、济南、西安等12个城市，占比为33.3%。得0.4分的有天津、济南、西安等19个城市，占比为52.8%。

[①]《优化口岸营商环境促进跨境贸易便利化工作方案》，国发〔2018〕37号，2018年10月13日发布，http://www.gov.cn/zhengce/content/2018-10/19/content_5332590.htm。

第三编　政务服务

表18-4　　　　　　　　"降低中介服务收费"得分分布

得分（分）	1.0	0.9	0.7	0.4
城市（个）	4	1	12	19

得0.7分的城市的问题在于这些城市尽管公布了清理规范口岸中介收费的有关工作方案，要求提高港口和中介企业运行效率，规范中介企业运行方式，但其工作方案缺乏专门的实施细则。得0.4分的城市仅公布口岸收费清单，其他信息公开程度较低，在政府网站未检索到这些城市有效降低中介服务收费的政策文件、执法实践及有关新闻报道。

【典型事例】

通过此项三级指标的观测，评估小组发现获得满分的4个城市根据各地具体情况积极推进口岸中介服务收费规范，并采取强有力的措施精简中介代理收费项目、规范中介代理机构行为，推动跨境贸易中介服务向专业化、市场化、透明化方向发展。上海由于缺乏专项政策文件未得到满分，但其创新地推出全国首个"跨境贸易中介点评"网站，有效地发挥市场机制作用，从而提高服务质量，降低中介服务收费。[1]浙江积极推进口岸中介服务收费规范化。按照"减项并项"的原则，精简中介代理收费项目。加强价格监督检查，重点打击中介借查验机构名义收取费用、虚增"代收代付"费用、"搭车收费"等违法行为。引导行业协会对国际货运代理行业服务成本开展调研，对行业协会会员的收费标准进行公示。[2]

三　评估结论与建议

本项评估的总分为4.5分，被评估的36个城市的平均得分为3.739分，共有17个城市在平均分之上，占被评估城市总数的47%；19个城市在平均分之下，占被评估城市的53%。本项评估中的得分最高为4.2分，得分最低为3.4分，体现了一定的区分度。

---

[1] 参见上海跨境贸易关众点评网站，https://gzdp.tongguanbao.net。
[2]《浙江省人民政府办公厅关于深化"最多跑一次"改革进一步提升跨境贸易便利化水平的实施意见》，浙政办发〔2019〕36号，2019年5月19日发布，http://www.zj.gov.cn/art/2019/5/23/art_1229017139_56688.html。

本项一级指标共包含四个三级指标，其中"国际贸易'单一窗口'办理"总分为1.5分，"通关模式'两步申报'和'两段准入'""时间成本""降低中介服务收费"总分均为1.0分。各三级指标的得分情况为："国际贸易'单一窗口'办理"平均分为1.50分，得分率为100%；"通关模式'两步申报'和'两段准入'"平均分为0.928分，得分率为92.8%；"时间成本"平均分为0.731分，得分率为73.1%；"降低中介服务收费"平均分为0.581分，得分率为58.1%。

其中，在所有三级指标中得分最高的子项目为"国际贸易'单一窗口'办理"，平均得分为1.5分，表明被评估城市政府或省份在建立国际贸易"单一窗口"方面落实较好，基本做到了全面且准确，并且按照各地具体情况逐步提高应用效率；得分差距较大的子项目为"降低中介服务收费"，平均得分率为58%，较明显地反映了有些地方政府在降低中介服务收费上高效有力，而有的地方政府仍然存在重视不足、进展缓慢的问题。

评估小组将根据评估数据及各城市对照情况对目前各城市推进贸易通关便利化工作取得的成就和存在的问题进行梳理，并给出相应的改进建议。

（一）取得的成就

1. 基本建成国际贸易"单一窗口"

"单一窗口"实现了与25个口岸管理部门总对总的系统对接和信息共享，建成上线了16项基本服务功能，可以提供600多个具体服务事项，覆盖全国各个城市所有口岸和各类特殊区域，基本上满足了企业通过一个平台一站式办理进出口外贸相关业务的需求。货物、舱单和运输工具三项主要业务应用率都达到了100%，同时重点围绕"一带一路"、国际陆海贸易新通道建设，推动"单一窗口"的国际交流合作和信息互换，积极开展与境外"单一窗口"的互联互通。

2. 稳步推进"两步申报"和"两段准入"通关模式

海关总署就"两步申报"和"两段准入"通关模式进行积极改革。一是允许大宗商品适用"两步申报"。二是"两步申报"适用范围扩大至转关货物，转关货物可适用"两步申报"通关模式。三是推广高级认证企业免除税款担保。四是明确"两步申报"汇总纳税时限要求。2021年以来，我国持续推进口岸营商环境的优化提升,由海关总署牵头出台了深化跨境贸易便利化的27项措施,在全国口岸开展新一轮专项行动,"两步申报"和"提前申报"等改革稳步推进,"直提直装"试点覆盖到具备条件的全部直属海关。各市海关部门推进监管模式改革,优化作业流程,推进进口货物"两步申报"和"两段准入"监管作业衔接,全面推进"两段准入"监管模式,稳步推进"两段准入"信息化监管试点,实现海关业务一体化改革。

3. 压缩整体通关时间成效显著

截至2021年12月,全国进口、出口货物整体通关时间分别压缩至了32.97小时、1.23小时,比2017年分别压缩66.14%、89.98%,圆满完成国务院《优化口岸营商环境促进跨境贸易便利化工作方案》(国发〔2018〕37号)[①]要求的到2021年年底,整体通关时间比2017年压缩一半的目标任务。

4. 落实口岸收费目录清单公示工作

海关总署督促各地落实口岸收费目录清单公示制度,被评估城市均在国际贸易"单一窗口"及海关网站公布口岸收费目录清单,定期更新收费项目、服务内容、收费标准。并要求各企业对收费目录清单进行动态管理,收费变化情况及时报送政府有关部门,保证信息的同步更新。

(二)存在的问题

1. "单一窗口"建设城市间差异较大

网站板块设计虽然大体相同,但板块内容规划的丰富性和合理性,各城市间存在不小差距。在内容翔实程度方面,表现较好的城市或省份在公告、政策文件、地方特色应用板块方面内容丰富、更新及时。表现较差的城市或省份,不仅内容稀少,更新频率更是以年为单位。在地方特色应用拓展方面,做得好的城市例如天津、上海,真正切合自身对外贸易特点,拓展出"全球撮合家""RCEP服务专区""宝玉石交易服务平台"等一系列具有鲜明特色和实际功效的便民利企应用。部分省市国际贸易"单一窗口"仅按照全国统一模板建设,未体现地方特殊性。在网站稳定性方面,

---

① 《优化口岸营商环境促进跨境贸易便利化工作方案》,国发〔2018〕37号,2018年10月13日发布,http://www.gov.cn/zhengce/content/2018-10/19/content_5332590.htm。

一些城市或省份的"单一窗口"网站存在间歇性无法打开或登录的问题。

2. "两步申报"和"两段准入"相关信息公开需加大力度

在评估过程中发现,部分城市政府网站或海关网站仅向公众汇报"两步申报"和"两段准入"工作目标及取得的成绩,欠缺设计方案、工作流程、制度保障及工作持续情况的公开信息。"两步申报"和"两步准入"作为促进贸易便利化信息化申报及监管试点,应当首先做好信息公开工作,使通关企业和公众能够通过"单一窗口"、海关网站等多渠道更好地掌握"两步申报"和"两步准入"工作的具体流程及实施情况。尽管没有公开不代表被评估城市政府没有积极推进相关工作,但没有高效完成信息公开工作反映出部分地方政府信息公开意识薄弱,经常性忽略"两步申报"和"两步准入"工作实施情况的信息公开,将信息公开重点放在成绩汇报方面,未充分发挥信息公开的效果。

3. 通关时间更新速度迟缓

定期、及时更新通关时间是海关部门的职责所在,也是促进贸易便利化、推动外贸经济发展的重点要求。在评估过程中发现,通关时间更新频率和政策热度密切相关。地方政府往往在国家开展降低通关时间专项工作期间进行频繁更新,当政策热度下降,更新周期也随之变长。在本次评估的36个城市中,仅有成都、武汉每月公布口岸通关平均时间,北京每季度公布口岸通关平均时间。这反映出海关部门乃至市政府忽视企业及群众便利通关的实际需求,在优化营商环境、促进贸易便利化工作上存在形式主义和倦怠心态。

4. 通关时间公开板块存在较大差异

经评估发现,部分城市海关网站的搜索引擎不支持模糊检索,或检索出来的内容关联度不高,这是因为硬件建设欠缺而限制通关信息公开的便利度。部分城市的通关时间放置在《海关年度工作报告》中不显眼的部分,不便于公众查询,不利于企业实时掌握通关时间从而合理安排货物出入境。在评估过程中不难发现部分城市的海关网站虽然公布了通关时间,但公布内容十分敷衍,只是以"去年本海关口岸平均通关时间为多少小时"一句话简单带过,并没有达到国务院《优化口岸营商环境促进跨境贸易便利化工作方案》（国发〔2018〕37号）①规定的每月通报各省（自治区、直辖市）整体通关时间的要求。

5. 中介服务收费缺乏制度规范

在当前整治规范口岸收费的大背景下，仍有部分中介服务商依托行政机关、依靠行政权力提供强制服务，存在不具备资质，只收费不服务，或者依靠信息差多收费、乱收费，严重影响口岸通关秩序等问题。本次评估发现部分城市有关通关中介服务的公开信息仅有口岸收费清单，缺少基本的政策文件、制度保障、专项活动等内容。仅有部分城市在优化营商环境文件中提出应重视通关中介服务事项，且其中多数城市发布的报告内容也只是泛泛而谈，针对性不强，没有提出具体的实施内容及没有开展相应的工作，实际履职效果有待加强。

（三）改进的建议

1. 拓展地方特色应用，增强口岸精细化管理水平

通过"单一窗口"办理，将加强"单一窗口"与境外互联互通，支持地方拓展特色服务，深化国际贸易"单一窗口"功能，从而推动口岸和跨境贸易业务统一。增强口岸精细化管理水平，首先应基于电子口岸、"单一窗口"数据交换体系和中央统一标准规范，持续推进跨部门、跨地区、跨行业数据交换共享，建设全国统一口岸综合管理平台。其次，应依托"单一窗口"基础架构，将本市国际贸易中的突出问题、支柱产业及独特经验进行积累、总结、转化，并开发成具有实用性的个性化地方特色应用，形成以中央标准应用为主体、地方特色应用为重要辅助的综合性一体化国际贸易平台。

2. 提高单一窗口平台稳定性，加强电子口岸基础设施建设

工信部公布《"十四五"信息通信行业发展规划》（工信部规〔2021〕164号）②，提出到2025年，信息通信行业整体规模进一步壮大，发展质量显著提升，基本建成高速泛在、集成互联、智能绿色、安全可靠的新型

---

① 《优化口岸营商环境促进跨境贸易便利化工作方案》，国发〔2018〕37号，2018年10月13日发布，http://www.gov.cn/zhengce/content/2018-10/19/content_5332590.htm。

② 《"十四五"信息通信行业发展规划》，工信部规〔2021〕164号，2021年11月1日发布，https://www.miit.gov.cn/jgsj/ghs/zlygh/art/2022/art_bdf819244b074a3aa7b48b3d0985ffd6.html。

数字基础设施。数字基础设施已然成为发展数字经济、建设数字政府的必备要素。要想实现海关口岸网络化、数字化、智能化，夯实"单一窗口"信息化基础是重中之重。因此，各地市政府应推进数据协调、简化和标准化工作，充分运用区块链等技术，实现"单一窗口"性能优越、信息安全可信、流程公开透明。进一步加强电子口岸基础设施建设，完善运维服务体系，提高平台稳定性，实现全年系统整体可用性达99.9%以上的目标。

3. 推进"单一窗口"国际联通，拓宽连接共享范围

各地政府及海关部门应有效推进与主要贸易伙伴国"单一窗口"的互联互通和数据交换，使"单一窗口"成为我国与世界贸易联通的数字门户。连接贸易、物流、金融和基础设施，驱动贸易链和供应链的数字化转型，努力使"单一窗口"功能逐步覆盖国际贸易管理全链条。打造"一站式"贸易服务平台和跨境贸易大数据平台，推动形成良好的贸易服务生态。

4. 优化"两步申报"和"两段准入"流程，提升通关效率

政府应加强数字基础设施建设，为通关信息公开提质增效提供技术支持。海关部门应公布详细的"两步申报"和"两段准入"流程图，提高服务精确化、智慧化程度。一方面，要充分利用数字技术提升现有通关模式的效率，推进"数字通关"建设，实现政务的标准化、制度化、程序化。不断规范通关程序，提高通关办理事项的透明度，为企业营造一个便利化、全方位的对外开放环境。另一方面，海关还应加快与民航、港口、铁路等行业机构合作对接，为市场主体提供全程"一站式"通关信息服务。

5. 完善口岸收费公示制度，有效压缩整体通关时间

将口岸收费公示范围从省、自治区及直辖市扩大到非口岸所在地的设区市，在各口岸现场、国际贸易"单一窗口"公布的口岸收费目录清单，应该每月更新收费项目、服务内容、收费标准。按照口岸提效降费减证行动计划要求，结合当地技术实力，勇于创新减少通关时间方法。例如，应用现场快速检测技术，进一步缩短检验检疫周期和送检样品检测时间；全面落地"仓储货物按状态分类监管"以及"网购保税"等跨境电商监管模式；设置箱管堆场，提供"一单制""一箱到底"以及进口货物"船边直提"、出口货物"抵港直装"等便捷服务，进一步提升跨境贸易便利化服务水平，便捷优质地降低企业通关时间。

6. 整治中介收费乱象，加强制度保障

各城市应时刻巩固清理规范口岸收费成果，不断提高口岸收费的规范化、透明化水平；督促口岸中介单位进一步清理精简收费项目，明确收费名称和服务内容；重点打击中介机构假借官方机构名义收取费用、虚增费用、"搭车收费"等违法行为，依法处理口岸中介服务经营活动中的垄断行为。各地政府还应结合本地区实际情况，加快出台口岸通关中介领域的政策文件，为有效切实降低通关中介收费、规范中介行为提供严密的政策保障和制度支持。同时市政府和有关部门要落实责任，加强口岸中介服务现场指导，鼓励中介服务数字化、透明化，最大限度减少企业通关的中介服务成本。

第十九章　公共法律服务资源体系建设

电子化和数字化的公共法律服务资源体系有利于降低企业法律成本，对于优化营商环境具有重要意义。世界银行《宜商环境项目概念说明书》设置的一级指标"争议解决"（Dispute Resolution）下的二级指标中"商业诉讼中公共服务的充分性"要求政府为企业提供网络化、数字化、智慧化的公共法律服务。[①] 公共法律资源体系是数字营商环境的重要组成部分，本次数字营商环境评估从公共法律服务资源体系建设角度出发，重点考察地方政府的公共法律服务能力与水平。

一　评估指标构成

本次评估的"公共法律服务资源体系建设"一级指标之下设置一项二级指标，为"公共法律服务能力与水平"。

两项三级指标"律师、公证、司法鉴定、调解、仲裁等公共法律服务资源整合能力"和"是否提供法治体检服务"（见表19-1）。通过考察分析各地市政府公共法律服务贯彻落实情况、便民程度及数字化情况等具体信息，从不同角度反映被评估城市公共法律服务资源体系数字化建设情况。

---

① The World Bank, *Pre-Concept Note Business Enabling Environment* (*BEE*), pp. 45-46 (2022).

第三编　政务服务

表 19-1　　　　　　　　**公共法律服务资源体系建设**

一级指标	二级指标	三级指标
公共法律服务资源体系建设（2.0分）	公共法律服务能力与水平（2.0分）	律师、公证、司法鉴定、调解、仲裁等公共法律服务资源整合能力（1.0分）
		是否提供法治体检服务（1.0分）

二　设置依据、评估标准及评估分析

在该一级指标评估中，评估小组所依据的材料与数据来源主要为被评估城市的市政府网站、法律服务网站、网络搜索引擎关键词查询三种。通过相关方式未能检测到相关内容的，则视为未落实该项工作或该项服务，各三级指标的赋分标准及评估分析如下。

（一）律师、公证、司法鉴定、调解、仲裁等公共法律服务资源整合能力（1.0分）

【设置依据】

中共中央办公厅、国务院办公厅印发《关于加快推进公共法律服务体系建设的意见》（中办发〔2019〕44号）[①] 要求，到2022年，基本形成覆盖城乡、便捷高效、均等普惠的现代公共法律服务体系；到2035年，基本形成与法治国家、法治政府、法治社会基本建成目标相适应的公共法律服务体系。公共法律服务体系是政府公共服务职能的重要组成，也是更好地服务保障和改善民生的重要举措。

【评估方法】

赋分值为1.0分，具体的观测方法为考察对被评估城市或所属省份公共法律服务网站的建设情况，同时以市政府网站及网络公开搜索引擎搜寻有关行动作为补充辅证。

[①] 《关于加快推进公共法律服务体系建设的意见》，中办发〔2019〕44号，2019年7月10日发布，http://www.gov.cn/zhengce/2019-07/10/content_5408010.htm。

【评分标准】

本项指标满分为1.0分，评分方向主要集中在公共法律服务的数字化进程上。建成一体化法律服务系统，赋0.5分；推进智慧法律服务建设，赋0.5分。

【评估分析】

在本项评估下，36个被评估城市得分均为1.0分，占比为100%。通过此项三级指标的观测，评估小组发现，当前被评估城市的公共法律服务资源整合工作总体上情况良好，均建设完成了高效便捷的公共法律服务网站。公共法律服务资源整合工作在全国范围内落实较好。

【典型事例】

从上述数据可知，全国各城市均以市或者以省为单位建立一体化法律服务信息系统（"一网通办"）——"12348中国法网"。利用大数据系统对律师、公证员、调解员及其他法律工作者进行统计和公布，同时还具备比较完善的法律服务板块，使民众能够直接便捷地向政府相关部门或者社会法律工作者了解、获取有关公共法律服务。被评估城市政府在建立建成一体化法律服务系统方面的落实情况较好，基本做到了全面且高效，并且按照各地具体情况提高群众应用频率和效率。其中表现突出的城市有北京、杭州和宁波等，北京法律服务网线上咨询答复及时、答复内容具有可操作性，且将问题及答复实时公布，方便其他群众参考。[1] 浙江的法网建设具有百项产品、千名专家库、万名志愿者的一体化多功能公共法律服务系统，实现了公共法律服务区域和功能的全覆盖，法律服务总量超过300万次。[2]

（二）是否提供法治体检服务（1.0分）

【设置依据】

《司法部、全国工商联关于深入开展民营企业"法治体检"活动的意见》[3]要求，充分发挥律师和商会组织在全面依法治国中的职能作用，组建律师

---

[1] 参见北京市公共法律服务网站，http://bj.12348.gov.cn。
[2] 参见浙江省公共法律服务网站，https://12348.sft.zj.gov.cn/public/index.jsp。
[3] 《司法部、全国工商联关于深入开展民营企业"法治体检"活动的意见》，2019年6月6日发布，http://www.moj.gov.cn/pub/sfbgw/zwxxgk/fdzdgknr/fdzdgknrtzwj/201906/t20190614_207816.html。

服务团队深入持续开展民营企业"法治体检"公益法律服务活动,帮助民营企业防范法律风险,维护合法权益,加快纠纷解决,健全规章制度,将法律保护关口进一步前移,为民营经济健康发展提供优质法律服务,营造良好法治环境。且受外部环境复杂性、国内新冠肺炎疫情等影响,最近几年市场主体特别是中小微企业困难明显增加,生产经营形势不容乐观,开展法治体检服务有利于缓解中小微企业法律负担,推动中小微企业实现综合发展。

【评估方法】

赋分值为1.0分,具体的评估方法为通过对被评估城市政府网站、司法局网站、市律协进行检索,搜索"法治体检"活动开展情况,同时结合网络公开搜索引擎搜寻相关新闻报道进行分析。

【评分标准】

本项指标满分为1.0分,评分方向包括法治体检活动开展情况、政策文件、常态化和创新水平。组织市工商联、市律协为小微企业提供法治体检服务,赋0.6分;发布相关政策文件,赋0.2分;推动法治体检活动常态化、"互联网+"创新,赋0.2分。

【评估分析】

通过此项三级指标的评估,36个被评估城市的平均分为0.733分。如表19-2所示,得1.0分的有天津、广州、宁波等4个城市,占比为11.1%。得0.8分的有青岛、成都、石家庄等16个城市,占比为44.4%。得0.6分的有长春、重庆、南京等16个城市,占比为44.4%。满分城市仅有4个,得分差距较大,较明显地反映了有些地方政府在开展法治体检服务上高效有力,切实为企业排忧解难,而有的地方政府仍然存在重视不足、进展缓慢的问题。

表19-2 "是否提供法治体检服务"得分分布

得分(分)	1.0	0.8	0.6
城市(个)	4	16	16

【典型事例】

获得满分的城市根据各地具体情况，因地制宜并创新式地利用数字平台使律所与企业建立合作关系，为市场主体提供精准式的法律顾问服务，企业也可以主动地寻求律所"点对点"帮助服务。例如，《天津市司法局、天津市工商业联合会关于推进民营企业"法治体检"常态化的实施意见》[1] 要求充分发挥律师和商会组织服务经济社会发展的职能作用，在全市范围内集合优质法律资源组建律师服务团队，深入持续开展民营企业"法治体检"公益法律服务活动；宁波创新式地利用数字平台使律所与网格单位建立合作关系，设立"律师法律服务驿站"等工作平台，以"进网格、进楼宇、进企业"为抓手，为网格单位内市场主体提供精准式的法律顾问服务，企业可以主动地寻求律所"点对点"帮助服务。[2]

得0.8分的城市如青岛、成都等，虽采用线上服务和线下集中讲座等方式及时向有需求的企事业单位提供法律建议，但其问题在于这些城市没有做到信息的持续公布。现阶段法治体检服务主要是以政府主动开展的方式进行，无法保证有需求的企业能够及时便利地获取相关服务。

失分较多的城市如长春、重庆等，这些城市虽然按照《司法部、全国工商联关于深入开展民营企业"法治体检"活动的意见》[3] 要求，积极开展民营企业"法治体检"专项公益活动，但其问题在于没有做到活动常态化且缺少相关政策保障。

三　评估结论与建议

本项评估总分为2.0分，被评估的36个城市的平均得分为1.733分，

---

[1] 《天津市司法局天津市工商业联合会关于推进民营企业"法治体检"常态化的实施意见》，津司发〔2019〕37号，2019年8月7日发布，http://sf.tj.gov.cn/ZWGK748/sfjzfxxgk/sfjfadzdgknr/sfjqtfdgkxx/202011/t20201130_4189274.html。

[2] 宁波市司法局：《宁波律师发挥"法治保障"功能全力护航企业留工稳产》，宁波市司法局，2021年1月15日，http://sfj.ningbo.gov.cn/art/2021/1/15/art_1229058221_58998537.html。

[3] 《司法部、全国工商联关于深入开展民营企业"法治体检"活动的意见》，2019年6月6日发布，http://www.moj.gov.cn/pub/sfbgw/zwxxgk/fdzdgknr/fdzdgknrtzwj/201906/t20190614_207816.html。

共有20个城市在平均分之上，占被评估城市总数的56%；16个城市在平均分之下，占被评估城市的44%。本项评估中的得分最高为2.0分，得分最低为1.6分，体现了一定的区分度。

本项一级指标共包含两个三级指标，分别为"律师、公证、司法鉴定、调解、仲裁等公共法律服务资源整合能力"和"是否提供法治体检服务"，赋分总分各为1.0分。各三级指标的得分情况为："律师、公证、司法鉴定、调解、仲裁等公共法律服务资源整合能力"平均分为1.0分，得分率为100%；"是否提供法治体检服务"平均分为0.733分，得分率为73.3%。

其中，得分最高的子项目为"律师、公证、司法鉴定、调解、仲裁等公共法律服务资源整合能力"，各城市均是满分，这表明被评估城市的政府或省份在建成一体化法律服务系统方面的落实情况较好，基本做到了全面且准确，并且按照各地具体情况提高应用效率。子项目"是否提供法治体检服务"最高分为1.0分，最低分为0.6分，得分差距较大，较明显地反映了有些地方政府在开展法治体检服务上高效有力，切实为企业排忧解难，而有的地方政府仍然存在重视不足、进展缓慢的问题。

（一）取得的成就

1. 整合公共法律服务资源，建设数字化公共法律服务体系

"12348中国法网"和"掌上12348"汇聚全国各地的公共法律服务网站和微信公众号，形成网站集群和微信矩阵，同时将实体平台、热线平台、网络平台贯通，通过网上录入、数据整合等实现功能互通、信息共享、高效联动，形成"一站式"的公共法律服务体系。各城市把为民服务理念贯穿始终，在均衡配置城乡法律服务资源、加强欠发达地区公共法律服务建设、重点保障特殊群体合法权益、加快建设覆盖全业务全时空的法律服务网络等方面取得了显著成就。

2. 开展法治体检活动，依法协助企业解决法律难题

全国范围内各城市司法局、工商联、律师协会三方联合组织开展律师服务民营企业专项公益活动，多维度、全方位发挥律师专业特长和实践优势，为民营企业开展法治体检活动，切实解决民营企业依法决策、依法经营、合规管理过程中遇到的法律问题和法治困境，支持和促进民营经济发

展成效显著。例如，湖南各级司法行政机关截至目前，已组建律师等法律服务团268个，担任法律顾问1万余家；深入园区、企业开展免费法治体检活动2.4万余次，提供法律咨询7.8万余次，提出法律建议1.2万余条，帮助避免和挽回经济损失3.4亿余元。①

（二）存在的问题

1. 法律服务网站用户体验较差，普及程度不理想

尽管各省市努力建设公共法律服务网站，拓展法律服务种类，持续提升服务人员和机构数量，但服务人性化程度仍较低。无论是界面设计还是服务项目，均未考虑人民群众实际需求和用户体验，界面设计老化，且咨询服务答复质量较低，存在回答不完全准确或回复较慢等问题。评估中发现，即使是在法治服务意识较强、法律服务网站完善程度、信息化程度及公示情况较为良好的北京法律服务网，日留言咨询量也仅在40条左右，②离打造广受群众喜爱的"法律淘宝网"的建设目标相差甚远。网站功能以机构、法规、业务查询为主，线上咨询功能应用开发力度有待加强。网站推广力度不够、操作难度过大、地方政府不重视均是导致法网公众知晓率和社会影响力较低的原因。

2. 法治体检长效机制落实较差

《关于深入开展民营企业"法治体检"活动的意见》③要求，各地积极稳妥推进民营企业"法治体检"活动，将其作为一项律师公益法律服务项目长期开展下去。但是在评估过程中发现，地方政府开展法治体检活动具有周期性特点，只有在中央倡导进行"法治体检"活动时，地方政府才会组织有关部门、律师事务所和民营企业商讨如何提供"法治体检"服务，中央专项活动结束后，部分城市就会暂停开展有关活动，没有实行法治体检常态化、制度化。评估过程中发现，部分城市现阶段法治体检服务

---

① 《广泛深入开展"法治体检"进一步扩大法律服务覆盖面》，法治网，http://www.legaldaily.com.cn/Lawyer/content/2022-03/30/content_8656873.htm。

② 参见北京市法网，http://bj.12348.gov.cn。

③ 《司法部、全国工商联关于深入开展民营企业"法治体检"活动的意见》，2019年6月6日发布，http://www.moj.gov.cn/pub/sfbgw/zwxxgk/fdzdgknr/fdzdgknrtzwj/201906/t20190614_207816.html。

主要以政府主动开展的方式进行，企业缺乏有效获取机制，无法保证有需求的企业在遇到法律难题时能够及时便利地获取相关服务，与以企业需求为中心的目标相矛盾。

（三）改进的建议

1. 建立用户网上评价制度

各地法网应围绕综合评价、服务质量、匹配程度等指标对网站整体、法律服务人员及平台工作人员进行网上点评，形成倒逼机制。引导网站根据用户需求拓展平台功能和服务，完善平台体系设计，着力打造满足人民群众实际法律需要的公共法律服务平台。另外，将考核结果纳入年度目标责任考核，对于群众满意度高、服务效果显著的服务平台要加强奖励表彰，引导公共法律服务平台规范运行，树立司法行政工作为民服务的良好形象。

2. 加大法网普及力度，服务数字经济

公共法律服务网络只有让人民群众真正使用它，发挥其应有效果，才能实现为人民群众提供普惠性、公益性、可选择的公共法律服务的网站建设目标。政府加大网站推广力度的具体措施包括：将法治宣传融入人民群众日常生活工作中，提高群众法治意识；通过网络平台、报纸、社区宣传等线上线下多元宣传方式，使广大人民群众知晓和使用公共法律服务网；积极与有关部门协作，拓宽服务覆盖面，提升网站服务质量，突出综合性、专业性法律服务功能。关于数字经济领域的公共法律服务，加强政府、企业、律所数字经济法律服务意识培训，鼓励公共法律服务机构提升互联网、数据、版权等与数字经济相关的法律服务质量，为数字经济发展保驾护航。

3. 建立法治体检长效机制，确保法治体检常态化

地方政府应持续深入开展民营企业"法治体检"活动，组织律所、司法局等法律服务部门和组织进企业、进园区，加强法律服务，了解企业法律难题和诉求，帮助中小微企业降本增效，建立政府、律所和企业长期沟通机制。针对常见的股权纠纷、合同违约等问题，提炼共性原因，提出普遍适用的解决办法，制定和完善相关法律服务工作指引。同时，帮助企业明确需注意的法律问题，增强企业自我法治体检能力，确保法治体检常态

化、长效化,推动企业合规运行。

4.健全法治体检数字化平台,向企业提供精准化、个性化服务

政府、企业、律所需加强数字化培训与学习,具有网上咨询与服务的意识与技能。各地司法行政机关、工商联和律师协会、商会应积极组织引导有需要的民营企业通过法治体检方式获取法律帮助和支持,并在公共法律服务实体、网络、热线等平台开通法治体检申请通道或受理窗口,多渠道接受民营企业法治体检申请,根据企业实际问题,实行"一企一策"差异化举措,为企业出具解决方案,帮助民营企业完善治理结构,健全管理制度。

第四编 市场监管

第四编　市场监管

　　本编聚焦市场监管效能，从将"市场监管"细化为"优化监管机制""规范执法活动""数字化监管""包容审慎监管""信用监管"5个方面出发，分别考察政府在健全监管机制、规范执法行为与创新监管方式三个方面的法律框架与监管实践（具体得分情况见下表）。

第二十章 优化监管机制

充分的市场竞争，有利于提高社会劳动生产率、加快产品创新、推动服务质量改善，从而有效保护消费者利益，但竞争过程中出现的市场失灵等问题将阻碍市场经济的发展。因此，良性市场竞争秩序需要政府依法有序监管。相较于世界银行《营商环境报告》，《宜商环境项目概念说明书》将"市场竞争"（Market Competition）作为一级指标纳入评价体系，全面考察促进市场竞争法规的实施情况、市场监管质量、政府提供的公共服务等内容。[①] 每组指标均涵盖政策法规和实施情况两方面，法规内容主要包括优化市场监管和促进市场竞争。本次数字营商环境评估从区域协作和央地协同两个维度，全面考察各地方政府的监管机制、执法机制和地方立法质量。

一 评估指标构成

本次评估的"优化监管机制"一级指标之下设置两项二级指标，分别为"区域协作"和"央地协同"。两项三级指标通过考察分析各地市政府构建市场监管联动执法机制、数字经济地方立法等具体信息，从不同角度反映被评估城市监管机制数字化建设情况（见表20-1）。

[①] The World Bank, *Pre-Concept Note Business Enabling Environment* (*BEE*), pp.48-52 (2022).

第四编　市场监管

表20-1　　　　　　　　　　　优化监管机制

一级指标	二级指标	三级指标
优化监管机制 （3.5分）	区域协作（1.5分）	构建市场监管联动执法机制（1.5分）
	央地协同（2.0分）	数字经济地方立法（2.0分）

二　设置依据、评估标准及评估分析

在该一级指标评估中，评估小组所依据的材料与数据来源主要为被评估城市的市政府网站、市场监管部门网站、"信用中国"网站、网络搜索引擎关键词查询四种。通过相关方式未能检测到相关内容的，则视为未落实该项工作或该项服务，各三级指标的评估方法及赋分标准如下。

（一）构建市场监管联动执法机制（1.5分）

【设置依据】

《法治政府建设实施纲要（2021—2025年）》明确提出，大力推进跨领域跨部门联合执法，实现违法线索互联、执法标准互通、处理结果互认。完善行政执法与刑事司法衔接机制，加强"两法衔接"信息平台建设，推进信息共享机制化、案件移送标准化和程序规范化。

【评估方法】

赋分值为1.5分，具体的评估方法为通过对被评估城市的政府网站、市场监管部门网站及"信用中国"网站就跨部门联合执法情况进行考察，同时以网络公开搜索引擎搜寻有关行动作为补充辅证。

【评分标准】

本项指标满分为1.5分，在部分领域有相关规定，赋0.7分；构建市场监管领域一体化联动执法机制，赋0.3分；创新区域执法协作模式，赋0.5分。

【评估分析】

在本项评估下，36个被评估城市的平均分为0.997分，通过重点考察市场监管联动执法机制搭建情况，具体结果如表20-2所示。得1.5分的有天津、上海、宁波等8个城市，占比为22.2%；得1.2分的有广州、成都2个城市，占比为5.6%；得1.0分的有厦门、长春、深圳等11个城市，占比为30.6%；得0.7分的有大连、青岛、武汉等15个城市，占比为41.7%。

表20-2　　　　"构建市场监管联动执法机制"得分分布

得分（分）	1.5	1.2	1.0	0.7
城市（个）	8	2	11	15

【典型事例】

通过此项三级指标的观测，评估小组发现，当前被评估城市的区域间及全市范围内的市场监管联动执法机制搭建工作总体上落实情况较差。由上述评估数据可知，被评估的36个城市中仅有8个城市得到满分，这些城市确立了通过一体化信息平台进行线索移送、执法协助、执法联动、执法互认、信息通报等工作机制，且具备完善的组织制度和保障机制。京津冀三地市场监管部门在京签署《京津冀市场监管执法协作框架协议》及反垄断、知识产权、价格、食品安全4个领域的子协议，从而搭建"1+N"执法协作体系，即围绕1个框架协作机制，逐步实现多个子领域、多个层次协作。框架协作机制确立了联席会议、线索移送、执法协助、执法联动、应急响应等基础工作机制。①

表现较好的城市有广州和成都。广州确立了全市范围内全系统执法机构调查互助、信息互通、结果互认机制；② 成都则在成渝双城经济圈市场监管区域协作部分结合"智慧城市"建设推进区域执法一体化。③ 这两个城市比较不足的地方是联动监管体制和保障制度还不够完善。

得1.0分的城市在有关优化营商环境和推进"放管服"改革工作的政

---

① 北京市市场监督管理局：《京津冀三地市场监管部门签署执法协作协议构建"1+N"执法协作体系服务协同发展》，北京市市场监督管理局网站，http://scjgj.beijing.gov.cn/zwxx/scjgdt/202106/t20210611_2411159.html。

② 《广州市市场监督管理局关于2021年度法治政府建设情况的报告》，2021年12月10日发布，http://scjgj.gz.gov.cn/ztzl/fzzfjs/content/post_7972231.html。

③ 《四川省市场监督管理局关于深化川渝市场监管一体化合作推动成渝地区双城经济圈建设的实施意见》，2020年10月19日发布，http://scjgj.sc.gov.cn/scjgj/c104467/2020/10/21/fb022c385db4448e94e5d76bf7d25733.shtml。

策文件中提及建立审批、监管、执法和信用信息的互联互通机制，但只是在文件中确立市场监管联动执法机制搭建工作方向，缺乏区域协作执法实施细则、具体实践及统一的信息平台建设等内容。

得 0.7 分的城市最多，这些城市分别在知识产权、品牌质量监管、养老服务质量等领域要求建立违法线索互联、监管标准互通、处理结果互认等工作机制，但未拓展到整个市场监管领域。

（二）数字经济地方立法（2.0 分）

【设置依据】

习近平总书记于《求是》杂志发表重要文章《坚持走中国特色社会主义法治道路，更好推进中国特色社会主义法治体系建设》。文章指出，要加快重点领域立法，加快数字经济等领域立法步伐，努力健全国家治理急需、满足人民日益增长的美好生活需要必备的法律制度。[1] 全国人大常委会 2022 年度立法工作计划日前公布，也将加快数字经济领域立法步伐放在重要位置。[2]

【评估方法】

赋分值为 2.0 分，具体的观测方法为通过对被评估城市人大网站、政府网站进行检索，搜索数字经济地方立法状况，同时以司法局网站搜寻有关立法行动进行辅证。

【评分标准】

公布地方立法"立改废释"情况，得 1.2 分；及时公布立法计划，得 0.5 分；立法计划缜密完整，具有协调性和系统性，得 0.3 分。

【评估分析】

在本项评估下，36 个被评估城市的平均得分为 1.653 分，通过重点考察地方立法情况发现，得 2.0 分的有北京、广州、南昌等 11 个城市，占比为 30.6%；得 1.5 分的有哈尔滨、成都、天津等 25 个城市，占比为 69.4%（见表 20-3）。

---

[1] 习近平：《坚持走中国特色社会主义法治道路，更好推进中国特色社会主义法治体系建设》，《求是》2022 年第 4 期。

[2] 《全国人大常委会 2022 年度立法工作计划》，2022 年 5 月 6 日发布，http://www.npc.gov.cn/npc/c30834/202205/40310d18f30042d98e004c7a1916c16f.shtml，2022 年 7 月 6 日。

表 20-3　　　　　　　　"数字经济地方立法"得分分布

得分（分）	2.0	1.5
城市（个）	11	25

【典型事例】

通过此项三级指标的观测，评估小组发现，当前被评估城市在数字经济地方立法上总体表现良好。由上述评估数据可知，被评估的 36 个城市均针对数字经济发展有关方面开展了立法活动，其中有 11 个城市颁布了系统性《数字经济促进条例》。例如《广州市数字经济促进条例》于 2022 年 6 月 1 日起施行，是国内出台的首部城市数字经济地方性法规。[①] 该文件明确了广州数字经济发展的重点领域和相关制度规范，构筑了数字经济全要素发展体系，描绘了广州数字经济在数字产业化、工业数字化、建筑业数字化、服务业数字化、农业数字化等方面的发展全景图。《北京市数字经济促进条例》面向社会公开征求意见，分别从数字基础设施、数据资源、数字产业化、产业数字化、数字化治理、数字经济安全和保障措施等方面对数字经济工作进行法规制度设计，为北京数字经济发展确立坚实立法保障。[②]

存在一定失分情况的城市如海口、成都、上海，这些城市出台了诸如《海口市智慧城市促进条例》[③]《成都市"十四五"数字经济发展规划》[④]《关于全面推进上海城市数字化转型的意见》[⑤] 等相关立法文件，就数字经济发展全局的部分核心方面进行立法保障，比如一些城市强调数据基础设施建设，一些城市则强调数据资源流通交易。这些城市的问题在于面对数字经济发展带来的挑战和机遇，尚未充分进行法律文件的整合和体系化建

[①]《广州市数字经济促进条例》，广州市第十六届人民代表大会常务委员会公告第一号，2022 年 4 月 6 日发布，http：//www.gz.gov.cn/ysgz/xwdt/ysdt/tpxw/content/post_8182715.html。

[②]《北京市数字经济促进条例（征求意见稿）》，2022 年 5 月 7 日发布，http：//www.beijing.gov.cn/hudong/gfxwjzj/zjxx/202205/t20220507_2704043.html。

[③]《海口市智慧城市促进条例》，2022 年 1 月 14 日发布，http：//www.haikou.gov.cn/xxgk/szfbjxxgk/zcfg/dfxfg/202203/t736698.shtml。

[④]《成都市"十四五"数字经济发展规划》，2022 年 4 月 14 日发布，http：//cddrc.chengdu.gov.cn/cdfgw/c121867/jksj_nry.shtml?id=3309356&tn=2。

[⑤]《关于全面推进上海城市数字化转型的意见》，2021 年 1 月 4 日发布，http：//dt.sheitc.sh.gov.cn/szzc/573.jhtml。

构与应用，形成全方面综合系统的数字经济地方立法框架。

三 评估结论与建议

本项一级指标评估总分为3.5分，被评估的36个城市的平均得分为2.650分，共有21个城市在平均分之上，占被评估城市总数的58.3%；15个城市在平均分之下，占被评估城市的41.7%。本项评估的最高得分为3.5分，最低得分为2.2分，体现了较大的区分度。

本项一级指标共包含两个三级指标，其中"构建市场监管联动执法机制"总分为1.5分，"数字经济地方立法"总分为2.0分。各三级指标的得分情况为："构建市场监管联动执法机制"平均分为0.997分，得分率为66.5%；"数字经济地方立法"平均分为1.653分，得分率为82.7%。

其中，在所有三级指标中得分率最高的子项目为"数字经济地方立法"，平均得分率为82.7%，这表明被评估城市在数字经济地方立法方面的工作，已获得初步成效，基本做到了围绕数字经济工作进行法规制度设计；被评估城市得分差距较大的子项目为"构建市场监管联动执法机制"，分差最高可达0.8分，较明显地反映了有些地方政府积极响应法治政府建设，构建高效实时的市场监管联动执法机制，而有的地方政府仍然存在重视不足、进展缓慢的问题。

（一）取得的成就

1. 基本建成市场监管联动执法机制

在《法治政府建设实施纲要（2021—2025年）》[①]、《国务院关于加强和规范事中事后监管的指导意见》（国发〔2019〕18号）[②]、《国务院关于进一步贯彻实施〈中华人民共和国行政处罚法〉的通知》（国发〔2021〕

---

① 《法治政府建设实施纲要（2021—2025年）》，2021年8月11日发布，http://www.gov.cn/gongbao/content/2021/content_5633446.htm。
② 《国务院关于加强和规范事中事后监管的指导意见》，国发〔2019〕18号，2019年9月6日发布，http://www.gov.cn/zhengce/content/2019-09/12/content_5429462.htm。

26号)① 等中央文件的指导下，被评估城市积极推动全市或者一定区域内建立联动执法机制。各地政府针对知识产权、行政处罚、养老服务、校外辅导等领域监管问题，加快转变传统监管方式，打破条块分割，打通准入、生产、流通、消费等监管环节，建立健全跨部门、跨区域执法联动响应和协作机制，基本实现违法线索互联、监管标准互通、处理结果互认。

2. 稳步推进数字经济地方立法工作

为推动数字经济与实体经济深度融合，推进数据要素依法有序流动，以更好地适应全面深化改革和经济社会发展要求，各地政府在数字技术创新、数字基础设施建设、数字产业化、产业数字化、数据利用和保护、保障和监督等方面纷纷进行相关立法安排，出台数字经济促进法案。2021年3月1日，全国首部以"促进数字经济发展"为主题的地方性法规《浙江省数字经济促进条例》② 正式实施。《广东省数字经济促进条例》③《河南省数字经济促进条例》④ 相继施行，《江苏省数字经济促进条例》⑤ 也将于2022年8月1日实施。在城市数字经济地方立法方面，《北京市数字经济促进条例（征求意见稿）》⑥《广州市数字经济促进条例》⑦《南昌市数字经济促进条例（送审稿）》⑧ 根据各地数字经济发展特点，形成地方差异化规制。数字经济促进法案及其他相关法律文件的贯彻实施，将有助于发

---

① 《国务院关于进一步贯彻实施〈中华人民共和国行政处罚法〉的通知》，国发〔2021〕26号，2021年11月15日发布，http://www.gov.cn/zhengce/content/2021-12/08/content_5659286.htm。

② 《浙江省数字经济促进条例》，2020年12月24日发布，http://jxt.zj.gov.cn/art/2020/12/24/art_1229123459_4349621.html。

③ 《广东省数字经济促进条例》，广东省第十三届人民代表大会常务委员会公告第85号，2021年7月30日发布，http://gdii.gd.gov.cn/szfgfxwj/content/post_3459411.html。

④ 《河南省数字经济促进条例》，河南省第十三届人民代表大会常务委员会公告第78号，2021年12月28日发布，https://fgw.henan.gov.cn/2022/01-04/2376935.html。

⑤ 《江苏省数字经济促进条例》，江苏省人大常委会公告第81号，2022年5月31日发布，http://jspopss.jschina.com.cn/shekedongtai/202206/t20220608_7573886.shtml。

⑥ 《北京市数字经济促进条例（征求意见稿）》，2022年5月7日发布，http://www.beijing.gov.cn/hudong/gfxwjzj/zjxx/202205/t20220507_2704043.html。

⑦ 《广州市数字经济促进条例》，广州市第十六届人民代表大会常务委员会公告第一号，2022年4月6日发布，http://www.gz.gov.cn/ysgz/xwdt/ysdt/tpxw/content/post_8182715.html。

⑧ 《南昌市数字经济促进条例（送审稿）》，2022年6月1日发布，http://sfj.nc.gov.cn/ncsfj/tzgg/202206/9de0233f8d0943d78e45defc67f783c7.shtml。

挥数字技术对经济发展的引领、聚集作用，赋能传统产业转型升级，催生新产业、新业态、新模式，实现经济发展质量变革、效率变革、动力变革，逐步形成促进数字经济发展的政策合力。

（二）存在的问题

1. 联动区域存在随意性，适用领域不全面

现阶段，国务院仅就构建协同监管格局工作进行原则性和纲领性规定，并没有详细和准确地确定哪些区域应该实施市场监管执法联动响应，而是充分放权地方政府发挥主观能动性，自主协商确定跨区域执法响应机制。导致实践过程中地方认识不一、政府间沟通成本提高、执法联动区域范围过宽或者过窄、执法交流机制不统一等问题。在适用领域方面，地方政府应在统筹考虑综合性、专业性以及防范风险的基础上，积极稳妥探索开展更大范围、更多领域执法信息互联、监管标准互通、处理结果互认，但是在评估过程中发现，一些城市仅在知识产权、品牌质量、养老服务等特定单一领域推行跨区域、跨部门联动执法机制，并没有达到探索多领域实行跨区域及跨部门联合执法机制的要求。

2. 数字经济地方立法偏向保守，创新制度不充分

在缺乏统一的数字经济法律的情形下，鼓励地方积极开展创新实践，探索制定符合数字经济新模式、新业态及新机制内容的数字经济领域的综合性地方法规。但是，据华东政法大学高富平观察，各地有关数据或数字经济的立法仍然比较保守和谨慎，创新性制度规则较少。各地数字经济立法基本围绕数字基础设施、数据要素流通、数字产业化、产业数字化、数字安全、数字立法体系保障等共性方面，条例内容具有相当程度的重置性。[1]

（三）改进的建议

1. 强化顶层设计，增强联动执法机制规范性

从国家层面立法或出台实施办法，就跨区域、跨部门联动执法机制如

---

[1] 高富平：《加快数字经济立法：安全与发展并举，鼓励地方创新》，第一财经网站，https://www.yicai.com/news/101319532.html。

何确立等问题予以规范。一是明确市场监管协调执法机制的区域确定原则、适用范围、沟通交流机制、实施程序、问责体系等。二是明确机制适用领域或者地方摸索适用领域应遵守的基本规定。三是明确各区域、各部门监管责任,防止过度跨区执法、违法跨部门执法等问题,坚决制止地方利益、部门利益凌驾于大局利益之上。

2. 立足当地实际,开拓数字城市治理新模式

健全完善市场监管跨区域部门协调机制,是全国统一大市场建设的必然要求。地方政府及相关部门应跳出部门、领域局限,围绕重点任务,形成工作合力。建立健全以政府主导、市场监管牵头、职能部门协作的市场监管联动执法探索机制,为联动执法机制的高效灵活应用注入更为强劲的前进动能。同时,加强市场监督管理平台、数字化执法监督管理平台、行政执法案件办理平台、政法跨部门大数据办案平台一体化建设。强化精细高效的数字治理综合能力,明确建设数字化城市治理平台,推动城市运行数字系统建设。

3. 提升立法质量,固化数字经济营商环境改革成果

制定出高质量、符合当地发展特色且具有可复制性的数字经济地方法规体系,是数字经济地方立法的关键。各城市应当抓住立法质量这个关键,结合数字经济发展的切实需求,深入推进科学立法、民主立法、依法立法。从立法层面对优化数字经济营商环境中亟待解决的问题予以规范,把数字治理实践中探索出来的有用成果予以上升固化,为数字经济营商环境发展提供法治保障。同时,地方政府应根据本地特色,结合各地数字产业发展特性,以灵活的立法形式主动适应改革和经济社会发展需要,确保政府优化改善营商环境的改革行为于法有据。在进行数字经济立法时,各地政府还应对相关政策实施期间所取得的创新经验和面临的复杂问题进行探索总结,秉持开放包容、促进创新的态度,先行先试,为数字经济发展提供法治保障,以充分调动全社会发展数字经济的积极性和能动性。

第二十一章 规范执法活动

规范监管执法活动是优化营商环境的法治保障。2022年披露的世界银行《宜商环境项目概念说明书》将微观经济层面的监管框架作为评估的一大主体，每项一级指标均分配了监管层面观测点，将考虑监管的质量作为评价依据，以监管的透明度、明确性、可预测性和相关性作为标准。[①] 世界银行此举突出了监管水平对商业环境的重要性。本次数字经济营商环境评估设置了"市场监管"的一级指标，通过三个方面考察监管执法的公开、监管的效能和服务水平以及监管机制的建设情况，这与世界银行的评估主旨不谋而合。

一 评估指标构成

本次评估的"规范执法活动"一级指标之下设置三项二级指标，分别为"执法活动网上留痕"与"非强制性执法"以及"联合检查"（见表21-1）。

每项二级指标下各设一项三级指标，通过考察各城市市场监督管理局在执法过程中建设行政许可和行政处罚公示平台的情况，推广运用说服教育、劝导示范等非强制执法方式情况，以及建立"双随机、一公开"监管联席会议制度，以此三项内容反映被评估城市市场监管部门就《优化营商环境条例》有关规定的落实情况。

---

① The World Bank, *Pre-Concept Note Business Enabling Environment* (*BEE*), pp.1-5 (2022).

表21-1　　　　　　　　　　规范执法活动

一级指标	二级指标	三级指标
规范执法活动（3.0分）	执法活动网上留痕（1.0分）	行政许可/处罚双公示（1.0分）
	非强制性执法（1.0分）	推广运用说服教育、劝导示范（1.0分）
	联合检查（1.0分）	"双随机、一公开"监管联席会议制度（1.0分）

二　设置依据、评估标准及评估分析

本节从三级指标角度，逐项说明该指标设置的具体依据、实施中的评估方法和评分标准，并基于评估情况分析评估结果。

（一）行政许可/处罚双公示（1.0分）

【设置依据】

《国务院关于印发社会信用体系建设规划纲要（2014—2020年）的通知》《国务院办公厅关于运用大数据加强对市场主体服务和监管的若干意见》《国务院关于建立完善守信联合激励和失信联合惩戒制度，加快推进社会诚信建设的指导意见》等文件精神要求，"将行政许可和行政处罚等信用信息自作出行政决定之日起7个工作日内上网公开（以下简称'双公示'），进一步提升'双公示'信息质量，加大政府信息公开和数据开放力度，推进社会信用体系建设"。

【评估方法】

满分为1.0分，通过对被评估城市政府网站、市场监管部门网站、信用网站进行检索，搜索是否建设有行政许可和行政处罚双公示平台。

【评分标准】

本项指标满分为1.0分，建立一体化公示系统，得0.4分；实时精准地公示行政许可和行政处罚信息，得0.3分；便捷地获取公示信息，得0.3分。

【评估分析】

在本项评估下，36个被评估城市的平均得分为1.0分。重点考察行政许可/处罚双公示平台搭建工作进展情况，得1.0分的有上海、成都、青岛等36个城市，占比为100%。由上述评估数据可知，这些城市均建立有完善的行政许可/行政处罚双公示平台，能够及时准确地发布相关信息且能够便捷地获取，说明该项工作在全国范围内进展良好。

【典型事例】

通过此项三级指标的观测，评估小组发现，当前被评估城市的"行政许可/处罚双公示"相关工作总体情况良好。各城市采取多渠道、全方位方式公开行政许可和行政处罚结果，如北京在政府网站、市场监督管理局网站及"信用中国（北京）"开放相关信息供民众查询。上海通过"信用中国（上海）"、市政府网站、各职能部门公布相关信息，行政许可公示达14989630条，行政处罚公示达1349320条，"双公示"合计达16338950条。上海还利用可视化技术，对市级行政部门和各区政府公示信息进行统计排名，方便人民群众监督政府"双公示"工作情况。[1]

（二）推广运用说服教育、劝导示范（1.0分）

【设置依据】

2020年1月1日起施行的《优化营商环境条例》第五十九条明确规定，行政执法中应当推广运用说服教育、劝导示范、行政指导等非强制性手段，依法慎重实施行政强制。采用非强制性手段能够达到行政管理目的的，不得实施行政强制；违法行为情节轻微或者社会危害较小的，可以不实施行政强制；确需实施行政强制的，应当尽可能减少对市场主体正常生产经营活动的影响。非强制性执法手段的推广运用，可凸显监管机关优化执法方式之成效。

【评估方法】

通过对被评估城市的市场监督管理局网站、政府网站进行检索，以2022年5月31日前的信息为依据，考察被评估城市运用非强制性手段的情况，同时以网络公开搜索引擎为信息补充。在检索中，非强制性执法手段包括行政指导、座谈会、行政告诫、协商、调解等形式。

【评分标准】

本项指标满分为1.0分，可检索到被评估城市运用非强制性手段的即

---

[1] 信用中国（上海）网站，https://xyfw.fgw.sh.gov.cn/credit-front/doublepublic/index。

得分，未检索到任何信息的不得分。

【评估分析】

在本项指标中，被评估的36个城市的得分均为满分1.0分，各地市场监管部门在执法过程中均推广使用了行政指导、示范等非强制性执法方式。

【典型事例】

部分城市通过制定行政规定或政策，为非强制性执法方式提供指引。北京市政府在2021年印发了《北京市培育和激发市场主体活力持续优化营商环境实施方案》，要求落实严格规范公正文明执法，完善行政执法制度建设，在处罚中坚持处罚与教育相结合，在人防、农业、消防应急、生态环境、城市管理等领域建立轻微违法行为依法免予处罚清单，对轻微违法行为采取说服教育、劝导示范、警示告诫、指导约谈等执法方式予以纠正。[1] 此外，北京市场监督管理局还运用座谈会、行政指导等方式开展监管活动，如近几年"双十一""618"等购物节前夕，市监局联合各部门召集各大电商平台企业开展规范促销活动的行政指导座谈会。南昌制定《南昌市市场监督管理局优化营商环境实行柔性执法办法（试行）》，坚持教育指导为先，通过单独或者综合运用行政建议、行政提示、行政告诫、行政约谈等方式，引导和促成行政相对人选择最小成本的行为方式实现自我纠错，体现执法手段多样式和调节方式的适度弹性，实现行政管理效果最大化。有些城市通过示范手段，激励市场主体规范经营。如上海市场监管部门通过行政指导、调研、发布"守信超市"和"放心肉菜示范超市"名单等非强制手段开展监督执法。[2] 太原市市场监督管理局在食品安全领域创建"示范引领"项目，通过示范项目达到食品领域监管目的。[3]

---

[1] 北京市人民政府门户网站，http：//www.beijing.gov.cn/zhengce/zhengcefagui/202112/t20211214_2561129.html。

[2] 上海市市场监督管理局门户网站，http：//scjgj.sh.gov.cn/209/20220207/2c9bf2f67e77050a017ed1c636f949b9.html。

[3] 太原市市场监督管理局门户网站，http：//scjgj.taiyuan.gov.cn//doc/2022/02/21/1246456.shtml。

第四编　市场监管

（三）"双随机、一公开"监管联席会议制度（1.0分）

【设置依据】

2019年发布关于全面推进"双随机、一公开"监管工作的通知。依据《优化营商环境条例》第五十四条规定，国家推行"双随机、一公开"监管，除直接涉及公共安全和人民群众生命健康等特殊行业、重点领域外，市场监管领域的行政检查应当通过随机抽取检查对象、随机选派执法检查人员、抽查事项及查处结果及时向社会公开的方式进行。针对同一检查对象的多个检查事项，应当尽可能合并或者纳入跨部门联合抽查范围。

【评估方法】

通过当地政府官方网站检索等，检索被评估城市市级监管部门网站，以2022年5月31日前为限，考察各城市市场监管领域"双随机、一公开"监管联席会议建设情况。

【评分标准】

满分为1.0分。可查知设立联席会议、议事协调机构的得1.0分。仅有查到"双随机、一公开"监管清单或信息，未查到联席会议组建的，得0.5分。前两项信息均无的，不得分。

【评估分析】

本项指标满分为1.0分，被评估的36个城市得分均为满分，各地均建立了市场监管领域"双随机、一公开"联席会议机制或议事协调机构。

【典型事例】

哈尔滨已建立联席会议制度，2021年联席会议成员单位达到33个，基本实现全市市场监管领域"双随机、一公开"监管全覆盖、常态化。[①] 呼和浩特截至2021年12月24日，全市制定"双随机、一公开"抽查计划1181批次，已完成1139批次，其中跨部门制定抽查计划148批次，已完成142批次；应检查市场主体10203户，完成检查10108户。已完成任务通过国家企业信用信息系统（内蒙古）100%公示检查结果。[②] 郑州在

[①] 哈尔滨市人民政府门户网站，http://xxgk.harbin.gov.cn/art/2022/3/8/art_11337_1237253.html。

[②] 呼和浩特市场监督管理局门户网站，http://scjgj.huhhot.gov.cn/zwdt/tpxw/202112/t20211224_1148304.html。

《郑州市人民政府关于在市场监管领域全面推行部门联合"双随机、一公开"监管实施意见》中表示,郑州在坚持"双牵头"基础上,进一步规范联席会议机制;市县两级市场监管部门要切实加强对本辖区"双随机、一公开"监管工作的组织领导,根据"两库"("两库"是指检查对象库和执法检查人员名录库)扩容后的实际情况,合理配置执法资源,提高综合监管执法水平,强化经费保障,纳入政府绩效考核和依法行政考核,纳入"放管服"改革督查,出台具体实施办法。[1]

三 评估结论与建议

本项评估总分3.0分,被评估的36个城市的平均得分为3.0分,36个城市均为满分。

被评估城市市场监管部门均已建立完善的行政许可/行政处罚双公示平台,实时精准地公示行政许可和行政处罚信息。各地市场监管部门积极推广非强制性执法方式,并以行政指导为主,集中在电商、互联网平台监管领域。各城市均建立市场监管执法领域的"双随机、一公开"监管联席会议或议事协调机构,已开展多次联合随机抽查活动。

(一)取得的成就

1. 执法活动网上公示成果显著

各地政府根据全国统一的"双公示"数据标准和技术规范,依托"信用中国"网站及各地方信用门户网站数据归集能力,目前均已构建全面、兼容、完整的"双公示"信息平台,并通过向全国信用信息共享平台全量共享,实现与其他信用信息关联应用,推动"双公示"数据的"全覆盖、无遗漏",为构建信用联合奖惩大格局、促进社会信用体系建设提供有力支撑。

2. 各地政府积极采取非强制性方式开展市场监督管理

总体上看,各地政府近年来在市场监管领域积极使用非强制性执法方式,突出表现为座谈会、行政指导这两种方式,并集中在互联网平台监管

---

[1] 郑州市人民政府门户网站,http://public.zhengzhou.gov.cn/interpretdepart/3342811.jhtml。

领域使用。各地政府非强制性执法方式也具有丰富性。例如上海市场监管部门通过发布"守信超市"和"放心肉菜示范超市"名单，以正面示范的方式为市场主体树立标杆，引导其他经营者提高管理水平，激励作用显著。[1]部分城市通过制定相关行政规定，将非强制性执法方式落实到行政机关的工作规范中。例如：大连市市场监督管理局前身之一的工商管理局，早在2009年就率先推行行政指导柔性执法方式，陆续制定相关制度规范，直至2013年相关制度规范体系基本形成。经多年实践，行政指导已转化为常态工作；[2]南昌则专门制定《南昌市市场监督管理局优化营商环境实行柔性执法办法（试行）》，坚持教育指导为先，通过单独或者综合运用行政建议、行政提示、行政告诫、行政约谈等方式，引导和促成行政相对人选择最小成本的行为方式实现自我纠错，体现执法手段多样式和调节方式的适度弹性，实现行政管理效果最大化。[3]

3. 各城市均已建立"双随机、一公开"监管联席会议制度

截至2022年5月31日，被评估的36个城市市场监管部门均建立监管联席会议制度，各地定期发布联合抽检计划，"双随机、一公开"抽查工作趋于规范化和常态化，"双随机、一公开"监管取得较好成效。联席会议的建立使市场监管领域各级有关部门执法实现上下联动、整体推进的效果。

（二）存在的问题

1. 公示平台不统一，公示质量存差距

有的城市行政许可和行政处罚信息在地方信息门户网站公示，有的城市在市政府网站或市场监管职能部门网站公示，有的城市在上述平台都有开展信息公示，未形成统一的信息公示平台规范，给企业和公众带来检索困难，不利于相关信息获取的便利性，阻碍统一的社会信用体系建设。

---

[1] 参见上海市市场监督管理局门户网站，http://scjgj.sh.gov.cn/209/20220207/2c9bf2f67e77050a017ed1c636f949b9.html。

[2] 参见大连政务：《法治政府 || 创新行政指导"五导"彰显柔性执法善治价值》，澎湃新闻网2021年6月2日，https://m.thepaper.cn/baijiahao_12964048。

[3] 南昌市市场监督管理局门户网站，http://sgj.nc.gov.cn/ncsgj/tztg/202107/77430ada4372472b90120e89e89dd554.shtml。

由于多数城市的行政许可和行政处罚信息在政府网站及信用门户网站进行多渠道公示，评估小组以市场监管部门网站的公示内容作为重点比较对象。在评估过程中发现，各城市市场监管部门就行政许可和行政处罚信息进行公示的内容和形式极具多样性，在公示形式方面，有的市场监管部门网站建立完善的数据公示平台，有的市场监管部门网站采取设置跳转链接的方式与地方信用网站联通，而做得较差的城市则根本没有相关信息；在公示内容方面，做得较好的城市会详细准确地公示抽查检验清单和抽查对象结果，反观表现较差的城市，往往只会公布抽查检验清单且存在公示不及时等问题。

2. 非强制性执法方式应用领域有待拓宽

总体上看，被评估城市的非强制性执法措施还主要集中在对网络平台或电商领域的监管上，没有在市场监管全领域范围内推广非强制性执法方式。在方式的使用上以行政指导为主，更多类型的非强制性执法方式尚待拓展，事实上诸如说服教育、约谈、告诫、劝导示范等手段对经营者更具有针对性，能提高监管的可接受度和监管绩效。

（三）改进的建议

1. 建设"双公示"信息统一规范制度和评估、考核机制

"双公示"信息应采取逐级上报的方式，由区级信用门户网站报送至市级信用门户网站，各地区依托省级信用门户网站开发"双公示"信息报送系统，在各级信用门户网站设置"双公示"专栏，具有行政许可和行政处罚权限的行政机关应在本部门门户网站设置"双公示"专栏，按照统一的公示规范，及时准确地公示行政许可和行政处罚信息。

各城市还应开展各职能部门"双公示"平台应用评估和考核工作，依托城市信用状况监测预警系统，结合信用门户网站后台统计情况，定期对各部门"双公示"在线公示情况进行实时监测，并对信息的报送数量和质量进行评估，对表现较好的部门予以表彰和鼓励，并积极开展信用业务及"双公示"平台应用专题培训，推广平台应用先进经验，推进城市信用体系建设，规范信用信息数据报送和管理。

2. 完善非强制性执法机制

执法人员应转换监管观念，做到从强力监管到合作监管的转变，关注

第四编　市场监管

事中监管并在监管中关注与经营者的合作协同。提高使用非强制性方式执法的比例，继续创新行政执法方式，推广运用说服教育、劝导示范、行政奖励、约谈告诫等手段，在个案中发挥软性执法手段的良好社会效应。

3. 发挥联席会议的协调组织能力

由联席会议针对岗位职责、专业分工，研究制定执法人员专业分类标准，并对执法人员进行科学分类，建立统一的执法人员库，在合理范围内随机抽取执法人员，保障抽查工作的效能和水平；加大基层保障力度，强化业务知识培训，提升执法能力水平，切实破解基层人员短缺、队伍老化、专业结构不够合理等症结，为发挥"双随机、一公开"监管提供组织保障。

4. 实现数据间互联互通，发挥市场监管实际效能

加大对平台建设、系统优化、智能化升级及维护的人力物力支持，进一步完善优化"双随机、一公开"监管平台系统功能，提升与其他业务系统的关联性和兼容性，通过"互联网+"监管系统确定各部门监管职责，将随机抽查事项和结果进行自动归集，形成全方位、立体化的企业信用评价体系，充分发挥监管合力和信用联合惩戒的最大效益。此外，为确保公示内容的科学性、准确性和公平性，地方政府应建立关于抽查结果公示的具体标准和规范，对抽查结果内容进行合理化设计，进一步明确公示内容的形式、路径、原因、范围等详细信息，使被抽查单位和社会公众了解抽查对象在抽查中存在哪些问题、问题的严重程度以及如何进行信用修复。

第二十二章　数字化监管

数字化监管是监管机关在人力执法这一传统监管手段的基础上，结合现代化信息技术形成的新型监管方式，具体表现为监管信息取得方面的数据化、电子化，监管信息处理方式的自动化，监管手段的非接触性、非现场性。数字化监管可以显著降低监管机关的人力成本，实现监管效能的提高。非现场化的监管手段一定程度上减少了监管机关与经营者的接触，具有降低执法冲突的效果。数字化的全过程监管也有助于改变消费者相对于经营者的信息不平等地位。但是，数字化监管存在危害数据安全与个人信息的风险。2022年初世界银行《宜商环境项目概念说明书》中设有属于监管层面的"基础设施监管质量"二级指标，此项下的"基础设施接入的安全性"指标考察内容包括监管机关、网络服务供应商落实数据安全保护法律责任方面的情况。本章评估也关注监管中的数字安全问题，与"宜商环境评估（BEE）"的相关指标相契合。

一　评估指标构成

本次评估的"数字化监管"一级指标之下设置两项二级指标，分别为"数字化监管体系建设"和"监管中的数据安全"（见表22-1）。

每项二级指标下各设两项三级指标，分别考察各城市市场监督管理部门的非接触式监管机制建设、线上监管能力建设情况以及在数字化监管中监管机关对企业数据安全和个人信息保护的措施与制度建设。通过四项三级指标反映被评估城市市场监管部门数字化监管建设程度、监管安全情

第四编　市场监管

况，以此反映各地就《国家发展改革委等部门关于推动平台经济规范健康持续发展的若干意见》的落实情况。

表22-1　　　　　　　　　数字化监管

一级指标	二级指标	三级指标
数字化监管（6.0分）	数字化监管体系建设（4.0分）	非接触式监管机制建设（2.0分）
		线上监管能力建设（2.0分）
	监管中的数据安全（2.0分）	企业数据安全（1.0分）
		个人信息保护（1.0分）

二　设置依据、评估标准及评估分析

（一）非接触式监管机制建设（2.0分）

【设置依据】

2022年发布的《国家发展改革委等部门关于推动平台经济规范健康持续发展的若干意见》，要求提高改进提高监管技术和手段。强化数字化监管支撑，建立违法线索线上发现、流转、调查处理等非接触式监管机制，提升监测预警、线上执法、信息公示等监管能力，支持条件成熟的地区开展数字化监管试点创新。

【评估方法】

时间以2022年5月31日前为限，通过检索被评估城市的市级市场监督管理局网站以及相关行政服务网站的智慧监管、数字监管、线上监管信息，考察非接触式监管机制的建设情况。

【评分标准】

本项指标满分为2.0分。其中被评估城市已经建立智慧监控监管系统、应用程序、智能系统或类似数字监管设施的，得2.0分；正在搭建相关智慧监管平台基础设施的，得1.0分；未建立类似非接触式监管的，不得分。

【评估分析】

在本项评估中，通过检索被评估城市市场监管部门网站、政府网站的政务信息，网络公开搜索引擎的政务新闻，将各城市的非接触式监管机制建设进行比较，得分结果如表22-2所示。

表22-2　　　　　　　"非接触式监管机制建设"得分分布

得分（分）	2.0	1.0	0
城市（个）	33	2	1

本项指标满分为2.0分，被评估的36个城市的平均得分为1.889分，其中有33个城市得分在平均分以上，约占被评估城市总数的92%。获得满分的城市有北京、天津、上海等；得分为1.0分的城市是武汉和南宁，这两个城市的市场监管部门目前正在进行智慧监管系统的项目招标工作，近期将投入使用。其中，南宁2021年12月27日发布《南宁市食品安全"十四五"规划（2021—2025年）》，指出将全面推进"互联网+食品"监管，推动全市系统集成农产品与粮食质量安全智慧监管、食品生产许可与监督检查、"三小"食品智慧监管、"互联网+明厨亮灶"、网络食品和网络订餐、特殊食品和食盐智慧监管、风险监评估估预警等平台，并逐步全面融合"八桂食安"平台体系。[1] 得分为0分的城市是海口，目前还未检索到非接触式监管机制建设的有关信息，有待完善。由上述评估数据可知，被评估的36个城市中已有33个城市至少建立了某一个监管领域的非接触式监管系统（以食品安全监管为主），可以说较好地实现了数字化监管技术的建设。

【典型事例】

通过对"非接触式监管机制建设"这项三级指标的观测，评估小组发现各城市基本建立或正在探索构建数字化的监管措施，各地的监管方式具有多元化。

深圳加强食品安全智慧监管体系建设，通过"互联网+明厨亮灶"智能系统，可线上巡查餐饮单位；通过移动监管App的"点一点""定一定""拍一拍""扫一扫""算一算"等功能，可以实现监管任务指尖操作

---

[1] 南宁市市场监督管理局网站，http://scjgj.nanning.gov.cn/xxgk/tzgg_6596/t4973978.html。

第四编　市场监管

一键发布、监管任务一次完成；在"扫码看餐饮单位"系统的支持下，消费者可以扫描张贴在餐桌上的二维码，了解餐饮单位食品安全信息，从而进一步拓宽社会监督渠道，让食品安全可检验、可评判、可感知，并对经营单位食品安全状况、消费服务等情况进行评价，督促企业诚信规范经营。目前深圳全市使用追溯系统的食品生产经营者达 9000 余家，消费者亦可以通过"i 深圳"App 扫描查询商品追溯信息。部分供给深圳的食品监控信息已经接入智能指挥中心，实现远程监管。"移动监管"功能板块助力食品安全监管人员无需携带纸质文书到达监管现场，只需通过手机操作即可完成监管任务，实现"一次录入、一次上传、一键审核、一键归档"[①]。

北京市场监管部门研发"市场监管风险洞察平台"，绘制企业全景画像，把企业失信、失联及高风险行为通过大数据纳入综合监管，为市场监管部门和基层执法人员提供一整套风险定义、风险发现、风险识别、风险驱动的监管闭环应用工具。[②]

（二）线上监管能力建设（2.0 分）

【设置依据】

《法治政府建设实施纲要（2021—2025 年）》要求深入推进"互联网+"监管执法，加强"互联网+监管"系统建设，积极推进智慧执法，加强信息化技术、装备的配置和应用。推行行政执法 App 掌上执法。探索推行以远程监管、移动监管、预警防控为特征的非现场监管。[③] 线上监管能力是由执法人员运用数字化监管系统的方式、方法和效果所体现的，各地监管部门对执法人员数字化监管系统使用的培训情况、执法人员的应用情况是评测此方面监管能力的关键点。

【评估方法】

具体的评测方法为通过检索被评估城市市场监管部门网站、相关政务

[①]《深圳加强食品安全智慧监管体系建设》，《中国质量报》，https://zycpzs.mofcom.gov.cn/html/difanggongzuo/2021/9/1632276023414.html。

[②] 北京市市场监督管理局网站，http://scjgj.beijing.gov.cn/zwxx/scjgdt/201911/t20191128_706519.html。

[③]《法治政府建设实施纲要（2021—2025 年）》，中共中央、国务院 2021 年 8 月 11 日发布。

服务网站和主流搜索引擎，搜索"数字监管""线上监管""智慧监管"系统的应用情况和执法人员培训情况的政务信息、新闻报道。时间限制为2022年5月31日前。

【评分标准】

本项指标满分为2.0分，其中，被评估城市的监管部门开展涉及智慧监管、数字监管、线上监管的监管方式培训、应用和监管活动的，得2.0分；未有相关监管系统应用的，不得分。

【评估分析】

在本项评估中，36个城市的平均分为1.972分，接近满分。通过检索被评估城市市场监管部门网站、政府网站的政务信息和网络公开搜索引擎的政务新闻，将各城市的非接触式监管机制建设得分进行比较，结果如表22-3所示。

表22-3　　　　　　"线上监管能力建设"得分分布

得分（分）	2.0	1.0	0
城市（个）	35	1	0

由上述评估数据可知，被评估城市均积极开展线上监管能力建设，典型的做法有两类：以郑州、武汉为代表，依托第三方技术公司协助线上监管，推动监管数字化转型；以上海、深圳为代表，通过监管部门内部培训或成立专门办公室，以提高执法人员的线上监管能力。得分为1.0分的城市为乌鲁木齐，该市目前已经建立线上监管系统，但无法查询到运作情况。

【典型事例】

在本次评估中，评估小组了解到各城市线上监管能力建设成果显著，总体上形成两类典型做法。

郑州采取依托第三方技术公司的协商提高线上监管能力，该市市场监督管理局牵手阿里巴巴集团推动市场监管向数字化转型。充分发挥移动互联网、云计算、大数据等前沿技术在预防、打击网络交易和服务等领域违法行为方面的作用，在共享主体信息数据、共建消费维权通道、共推创新发展举措、共造市场监管数字化转型、共创行业标杆典范、共营良好发展环境等领域内开展深度合作。① 武汉通过委托第三方技术公司的方式，共监测武汉区域网店（网站）9.3万个，网络信息页面113.1万个，发现涉嫌违法违规问题线索208个，主要包括未公示主体信息、虚假宣传、使用绝对化用语、设置霸王条款和销售国家明令禁止商品等问题，实现网络平台交易线上监管。②

深圳市场监督管理局则专门设立线上监管业务部门，在市场监管局内设立智慧监管和科技处，职能包括：组织规划信息化建设，承担智慧市场监管平台建设和运维工作；制定智慧市场监管平台的技术规范和数据标准；组织监管执法装备的配备和研发；组织协调相关科技项目管理工作。③

（三）企业数据安全（1.0分）

【设置依据】

2022年《国家发展改革委等部门关于推动平台经济规范健康持续发展的若干意见》提出要完善数据安全法；细化平台企业数据处理规则；推动平台企业深入落实网络安全等级保护制度，探索开展数据安全风险态势监测通报，建立应急处置机制等发展意见。本项指标旨在考察被评估城市在涉及企业监管执法过程中对企业数据信息的保护情况、政策规则制定情况，以反映各地对企业数据安全的保护水平。

【评估方法】

通过检索被评估城市市场监管部门网站、市级政府网站和搜索引擎中的政策文件、执法动态、新闻报道，综合考察各地对企业数据安全保护情况。时间以2022年5月31日前为限。

【评分标准】

本项指标满分为1.0分。被评估城市已制定涉及保护企业数据安全的政策文件、规范性文件、搭建数据基础设施平台的，得1.0分；正在开展

---

① 《郑州市市场监督管理局牵手阿里巴巴集团推动市场监管向数字化转型》，河南日报网，https://www.henandaily.cn/content/2021/1108/331253.html。
② 武汉市市场监督管理局网站，http://scjgj.wuhan.gov.cn/ztzl/sddt/202112/t20211231_1886294.shtml。
③ 深圳市市场监督管理局网站，http://amr.sz.gov.cn/xxgk/jgzns/nsjg/index.html，2022年5月26日。

前述工作的，得0.5分；未有相关措施的，不得分。

【评估分析】

在本项评估中，36个城市的平均得分为0.472分。通过检索被评估城市市场监管部门网站、政府网站的政务信息、政策文件，网络公开搜索引擎的政务新闻，将各城市的数据进行比较，得分结果如表22-4所示。

表22-4　　　　　　"企业数据安全"得分分布

得分（分）	1.0	0.5	0
城市（个）	9	16	11

得1.0分的城市有9个，包括北京、上海、重庆、深圳等，这些城市有的建立了企业信息网站，整合企业信息，提供企业信息数据查询与安全保护服务（如北京）；有的制定了地方性法规，如杭州制定了《杭州城市大脑赋能城市治理促进条例》[①]，为企业数据安全提供制度保障。得0.5分的城市有16个，包括天津、宁波、厦门、武汉等，这些城市或是建设了企业数据整合网站，但是未检索到明确的保护措施（如天津）；或是还在探索企业数据安全或商业秘密保护指导服务（如武汉）。得0分的城市有11个，这些城市尚未开展市场监管中的企业数据安全管理活动，也缺乏企业数据安全制度保障。

【典型事例】

在本次评估中本评估小组发现，各地监管机关在企业数据安全方面的落实情况差距较大。少部分数字经济较为发达的城市走在了数据安全规范制定的前列。总体上看各地还需进一步探索数据规范，并借鉴先进城市之经验。2021年杭州设立地方性法规《杭州城市大脑赋能城市治理促进条例》，这是我国第一部针对数据规范的地方立法。其中第十三条规定：公共管理和服务机构、企业等应当遵循合法、正当、必要、适度的原则，依法开展数据的采集、归集、存储、共享、开放、利用、销毁和安全管理等工作，保障数据采集对象的知情权、选择权，履行数据安全保护义务，承担社会责任，不得损害国家安全、公共利益或者公民、组织合法权益。从

[①] 《杭州城市大脑赋能城市治理促进条例》，2020年12月9日发布。

地方性法规层面保护企业数据安全。2022年1月1日实行的《上海市数据条例》第十六条第二款也对行政机关收集、使用、存储涉及商业秘密、商务信息的数据做出程序、条件、职权范围等方面的规范。[①]

(四) 个人信息保护（1.0分）

【设置依据】

随着数字经济的迅速发展，一方面，在市场经济活动中涉及的个人信息利用更加广泛，个人信息越来越多地被各种市场主体运用于自动化决策和商业活动；另一方面，个人信息的利用也广泛出现在行政监管执法领域。2021年《个人信息保护法》出台，为个人信息保护提供了稳定的机制框架，个人信息保护也拓展为优化营商环境的重要内容。2022年《国家发展改革委等部门关于推动平台经济规范健康持续发展的若干意见》要求监管机关切实贯彻收集、使用个人信息的合法、正当、必要原则，严厉打击平台企业超范围收集个人信息、超权限调用个人信息等违法行为。从严管控非必要的数据采集行为，依法依规打击黑市数据交易、大数据杀熟等数据滥用行为。国家机关在执法活动中应依法调取、使用个人信息，保护数据安全。

【评估方法】

本项指标旨在考察被评估城市对个人信息保护的执法情况和制度保障情况，通过检索被评估城市市场监管部门网站、市级政府网站和搜索引擎中的政策文件、执法动态，综合判断。时间以2022年5月31日前为限。

【评分标准】

本项指标满分为1.0分。其中，被评估城市仅以各类形式开展个人信息保护执法活动的，得0.5分；已建立本地区涉及个人信息保护的执法规范的，得1.0分，前两项皆有的也得1.0分。

[①] 《上海市数据条例》第十六条：市、区人民政府及其有关部门可以依法要求相关自然人、法人和非法人组织提供突发事件处置工作所必需的数据。要求自然人、法人和非法人组织提供数据的，应当在其履行法定职责的范围内依照法定的条件和程序进行，并明确数据使用的目的、范围、方式、期限。收集的数据不得用于与突发事件处置工作无关的事项。对在履行职责中知悉的个人隐私、个人信息、商业秘密、保密商务信息等应当依法予以保密，不得泄露或者非法向他人提供。

【评估分析】

在本项评估中，36个城市的平均得分为0.486分。本项评估侧重考察两个方面的内容，一是地方监管部门对个人信息保护采取的制度措施；二是各地对经营者损害个人信息权利的执法活动情况。通过检索被评估城市市场监管部门网站、政府网站的政务信息、政策文件，网络公开搜索引擎的政务新闻，将各城市的数据进行比较，得分结果如表22-5所示。

表22-5　　　　　　　　"个人信息保护"得分分布

得分（分）	1.0	0.5	0
城市（个）	7	21	8

得分为1.0分的城市有7个，包括北京、天津、上海、重庆、厦门、杭州等，这些城市除开展个人信息保护的执法活动外，还制定了本地区的法规或政策，细化了《个人信息保护法》的有关规定。得分为0.5分的城市有21个，包括宁波、南京、济南、武汉等，这些城市近些年频繁开展打击侵犯个人信息的专项执法活动，或通过发布消费提示、警示等方式提醒消费者注意个人信息保护问题。得分为0分的城市有8个，在评估期间未检索到有关执法活动信息或法规政策文件。

【典型事例】

对于本指标的评估，评估小组发现仅有少数城市注意到监管执法过程中的个人信息安全保护。少量城市通过制定涉及个人信息保护的地方性法规，或就个人信息处理制定专门的行政规范性文件。如《北京市市场监督管理行政处罚信息公示实施方案（试行）》规定，公示的行政处罚决定书，应当隐去决定书中有关当事人的银行账号、动产或不动产权属证书编号、财产状况、商业秘密信息，以及个人的姓名、年龄、家庭住址、身份证号码、通讯方式等隐私信息。公示的行政处罚信息摘要，行政处罚对象为个人的，应当隐去其真实姓名。[①] 该文件为执法人员在行政执法过程中

---

① 《关于印发〈北京市市场监督管理行政处罚信息公示实施方案（试行）〉的通知》，2021年12月7日发布，北京市市场监督管理局网站，http://scjgj.beijing.gov.cn/zwxx/zcwj/qtwj/202203/t20220329_2642316.html。

落实个人信息保护之要求提供指引。上海制定地方性法规,为个人信息保护提供具体的制度保障。《上海市数据条例》第十六条第二款对要求自然人、法人和非法人组织提供数据的行政机关做出要求。包括行政机关的职权要件、程序要件等;收集数据必须明确使用目的、范围、方式、期限;在数据处理方面,收集的数据不得用于与突发事件处置工作无关的事项;最关键的是该条款明确了对个人信息和企业数据的保护要求,即对在履行职责中知悉的个人隐私、个人信息、商业秘密、保密商务信息等应当依法予以保密,不得泄露或者非法向他人提供。①

三 评估结论与建议

本项评估总分为 6.0 分,被评估的 36 个城市的平均得分为 4.819 分,共有 21 个城市在平均分之上,占被评估城市总数的 58%;15 个城市在平均分之下,占被评估城市总数的 42%。本项评估中的最高得分为满分 6.0 分,最低得分为 2.0 分,体现了较大的区分度。在本次评估中,得到满分的城市有北京、上海、重庆、深圳、杭州。

本项一级指标共包含四个三级指标,前两项三级指标赋分均为 2.0 分,其余分值均为 1.0 分。各三级指标的得分情况为:"非接触式监管机制建设"平均分为 1.889 分,得分率为 94.4%;"线上监管能力建设"平均分为 1.972 分,得分率为 98.6%;"企业数据安全"平均分为 0.472 分,得分率为 30.6%;"个人信息保护"平均分为 0.486 分,得分率为 48.6%。

其中,在所有三级指标中平均得分率最高的指标是"线上监管能力建设",得分率为 98.6%,这表明目前被评估城市监管部门的线上监管能力建设卓有成效,在执法活动中广泛使用线上监管措施;平均得分率最低的指标为"企业数据安全",仅为 30.6%,该项指标各个城市差距较大,较为明显地反映出各城市在企业数据安全保护水平方面的差异性,有些地方

---

① 《上海市数据条例》第十六条:市、区人民政府及其有关部门可以依法要求相关自然人、法人和非法人组织提供突发事件处置工作所必需的数据。要求自然人、法人和非法人组织提供数据的,应当在其履行法定职责的范围内依照法定的条件和程序进行,并明确数据使用的目的、范围、方式、期限。收集的数据不得用于与突发事件处置工作无关的事项。对在履行职责中知悉的个人隐私、个人信息、商业秘密、保密商务信息等应当依法予以保密,不得泄露或者非法向他人提供。

政府在数据安全保护制度建设上遥遥领先，而有的城市还存在企业数据安全保护欠缺的问题。

（一）取得的成就

1. 高效便捷的非接触式监管系统基本建立

智慧监管系统是各城市用以实现非接触式监管的主要方式，通过应用互联网、大数据和云计算等技术，提高监管执法水平和执法能力，加强执法管理规范化，提高执法效率。各地智慧监管应用领域集中在食品、药品的质量监管以及特种设备监管上。智慧监管系统的使用使监管部门得以对市场主体进行全方位的在线监管，实现对市场经营者的监督检测、问题溯源分析、数据挖掘、证据获取和风险评估，提高了监管部门的风险预测与应对能力。

2. 线上监管能力培育卓有成效

被评估城市的监管部门在执法活动中广泛使用线上监管措施，积极开展线上监管能力培训，提高人员的监管执法水平。有的城市专门开展培训会，通过学习交流提高执法人员线上监管能力。如长春市场监管局通过采取集中培训、成立编写专班、建立工作微信群等方式对"互联网+监管"系统监管事项目录清单及检查实施清单进行了梳理，将"互联网+监管"系统的实施清单与政府各部门的权责清单中的行政检查事项有机结合，实现线上监管与传统监管方式常态化综合运用。深圳市场监督管理局则专门设有智慧监管和科技处。主要工作包括拟订实施智慧监管和科技发展规划；组织规划信息化建设，承担智慧市场监管平台建设和运维工作，制定智慧市场监管平台的技术规范和数据标准，为线上监管提供队伍保障。

3. 部分经济发达地区率先探索企业数据安全保护措施

一是通过地方性法规或规范性文件落实企业数据安全保护。例如2021年广州国资委发布《广州市国资委监管企业数据安全合规管理指南》，其中设有国资企业、监管企业数据安全保护措施规定，该文件也是地方国资监管机构首部针对数据安全合规专门领域的指导文件。[①] 同年，杭州设立

---

① 《关于印发〈广州市国资委监管企业数据安全合规管理指南（试行2021年版）〉》（穗国资法〔2021〕13号）的通知》，2021年12月21日发布，广州市人民政府国有资产监督管理委员会门户网站，http://gzw.gz.gov.cn/gk/zcfg/zcfgwj/content/post_7977166.html。

地方性法规《杭州城市大脑赋能城市治理促进条例》，规定了对公共管理和服务机构、企业的数据收集管理的原则指导，强调数据安全的保护义务，从地方性法规层面保护企业数据安全。上海则细化了《数据安全法》并制定了《上海数据安全条例》，对企业数据安全的保护做出规定。二是通过建立企业数据信息平台落实数据安全保护。如北京建立了北京市企业信息信用网，整合企业信息、提供企业信息数据查询与安全保护服务。

4. 个人信息保护实现执法主动化、措施多样化发展

被评估城市有关部门都积极开展个人信息保护执法活动，有的城市将个人信息保护作为常态化执法要点，有的城市则结合特定市场状态开展专项执法活动，执法效果明显。此外，也有城市在监管执法中采取约谈、通报等柔性方式，对侵害个人信息的违规主体采取下架网络产品的措施，执法措施具有多元化表现。一些城市监管部门还针对执法中个人信息保护制定工作指引或规范，如《北京市市场监督管理行政处罚信息公示实施方案（试行）》规定了行政相对人的信息处理要求，又如上海等城市制定地方数据安全规范，通过细化《个人信息保护法》，进而实现个人信息的地区化、专门化的制度保护。

（二）存在的问题

1. 非接触式监管系统不够健全完善，综合运用水平有待提高

市场监管的各监管领域信息系统数据管理相对独立，例如食品和药品的数据管理区隔尚未形成统一的整合标准，因此出现跨监管领域信息共享难、利用率低等问题。此外，诸如智慧监管这种依靠互联网技术的非接触式监管模式对基层执法人员的信息化水平和专业技术提出更高要求，当前智慧监管系统还难以全面适应基层监管工作的实际。在评估中还发现，非接触式监管系统的使用需要执法人员人工输入数据，还没有简便高效的手段直接完成数据录入，这增加了基层监管人员的工作负担，造成了对数据系统的排斥等现实问题，最终难以发挥智慧监管系统的作用。

2. 企业数据安全相关制度供给不足

除几个经济水平较高的城市和互联网、信息技术产业发达的城市率先开展了企业数据安全制度探索和实践探索外，绝大部分城市在企业数据安全的保障措施方面发展缓慢。企业数据安全指标包含两个方面。在企业层

面，企业应就数据安全建立安全管理措施，包括数据收集、使用、存储过程的合规性，以及就敏感数据的分级分类保护。在监管层面，强调监管机关在进行企业数据安全执法过程中具有安全风险评估与监测、安全应急处理机制，此外监管机关在执法中获取企业数据后也要有相应的安全处理机制。评估小组发现，目前大多数城市的企业数据安全尚缺乏强有力的保障，这体现在两个方面，一方面，缺乏具体的行政管理实践方式，包括监管机关与企业数据合规方面的沟通机制、主管部门对企业数据信息的标准处理和保存方式；另一方面，缺乏相应的制度保障，主要体现为对应指标的得分较低。我国大数据应用技术已实现全球领先，也经受了市场的考验，数据应用在我国属于技术先于制度的状态，立法相对滞后。此外，有关数据的法律定位在我国学界还存在争议，一定程度上阻碍了监管机关对数据安全执法的把握，影响企业对数据保护的行为预期。考虑到《数据安全法》于2021年9月1日才落地实施，虽为我国数据安全初步提供法律框架，但未来还需各地监管部门和市场经营者共同探索具体的数据安全保护措施。

3. 个人信息保护缺乏地方性的制度保障机制

在评估中发现，当前各城市监管部门在个人信息保护方面主要聚焦于侵害个人信息的市场主体的执法活动，其对于监管机关自身对执法中获取到的个人信息的处理方式、保护措施还缺乏实践方面的制度发展。同时，尚未将个人信息保护法的具体操作和细化落实到监管执法实践中的城市，在被评估城市中还占较大比例。此外，个人信息保护执法存在分散性，不同业务监管领域的主管部门均负有管理职责，如何协调各部门执法、明确执法责任边界、确保涉及个人信息的执法规则统一也是需要关注的问题。

(三) 改进的建议

1. 完善非接触式监管机制顶层设计，打造线上监管专业化队伍

一是解决信息整合共享问题。加快技术研究，解决部门监管系统之间的数据自动对接问题；研究执法数据应用标准和管理标准，实现执法信息的标准化与规范化，推动建立跨部门、跨层级、内外联动的信息共享机制。二是强化数据的综合运用。开展事前评估识别，对基础数据、舆情数据、投诉数据、巡查数据、诉讼数据、行政处罚等海量信息进行筛查、过

滤、分类、关联，精确预判形势。三是建立专业化执法队伍，加强人才培训，提升基层监管执法人员的监管业务知识和信息系统操作水平，提高利用智慧监管系统的动力和积极性。

2. 积极开展企业数据安全保护的机制探索

从宏观角度来看，各城市应抓住数字经济发展的时机，深入推进对数据安全的认识，与领先的互联网企业合作探索合理的数据安全措施，制定数据安全标准。从具体方面来看，各地立法机关和政府部门应细化数据安全法律规范，结合本地产业实践和国家数据安全导向，探索符合本地发展特色的数据安全制度，让执法部门有法可依、企业依规经营。监管部门应建立数据安全分类保护制度、数据安全风险应对机制和针对企业数据合规安全的监管机制。在企业方面，应满足数据处理活动基本的合规要求，建立企业自身的数据安全管理制度，建设相应的数据安全基础设施，对数据安全分类分级保护。

3. 细化个人信息保护法的执法工作规范

一方面，建议各地方政府结合本区域实践，细化个人信息保护法规定，制定适应本地区的法规文件，实现个人信息保护的制度性保障。另一方面，监管机关内部需要完善执法程序，例如执法过程中的个人信息处理方式，对于执法信息公开应考量的个人信息利益等。使用智慧监管、数字化系统时保障相对人的合法权益，并制定保护标准。

第二十三章　包容审慎监管

政府对市场监管方式的变革，是在法治轨道上优化营商环境的关键因素之一。传统的监管方式主要是审慎监管，包括确保企业个体稳健经营的微观审慎层面监管和维护行业环境安全稳定的宏观审慎层面监管。但针对新技术、新产业、新业态、新模式这类风险和效益尚未明了的新生事物，单方面强调稳定与秩序的审慎监管显得力不从心，过度的监管有可能抑制企业的创新发展。[1] 近些年来平台经济、共享经济等新业态不断涌现并蓬勃发展，应对这些新经济模式的包容审慎监管之提法也应运而生。根据李克强总理在 2018 年 9 月 11 日考察市场监管总局的座谈会所指出的，所谓"包容"是对那些未知大于已知的新业态采取包容态度，政府意在鼓励创新，驻守观望，给予市场企业一个宽松的监管环境；所谓"审慎"是坚守法律底线，对危害市场秩序的违法行为严厉打击。[2] 包容审慎监管是对传统监管模式的改造，寻求对"包容"和"审慎"、创新和监管这两对价值目标的平衡。本次评估通过考察各地包容审慎监管方式的实施情况反映营商环境的优化水平。

一　评估指标构成

"包容审慎监管"一级指标之下设置三项二级指标，分别为"免罚清

---

[1]　参见刘太刚《从审慎监管到包容审慎监管的学理分析——基于需求溢出理论视角下的风险治理与监管》，《理论探索》2019 年第 2 期，第 57 页。
[2]　《李克强详解为何对新业态实施"包容审慎"监管？》，中国政府网，http://www.gov.cn/guowuyuan/2018-09/12/content_5321209.htm。

单""创新容错机制"和"柔性执法方式应用"(见表23-1)。

每项二级指标下各设一项三级指标,通过考察各城市市场监管系统免罚清单、创新容错举措、可替代性柔性执法机制,以此三项三级指标反映被评估城市市场监管部门就《国务院办公厅关于促进平台经济规范健康发展的指导意见》《国务院关于新时代加快完善社会主义市场经济体制的意见》《优化营商环境条例》等相关文件提出的包容审慎监管措施的落实情况。

表23-1　　　　　　　　　　包容审慎监管

一级指标	二级指标	三级指标
包容审慎监管 (5.0分)	免罚清单(1.0分)	市场监管系统免罚清单(1.0分)
	创新容错机制(2.0分)	创新容错举措(2.0分)
	柔性执法方式运用(2.0分)	可替代性柔性执法机制(2.0分)

二　设置依据、评估标准及评估分析

本节从三级指标角度,逐项说明该指标设置的具体依据、实施中的评估方法和评分标准,并基于评估情况分析评估结果。

(一)市场监管系统免罚清单(1.0分)

【设置依据】

市场监管系统免罚清单,是地方监管部门对市场经营中的轻微违法行为免于处罚或从轻减轻处罚的情况的列举,通常以规范性文件为表现。免罚清单一方面是对《行政处罚法》中处罚自由裁量权的细化和"首违不罚"精神的落实,另一方面是积极为市场主体营造包容审慎的监管环境,从而优化营商环境。

【评估方法】

时间以2022年5月31日前为限,通过检索被评估城市市级市场监督管理局网站和政府网站关于市场监管免罚清单、减轻处罚清单等文件进行评判。

【评分标准】

本项指标满分为 1.0 分。被评估城市有关网站中可检索到清单文件的，得 1.0 分；仅在市辖区级检索到清单文件的，得 0.5 分；检索不到的为 0 分。

【评估分析】

该项指标平均得分为 0.861 分。评估小组通过检索各城市市场监管部门网站和政府网站进行统计，发现各城市市场监管网站基本可检索到有关免罚清单，但少数城市难以检索到全市统一的免罚清单文件。故市级层次制定了免罚清单的得 1.0 分，仅在区级单位制定了免罚清单的得 0.5 分。具体得分情况如表 23-2 所示。

表 23-2　　　　"市场监管系统免罚清单"得分分布

得分（分）	1.0	0.5	0
城市（个）	30	2	4

其中得 0.5 分的城市是哈尔滨和银川，这 2 个城市未查到市级监管部门的免罚清单文件。得分为 0 分的城市是乌鲁木齐、西宁、拉萨、呼和浩特，这几个城市所在的省份或自治区有市场监管领域的免罚清单，但市级单位未检索到相关信息。

【典型事例】

通过对本指标涉及的清单文件进行检索发现，各城市在市场监管领域的行政裁量规范方面表现突出。部分城市不局限于免罚清单的制定，还将其他行政处罚裁量位阶的事项制作成具体可查的清单。贵阳针对行政违法轻重、行政监管中遇到的具体问题制定更为细致的 5 类执法清单，包括《贵阳市市场监管领域审批服务包容审慎监管清单》《贵阳市市场监管局行政审批事项容缺审批清单》《贵阳市市场监管领域轻微违法行为不予处罚清单》《贵阳市市场监管领域违法行为减轻处罚清单》《贵阳市市场监管领域违法行为从轻处罚清单》，针对 5 类 42 种审批服务实行包容审慎监管，对 28 种行政审批事项容缺审批，对 11 类 107 种轻微违法行为不予处罚，对8类47种违法行为减轻处罚，对9类48种违法行为从轻处罚。[①]合肥则为推进包容审慎监管和支持市场主体创业发展制定包括容缺受理清单、不予处罚清单、减轻处罚清单、从轻处罚清单、从重处罚清单和信用扶持清单在内的6项清单。[②]

（二）创新容错举措（2.0分）

【设置依据】

2019年《国务院办公厅关于促进平台经济规范健康发展的指导意见》提出创新监管理念和方式，实行包容审慎监管。对于新业态而言，形成较好的发展势头应结合实际情况分类适用监管模式；对于具有发展潜力但"一时看不准"的，设置一定的观察期，防止"一刀切"监管。这要求监管机关创新对新业态的包容措施。此外，《优化营商环境条例》第五十五条规定："政府及其有关部门应当按照鼓励创新的原则，对新技术、新产业、新业态、新模式等实行包容审慎监管，针对其性质、特点分类制定和实行相应的监管规则和标准，留足发展空间，同时确保质量和安全，不得简单化予以禁止或者不予监管。"

【评估方法】

考察被评估城市对数字经济、互联网平台经营者等新业态的容错方式和方法。通过检索被评估城市市级市场监督管理局网站和政府网站政务信息和法规、政策等文件，辅以官方媒体新闻报道，综合判断。

【评分标准】

本项指标满分为2.0分。以2022年5月31日为时间节点，通过检索各城市市场监管部门网站和政府网站进行统计。可以检索到有针对新业态、新经济产业的容错举措，但该措施仅以清单式政策文件形式体现的得1.0分。如通过免罚、从轻或减轻处罚等清单式文件形式容错的得1.0分。容错措施有针对创新业态的，如税费展期、设置观察期等，再加1.0分，共计2.0分。检索不到容错举措的不得分。

[①] 《贵阳市市场监管局推出包容审慎执法处罚清单企业轻微违法或可免罚》，当代先锋网，http：//www.ddcpc.cn/detail/d_guiyang/11515115325525.html。

[②] 合肥市市场监管局网站，http：//amr.hefei.gov.cn/zwgk/ggs/14805309.html。

【评估分析】

本项指标平均得分为 1.167 分，具体得分情况如表 23-3 所示。

表 23-3　　　　　　　　"创新容错举措"得分分布

得分（分）	2.0	1.0	0
城市（个）	16	11	9

其中得 2 分的有北京、上海、兰州、昆明等 16 个城市。这些城市综合运用诸如清单容错、放宽市场准入、简化审批流程、设置包容期、观察期等方式灵活监管。

得分为 1.0 分的有南京、青岛、武汉、成都等 11 个城市，这些城市通过制定免予处罚、从轻处罚、减轻处罚或专门的包容审慎清单，实现"清单式"的容错方式，但还缺乏针对新业态创新的容错举措。

得 0 分的有乌鲁木齐、西宁、拉萨等 9 个城市，在评估中未检索到针对新业态的容错举措。

【典型事例】

通过对本项指标的涉及内容的检索，评估小组发现，从总体上来看，各城市对创新容错的实践尚缺乏共识。各城市主要是制定免于处罚、从轻或减轻处罚清单等裁量措施为市场经营主体提供容错依据，但在新经济、新业态等市场创新的容错方面针对性不够强。评估小组同时发现，多数城市也开展了相应的创新容错探索，通过创新监管手段，鼓励新经济及新业态的发展。其中包括设置"包容期"等新型监管模式，或制定有关规范性文件，为创新容错提供体制保障。

例如，兰州新区对新设立的新业态、新模式、新产业企业给予 2 年包容期，包容期内通过行政指导等柔性监管方式，引导和督促企业依法经营。建立容错机制，对法律政策界限不清、没有造成严重社会不良后果的行为，采取约谈告诫等措施指导企业合法合规经营。对新业态、新模式、新产业企业建立新兴产业企业目录，实行点对点业务跟踪指导，定期开展法律法规宣传，增强企业依法经营意识；对适用"首违免罚"制度处理的

第四编　市场监管

问题全程跟踪。① 南宁在 2021 年的《优化营商环境市场监管能力指标实施方案》中研究制定针对在线新经济以及新产业、新业态的包容审慎监管制度，开展重点领域的专项整治行动，探索"包容期""沙盒监管""触发式监管"等新监管模式。② 上海市政府 2019 年 7 月 30 日发布《关于促进上海创业投资持续健康高质量发展的若干意见》，提出落实创新容错机制，对改革创新与科技投资未能实现预期目标，但符合政策规定实施并勤勉尽责未谋私利的，不做负面评价，并依法免除相关责任。③

（三）可替代性柔性执法机制（2.0 分）

【设置依据】

《优化营商环境条例》体现了对新业态和包容审慎监管的指导，同时要求推广非强制性执法手段，尽量避免对新业态市场主体经营活动的干预。这要求地方市场监管部门在针对新业态的监管中应更强调使用柔性执法措施。本项指标重点考察被评估城市市场监管部门在新型经济领域内是否采用柔性执法手段以及是否形成较为明显的替代传统监管手段的柔性执法机制。

【评估方法】

本项指标满分为 2.0 分。考察被评估城市对数字经济、互联网平台经营者等新业态的柔性执法措施运用。通过检索被评估城市市级市场监督管理局网站和政府网站政务信息和法规、政策等文件，辅以官方媒体新闻报道进行综合判断。

【评分标准】

设有可替代性柔性执法机制，也即通过规范性文件确立柔性执法措施或针对新业态执法形成惯常柔性执法实践，针对新业态采取行政指导、行政约谈、行政建议、行政提示、行政告诫、行政公示的柔性执法方式，或将包括但不限于前述的执法方式纳入规范性文件形成执法指引，得 2.0 分；仅通过免罚清单进行柔性执法，得 1.0 分；在新业态领域内未使用柔

---

① 兰州新区门户网站，http://www.lzxq.gov.cn/system/2019/07/23/030004071.shtml。
② 南宁市市场监管局网站，http://scjgj.nanning.gov.cn/xxgk/tzgg_6596/t4937992.html。
③ 上海市人民政府门户网站，https://www.shanghai.gov.cn/nw12344/20200813/0001-12344_61300.html。

性执法措施,不得分。

【评估分析】

该项指标平均得分为1.139分,满分为2.0分。以2022年5月31日为时间节点,通过检索各城市市场监管部门网站和政府网站进行统计。具体得分情况如表23-4所示。

表23-4　　　　　"可替代性柔性执法措施"得分分布

得分（分）	2.0	1.0	0
城市（个）	14	13	9

其中得2.0分的有重庆、厦门、杭州、济南等14个城市,占被评估城市总数的39%,这些城市多以规范性文件落实柔性执法机制。

得分为1.0分的有宁波、大连、成都等13个城市,占被评估城市总数的36%,这些城市在市场监管执法中也有使用柔性执法方式,但缺乏制度保障和面向新业态经济的针对性。

得0分的有太原等9个城市,在评估中未检索到有关柔性执法机制的形成。

【典型事例】

《厦门市推行包容审慎监管执法若干规定》第十五条要求推广运用行政指导、行政奖励、行政和解等柔性执法手段,综合运用指导、建议、提醒、劝告等方式开展行政执法,增加执法认可度和满意度,提高执法公信力和执行力。[①] 深圳在《深圳市市场监督管理局关于印发促进新兴产业发展实施包容审慎监管的指导意见的通知》中规定实行"包容期"管理。给予新兴产业企业1—2年的成长"包容期"。在"包容期"内,试行柔性监管方式,以行政指导和服务为重点,通过宣传引导、合规承诺、行政提示、行政约谈、行政告诫等柔性监管方式,积极引导和督促企业守法诚信经营。[②]

---

① 《厦门市推行包容审慎监管执法若干规定》（厦府办规〔2021〕11号）,2021年9月17日发布。
② 《深圳市市场监督管理局关于印发促进新兴产业发展实施包容审慎监管的指导意见的通知》,深市监〔2021〕634号,2021年12月30日发布,深圳市市场监管局网站,http://amr.sz.gov.cn/xxgk/qt/tzgg/content/post_9545003.html。

三 评估结论与建议

本项评估总分为 5.0 分，被评估的 36 个城市的平均得分为 3.167 分，共有 17 个城市在平均分之上，占被评估城市总数的 47%；19 个城市在平均分之下，占被评估城市总数的 53%。本项评估中的最高得分为满分 5.0 分，最低得分为 0 分，体现了较大的区分度。在本次评估中，得到满分的有厦门、上海、广州、深圳、杭州等 9 个城市。

本项一级指标共包含三个三级指标，第一项三级指标赋分为 1.0 分，其余均为 2.0 分。各三级指标的得分情况为"市场监管系统免罚清单"平均分为 0.861 分，得分率为 86.1%；"创新容错举措"，平均分为 1.194 分，得分率为 59.7%；"可替代性柔性执法机制"，平均分为 1.139 分，得分率为 56.6%。

其中，在所有三级指标中平均得分率最高的指标是"市场监管系统免罚清单"，得分率为 86.1%，表明目前被评估城市监管部门大多设置了市级行政执法免罚清单；其他两项指标得分率相当，但各城市在包容审慎监管措施实践上存在一定的差异性。

（一）取得的成就

1. 基本实现市场监管领域免罚清单全覆盖

不少城市除制定免罚清单外，还制定了减轻处罚清单和从轻处罚清单。免罚清单让一线执法人员对监管中的行政处罚的裁量标准具有清晰的认识，提升了行政执法的精细化程度，这是在优化营商环境的背景下对包容审慎监管原则的具体实践。各类清单的出现，使清单适用范围更广，惠及群体更多，有助于企业更好地开展生产经营活动。

2. 部分城市创新容错方式

面对新经济、新业态，包容监管强调为新业态发展创造宽松的创新环境，审慎监管保障了新业态不会突破底线。传统的执法方式可能过于严苛，创新容错举措则显得尤为重要。在评估中发现一些城市在容错方式的创新方面走在前列，例如西安的模式是新业态的宽松准入标准结合柔性执法、免罚清单的综合容错举措。济南则通过《关于加强和规范事中事后监管实施方案》，为"四新经济"主体设置"包容期"，在"包容期"内又为不触及安全底线的轻微违法行为之主体设置"观察期"，结合柔性执法方式鼓励企业发展。南宁则探索"包容期""沙盒监管""触发式监管"等新监管模式。

3. 部分城市已经建立可替代性的柔性执法机制

柔性执法方式的应用是包容审慎监管的一个体现。监管部门针对新经济、新业态强调助企发展的理念，深入推行包容审慎监管，以柔性执法助力打造营商法治"软环境"。柔性执法方式的应用也是在坚持处罚与教育相结合这一行政处罚法基本原则，被评估的多数城市的监管部门采取了说服教育、劝导示范、行政指导、行政奖励等非强制性执法手段和人性化执法方式。

（二）存在的问题

1. 免罚清单等容错机制存在法律风险

一方面，免罚清单可能在制定过程中没有严格依据行政处罚法的规定，对免罚事项进行创设从而规避行政处罚法，限缩了处罚种类；另一方面，免罚清单的运用可能限缩执法人员的裁量权，一味减轻免除处罚可能面临平等原则的挑战，有纵容市场主体违法的可能。

2. 创新容错工作推进机制尚不健全

评估小组发现，被评估的36个城市中只有不到一半的城市已探索针对新产业、新经济等市场创新活动的容错举措，尚有多数城市未针对创新活动采取容错举措，从总体上来看，各地对创新容错实践还缺乏共识。创新容错举措是推广包容审慎监管的关键点，对市场创新活动予以合理包容，是我们进一步探索正确处理政府与市场之关系的成果。包容审慎监管强调监管执法的底线思维，创新容错的底线是合法合规。市场创新是一个不断试错、"摸着石头过河"的过程，因此非常需要监管部门对市场创新的失败和过错予以宽容，鼓励创新并保护经营者的积极性和合法权益。对于在经济活动创新严重触碰底线、影响安全秩序的行为则必须予以惩罚纠正。目前创新容错举措还存在容错认定不明确、容错免责的法律法规不完善、各监管部门职权划分尚不明晰等问题。

3. 柔性执法措施尚缺乏制度依据

首先，目前柔性执法这一概念在行政实践中还属于一种行政理念，尽管法律法规中规定了柔性执法外观的执法手段,但并没有就"柔性执法"这类行为做出专门的制度规定,没有有效的指导文件和实施程序。其次,柔性执法在价值取向上较混乱,执法本应强调法治的权威与严格,而"柔性"则带有人本色彩,强调人情,两者交织很容易使基层执法者和相对人混淆法治和情理的价值,一方面对执法者造成适用执法手段的困扰,另一方面不合理的理念宣传会给相对人带来可以免责的错觉和期待。

(三)改进的建议

1. 注意免罚清单等裁量规范的合法审查

包括免罚清单在内的容错机制的使用必须强调与行政处罚法等基本法律的衔接,在包容审慎执法中,即使可以容错,也应严格按照行政处罚法的规定,实现处罚与教育相结合。

2. 系统完善创新容错机制

一是进一步界定创新容错内涵,明确市场创新的合理边界。合理界定创新容错的范围是推行容错机制的前提条件,具有确保创新容错的有效性和针对性之意义。二是完善市场创新容错的法治基础,规范的法律文件有助于增强容错举措的法律效力,为市场经营者提供合理的行为预期,也有助于指导监管机关开展包容的执法方式。三是完善市场创新的市场和监管评价体系,示范创新成果,激发经营者的积极性。

3. 为柔性执法提供制度支撑,提高执法水平

完善实施指导柔性执法的制度,进一步明确柔性执法手段的实施程序以及执法人员职责,明确工作流程,强化对柔性执法的工作监督,关注相对人配合与依法经营行为的改善。采取多元措施,指导、监督基层执法单位和执法人员严格依法行政、依法裁量。如组织执法人员培训,解读柔性执法的各种行为内容和实施要求。

第二十四章　信用监管

诚实信用在我国既是传统的道德信条，也是中国特色社会主义核心价值观之一。诚信的价值观在中国社会主义法律体系中也有所体现，如《民法典》就将诚实信用原则上升为普遍遵循的法律原则。信用监管是将诚实信用的道德价值与法律原则相结合，将诚信价值制度化、法律化的新型治理手段。具体来说，信用监管是以市场主体的信用信息为基础，根据信用画像分配监管资源和开展监管活动，并对市场主体的失信或守信行为给予制裁或激励的监管模式。[1] 市场经济活力与秩序有赖于信用体系建设，信用监管以诚信为价值理念更符合市场经济的内在规律；信用监管强调具有差异化的精准监管，可以对守信的市场主体给予各方面的便利，激发市场活力。因此，作为创新市场监管机制的重要内容，信用监管对营商环境优化具有重大促进作用。本次评估将信用监管作为一级指标，通过考察各城市具体制度的建设情况以及信用监管能力的水平，突出了信用监管之于营商环境优化的重要意义。

一　评估指标构成

本次评估的"信用监管"一级指标之下设置三项二级指标，分别为"信用修复""信用奖惩"和"信用惩戒救济机制"；每项二级指标各下设

---

[1] 孔祥稳：《作为新型监管机制的信用监管：效能提升与合法性控制》，《中共中央党校（国家行政学院）学报》2022年第1期。

第四编　市场监管

一项三级指标，即"是否制定信用修复流程指引""是否设立合理的信用奖惩机制""是否设置惩戒救济机制"。本章以此三项三级指标反映被评估城市信用监管发展情况。（见表24-1）。

表24-1　　　　　　　　　　　信用监管

一级指标	二级指标	三级指标
信用监管 （3.0分）	信用修复（1.0分）	是否制定信用修复流程指引（1.0分）
	信用奖惩（1.0分）	是否设立合理的信用奖惩机制（1.0分）
	信用惩戒救济机制（1.0分）	是否设置信用惩戒救济机制（1.0分）

二　设置依据、评估标准及评估分析

本章从三级指标角度，逐项说明该指标设置的具体依据、实施中的评估方法和评分标准，并基于评估情况分析评估结果。

（一）是否制定信用修复流程指引（1.0分）

【设置依据】

2019年《国务院办公厅关于加快推进社会信用体系建设构建以信用为基础的新型监管机制的指导意见》强调探索建立信用修复机制，失信市场主体在规定期限内纠正失信行为、消除不良影响的，可通过灵活多样的方式开展信用修复。[1] 责任部门也应为失信市场主体提供高效便捷的信用修复服务。明确易查的信用修复流程指引是有效引导市场主体信用修复的措施之一。

【评估方法】

本项指标满分为1.0分。通过检索被评估城市市场监管网站、政府网站和城市信用网站是否制定信用修复相关流程指引进行评估。

【评分标准】

本项指标评估包括两个层面的内容，分别是信用修复流程指引的设定

---

[1] 《国务院办公厅关于加快推进社会信用体系建设构建以信用为基础的新型监管机制的指导意见》（国办发〔2019〕35号），2019年7月16日发布。

和该流程指引的易获得性。信用修复流程指引已制定并易查询的，得1.0分；设置有关流程指引但不易查的，得0.5分；未设置有关指引的不得分。

【评估分析】

从评估结果来看，被评估城市基本制定了信用修复流程指引。其中得0.5分的仅有贵阳，原因是"信用中国（贵州贵阳）"网站未设置信用修复流程指引，市场监管局网站也未查到明确信用修复流程指引的信息，仅在贵阳市人民政府网站查到"信用中国"网站行政处罚信息信用修复的附件，该信用修复流程指引获取难度较大（见表24-2）。

表24-2　　　　"是否制定信用修复流程指引"得分分布

得分（分）	1.0	0.5	0
城市（个）	35	1	0

【典型案例】

各评估城市的"信用中国"网站基本可查到信用修复指引，例如"信用中国（浙江杭州）"设有信用服务专栏，其中有信用修复流程办事指南。一些城市在市场监督管理局网站也可直接查询涉及行政处罚的信用修复指引，例如成都市场监督管理局的门户网站可直接检索到《成都市市场监督管理局行政处罚信息信用修复办理指引》，广州市监局门户网站也可检索到《办理市场监管部门行政处罚信息信用修复指引》。

（二）是否设立合理的信用奖惩机制（1.0分）

【设置依据】

2019年《国务院办公厅关于加快推进社会信用体系建设构建以信用为基础的新型监管机制的指导意见》强调深入开展失信联合惩戒活动。加快构建跨地区、跨行业、跨领域的失信联合惩戒机制，从根本上解决失信行为反复出现、易地出现的问题。依法依规建立联合惩戒措施清单，动态更新并向社会公开，形成行政性、市场性和行业性等惩戒措施多管齐下，社会力量广泛参与的失信联合惩戒大格局。2016年《关于建立完善守信联合激励和失信联合惩戒制度加快推进社会诚信建设的指导意见》提出，要健全褒扬和激励诚信行为机制,构建包括规范信用红黑名单制度等在内的守信联合激励和失信联合惩戒协同机制。[1]

【评估方法】

本项指标满分为1.0分。通过检索被评估城市市场监管网站、城市信用网站的信用奖惩机制进行评估。

【评分标准】

设立诸如红黑名单、联合惩戒备忘录、案例查询的信用奖惩机制的,得1.0分;未设立的,不得分。

【评估分析】

被评估的36个城市中,有35个城市设立了包括联合惩戒备忘录、红黑名单、惩戒案例展示等措施在内的信用奖惩机制,且均可便捷查询。其中得分为0分的仅有拉萨,因其政府网站及信用网站难以查询到信用奖惩情况,故不得分(见表24-3)。

表24-3　　　　"是否设立合理的信用奖惩机制"得分分布

得分(分)	1.0	0.5	0
城市(个)	35	0	1

【典型案例】

在本次评估中,各被评估城市均已建立了形式和目标较为统一的信用奖惩机制,2019年广州市人民政府制定《广州市关于建立完善守信联合激励和失信联合惩戒机制实施方案》,明确了信用惩戒的对象、认定依据来源、认定程序和信用惩戒名单内容格式。该文件分别规定了联合奖惩红黑名单的认定程序,其中包括告知和公示程序,为实施信用惩戒的相关部门提供工作指引。[2] 广州在落实该方案过程中,规范信用联合奖惩工作,防止失信惩戒泛化滥用;开发联合奖惩应用系统,推动"信用奖惩、一键搞定"模式应用,实现信用主体信息自动匹配红黑名单及奖惩措施,在公共

---

[1] 《关于建立完善守信联合激励和失信联合惩戒制度加快推进社会诚信建设的指导意见》(国发〔2016〕33号),2016年6月12日发布。

[2] 广州市人民政府门户网站,http://www.gz.gov.cn/zwgk/fggw/szfwj/content/post_ 4757739.html。

资源交易、财政资金使用、土地交易等行政领域，对失信惩戒对象予以限制。① 郑州在《加快推进社会信用体系建设构建以信用为基础的新型监管机制实施方案》中计划将联合奖惩系统嵌入相关部门业务系统，完善失信联合惩戒机制，从根本上解决失信行为反复出现、易地出现的问题。依法依规建立联合惩戒措施清单，动态更新并向社会公开，形成行政性、市场性和行业性等惩戒措施多管齐下，社会力量广泛参与的失信联合惩戒大格局。重点实施惩戒力度大、监管效果好的失信惩戒措施，包括依法依规限制失信联合惩戒对象股票发行、招标投标、申请财政性资金项目、享受税收优惠等行政性惩戒措施，限制获得授信、乘坐飞机、乘坐高等级列车和席次等市场性惩戒措施，以及通报批评、公开谴责等行业性惩戒措施。②

（三）是否设置信用惩戒救济机制（1.0分）

【设置依据】

2019年，《国务院办公厅关于加快推进社会信用体系建设构建以信用为基础的新型监管机制的指导意见》强调加大信用信息安全和市场主体权益保护力度，建立健全信用信息异议投诉制度。错误认定的信用信息失信会极大损害市场主体的合法权益，存在瑕疵的失信联合惩戒不利于惩戒机制的有效运行，因此应为市场主体设置合理的救济机制。而简便、快捷的异议提出渠道是救济机制的初步要求。

【评估方法】

本项指标满分为1.0分。考察被评估城市市场监管网站、政府网站和城市信用网站设置信用异议申请渠道的情况。

【评分标准】

本项指标仅考察被评估城市的信用惩戒相关救济机制的设置情况。在信用惩戒异议申诉或涉及救济的政策文件可查的，得1.0分；不易查询的，得0.5分；未设置的，不得分。

---

① 《失信惩戒和信用修复齐头并进　广州营造一流营商环境》，广州文明网，http：//gdgz.wenming.cn/2020index/csjs/202101/t20210113_6906949.html。

② 信用中国网站，https：//www.creditchina.gov.cn/xinyongfuwu/shouxinhongmingdan/hongmingdanguanliguizhang/202002/t20200212_184584.html。

【评估分析】

本项主要评估各城市提供信用异议反馈渠道的情况。被评估的 36 个城市中，得到满分的共有 33 个城市。有 34 个城市在信用网站设置了信用异议申诉窗口，符合信用惩戒救济机制初步建设的要求。其中得分为 0 分的仅有 2 个城市，因其政府网站及信用网站难以查询到申请信用异议的方式，故不得分。（见表 24-4）。

表 24-4　　　　"是否设置信用惩戒救济机制"得分分布

得分（分）	1.0	0
城市（个）	34	2

【典型案例】

各城市信用网站基本可查信用修复和信用异议申诉渠道，区分度较低。

三　评估结论与建议

本项评估总分为 1.0 分，被评估的 36 个城市平均得分为 2.9 分，共有 32 个城市在平均分之上，占被评估城市总数的 89%；仅有 4 个城市在平均分之下，占被评估城市的 11%。本项评估中最高得分为满分 3.0 分，最低得分为 2.0 分，整体区分度不大，各地在信用监管初步建设中卓有成效。

本项一级指标共包含三个三级指标，各三级指标的得分情况为："是否制定信用修复流程指引"平均分为 0.986 分，得分率为 98.6%；"是否设立合理的信用奖惩机制"平均分为 0.972 分，得分率为 97.2%；"是否设置信用惩戒救济机制"平均分为 0.944 分，得分率为 94.4%。

其中，在所有三级指标中平均得分率最高的指标是"是否制定信用修复流程指引"得分率为 98.6%，说明目前被评估城市基本都制定了用以指引信用修复的清单、指南等文件；其他两项指标得分率也接近 100%，说明各城市在信用监管制度初步建设上情况良好。

(一) 取得的成就

1. 各被评估城市均制定了信用修复流程指引

《法治社会建设实施纲要（2020—2025 年）》中强调信用建设是国家治理体系和治理能力现代化的重要一环，其部署了建立信用修复机制和异议制度、鼓励和引导失信主体主动纠正违法失信行为诚信建设长效机制等任务。信用修复和信用惩戒均为信用监管中的重要救济制度，信用修复为失信主体提供了脱离信用惩戒影响的退出程序。信用修复流程指引从程序上为已经纠正失信行为并履行相应义务的失信主体提供便利，有助于其维护自身合法权益。在本次评估中，绝大多数城市在其信用网站上设置了信用修复专区，将信用修复与其他信用监管措施信息统一公布在信用网站上，有利于相对人全面了解相关信用制度。也有部分城市在市场监督管理局网站或政府门户网站公开信用修复的流程指引，通过检索即可获知。总体来看，当前被评估城市在信用修复流程指引工作方面表现较好。

2. 各被评估城市均设立了形式较为统一的信用奖惩机制

被评估城市普遍建立了红黑名单奖惩机制。红名单之激励作用在于为诚信相对人优先提供服务便利，优化诚信企业行政监管安排，降低市场交易成本，面向社会示范诚信的市场主体；对黑名单主体实施的惩戒措施集中于市场性、行业性、社会性约束和惩戒。此外，一些被评估城市还设置了失信联合惩戒备忘录、守信激励、失信案例查询等机制。各地奖惩机制设置具有较高的相似性，有利于推进跨区域、跨领域联合惩戒，并形成广泛的制度性威慑，褒扬诚信、惩戒失信的良好氛围。根据评估内容来看，基本实现"一处失信、处处受限"的效果。

3. 信用惩戒救济机制初步建立

信用异议申诉是相对人对信用惩戒信息提出否定或不同意见的渠道。信用修复是相对人的失信行为被改正消除，或错误的信用惩戒被纠正，从而恢复相对人信用评价的制度安排。两者同属信用惩戒救济机制的内容。本次评估发现，在信用惩戒方面，被评估城市通常在信用网站设立信用异议申诉渠道、制定信用修复流程指引，为相对人寻求救济提供了渠道。

(二) 存在的问题

1. 信用修复缺乏有效激励机制

评估小组发现，虽然各地基本都在相应信用网站设置了信用修复专区，或是在市场监督管理局网站可检索到信用修复指引文件。但在实践中，关于信用修复实施效果的信息难以查知。其原因有三个方面：其一，部分失信人信用修复意识不足，欠缺风险意识，或不了解具体修复流程，在被纳入失信名单后不知道也不积极主动采取措施修复信用，甚至存在失信人完全不知道征信这一制度的现象。其二，尽管信用修复的流程一般在各城市信用网站可查询，但对于部分失信人而言，其获取门槛较高，进而阻碍了信用修复机制作用的发挥。其三，目前失信惩戒的法律属性尚存争议，但其表现出的行政处罚特征难以让一般人明辨，对信用惩戒的制度误区也阻碍了寻求信用修复工作的启动。总结来看，前述问题都指向了信用修复缺乏有效的正向激励机制，失信人本就不了解信用之于信用社会的重要性，信用意识不强，在进行涉法行为时没有诚实信用的观念作为支撑。

2. 信用惩戒机制的立法规范缺失与信用惩戒的泛化滥用

信用奖惩的核心是通过对相对人的权利义务影响，来纠正失信行为并维护良好诚信的市场秩序。根据依法行政原则，监管机关应根据法律法规的规定行使权力。目前诸如惩戒备忘录、红黑名单等措施还仅仅是行政机关的行政手段，缺乏法律法规的明确规定。信用惩戒规范文本集中在部门规章、地方性法规和规范性文件中，立法位阶较低，信用惩戒措施缺乏基本法律的规范。此外，有学者发现，不论是国家部委发布的规范性文件还是各地的地方性法规或规章，信用惩戒机制仅仅设定了惩戒的措施，相应的程序规范没有设置。[1]

信用惩戒的具体表现有：第一，对相对人（一般是市场经营主体）的经营活动、参与招投标设置更高的合规门槛，或是限制政策性资金扶持等行政许可申请机会；第二，对失信人进行一定程度上的惩罚，突出表现为将失信人列入黑名单。上述措施实际上涉及了对行政许可条件和

---

[1] 卢护锋：《失信惩戒措施设定与实施的理论图景》，《学术研究》2019 年第 12 期。

行政处罚类型的创设，然而信用惩戒行为的法律性质尚存争议，在此情况下，立法规范的缺失将导致信用惩戒的滥用，结果是违法限制或剥夺相对人的合法权益。

3. 信用惩戒救济机制存在的问题

第一，救济渠道狭窄。从司法救济层面看，由于失信惩戒跨越社会行业领域，执行惩戒的主体包括行政机关、企事业单位和社会组织，具有多主体的特征；由于具有多行为的特征，惩戒措施的类型和环节也众多。在行政诉讼中，由于前述两个特征导致救济渠道并不通畅，一方面相对人无法起诉，主要原因包括惩戒措施难以认定为行政行为，实施惩戒的非行政机关主体难以被认为是适格被告；另一方面，即使没有前两个障碍，因惩戒措施的多环节、多行为特征，相对人难于确定起诉哪一个问题，因而难于起诉。[①] 因此，相对人通过法定渠道救济还存在困难。从信用监管主体与相对人之间的争议来看，信用惩戒救济是一整套程序流程。除了传统的行政诉讼，还包括信用惩戒告知程序、异议申诉程序、失信影响消除后的信用修复、行政机关的自行纠错这些在相对人与监管机关之间的争议处理机制。目前存在承担信用惩戒救济的一些制度安排，如信用修复的流程指引和信用异议申诉设置，其运行情况和效果尚未明确，行政机关内部统一有效的救济机制尚未建立。

第二，信用救济立法规范不明确。信用惩戒的立法文件散见于各省市地方性法规，在规范上缺乏救济制度的明确规定。如《上海市社会信用条例》第二十五条规定，行政机关公布失信名单应同时公开救济途径，信息主体有权申请救济。[②]《浙江省公共信息管理条例》第二十八条

[①] 参见彭錞《失信联合惩戒行政诉讼救济困境及出路》，《东方法学》2021年第3期。

[②] 《上海市社会信用条例》第二十五条：第二十五条行政机关根据信息主体严重失信行为的情况，可以建立严重失信主体名单。信息主体有以下行为之一的，应当将其列入严重失信主体名单：（一）严重损害自然人身体健康和生命安全的行为；（二）严重破坏市场公平竞争秩序和社会正常秩序的行为；（三）有履行能力但拒不履行、逃避执行法定义务，情节严重的行为；（四）拒不履行国防义务，危害国防利益，破坏国防设施的行为。行政机关公布严重失信主体名单的，应当同时公开名单的列入、移出条件和救济途径。信息主体对行政机关将其列入严重失信主体名单有权申请救济。

也有类似表达。① 涉及信用管理的地方性法规虽提及行政机关的救济告知义务与行为人的救济权利，但在立法文本中既没有规定具体的救济类型或方式，也没有程序规定。有学者认为这种模糊的救济规范"只是执法者依据实际情况的一种随机表达"。②

（三）改进的建议

1. 健全信用修复正向激励机制，宣传信用修复制度

涉及信用监管的行政机关应完善有利于引导失信被执行人主动纠正失信行为，提高被执行人履行能力的信用修复激励机制。目前信用奖惩措施起到了一定的正向激励作用，通过诸如税费优惠，放宽参与政府招标、采购的资格门槛等措施，从市场主体经营行为的前端予以激励。但在监管机关的事中监管过程中也应通过信用奖惩、信用宣传等措施激励市场主体或相对人保持诚实信用。在做出行政处罚等惩戒措施的事后监管中，主管机关应积极引导鼓励失信人履行义务、纠正失信行为，在做出行用惩戒的同时应做到告知其信用修复的办法和流程或查询办法，这有利于通过信用修复制度的运行，恢复诚信良好的市场秩序，进而优化营商环境。

2. 探索信用惩戒机制立法

第一，首先应明确信用惩戒措施的行为性质与法律定位；其次协调信用惩戒与行政许可、行政处罚的具体规范关系，从而推进信用惩戒基本法律的创设精细化。第二，为信用惩戒机制设置具有特色的程序保障。包括以下要求：一是对相对人的解释说明，信用监管作为一种新型监管方式，监管机关应说明信用监管的特点和方式、相对人的何种行为事项被纳入信用惩戒范围、可能造成的影响，以此保障相对人的知情权；二是实行惩戒措施前的告知程序，包括内容、期限、理由、救济方法和纠正方法，同时

---

① 《浙江省公共信用信息管理条例》第二十八条：国家机关依照本条例规定将信息主体列入严重失信名单前，应当告知信息主体列入严重失信名单的理由和依据；决定对列入严重失信名单的信息主体采取惩戒措施的，应当告知理由、依据和救济途径以及解除惩戒措施的条件。信息主体有权进行陈述和申辩。国家机关对信息主体采取的惩戒措施，应当与信息主体违法行为的性质、情节和社会危害程度相适应。国家机关应当将列入严重失信名单后的相应惩戒措施向社会公布。未经公布的惩戒措施不得采取。

② 卢护锋：《失信惩戒措施设定与实施的理论图景》，《学术研究》2019年第12期。

确保相对人的陈述、申辩权利;三是因相对人异议而暂停执行,与其他处罚手段相比,信用惩戒具有社会弥散的效果,相对人若对惩戒措施异议申诉,监管机关应暂停执行以免造成不必要的损害。[①] 第三,强化对信用惩戒措施的合理行政、比例原则的约束,防止信用惩戒的泛化滥用。

3. 在立法、执法和司法层面构建信用惩戒救济机制

通过立法设置失信惩戒的救济规则。相关法规均须针对错误惩戒的救济方式、时限和内容等做出明确一致的规定,以此确保法律规范的合理衔接。构建信用恢复处置机制,需要设置统一信用恢复的管理机构和修复标准,以实现多领域、多部门、多地域的失信记录在恢复层面的高效处理。但在失信惩戒措施的行为定位尚不明朗的情况下,行政诉讼和行政复议等传统行政救济手段难以有效实现保障相对人权益、控制行政权力的作用。因此在司法救济方面,应明确并区分信用惩戒的行为性质,将属于行政行为的惩戒措施纳入行政救济程序合法性与合理性审查的范畴。而在传统救济手段还未构建清晰的情况下,监管主体应发挥主观能动性,建立信用监管执法者与相对人之间的内部解决机制。这包括监管主体在决定惩戒前的告知解释程序、错误惩戒的异议申诉、信用修复与信用更正和监管主体自行纠错的全链条救济机制。

[①] 参见袁文翰《信用监管的行政法解读》,《行政法学研究》2019 年第 1 期。

参考文献

一 中文文献

(一) 著作类

同济大学中国交通研究院、新驰管理咨询（上海）有限公司：《中国城市物流竞争力报告（2021）》，2022年，北京。

(二) 期刊类

白俊红、卞元超：《要素市场扭曲与中国创新生产的效率损失》，《中国工业经济》2016年第11期。

《北京将建立政府失信责任追溯和承担机制》，中国新闻网，https://www.cqn.com.cn/ms/content/2020-05/11/content_ 8602348.htm。

陈景辉：《捍卫预防原则：科技风险的法律姿态》，《华东政法大学学报》2018年第1期。

成协中：《"放管服"改革的行政法意义及其完善》，《行政管理改革》2020年第1期。

成协中：《优化营商环境的法治保障：现状、问题与展望》，《经贸法律评论》2020年第3期。

党航行：《电子投标保函平台建设中的风险防范》，《中国招标》2022年第1期。

付才辉：《政策闸门、潮涌通道与发展机会——一个新结构经济学视角下的最优政府干预程度理论》,《财经研究》2016年第6期。

《福建厦门提醒商业银行规范收费行为》,中国消费者报官网,http://finance.sina.com.cn/jjxw/2021-05-31/doc-ikmxzfmm5751774.shtml。

何帆、朱鹤:《僵尸企业的识别与应对》,《中国金融》2016年第5期。

胡凌:《数据要素财产权的形成:从法律结构到市场结构》,《东方法学》2022年第2期。

蒋梦薇:《完善"以数治税"税收征管体系的思考》,《中国税务》2022年第3期。

孔守斌、田玉玺、韩涛、马丹祥:《"信用+保函"在涉企保证金中的创新应用——以公告资源交易领域为例》,《宏观经济管理》2022年第3期。

孔祥俊:《商业数据权:数字时代的新型工业产权——工业产权的归入与权属界定三原则》,《比较法研究》2022年第1期。

孔祥稳:《作为新型监管机制的信用监管:效能提升与合法性控制》,《中共中央党校(国家行政学院)学报》2022年第1期。

林鸿潮、栗燕杰:《经营自主权在我国的公法确认与保障——以改革开放三十年为中心的考察》,《云南行政学院学报》2009年第3期。

林毅夫、李永军:《比较优势、竞争优势与发展中国家的经济发展》,《管理世界》2003年第7期。

刘太刚:《从审慎监管到包容审慎监管的学理分析——基于需求溢出理论视角下的风险治理与监管》,《理论探索》2019年第2期。

刘权:《数字经济视域下包容审慎监管的法治逻辑》,《法学研究》2022年第4期。

刘昱洋:《中国五大要素市场化配置的制约因素及完善策略》,《区域经济评论》2021年第6期。

刘志彪、孔令池:《从分割走向整合:推进国内统一大市场建设的阻力与对策》,《中国工业经济》2021年第8期。

卢超:《产权变迁、行政诉讼与科层监控——以"侵犯企业经营自主权"诉讼为切入》,《中外法学》2013年第4期。

卢护锋:《失信惩戒措施设定与实施的理论图景》,《学术研究》2019年第12期。

马骏、马源、高太山:《优化数字经济营商环境:政策框架与重点任务》,

《发展研究》2020 年第 10 期。

梅夏英：《企业数据权益原论：从财产到控制》，《中外法学》2021 年第 5 期。

孟庆国、王友奎、田红红：《政务服务中的智能化搜索：特征、应用场景和运行机理》，《电子政务》2020 年第 2 期。

聂辉华、江艇、张雨潇等：《我国僵尸企业的现状、原因与对策》，《宏观经济管理》2016 年第 9 期。

《宁波"简易注销"再提速企业注销公告期从 45 天缩减至 20 天》，中国宁波网，http://news.cnnb.com.cn/system/2019/02/25/030030471.shtml。

潘昀：《论民营企业经营自主权之宪法属性——围绕"非公经济条款"的规范分析》，《法治研究》2014 年第 5 期。

彭錞：《失信联合惩戒行政诉讼救济困境及出路》，《东方法学》2021 年第 3 期。

施正文：《迈向税收征管现代化的里程碑式改革》，《国际税收》2021 年第 10 期。

宋林霖、何成祥：《优化营商环境视阈下放管服改革的逻辑与推进路径——基于世界银行营商环境指标体系的分析》，《中国行政管理》2018 年第 4 期。

汪燕：《行政许可制度对国家治理现代化的回应》，《法学评论》2020 年第 4 期。

王敬波：《新时代法治政府建设的三个基础性工程》，《民主与法制周刊》2022 年第 17 期

王全兴、王茜：《我国"网约工"的劳动关系认定及权益保护》，《法学》2018 年第 4 期。

王欣新：《僵尸企业治理与破产法的实施》，《人民司法（应用）》2016 年第 13 期。

许百军：《寻租理论、政府权力的监督与公共责任视角下的经济责任审计》，《审计研究》2005 年第 4 期。

许可：《数据权属：经济学与法学的双重视角》，《电子知识产权》2018 年第 11 期。

阎天：《平台用工监管新政之思》，《中国法律评论》2021 年第 4 期。

于安：《论数字行政法——比较法视角的探讨》，《华东政法大学学报》2022年第1期。

张康之：《行政审批制度改革：政府从管制走向服务》，《理论与改革》2003年第6期。

袁文翰：《信用监管的行政法解读》，《行政法学研究》2019年第1期。

郑雅方：《论我国行政法上的成本收益分析原则：理论证成与适用展开》，《中国法学》2020年第2期。

中国银行研究院：《我国数字经济发展对就业的影响与对策建议》，《宏观观察》2022年第20期。

朱世宽：《对审理经营自主权行政案件的情况调查》，《人民司法》2000年第4期。

（三）法律政策类

《"十四五"信息通信行业发展规划》，工信部规〔2021〕164号，2021年11月1日发布。

《2022年上海市深化"放管服"改革工作要点》，沪府办〔2022〕11号，2022年2月22日发布。

《保障中小企业款项支付条例》，中华人民共和国国务院令第728号，2020年7月5日发布。

《保障中小企业款项支付投诉处理暂行办法》，工信部企业〔2021〕224号，2020年12月30日发布。

《北京市关于进一步加强稳外资工作的若干措施》，京商资发字〔2021〕14号，2021年12月9日发布。

《北京市培育和激发市场主体活力持续优化营商环境实施方案》，京政办发〔2021〕18号，2021年11月20日发布。

《北京市市场监督管理局行政处罚裁量适用规定（试行）》，2020年6月28日发布。

《北京市市场监督管理行政处罚信息公示实施方案（试行）》，2021年12月7日发布。

《北京市数字经济促进条例（征求意见稿）》，2022年5月7日发布。

《北京市外商投资企业投诉工作管理办法（修订）》，京商函字〔2021〕

参考文献

1056 号，2021 年 9 月 24 日发布。

《成都市进一步深化给水接入改革实施方案》，成水务发〔2021〕73 号，2021 年 11 月 9 日发布。

《成都市"十四五"数字经济发展规划》，2022 年 4 月 14 日发布。

《成都市人民政府办公厅关于推行"蓉易贷"进一步完善成都市普惠金融服务体系的实施意见》，成办发〔2020〕91 号，2020 年 10 月 16 日发布。

《法治市场监管建设实施纲要（2021—2025 年）》，国市监法发〔2021〕80 号，2021 年 12 月 13 日发布。

《广泛深入开展"法治体检"进一步扩大法律服务覆盖面》，法治网，http://www.legaldaily.com.cn/Lawyer/content/2022-03/30/content_8656873.htm。

《关于 2021 年哈尔滨市网络预约出租汽车运力指标分配工作的通知》，哈交政发〔2021〕78 号，2021 年 12 月 29 日发布。

《关于促进中小企业健康发展的指导意见》，中办发〔2019〕24 号，2019 年 4 月 7 日发布．

《关于公布国务院部门涉企保证金目录清单的通知》，工信部联运行〔2017〕236 号，2017 年 9 月 21 日发布。

《关于规范新就业形态下餐饮网约配送员劳动用工的指导意见（试行）》，宁人社规〔2021〕4 号，2021 年 4 月 14 日发布。

《关于加快推进公共法律服务体系建设的意见》，中办发〔2019〕44 号，2019 年 7 月 10 日发布。

《关于加强和规范事中事后监管实施方案》，济市监办〔2021〕106 号，2021 年 9 月 30 日发布。

《关于建立健全招标投标领域优化营商环境长效机制的通知》，发改法规〔2021〕240 号，2021 年 2 月 20 日发布。

《关于建立完善守信联合激励和失信联合惩戒制度加快推进社会诚信建设的指导意见》，国发〔2016〕33 号，2016 年 6 月 12 日发布。

《关于进一步加强违规涉企收费治理工作的通知》，国市监竞争〔2019〕150 号，2019 年 8 月 3 日发布。

《关于进一步维护当前劳动关系和谐稳定的工作指引》，沪人社关〔2022〕89 号，2022 年 4 月 26 日发布。

《关于进一步优化京津口岸营商环境促进跨境贸易便利化若干措施的公告》，京津联合公告第 8 号，2021 年 2 月 4 日发布。

《关于进一步优化营商环境推进包容审慎监管支持市场主体创业发展六项清单（2021 年修订版）》，合市监〔2021〕143 号，2021 年 11 月 10 日发布。

《关于进一步做好"僵尸企业"及去产能企业债务处置工作的通知》，发改财金〔2018〕1756 号，2018 年 11 月 23 日发布。

《关于开展知识产权维权援助工作的指导意见》，国知发管字〔2007〕157 号，2007 年 10 月 7 日发布。

《关于全面推进上海城市数字化转型的意见》，2021 年 1 月 4 日发布。

《关于全面推行证明事项和涉企经营许可事项告知承诺制的指导意见》，国办发〔2020〕42 号，2020 年 10 月 27 日发布。

《关于深入推进审批服务便民化的指导意见》，2018 年 5 月 23 日发布。

《关于推动 12345 政务服务便民热线与 110 报警服务台高效对接联动的意见》，国办发〔2022〕12 号，2022 年 5 月 16 日发布。

《关于印发〈加快完善市场主体退出制度改革方案〉的通知》，发改财金〔2019〕1104 号，2019 年 6 月 22 日发布。

《关于印发宁波市进一步深化投资项目审批中介服务改革重点工作方案的通知》，2019 年 8 月 28 日发布。

《广东省发展改革委关于印发〈广东省进一步深化营商环境改革 2019 年工作要点〉的通知》，粤发改体改〔2019〕210 号，2019 年 6 月 21 日发布。

《广东省数字经济促进条例》，广东省第十三届人民代表大会常务委员会公告第 85 号，2021 年 7 月 30 日发布。

《广州市工业和信息化局关于印发广州市持续优化用电营商环境行动方案的通知》，穗工信函〔2021〕150 号，2021 年 5 月 21 日。

《广州市国资委监管企业数据安全合规管理指南（试行 2021 年版）》，穗国资法〔2021〕13 号，2021 年 12 月 21 日发布。

《广州市建立完善守信联合激励和失信联合惩戒机制实施方案》，穗府〔2019〕1 号，2019 年 1 月 6 日发布。

《广州市市场监督管理局关于 2021 年度法治政府建设情况的报告》，2021 年 12 月 10 日发布。

《广州市数字经济促进条例》，广州市第十六届人民代表大会常务委员会公告第一号，2022年4月6日发布。

《国家发展改革委办公厅关于2021年第四季度违背市场准入负面清单典型案例的通报》（发改办体改〔2022〕400号），2022年4月29日发布。

《国家发展改革委关于建立违背市场准入负面清单案例归集和通报制度的通知》，发改体改〔2021〕1670号，2021年11月19日发布。

《国家发展改革委关于印发〈"十四五"推进国家政务信息化规划〉的通知》，发改高技〔2021〕1898号，2021年12月24日发布。

《国家知识产权局办公室司法部办公厅关于推介全国专利侵权纠纷行政裁决建设经验做法的通知》，国知办发保字〔2021〕8号，2021年2月26日发布。

《国家知识产权局对十三届全国人大二次会议第2098号建议答复的函》，国知发法函字〔2019〕103号，2019年7月5日发布。

《国家知识产权局印发〈关于进一步加强知识产权维权援助工作的指导意见〉的通知》，国知发保字〔2020〕22号，2020年6月16日发布。

《国务院办公厅关于同意建立数字经济发展部际联席会议制度的函》，国办函〔2022〕63号，2022年7月11日发布。

《国务院办公厅关于加快推进社会信用体系建设构建以信用为基础的新型监管机制的指导意见》，国办发〔2019〕35号，2019年07月16日发布。

《国务院办公厅关于进一步优化地方政务服务便民热线的指导意见》，国办发〔2020〕53号，2020年12月28日发布。

《国务院办公厅关于进一步优化营商环境更好服务市场主体的实施意见》，国办发〔2020〕24号，2020年7月21日发布。

《国务院办公厅关于全面实行行政许可事项清单管理的通知》（国办发〔2022〕2号）附件《法律、行政法规、国务院决定设定的行政许可事项清单（2022年版）》，2022年1月30日发布。

《国务院办公厅关于全面实行行政许可事项清单管理的通知》，国办发〔2022〕2号，2022年1月30日发布。

《国务院办公厅关于印发〈要素市场化配置综合改革试点总体方案〉的通知》，国办发〔2021〕51号，2021年12月21日发布。

《国务院办公厅关于印发全国深化"放管服"改革优化营商环境电视电话会议重点任务分工方案的通知》，国办发〔2020〕43号，2020年11月

10 日发布。

《国务院办公厅关于做好证明事项清理工作的通知》，国办发〔2018〕47号），2018 年 6 月 15 日发布。

《国务院办公厅关于做好证明事项清理工作的通知》，国办发〔2018〕47号），2018 年 6 月 15 日发布。

《国家发展改革委等部门关于推动平台经济规范健康持续发展的若干意见》，发改高技〔2021〕1872 号，2022 年 1 月 18 日发布。

《国务院关于加快推进政务服务标准化规范化便利化的指导意见》，国发〔2022〕5 号，2022 年 3 月 1 日发布。

《国务院关于加强和规范事中事后监管的指导意见》，国发〔2019〕18 号，2019 年 9 月 6 日发布。

《国务院关于进一步贯彻实施〈中华人民共和国行政处罚法〉的通知》，国发〔2021〕26 号，2021 年 11 月 15 日发布。

《国务院关于开展营商环境创新试点工作的意见》，国发〔2021〕24 号，2021 年 11 月 25 日发布。

《国务院关于深化"证照分离"改革进一步激发市场主体发展活力的通知》，国发〔2021〕7 号，2021 年 6 月 3 日发布。

《国务院关于印发"十四五"国家知识产权保护和运用规划的通知》，国发〔2021〕20 号，2021 年 10 月 28 日发布。

《国务院关于印发"十四五"数字经济发展规划的通知》，国发〔2021〕29 号，2022 年 1 月 12 日发布。

《国务院关于在市场体系建设中建立公平竞争审查制度的意见》，国发〔2016〕34 号，2016 年 6 月 1 日发布。

《国务院关于在线政务服务的若干规定》，国令第 716 号，2019 年 4 月 26 日发布。

《哈尔滨市人民政府关于处置市属国有僵尸企业的指导意见》，哈政规〔2019〕2 号，2019 年 2 月 15 日发布。

《海口市智慧城市促进条例》，2022 年 1 月 14 日发布。

《杭州城市大脑赋能城市治理促进条例》，2020 年 12 月 9 日发布。

《杭州市全面推进"三化融合"打造全国数字经济第一城行动计划（2018—2022 年）》，2018 年 10 月 9 日发布。

参考文献

《杭州市人民政府办公厅关于建立杭州市企业涉险与破产司法处置府院联动机制的通知》，杭政办函〔2018〕119 号，2018 年 10 月 8 日发布。

《杭州市现代物流业发展"十四五"规划》，2021 年 6 月 22 日公布。

《合肥市人民政府关于公布市级政府权责清单、行政权力中介服务清单和公共服务清单目录（2021 年本）的通知》，合政秘〔2021〕32 号，2021 年 6 月 1 日发布。

《河南省数字经济促进条例》，河南省第十三届人民代表大会常务委员会公告第 78 号，2021 年 12 月 28 日发布。

《加快完善市场主体退出制度改革方案》，发改财金〔2019〕1104 号，2019 年 6 月 22 日发布。

《江苏省社会信用条例》，江苏省人民代表大会常务委员会，2021 年 7 月 29 日发布。

《江苏省数字经济促进条例》，江苏省人大常委会公告第 81 号，2022 年 5 月 31 日发布。

《南昌"获得用水用气"营商环境持续优化》，南昌新闻网，https：//www.ncnews.com.cn/xwzx/ncxw/jrnc/202203/t20220304_ 1802239.html。

《南昌市市场监督管理局优化营商环境实行柔性执法办法（试行）》，洪市监字〔2021〕132 号，2021 年 7 月 2 日发布。

《南昌市数字经济促进条例（送审稿）》，2022 年 6 月 1 日发布。

《南京市"十四五"社会信用体系建设规划的通知》，宁政办发〔2021〕44 号，2021 年 10 月 1 日发布。

《内蒙古自治区数字经济促进条例（征求意见稿）》，2022 年 7 月 11 日发布。

《宁波市人民政府关于印发宁波市工程建设项目审批制度改革试点工作实施方案的通知》，甬政发〔2018〕73 号，2018 年 9 月 29 日。

《全国人大常委会 2022 年度立法工作计划》，2022 年 5 月 6 日发布。

《全民所有制工业企业转换经营机制条例（2011 修订）》，中华人民共和国国务院令第 588 号，2011 年 1 月发布。

《厦门市财政局关于印发政府采购文件负面清单的通知》，厦财采〔2020〕12 号，2020 年 6 月 23 日发布。

《厦门市金融工作办公室关于地方金融机构进一步深化小微企业金融服务

的意见》，厦金融办〔2018〕52 号，2018 年 8 月 14 日发布。

《厦门市推行包容审慎监管执法若干规定》，厦府办规〔2021〕11 号，2021 年 8 月 31 日发布。

《厦门市推行包容审慎监管执法若干规定》，厦府办规〔2021〕11 号，2021 年 9 月 17 日发布。

《山西省人民政府办公厅关于印发山西省省级公共服务事项目录的通知》，晋政办发〔2019〕5 号，2019 年 2 月 27 日发布。

《商务部外商投资企业投诉工作暂行办法》，商务部令〔2006〕第 2 号，2006 年 9 月 1 日发布。

《上海市浦东新区市场主体退出若干规定》，上海市人民代表大会常务委员会，2021 年 9 月 28 日发布。

《上海市人民政府关于促进上海创业投资持续健康高质量发展的若干意见》，沪府规〔2019〕29 号，2019 年 7 月 30 日发布。

《上海市社会信用条例》，上海市人民代表大会常务委员会公告第 54 号，2017 年 6 月 23 日公布。

《上海市数据条例》，2021 年 11 月 29 日发布。

《深圳市建设营商环境创新试点城市实施方案》，深府〔2022〕13 号，2022 年 1 月 29 日发布。

《深圳市市场监督管理局关于印发促进新兴产业发展实施包容审慎监管的指导意见的通知》，深市监〔2021〕634 号，2021 年 12 月 30 日发布。

《沈阳市发展新阶段提升科技创新能力若干政策措施》，沈政发〔2021〕11 号，2021 年 7 月 14 日。

《市场监管总局、国家税务总局关于进一步完善简易注销登记便捷中小微企业市场退出的通知》，国市监注发〔2021〕45 号，2021 年 8 月 3 日发布。

《市场监管总局等五部门关于印发〈公平竞争审查制度实施细则〉的通知》，国市监反垄规〔2021〕2 号，2021 年 6 月 29 日发布。

《司法部、全国工商联关于深入开展民营企业"法治体检"活动的意见》，2019 年 6 月 6 日发布。

《四川省市场监督管理局关于深化川渝市场监管一体化合作推动成渝地区双城经济圈建设的实施意见》，2020 年 10 月 19 日发布。

参考文献

《天津市财政局天津市工业和信息化局关于贯彻落实〈政府采购促进中小企业发展管理办法〉的通知》，津财采〔2021〕12号，2021年6月29日发布。

《天津市司法局天津市工商业联合会关于推进民营企业"法治体检"常态化的实施意见》，津司发〔2019〕37号，2019年8月7日发布。

《天津市外商投资权益保护工作联席会议制度》，津商外管〔2020〕13号，2021年1月6日发布。

《外商投资企业投诉工作办法》，商务部令二〇二〇年第3号，2020年8月25日发布。

《浙江省公共信用信息管理条例》，2017年9月30日公布。

《浙江省人民政府办公厅关于深化"最多跑一次"改革进一步提升跨境贸易便利化水平的实施意见》，浙政办发〔2019〕36号，2019年5月19日发布。

《浙江省数字经济促进条例》，2020年12月24日发布。

《政府采购促进中小企业发展管理办法》，财库〔2020〕46号，2020年12月18日发布。

《中共中央国务院关于加快建设全国统一大市场的意见》，2022年3月5日发布。

《中共中央办公厅、国务院办公厅关于进一步深化税收征管改革的意见》，2021年3月24日发布。

《中共中央办公厅、国务院办公厅关于推进社会信用体系建设高质量发展促进形成新发展格局的意见》，2022年3月29日发布。

《中共中央办公厅、国务院办公厅关于推行地方各级政府工作部门权力清单制度的指导意见》，2015年3月25日发布。

《中共中央国务院关于加快建设全国统一大市场的意见》，2022年3月25日发布。

《中国银保监会办公厅关于加强产业链协同复工复产金融服务的通知》，银保监办发〔2020〕28号，2020年3月27日发布。

《中华人民共和国全民所有制工业企业法（2009修正）》，中华人民共和国主席令第18号，2009年8月发布。

《中华人民共和国市场主体登记管理条例实施细则》，2022年3月1日国家市场监督管理总局发布。

《重庆市促进跨境贸易便利化工作方案》，渝府办发〔2020〕4号，2020年1月11日发布。

《重庆市第五中级人民法院关于印发〈重整案件审理指引（试行）〉的通知》，2021年12月28日发布。

《重庆市江北区服务市场监管领域"四新经济"发展实施包容审慎监管办法（试行）》，江北府办发〔2021〕79号，2021年12月30日发布。

《最高人民检察院国家知识产权局关于强化知识产权协同保护的意见》，2022年4月25日发布。

《优化口岸营商环境促进跨境贸易便利化工作方案》，国发〔2018〕37号，2018年10月13日发布。

（四）裁判文书类

淮安红太阳公司诉江苏涟水经济开发区管理委员会、江苏省涟水县人民政府继续履行投资协议案，《最高人民法院行政协议典型案例（第一批）》。

九鼎公司诉吉林省长白山保护开发区池北区管理委员会、吉林省长白山保护开发区管理委员会不履行招商引资行政协议案，《最高人民法院行政协议典型案例（第一批）》。

中科公司与某某县国土局土地使用权出让合同纠纷案，参见《中华人民共和国最高人民法院（2017）最高法民终340号民事判决书》。

（五）网络文献类

《"十四五"推进国家政务信息化规划审议通过，数字政府建设提速》，中央人民政府网站，http://www.gov.cn/xinwen/2021-11/18/content_5651620.htm。

《2022版〈武汉涉企收费手册〉出炉啦》，武汉市发展和改革委员会官网，http://fgw.wuhan.gov.cn/zfxxgk/zfxxgk_1/qtzdgkwj/202201/t20220114_1896575.html。

《持续优化营商环境助力首府"首起来"——呼和浩特市召开"双随机、一公开"监管工作联席会议》，呼和浩特市场监督管理局门户网站，http://scjgj.huhhot.gov.cn/zwdt/tpxw/202112/t20211224_1148304.html。

参考文献

《福州税务深化改革推出"榕易办"》，海峡网，http：//www. hx-news. com/news/fj/fz/202104/20/1983839. shtml。

《关于加大对金融机构支持小微企业考核与激励力度的建议》，安康市财政局官网，https：czj. ankang. gov. cn/Content-2190486. html。

《贵阳市市场监管局推出包容审慎执法处罚清单企业轻微违法或可免罚》，当代先锋网，http：//www. ddcpc. cn/detail/d_ guiyang/11515115325525. html。

《国家知识产权局举行第三季度例行新闻发布会》，中华人民共和国国务院新闻办公室，http：//www. scio. gov. cn/xwfbh/gbwxwfbh/xwfbh/zscqj/Document/1710210/1710210. htm。

《国务院新闻办就2021年中国知识产权发展状况举行发布会》，中华人民共和国中央人民政府网站，http：//www. gov. cn/xinwen/2022－04/24/content_ 5686971. htm。

《哈尔滨市市场监督管理局2021年法治政府建设年度报告》，哈尔滨市人民政府门户网站，http：//xxgk. harbin. gov. cn/art/2022/3/8/art_ 11337_ 1237253. html。

《基层减税降费政策落实中的几个问题及建议》，宣城市审计局官网，http：//sjj. xuancheng. gov. cn/News/show/1113254. html。

《减税减费减租减息减支惠企政策新闻发布会在南昌举行》，江西省人民政府官网，http：//www. jiangxi. gov. cn/art/2021/4/22/art_ 5862_ 3327768. html。

《建议全面落实公平竞争审查制度》，光明网，https：//m. gmw. cn/baijia/2022-03/07/1302833374. html。

《进一步精准释放减税降费红利持续激发市场主体活力》，重庆市人民政府官网，https：//cq. gov. cn/ywdt/zwhd/bmdt/202112/t20211228 _ 10242742. html。

《京津冀签署三地企业登记注册工作协作备忘录》，央广网，http：//www. cnr. cn/tj/ztjjj/tj/20171025/t20171025_523999752. shtml。

《李克强详解为何对新业态实施"包容审慎"监管?》，中国政府网，http：//www. gov. cn/guowuyuan/2018-09/12/content_ 5321209. htm。

《南昌不断推动政府采购支持中小企业政策落地见实效》，南昌市人民政府，

http：//www. nc. gov. cn/ncszf/jrnc/202204/03ddd21e1a084a7181b86d2db589ecc0. shtml。

《南京：简化办税流程精准落实优惠提供个性化服务》，国家税务总局江苏省税务局官网，https：//jiangsu. chinatax. gov. cn/art/2022/4/20/art_ 22181_ 382090. html。

《南京政府采购喜获亮丽成绩单》，中国政府采购新闻网，http：//www. cgpnews. cn/articles/59524。

《宁波成立营商环境投诉监督中心》，中央纪委国家监委网站，https：//www. ccdi. gov. cn/yaowen/202109/t20210928_ 251396. html。

《全国首个！浙江发布〈企业开办全程网上办规范〉省级地方标准》，浙江省人民政府官网，https：//www. zj. gov. cn/art/2021/10/11/art_ 1229417725_ 59130425. html。

《让惠企政策"看得见、见真效"——深圳市市场监管局开展涉企违规收费专项整治行动》，市场监督管理总局官网，https：//www. samr. gov. cn/xw/df/202008/t20200825_ 321044. html。

《上海：实现"云办税"数字化转型惠企》，国家税务总局官网，http：//www. chinatax. gov. cn/chinatax/n810219/n810739/c5164148/content. html。

《深圳加强食品安全智慧监管体系建设》，《中国质量报》，https：zycpzs. mofcom. gov. cn/html/difanggongzuo/2021/9/1632276023414. html。

《沈阳探索建立民营企业维权新机制》，中华工商网，http：//www. cbt. com. cn/gsl/dfgsl/202005/t20200524_ 236725. html。

《失信惩戒和信用修复齐头并进广州营造一流营商环境》，广州文明网，http：//gdgz. wenming. cn/2020index/csjs/202101/t20210113_ 6906949. html。

《四川成都："蓉采贷"创新中小企业信用融资》，中国财经报网，http：//www. cfen. com. cn/dzb/dzb/page_ 2/202110/t20211027_ 3761132. html。

《四川省民企维权平台已开通，有诉求这样提》，天府记事公众号，https：//mp. weixin. qq. com/s/0jvYYTGqy-l2XK8lg4_ -zA。

《天津市外商投资企业政策要点汇编》，天津政务网，http：//shangwuju. tj. gov. cn/zwgk/zcfg_ 48995/wstz/bs_ 49001/202112/t20211214_ 5749462. html。

《桐庐县：探索实施"承诺+信用管理"制度》，中国政府采购新闻网，

参考文献

　　http：//www.cgpnews.cn/articles/59775。

《为数字经济产业立法，放宽数字产品市场准入深圳拟设数据交易场所》，深圳都市网，https：//www.citysz.net/shehui/2021/0830/202151767.html。

《我市发布 2021 年"双十一"网络集中促销监测分析报告》，武汉市市场监督管理局网站，http：//scjgj.wuhan.gov.cn/ztzl/sddt/202112/t20211231_1886294.shtml。

《我市召开外商投资权益保护工作联席会议》，天津市人民政府，http：//www.tj.gov.cn/sy/zwdt/bmdt/202204/t20220421_5862881.html。

《我市组织参加全省外商投资企业投诉工作业务培训》，南京市商务局，http：//swj.nanjing.gov.cn/ztzl/swzl/zsyz/202107/t20210702_3025384.html。

《乌鲁木齐市基本养老公共服务目录》，乌鲁木齐市人民政府官网，http：//www.urumqi.gov.cn/fjbm/mzj/zwgk/485636.htm。

《新区 17 条举措扶持新兴产业发展这些举措突出"放宽""包容""底线"特色》，《兰州新区报》，http：//www.lzxq.gov.cn/system/2019/07/23/030004071.shtml。

《营商赢未来！长沙投标电子保函服务系统助力打造一流营商环境》，网易新闻，https：//www.163.com/dy/article/GP0ALNDV05381994.html。

《长三角示范区统一企业登记标准两天办结全部手续》，信用中国，https：//www.creditchina.gov.cn/xinyongfuwu/tongyishehuixinyongdaimachaxunzhuanlan/gongzuodongtai/202010/t20201012_212744.html。

《郑州市市场监督管理局牵手阿里巴巴集团推动市场监管向数字化转型》，河南日报网，https：//www.henandaily.cn/content/2021/1108/331253.html。

《中国数字经济规模达 7.1 万亿美元位居世界第二》，澎湃新闻网，https：//m.thepaper.cn/baijiahao_19254503。

《最高人民检察院国家知识产权局关于强化知识产权协同保护的意见》，最高人民检察院网上发布厅，https：//www.spp.gov.cn/xwfbh/wsfbt/202204/t20220425_555135.shtml#1。

艾瑞咨询：《2021 年中国中小微企业融资发展报告》，2021 年。

北京日报：《北京市已开放 60 余亿条政务数据记录》，中国政府网，http：//www.gov.cn/xinwen/2021-03-03/content_5589876.htm。

参考文献

北京市促进民间与社会投资信息平台：《北京：进一步完善民营和小微企业金融服务体制机制》，北京市人民政府官网，http：//banshi.beijing.gov.cn/tzgg/202108/t20210809_427010.html。

北京市市场监督管理局：《京津冀三地市场监管部门签署执法协作协议构建"1+N"执法协作体系服务协同发展》，北京市市场监督管理局网站，http：//scjgj.beijing.gov.cn/zwxx/scjgdt/202106/t20210611_2411159.html。

北京市市场监督管理局：《绘制企业"全景画像"破解市场监管难题》，北京市市场监督管理局网站，http：//scjgj.beijing.gov.cn/zwxx/scjgdt/201911/t20191128_706519.html。

财政部山西监管局：《减税降费成效显著存在问题仍需关注》，财政部官网，http：//www.mof.gov.cn/zhengwuxinxi/xinwenlianbo/caizhengbu/202201/t20220130_3786016.htm。

柴宝勇：《以人民满意为宗旨，深入推进"放管服"改革》，新华网，http：//www.xinhuanet.com/politics/2018-07/25/c_1123175753.htm。

大河报：《郑州：加强诚信建设公职人员失信信息纳入政务失信记录》，郑州文明网，http：//zz.wenming.cn/wmzz_xwzx/202009/t20200922_6729402.html。

大河网：《郑州发布信用新型监管方案，推进社会信用体系建设》，信用中国网站，https：//www.creditchina.gov.cn/xinyongfuwu/shouxinhongmingdan/hongmingdanguanliguizhang/202002/t20200212_184584.html。

大连政务：《法治政府创新行政指导"五导"彰显柔性执法善治价值》，澎湃新闻网，https：//m.thepaper.cn/baijiahao_12964048。

大众日报：《智能审批！青岛市工程建设项目审批管理平台2.0来啦！》，中华人民共和国国家发展和改革委员会网，https：//www.ndrc.gov.cn/fggz/fgfg/dfxx/202110/t20211013_1299600.html?code=&state=123。

法治日报：《一批民营企业何以快速重生——重庆法院改革创新破产案件审理机制助力企业健康发展》，法制网，http：//www.legaldaily.com.cn/index_article/content/2022-03/09/content_8684479.htm。

高富平：《加快数字经济立法：安全与发展并举，鼓励地方创新》，第一财经网站，https：//www.yicai.com/news/101319532.html。

高竹君：《天津市人社局等八部门联合召开维护新就业形态劳动者劳动保

障权益行政指导会》，中工网，https：//www.workercn.cn/c/2022-05-22/6894554.shtml。

工人日报：《重庆立法保障守信者处处受益》，中工网，http：//www.workercn.cn/34306/202109/22/210922145947383.shtml。

龚保儿：《浙江："信用+保函"机制为守信企业降本减负》，国脉电子政务网，http：//www.echinagov.com/news/291397.htm。

广西日报：《广西市场主体简易注销全面提速》，国务院官网，http：//www.gov.cn/xinwen/2021-09/09/content_5636381.htm。

广州中院：《府院联动！共为优化营商环境提速增效》，澎湃新闻网，https：//www.thepaper.cn/newsDetail_forward_7567921。

国家发展和改革委员会政研室：《中国经济深度看丨加快推进招投标全流程电子化推动投资建设项目高质量落地》，国家发展和改革委员会网，https：//www.ndrc.gov.cn/fggz/fgzy/shgqhy/202202/t20220209_1314502.html?code=&state=123。

国务院：《国务院政策例行吹风会（2021年11月19日）》，中国政府网，http：//www.gov.cn/xinwen/2021zccfh/51/wzsl.htm。

胡艳、李成家：《多维度提升老年人数字素养》，中国社会科学网，http：//news.cssn.cn/zx/bwyc/202203/t20220324_5400354.shtml。

冀岩：《加快市场主体登记规范化标准化建设深入推进企业开办便利化再上新台阶》，北京市市场监督管理局官网，http：//scjgj.beijing.gov.cn/hdjl/zxft/ztft/202111/t20211108_2531928.html。

解放日报：《优化营商环境畅通市场主体退出渠道 浦东新区法规实施三月余成效明显》，上海市人民政府，https：//www.shanghai.gov.cn/nw4411/20220222/7c3f775f17c64c549cb456dde4fcf605.html。

晋联通：《太原市建立民营经济领域纠纷调处工作机制》，《中华工商时报》，http：//epaper.cbt.com.cn/ep_m/cbtm/html/2020/05/20/08/08_59.htm。

劳动午报：《北京城市副中心举办"云招聘"直播带岗搭建就业新桥梁》，北京市人力资源和社会保障局网，http：//rsj.beijing.gov.cn/xwsl/mtgz/202207/t20220715_2772422.html。

李果：《湖南高院推动构建企业破产处置府院联动机制》，湖南省高级人民法院官网，https：//hunanfy.chinacourt.gov.cn/article/detail/2020/09/id/

5462752. shtml。

李剑平：《杭州余杭知识产权维权可获政府 50% 费用资助》，中国青年报客户端，http：//shareapp. cyol. com/cmsfile/News/201903/03/toutiao189380. html? group_ id = 6663996974288601611&app =。

李荣华：《深圳财政：打造政府采购优化营商环境"深圳样本"》，南方+客户端，http：//static. nfapp. southcn. com/content/202112/06/c6009501. html? group_ id = 1。

刘志强：《改革蹄疾步稳国企活力更足（谱写新篇章）》，人民日报网，http：//paper. people. com. cn/rmrb/html/2022 - 06/13/nw. D110000renmrb_ 20220613_ 2-06. htm。

满宁、李大盟、李雨：《掌上平台帮企业解难题重庆："线上+线下"助力创新企业维权》，《检察日报》，http：//newspaper. jcrb. com/2021/20211226/20211226_ 001/20211226_ 001_ 10. htm。

南京日报：《南京企业简易注销公告时限 45 天压缩至 20 天》，南报网，http：//www. njdaily. cn/news/2021/0313/3185131872653240785. html。

内蒙古政务服务局：《内蒙古自治区全面推行"蒙速办·帮您办"工作实施方案》，内蒙古政务服务网，http：//zwfw. nmg. gov. cn/special_ zone/sbzq? regionCode = 150000&record = istrue。

宁波市司法局官方网站：《宁波律师发挥"法治保障"功能全力护航企业留工稳产》，宁波市司法局，http：//sfj. ningbo. gov. cn/art/2021/1/15/art_ 1229058221_ 58998537. html。

牛加莉、刘茜：《营商环境之开办企业：深圳"秒批"》，自环球网，https：//m. huanqiu. com/article/3yfnSNe8U0K。

人民网贵州频道：《贵州首发全新数据交易规则体系解决数据交易痛点难点问题》，人民网，http：//gz. people. com. cn/n2/2022/0529/c222152 - 35290937. html。

山西晚报：《优化"六最"营商环境太原定出行动计划》，中宏网"营商环境"专栏，http：//sanjin. zhonghongwang. com/show-197-4602-1. html。

上海市人民政府：《〈上海市数据条例〉新闻发布会问答实录》，中国电子政务网，http：//www. e-gov. org. cn/article-179734. html。

上海市人民政府新闻办公室：《上海举行介绍〈数据条例〉配套政策措施

相关情况发布会》，中华人民共和国国务院新闻办网，http：//www. scio. gov. cn/xwfbh/gssxwfbh/xwfbh/shanghai/Document/1720053/ 1720053. htm。

上海市市场监督管理局：《上海市市场监督管理局关于公布2021年上海市食品安全"守信超市"和"放心肉示范超市"名单的通知》，上海市市场监督管理局门户网站，http：//scjgj. sh. gov. cn/209/20220207/2c9bf2f67e77050a017ed1c636f949b9. html。

上海市市场监管局：《亿级项目快速"秒"办！上海市场监管部门用"减法"为企业"加力"》，中国质量新闻网，https：//www. cqn. com. cn/zj/content/2022-05/11/content_ 8817945. htm。

《上海数据交易所揭牌成立，破解数据交易"五难"问题》，人民网，http：//sh. people. com. cn/n2/2021/1125/c134768-35022199. html。

上海证券报：《功能监管：中国金融监管框架改革的重心》，人民网，http：//money. people. com. cn/stock/n1/2016/0526/c67815-28381180. html。

邵阳：《为保障公路、铁路、水路运输畅通，上海采取了这些措施来打通物流堵点》，东方网，https：//j. 021east. com/p/1650596467036228。

深圳市创业创新金融服务平台：《深圳中小微企业融资运行报告2020》，深圳市地方金融监督管理局官网，http：//jr. sz. gov. cn/sjrb/ztzl/szsjfpt/xwdt/content/post_ 8570591. html。

深圳市龙华区人民政府：《一流营商环境助力"龙华蝶变"》，深圳市龙华区人民政府网，http：//www. szlhq. gov. cn/xxgk/xwzx/tpxw_ 126142/content/post_ 9087360. html。

深圳市人民政府办公厅：《〈2022年进一步优化深圳口岸营商环境若干措施〉政策解读》，深圳市人民政府门户网站，http：//www. sz. gov. cn/zfgb/zcjd/content/post_ 9628719. html。

深圳市住房和建设局：《深圳发布全国首份优化用气营商环境白皮书》，深圳市住房和建设局官方网站，http：//zjj. sz. gov. cn/xxgk/gzdt/content/post_ 7578795. html。

深圳特区报：《深圳：清除"僵尸"企业首创企业除名》，深圳市人民政府门户网站，http：//www. sz. gov. cn/cn/xxgk/zfxxgj/zwdt/content/post_ 9249742. html。

深圳特区报：《深圳用气营商环境再创佳绩》，深圳市人民政府门户网站，

http：//www.sz.gov.cn/cn/ydmh/zwdt/content/post_ 9518461.html。

《数字中国发展报告（2020年）》，国家互联网信息办公室，http：//www.cac.gov.cn/2021-06/28/c_ 1626464503226700.htm。

司法部：《司法部全面推进公共法律服务体系建设》，国务院网站，http：//www.gov.cn/xinwen/2018-07/24/content_ 5308764.htm。

太原市市场监督管理局：《省食安办对我市食品安全示范城市创建"示范引领"项目进行评审》，太原市市场监督管理局门户网站，http：//scjgj.taiyuan.gov.cn//doc/2022/02/21/1246456.shtml。

天津市水务局：《我市"获得用水"指标进入国家标杆城市行列》，天津市水务局网，http：//swj.tj.gov.cn/xwzx_ 17135/swyw/202108/t20210826_ 5558693.html。

王凯艺、贺冰洁：《宁波深化工程建设项目审批制度改革纪实，"跑"出创新力度"改"优营商环境》，浙江新闻，https：//zj.zjol.com.cn/news.html？id=1516155。

王伟域：《推动有效市场和有为政府更好结合》，光明理论网，https：//theory.gmw.cn/2021-01/06/content_ 34522387.htm。

温兴琦：《持续推进营商环境优化的挑战与对策》，国脉电子政务网，http：//www.echinagov.com/info/292503。

吴敏：《办公室里多了一块"网红大屏"》，中国政府采购新闻网，http：//www.cgpnews.cn/articles/58074。

武汉城投：《市城投集团所属企业优化营商环境创新举措在全国推广》，武汉市城市建设投资开发集团有限公司网站，http：//www.zgwhct.cn/xwzx/jtxw/202203/t20220315_ 107849.html。

《厦门对外卖平台提出要求：送餐员连续送单4小时停单20分钟》，人民网，http：//fj.people.com.cn/n2/2021/0901/c181466-34894174.html。

新华社：《李克强在全国推进简政放权放管结合职能转变工作电视电话会议上的讲话》，中国政府网，http：//www.gov.cn/guowuyuan/2015-05/15/content_ 2862198.htm。

新华社：《习近平主持中央政治局第三十四次集体学习：把握数字经济发展趋势和规律推动我国数字经济健康发展》，中国政府网，http：//www.gov.cn/xinwen/2021-10/19/content_ 5643653.htm。

参考文献

新京报:《北京已无条件开放5727个公共数据集,总量居全国前列》,中国首都网,http://beijing.qianlong.com/2021/0301/5467921.shtml。

新民晚报:《优化营商环境再发力,上海燃气接入将像"网购"一样方便》,新浪网,https://news.sina.com.cn/o/2020-01-06/doc-iihnzahk2242213.shtml。

颜茨、李旸:《关于〈北京市外商投资企业投诉工作管理办法(修订)〉修改要点解读》,君泽君律师事务所,http://www.junzejun.com/Publications/0939431a92612b-8.html。

易小壶:《面向智慧城市的合肥智慧供水规划与建设实践》,中国水网,https://www.h2o-china.com/news/326558.html。

银川市交通局:《新修订的银川市网约车管理细则6月1日起施行》,银川市人民政府网,http://www.yinchuan.gov.cn/xwzx/zwyw/202004/t20200430_2054331.html。

尤畅、程冰凌、陈雯婷:《全市首个智慧监管机器人启用,宁波海曙招投标迈入监管"智"时代》,浙江新闻网,https://zj.zjol.com.cn/news.html?id=1650855。

余继超:《小微企业融资难是何原因?如何解决?这篇文章说透了》,澎湃新闻网,https://www.thepaper.cn/newsDetail_forward_11680147。

苑伟斌:《深圳健全中小企业诉求反馈机制诉求"一键提"处理"快速回"》,《深圳商报》,http://szsb.sznews.com/MB/content/202202/28/content_1170039.html。

张桂林、刘恩黎:《重庆:金融创新助力实体经济绿色转型》,经济参考报官网,http://www.jjckb.cn/2021-12/07/c_1310355833.htm。

张泉:《电商领域知识产权保护需加强"共治"》,新华网,http://big5.xinhuanet.com/gate/big5/www.xinhuanet.com/fortune/2019-12/12/c_1125340810.htm。

中国税务报:《宁波:税惠沃土助科创企业成长》,国家税务总局宁波市税务局官网,http://ningbo.chinatax.gov.cn/art/2021/1/28/art_188_210562.html。

中国新闻网:《优化营商环境,厦门工程建设项目审批提速增效》,中华人民共和国国家发展和改革委员会网,https://www.ndrc.gov.cn/fggz/fgfg/dfxx/202109/t20210918_ 1297097. html？code＝&state＝123。

中国信息通信研究院西部分院、重庆大数据应用发展管理局、中国信息通信研究院政策与经济研究所：《数字规则蓝皮报告》，https：//pdf. dfcfw. com/pdf/H3_ AP202112151534720277_ 1. pdf？1639582439000. pdf。

中国证券报：《国资委：推动更多优质资产进入上市公司》，中国经济网，http：//finance. ce. cn/stock/gsgdbd/202106/13/t20210613_ 36638899. shtml。

中国质量新闻网：《福建厦门：简易注销公告时限缩短55%，注销登记即来即办》，全国组织机构统一社会信用代码数据服务中心，https：//www. cods. org. cn/c/2021-01-28/13302. html。

《〈中牟县激励金融机构支持地方经济发展实施办法〉政策解读》，中牟县政府官网，http：//public. zhongmu. gov. cn/D3601X/5909134. jhtml。

中新网广州：《广东查处银行违规收费19000万元》，中国新闻网，http：//finance. china. com. cn/roll/20160720/3820781. shtml。

朱延静：《北京持续开展"减证便民"行动已累计取消320项证明》，中国新闻网，https：//www. chinanews. com. cn/sh/2022/06-15/9780318. shtml。

二 英文文献

The World Bank，*Pre-Concept Note Business Enabling Environment*（BEE），https：//www. worldbank. org/content/dam/doingBusiness/pdf/BEE-Pre-Concept-Note---Feb-8-2022. pdf.

The World Bank，*Public Consultation Consolidated Comments*，BEE，https：//www. worldbank. org/content/dam/doingBusiness/pdf/BEE% 20Pre-concept% 20note_ Public% 20Consultation_ Consolidated% 20Comments_ FOR% 20PUBLICATION_ 6. 17. 2022%20（w. %20addendum）. pdf.

World Bank Group，*Digital Business Indicators：A World Bank Group Initiative*，World Bank，https：//thedocs. worldbank. org/en/doc/308031566794026700-0090022019/original/090519DigitalBusinessIndicatorsprojectnote. pdf.

Rong Chen，*Policy and Regulatory Issues with Digital Businesses*，World Bank，https：//documents1. worldbank. org/curated/en/6752415 63969185669/pdf/Policy-and-Regulatory-Issues-with-Digital-Businesses. pdf.